应用型本科院校"十二五"规划教材/经济管理类

Advanced Financial Accounting
高级财务会计

主　编　盛文平　田凤萍
副主编　赵　虹　尤卫生　李海龙
主　审　刘　萍

哈尔滨工业大学出版社
HARBIN INSTITUTE OF TECHNOLOGY PRESS

内容简介

本书是应用型本科院校规划教材,编者主要根据财政部 2006 年以来发布的企业会计基本准则、具体准则和应用指南体系,以及公司法、破产法等法律的规定,从我国会计实务出发,并参照国际上的通行做法,从理论和实务两方面对会计领域中的特殊问题和复杂问题进行阐述。本书共分为十三章,各章配有学习目标、能力目标、引导案例、本章小结、本章思考题等内容。

本教材适用于高等应用型本科院校工商管理类及经济类专业本科学生,也可以供经济管理人员、财会人员等实务工作者学习参考。

图书在版编目(CIP)数据

高级财务会计/盛文平,田凤萍主编. —哈尔滨:哈尔滨工业大学出版社,2013.1(2017.7 重印)
应用型本科院校"十二五"规划教材
ISBN 978-7-5603-3976-4

Ⅰ.①高… Ⅱ.①盛…②田… Ⅲ.①财务会计-高等学校-教材 Ⅳ.①F234.4

中国版本图书馆 CIP 数据核字(2013)第 018381 号

策划编辑	杜 燕 赵文斌
责任编辑	李广鑫
出版发行	哈尔滨工业大学出版社
社　　址	哈尔滨市南岗区复华四道街 10 号　邮编 150006
传　　真	0451-86414749
网　　址	http://hitpress.hit.edu.cn
印　　刷	哈尔滨久利印刷有限公司
开　　本	787mm×960mm　1/16　印张 21.5　字数 470 千字
版　　次	2013 年 1 月第 1 版　2017 年 7 月第 4 次印刷
书　　号	ISBN 978-7-5603-3976-4
定　　价	39.60 元

(如因印装质量问题影响阅读,我社负责调换)

《应用型本科院校"十二五"规划教材》编委会

主　任　修朋月　竺培国
副主任　王玉文　吕其诚　线恒录　李敬来
委　员（按姓氏笔画排序）

丁福庆　于长福　马志民　王庄严　王建华
王德章　刘金祺　刘宝华　刘通学　刘福荣
关晓冬　李云波　杨玉顺　吴知丰　张幸刚
陈江波　林　艳　林文华　周方圆　姜思政
庹　莉　韩毓洁　臧玉英

序

哈尔滨工业大学出版社策划的《应用型本科院校"十二五"规划教材》即将付梓,诚可贺也。

该系列教材卷帙浩繁,凡百余种,涉及众多学科门类,定位准确,内容新颖,体系完整,实用性强,突出实践能力培养。不仅便于教师教学和学生学习,而且满足就业市场对应用型人才的迫切需求。

应用型本科院校的人才培养目标是面对现代社会生产、建设、管理、服务等一线岗位,培养能直接从事实际工作、解决具体问题、维持工作有效运行的高等应用型人才。应用型本科与研究型本科和高职高专院校在人才培养上有着明显的区别,其培养的人才特征是:①就业导向与社会需求高度吻合;②扎实的理论基础和过硬的实践能力紧密结合;③具备良好的人文素质和科学技术素质;④富于面对职业应用的创新精神。因此,应用型本科院校只有着力培养"进入角色快、业务水平高、动手能力强、综合素质好"的人才,才能在激烈的就业市场竞争中站稳脚跟。

目前国内应用型本科院校所采用的教材往往只是对理论性较强的本科院校教材的简单删减,针对性、应用性不够突出,因材施教的目的难以达到。因此亟须既有一定的理论深度又注重实践能力培养的系列教材,以满足应用型本科院校教学目标、培养方向和办学特色的需要。

哈尔滨工业大学出版社出版的《应用型本科院校"十二五"规划教材》,在选题设计思路上认真贯彻教育部关于培养适应地方、区域经济和社会发展需要的"本科应用型高级专门人才"精神,根据黑龙江省委书记吉炳轩同志提出的关于加强应用型本科院校建设的意见,在应用型本科试点院校成功经验总结的基础上,特邀请黑龙江省9所知名的应用型本科院校的专家、学者联合编写。

本系列教材突出与办学定位、教学目标的一致性和适应性,既严格遵照学科体系的知识构成和教材编写的一般规律，又针对应用型本科人才培养目标及与之相适应的教学特点，精心设计写作体例，科学安排知识内容，围绕应用讲授理论，做到"基础知识够用、实践技能实用、专业理论管用"。同时注意适当融入新理论、新技术、新工艺、新成果，并且制作了与本书配套的PPT多媒体教学课件，形成立体化教材，供教师参考使用。

《应用型本科院校"十二五"规划教材》的编辑出版，是适应"科教兴国"战略对复合型、应用型人才的需求，是推动相对滞后的应用型本科院校教材建设的一种有益尝试，在应用型创新人才培养方面是一件具有开创意义的工作，为应用型人才的培养提供了及时、可靠、坚实的保证。

希望本系列教材在使用过程中，通过编者、作者和读者的共同努力，厚积薄发、推陈出新、细上加细、精益求精，不断丰富、不断完善、不断创新，力争成为同类教材中的精品。

黑龙江省教育厅厅长

前　言

经济越发展,会计越重要。为了适应应用型本科院校工商管理类及经济类专业的教学与实践的需要,我们编写了《高级财务会计》教材。高级财务会计是现代企业会计的重要组成部分,是应用型本科院校会计学专业的主干专业课程,也是会计学专业知识结构中的主体部分。本教材以财务会计目标为导向,以我国颁布的最新《企业会计准则》为依据,将公司法、破产法等相关的新知识、新内容融入书中,对特殊业务会计和特殊行业会计的会计要素确认、计量、记录和报告的方法等进行了详细阐述,有助于提高学生对理论知识的理解和运用理论知识解决实际业务的能力。

本教材的主要特点是:突出对学生的能力培养,有较强的适用性;注重理论联系实际,便于学生理解与掌握;由案例导入理论,有利于学生运用所学知识解决实际问题。

本教材由哈尔滨剑桥学院、哈尔滨远东理工学院、哈尔滨石油学院、牡丹江师范学院四所院校的教师及黑龙江省建工集团有限责任公司的高级会计师共同编写,其中盛文平、田凤萍担任主编,赵虹、尤卫生、李海龙担任副主编,陈夺、芦丽丽参编。各章的编写分工为:盛文平负责编写第五章、第七章;田凤萍负责编写第十一章、第十二章;赵虹负责编写第六章、第九章;尤卫生负责编写第八章、第十章;李海龙负责编写第十三章;陈夺负责编写第一章、第四章;芦丽丽负责编写第二章、第三章。全书由盛文平负责拟定编写提纲及总纂定稿。

本教材由哈尔滨理工大学刘萍教授担任主审,审稿中提出了很多建设性意见,为教材的顺利出版做了大量工作。教材在编写过程中,参考了大量的国内外高级财务会计的教材和相关资料,吸收了他们很多创造性的观点,在此,向所有参考文献的编者表示感谢。还要特别感谢哈尔滨工业大学出版社的编辑及工作人员,他们在组织编写及校订本书过程中给予了大量的支持和帮助。

由于时间和水平有限,书中难免有疏漏和不当之处,恳请各位读者批评与指正。

编　者
2012 年 11 月

目 录

第一章 债务重组 ... 1
- 第一节 债务重组概述 ... 1
- 第二节 债务重组的会计处理 ... 3

第二章 非货币性资产交换 ... 13
- 第一节 非货币性资产交换的认定 ... 14
- 第二节 非货币性资产交换的确认和计量 ... 15
- 第三节 非货币性资产交换的会计处理 ... 19

第三章 借款费用 ... 32
- 第一节 借款费用概述 ... 33
- 第二节 借款费用的确认 ... 34
- 第三节 借款费用的计量 ... 38

第四章 或有事项 ... 45
- 第一节 或有事项概述 ... 45
- 第二节 预计负债的确认和计量 ... 48
- 第三节 或有事项会计的具体应用 ... 53
- 第四节 或有事项的列报或披露 ... 57

第五章 所得税 ... 59
- 第一节 所得税会计概述 ... 59
- 第二节 资产、负债的计税基础及暂时性差异 ... 61
- 第三节 递延所得税负债及递延所得税资产 ... 74
- 第四节 所得税费用的确认和计量 ... 82

第六章 外币折算 ... 91
- 第一节 记账本位币的确定和变更 ... 92
- 第二节 外币交易的会计处理 ... 94
- 第三节 外币财务报表折算 ... 103

第七章 租赁 ... 109
- 第一节 租赁概述 ... 110

  第二节 承租人的会计处理 ……………………………………………… 114
  第三节 出租人的会计处理 ……………………………………………… 123
  第四节 售后租回交易的会计处理 ……………………………………… 129

第八章 会计政策、会计估计变更和差错更正 …………………………………… 140
  第一节 会计政策及其变更 ……………………………………………… 141
  第二节 会计估计及其变更 ……………………………………………… 150
  第三节 前期差错及其更正 ……………………………………………… 156

第九章 资产负债表日后事项 …………………………………………………… 162
  第一节 资产负债表日后事项概述 ……………………………………… 163
  第二节 资产负债表日后调整事项的会计处理 ………………………… 167
  第三节 资产负债表日后非调整事项的会计处理 ……………………… 180

第十章 分部报告与中期财务报告 ……………………………………………… 184
  第一节 分部报告与中期财务报告概述 ………………………………… 184
  第二节 分部报告 ………………………………………………………… 187
  第三节 中期财务报告 …………………………………………………… 196

第十一章 企业合并 ……………………………………………………………… 210
  第一节 企业合并概述 …………………………………………………… 211
  第二节 同一控制下企业合并的处理 …………………………………… 214
  第三节 非同一控制下企业合并的处理 ………………………………… 222

第十二章 合并财务报表 ………………………………………………………… 240
  第一节 合并财务报表概述 ……………………………………………… 241
  第二节 合并资产负债表 ………………………………………………… 248
  第三节 合并利润表 ……………………………………………………… 281
  第四节 合并现金流量表 ………………………………………………… 289
  第五节 合并所有者权益变动表 ………………………………………… 295

第十三章 企业破产清算会计 …………………………………………………… 302
  第一节 企业破产清算概述 ……………………………………………… 303
  第二节 破产清算会计的基本理论 ……………………………………… 310
  第三节 破产清算会计的确认和计量 …………………………………… 314
  第四节 破产清算会计报告 ……………………………………………… 328

参考文献 ……………………………………………………………………………… 334

第一章
Chapter 1

债务重组

【学习目标】
1. 掌握债务重组的概念；
2. 掌握各种重组业务债权人的会计处理；
3. 掌握各种重组业务债务人的会计处理。

【能力目标】
1. 在会计实务中，能够正确进行重组业务债权人的会计处理；
2. 在会计实务中，能够正确进行重组业务债务人的会计处理。

【引导案例】
绿辉公司因购货原因于 2011 年 1 月 1 日产生应付大海公司账款 100 万元，货款偿还期限为 3 个月。2011 年 4 月 1 日，绿辉公司发生财务困难，无法偿还到期债务，经与大海公司协商进行债务重组。双方同意：以绿辉公司的两辆小汽车抵偿债务。这两辆小汽车原值为 100 万元，已提累计折旧 20 万元，净值 80 万元，公允价值为 50 万元。假定上述资产均未计提减值准备，不考虑相关税费。在这一经济业务中，两家公司应各自怎样进行账务处理呢？绿辉公司与大海公司哪一方吃亏，哪一方受益呢？

第一节 债务重组概述

一、债务重组的定义

债务重组，是指在债务人发生财务困难的情况下，债权人按照其与债务人达成的协议或法院的裁定作出让步的事项。债务重组涉及债权人与债务人，对债权人而言，为"债权重组"，对债务人而言,为"债务重组"。为便于表述,统称为"债务重组"。债务重组概念中强调了债务人处于财务困难的前提条件,并突出了债权人作出让步的实质内容,从而排除了债务人不处于财务困难条件下的债务重组、处于清算或改组时的债务重组,以及虽修改了债务条件,但实质上债权人并未作出让步的债务重组事项,如在债务人发生财务困难时,债权人同意债务人用等值库存商品抵偿到期债务,但不调整偿还金额,实质上债权人并未作出让步,不属于债务重组准则规范的内容。

债务人发生财务困难、债权人作出让步是《企业会计准则第 12 号——债务重组》(以下简称债务重组准则)所定义的债务重组的基本特征。"债务人发生财务困难",是指因债务人出现资金周转困难、经营陷入困境或者其他原因,导致其无法或者没有能力按原定条件偿还债务。"债权人作出让步",是指债权人同意发生财务困难的债务人现在或者将来以低于重组债务账面价值的金额或者价值偿还债务。债权人作出让步的情形主要包括债权人减免债务人部分债务本金或者利息、降低债务人应付债务的利率等。债务人发生财务困难,是债务重组的前提条件,而债权人作出让步是债务重组的必要条件。

二、债务重组的方式

债务重组的方式主要包括:以资产清偿债务,债务转为资本,修改其他债务条件,以及以上三种方式的组合等。

1. 以资产清偿债务

以资产清偿债务,是指债务人转让其资产给债权人以清偿债务的债务重组方式。债务人用于清偿债务的资产包括现金资产和非现金资产,主要包括:现金、存货、各种投资(包括股票投资、债券投资、基金投资、权证投资等)、固定资产、无形资产等。这里的现金,是指货币资金,即库存现金、银行存款和其他货币资金,在债务重组的情况下,以现金清偿债务,通常是指以低于债务的账面价值的现金清偿债务,如果以等量的现金偿还所欠债务,则不属于本章所指的债务重组。

2. 债务转为资本

债务转为资本,是指债务人将债务转为资本,同时,债权人将债权转为股权的债务重组方式。债务转为资本时,对股份有限公司而言,是将债务转为股本,对其他企业而言,是将债务转为实收资本。其结果是,债务人因此而增加股本(或实收资本),债权人因此而增加长期股权投资。债务人根据转换协议将应付可转换公司债券转为资本,属于正常情况下的转换,不能作为债务重组处理。

3. 修改其他债务条件

修改其他债务条件,是指修改不包括上述两种方式在内的其他债务条件进行的债务重组方式,如减少债务本金、减少或免去债务利息等。

4. 以上三种方式的组合

以上三种方式的组合,是指采用以上三种方式共同清偿债务的债务重组方式。例如,以转让资产清偿某项债务的一部分,一部分债务通过修改其他债务条件进行债务重组。主要包括以下可能的方式:

(1)债务的一部分以资产清偿,另一部分则转为资本。

(2)债务的一部分以资产清偿,另一部分则修改其他债务条件。

(3)债务的一部分转为资本,另一部分则修改其他债务条件。

(4)债务的一部分以资产清偿,一部分转为资本,另一部分则修改其他债务条件。

第二节 债务重组的会计处理

一、以资产清偿债务

在债务重组中,企业以资产清偿债务的,通常包括以现金清偿债务和以非现金资产清偿债务等方式。

(一)以现金清偿债务

债务人以现金清偿债务的,债务人应当将重组债务的账面价值与实际支付现金之间的差额,确认为债务重组利得,计入营业外收入。重组债务的账面价值,一般为债务的面值或本金、原值,如应付账款;如有利息的,还应加上应计未付利息,如长期借款等。

债务人以现金清偿债务的,债权人应当将重组债权的账面余额与收到的现金之间的差额,确认为债务重组损失,计入营业外支出。债权人已对债权计提减值准备的,应当先将该差额冲减减值准备,冲减后尚有余额的,计入营业外支出;冲减后减值准备仍有余额的,应予转回并抵减当期资产减值损失。

【例1.1】 甲企业于2011年1月20日销售一批材料给乙企业,不含税价格为200 000元,增值税税率为17%,按合同规定,乙企业应于2011年4月1日前偿付货款。由于乙企业发生财务困难,无法按合同规定的期限偿还债务,经双方协议于2011年7月1日进行债务重组。债务重组协议规定,甲企业同意减免乙企业30 000元债务,余额用现金立即偿清。乙企业于当日通过银行转账支付了该笔剩余款项,甲企业随即收到了通过银行转账偿还的款项。甲企业已为该项应收债权计提了20 000元的坏账准备。

①乙企业的账务处理:

a.计算债务重组利用:

应付账款账面余额	234 000
减:支付的现金	204 000
债务重组利得	30 000

b. 应作会计分录：

借：应付账款	234 000	
贷：银行存款		204 000
营业外收入——债务重组利得		30 000

②甲企业的账务处理：

a. 计算债务重组损失：

应收账款账面余额	234 000
减：收到的现金	204 000
差额	30 000
减：已计提坏账准备	20 000
债务重组损失	10 000

b. 应作会计分录：

借：银行存款	204 000	
营业外支出——债务重组损失	10 000	
坏账准备	20 000	
贷：应收账款		234 000

若甲企业已为该项应收账款计提了 40 000 元坏账准备。

甲企业的账务处理：

借：银行存款	204 000	
坏账准备	40 000	
贷：应收账款		234 000
资产减值损失		10 000

（二）以非现金资产清偿债务

1. 以非现金资产清偿债务的确认和计量

债务人以非现金资产清偿债务的，债务人应当将重组债务的账面价值与转让的非现金资产公允价值之间的差额确认为债务重组利得，作为营业外收入，计入当期损益。其中，相关重组债务应当在满足金融负债终止确认条件时予以终止确认。转让的非现金资产公允价值与其账面价值之间的差额作为转让资产损益，计入当期损益。

债务人在转让非现金资产的过程中发生的一些税费，如资产评估费、运杂费等，直接计入转让资产损益。对于增值税应税项目，如债权人不向债务人另行支付增值税，则债务重组利得应为转让非现金资产的公允价值和该非现金资产的增值税销项税额与重组债务账面价值的差额；如债权人向债务人另行支付增值税，则债务重组利得应为转让非现金资产的公允价值与重组债务账面价值的差额。

债务人以非现金资产清偿债务的，债权人应当对受让的非现金资产按其公允价值入账，重组债权的账面余额与受让的非现金资产的公允价值之间的差额,确认为债务重组损失,作为营业外支出,计入当期损益。重组债权已经计提减值准备的,应当先将上述差额冲减已计提的减值准备,冲减后仍有损失的,计入营业外支出(债务重组损失);冲减后减值准备仍有余额,应予转回并抵减当期资产减值损失。对于增值税应税项目,如债权人不向债务人另行支付增值税,则增值税进项税额可以作为冲减重组债券的账面余额处理;如债权人向债务人另行支付增值税,则增值税进项税额不能作为冲减重组债券的账面余额处理。

债权人收到非现金资产时发生的有关运杂费等,应当计入相关资产的价值。

2. 以非现金资产清偿债务的会计处理

(1)以库存材料、商品、产品抵偿债务。债务人以库存材料、商品、产品抵偿债务,应视同销售进行核算。企业可将该项业务分为两部分:一是将库存材料、商品产品出售给债权人,取得货款。出售库存材料、商品产品业务与企业正常的销售业务处理相同,其发生的损益计入当期损益。二是以取得的货币清偿债务。但在这项业务中并没有实际的货币流入与流出。

【例1.2】 甲公司欠乙公司购货款350 000元。由于甲公司财务发生困难,短期内不能支付已于2007年5月1日到期的货款。2007年7月1日,经双方协商,乙公司同意甲公司以其生产的产品偿还债务。该产品的公允价值为200 000元,实际成本为120 000元。甲公司为增值税一般纳税人,适用的增值税税率为17%。乙公司于2007年8月1日收到甲公司抵债的产品,并作为库存商品入库;乙公司对该项应收账款计提了50 000元的坏账准备。

①甲公司的账务处理:
a. 计算债务重组利得:

应付账款的账面余额	350 000
减:所转让产品的公允价值	200 000
增值税销项税额	(200 000×17%)34 000
债务重组利得	116 000

b. 应作会计分录:

借:应付账款	350 000
贷:主营业务收入	200 000
应交税费——应交增值税(销项税额)	34 000
营业外收入——债务重组利得	116 000
借:主营业务成本	120 000
贷:库存商品	120 000

②乙公司的账务处理:
a. 计算债务重组损失:

应收账款账面余额	350 000
减:受让资产的公允价值	200 000

增值税进项税额	34 000
差额	116 000
减:已计提坏账准备	50 000
债务重组损失	66 000

b. 应作会计分录:

借:库存商品	200 000
应交税费——应交增值税(进项税额)	34 000
坏账准备	50 000
营业外支出——债务重组损失	66 000
贷:应收账款	350 000

(2)以固定资产、无形资产抵偿债务。债务人以固定资产抵偿债务,应将固定资产的公允价值与该项固定资产账面价值和清理费用的差额作为转让固定资产的损益处理。同时,将固定资产的公允价值与应付债务的账面价值的差额,作为债务重组利得,计入营业外收入。债权人收到的固定资产应按公允价值计量。

【例1.3】 甲公司于2010年1月1日销售给乙公司一批材料,价值400 000元(包括应收取的增值税额),按购销合同约定,乙公司应于2010年10月31日前支付货款,但至2011年1月31日乙公司尚未支付货款。由于乙公司财务发生困难,短期内不能支付货款。2011年2月3日,与甲公司协商,甲公司同意乙公司以一台设备偿还债务。该项设备的账面原价为350 000元,已提折旧50 000元,设备的公允价值为360 000元(假定企业转让该项设备不需要交纳增值税)。甲公司对该项应收账款已提取坏账准备20 000元。抵债设备已于2011年3月10日运抵甲公司。假定不考虑该项债务重组相关的税费。

①乙公司的账务处理:

a. 计算固定资产清理损益与债务重组利得:

固定资产公允价值	360 000
减:固定资产净值	300 000
处置固定资产净收益	60 000

b. 计算债务重组利得:

应付账款的账面余额	400 000
减:固定资产公允价值	360 000
债务重组利得	40 000

c. 应作会计分录如下:

将固定资产净值转入固定资产清理:

| 借:固定资产清理 | 300 000 |
| 　累计折旧 | 50 000 |

    贷:固定资产   350 000
  确认债务重组利得:
    借:应付账款   400 000
      贷:固定资产清理   360 000
        营业外收入——债务重组利得   40 000
  确认固定资产处置利得:
    借:固定资产清理   60 000
      贷:营业外收入——处置固定资产利得   60 000
  ②甲公司的账务处理:
  a.计算债务重组损失:
  应收账款账面余额   400 000
  减:受让资产的公允价值   360 000
  差额   40 000
  减:已计提坏账准备   20 000
  债务重组损失   20 000
  b.应作会计分录如下:
    借:固定资产   360 000
      坏账准备   20 000
      营业外支出——债务重组损失   20 000
      贷:应收账款   400 000

(3)以股票、债券等金融资产抵偿债务。债务人以股票、债券等金融资产抵偿债务,应按相关金融资产的公允价值与其账面价值的差额,作为转让金融资产的利得或损失处理;相关金融资产的公允价值与重组债务的账面价值的差额,作为债务重组利得。债权人收到的相关金融资产应按公允价值计量。

【例1.4】 甲公司于2011年7月1日销售给乙公司一批产品,价值450 000元(包括应收取的增值税额),乙公司于2011年7月1日开出6个月承兑的商业汇票。乙公司于2011年12月31日尚未支付货款。由于乙公司财务发生困难,短期内不能支付货款。当日经与甲公司协商,甲公司同意乙公司以其所拥有并作为以公允价值计量且公允价值变动计入当期损益的某公司股票抵偿债务。乙公司该股票的账面价值为400 000元(假定该资产账面公允价值变动额为零),当日的公允价值为380 000元。假定甲公司为该项应收账款提取了坏账准备40 000元。用于抵债的股票于当日即办理相关转让手续,甲公司将取得的股票作为以公允价值计量且公允价值变动计入当期损益的金融资产处理。债务重组前甲公司已将该项应收票据转入应收账款,乙公司已将应付票据转入应付账款。假定不考虑与商业汇票或者应付款项有关的利息。

①乙公司的账务处理:
a. 计算债务重组利得:

应付账款的账面余额	450 000
减:股票的公允价值	380 000
债务重组利得	70 000

b. 计算转让股票损益:

股票的公允价值	380 000
减:股票的账面价值	400 000
转让股票损益	−20 000

c. 应作会计分录如下:

借:应付账款　　　　　　　　　　　　450 000
　　投资收益　　　　　　　　　　　　 20 000
　　贷:交易性金融资产　　　　　　　　　400 000
　　　　营业外收入——债务重组利得　　　 70 000

②甲公司的账务处理:

借:交易性金融资产　　　　　　　　　380 000
　　营业外支出——债务重组损失　　　 30 000
　　坏账准备　　　　　　　　　　　　 40 000
　　贷:应收账款　　　　　　　　　　　　450 000

二、债务转为资本

以债务转为资本方式进行债务重组的,应分别按照以下情况处理:

(1)债务人为股份有限公司时,债务人应将债权人因放弃债权而享有股份的面值总额确认为股本;股份的公允价值总额与股本之间的差额确认为资本公积。重组债务账面价值与股份的公允价值总额之间的差额,确认为债务重组利得,计入当期损益。债务人为其他企业时,债务人应将债权人因放弃债权而享有的股权份额确认实收资本;股权的公允价值与实收资本之间的差额确认为资本公积。重组债务账面价值与股权的公允价值之间的差额,作为债务重组利得,计入当期损益。

(2)债务人将债务转为资本,即债权人将债权转为股权。在这种方式下,债权人应将重组债权的账面余额与因放弃债权而享有的股权的公允价值之间的差额,先冲减已提取的减值准备,减值准备不足冲减的部分,或未提取的减值准备的,将该差额确认为债务重组损失,计入营业外支出。同时,债权人应将因放弃债权而享有的股权按公允价值计量。发生的相关税费,分别按照长期股权投资或者金融工具确认和计量等准则的规定进行处理。

【例1.5】 2011年7月1日,甲公司应收乙公司账款的账面余额为60 000元,由于乙公司发生财务困难,无法偿付应付账款。经双方协商同意,采取将乙公司所欠债务转为乙公司股本的方式进行债务重组,假定乙公司普通股的面值为1元,乙公司以20 000股抵偿该项债务,股票每股市价为2.5元。甲公司对该项应收账款计提了坏账准备2 000元。股票登记手续已办理完毕,甲公司将其作为长期股权投资处理。

①乙公司的账务处理:

a. 计算应计入资本公积的金额:

股票的公允价值	50 000
减:股票的面值总额	20 000
应计入资本公积	30 000

b. 计算应确认的债务重组利得:

债务账面价值	60 000
减:股票的公允价值	50 000
债务重组利得	10 000

c. 应作会计分录如下:

借:应付账款	60 000
贷:股本	20 000
资本公积——股本溢价	30 000
营业外收入——债务重组利得	10 000

②甲公司的账务处理:

a. 计算债务重组损失:

应收账款账面余额	60 000
减:所转股权的公允价值	50 000
差额	10 000
差:已计提坏账准备	2 000
债务重组损失	8 000

b. 应作会计分录如下:

借:长期股权投资	50 000
营业外支出——债务重组损失	8 000
坏账准备	2 000
贷:应收账款	60 000

三、修改其他债务条件

以修改其他债务条件进行债务重组的,债务人和债权人应分别按照以下情况处理:

(一) 不附或有条件的债务重组

不附或有条件的债务重组,是指在债务重组中不存在或有应付(或应收)金额,该或有条件需要根据未来某种事项出现而发生的应付(或应收)金额,并且该未来事项的出现具有不确定性。

不附或有条件的债务重组,债务人应将修改其他债务条件后的债务的公允价值作为重组后的入账价值。重组债务的账面价值与重组后债务的入账价值的差额为债务重组利得,计入营业外收入。

以修改其他债务条件进行债务重组,如修改后的债务条款中不涉及或有应收金额,则债权人应当将修改其他债务条件后的债权的公允价值作为重组后债权的账面价值,重组债权的账面余额与重组后债权的账面价值之间的差额作为债务重组损失,计入营业外支出。如果债权人已对该债权计提减值准备的,应当先将该差额冲减减值准备,减值准备不足以冲减的部分,作为债务重组损失,计入营业外支出。

(二) 附或有条件的债务重组

附或有条件的债务重组,是指在债务重组协议中附或有应付条件的重组。或有应付金额是指依未来某种事项出现而发生的支出。未来事项的出现具有不确定性。例如,债务重组协议规定"将甲公司债务 1 000 000 元免除 200 000 元,剩余债务展期 2 年,并按 2% 的年利率计收利息,如该公司一年后盈利,则自第二年起将按 5% 的利率计收利息"。根据此项债务重组协议,债务人依未来是否盈利而发生的 24 000(800 000×3%)元支出,即为或有应付金额。但债务人是否盈利,在债务重组时不能确定,即具有不确定性。

对于债务人而言,以修改其他债务条件进行的债务重组,修改后的债务条款如涉及或有应付金额,且该或有应付金额符合或有事项准则中有关预计负债确认条件的,债务人应当将该或有应付金额确认为预计负债。重组债务的账面价值与重组后债务的入账价值和预计负债金额之和的差额,作为债务重组利得,计入营业外收入。需要说明的是,在附或有支出的债务重组方式下,债务人应当在每期期末,按照或有事项确认和计量要求,确定其最佳估计数,期末所确定的最佳估计数与原预计数的差额,计入当期损益。

对于债权人而言,以修改其他债务条件进行债务重组,修改后的债务条款中涉及或有应收金额的,不应当确认或有应收金额,不得将其计入重组后债权的账面价值。根据谨慎性原则,或有应收金额属于或有资产,或有资产不予确认。只有在或有应收金额实际发生时,才计入当期损益。

四、以上三种方式的组合方式

用以上三种方式的组合方式进行债务重组,主要有以下几种情况:

（一）以现金、非现金资产两种方式的组合清偿债务

以现金、非现金资产两种方式的组合清偿某项债务的，重组债务的账面价值与支付的现金、转让的非现金资产的公允价值的差额作为债务重组利得。非现金资产的公允价值与其账面价值的差额作为转让资产损益。

债权人重组债权的账面价值与收到的现金、受让的非现金资产的公允价值，以及已提减值准备的差额作为债务重组损失。

（二）以现金、债务转为资本两种方式的组合清偿债务

以现金、债务转为资本两种方式的组合清偿某项债务的，重组债务的账面价值与支付的现金、债权人因放弃债权而享有的股权的公允价值的差额作为债务重组利得。股权的公允价值与股本（或实收资本）的差额作为资本公积。

债权人重组债权的账面价值与收到的现金、因放弃债权而享有的公允价值，以及已提减值准备的差额作为债务重组损失。

（三）以非现金资产、债务转为资本两种方式的组合清偿债务

以非现金资产、债务转为资本两种方式的组合清偿某项债务的，重组债务的账面价值与转让的非现金资产的公允价值、债权人因放弃债权而享有的股权的公允价值的差额为债务重组利得。非现金资产的公允价值与账面价值的差额作为转让资产损益；股权的公允价值与股本（或实收资本）的差额作为资本公积。

债权人重组债权的账面价值与受让的非现金资产的公允价值、因放弃债权而享有的股权的公允价值，以及已提减值准备的差额作为债权重组损失。

（四）以现金、非现金资产、债务转为资本三种方式的组合清偿债务

以现金、非现金资产、债务转为资本三种方式的组合清偿某项债务的，重组债务的账面价值与支付的现金、转让的非现金资产的公允价值、债权人因放弃债权而享有股权的公允价值的差额作为债务重组利得。非现金资产的公允价值与其账面价值的差额作为转让资产损益；股权的公允价值与股本（或实收资本）的差额作为资本公积。

债权人重组债权的账面价值与收到的现金、受让的非现金资产的公允价值、因放弃债权而享有的股权的公允价值，以及已提减值准备的差额作为债权重组损失。

（五）以资产、债务转为资本、修改其他债务条件等方式的组合清偿债务

以资产、债务转为资本等方式的组合清偿某项债务的一部分，并对该项债务的另一部分以修改其他债务条件进行债务重组。在这种方式下，债务人应先以支付的现金、转让的非现金资产的公允价值、债权人因放弃债权而享有的股权的公允价值冲减重组债务的账面价值，余额与重组后债务的公允价值进行比较，据此计算债务重组利得。其债权人因放弃债权而享有的股权的公允价值与股本（或实收资本）的差额作为资本公积；非现金资产的公允价值与其账面价

值的差额作为转让资产损益,于当期确认。

债权人应先以收到的现金、受让非现金资产的公允价值、因放弃债权而享有的股权的公允价值冲减重组债权的账面价值,差额与重组后债务的公允价值进行比较,据此计算债务重组损失。

本 章 小 结

本章主要讲授债务重组的概念、债务重组的方式、债务重组的会计处理等有关内容,基本要点包括:

1. 债务重组是指在债务人发生财务困难的情况下,债权人按照其与债务人达成的协议或者法院的裁定作出让步的事项。

2. 债务重组的方式包括以资产清偿债务、债务转为资本、修改其他债务条件及以上三种方式的组合方式共四种方式。

3. 债务人与债权人进行债务重组,分别以资产清偿债务、债务转为资本、修改其他债务条件及以上三种方式的组合方式共四种方式进行会计处理。修改其他债务条件进行债务重组的,债务人和债权人应分别不附或有条件、附或有条件进行会计处理。以资产、债务转为资本、修改其他债务条件等方式组合清偿债务的,按照资产、债务转为资本、修改其他债务条件等的顺序进行会计处理。

思 考 题

1. 简述债务重组的方式。
2. 简述在各种债务重组方式下,债权债务双方的会计处理有何不同?
3. 在以非现金资产抵偿债务时,债务人应如何确定非现金资产的处置损益和债务重组利得?
4. 债务重组涉及或有事项时,债权债务双方应如何处理?

第二章 Chapter 2

非货币性资产交换

【学习目标】
1. 掌握非货币性资产交换的确认和计量；
2. 掌握以公允价值计量的非货币性资产交换的会计处理；
3. 掌握以换出资产账面价值计量的非货币性资产交换的会计处理；
4. 掌握涉及多项非货币性资产交换的非会计处理；
5. 熟悉非货币性资产交换的认定；
6. 熟悉商业实质的判断标准；
7. 了解货币性资产和非货币性资产的概念。

【能力目标】
1. 非货币性资产交换的确认和计量；
2. 非货币性资产交换的会计处理。

【引导案例】
2010年4月，在上海证券交易所上市的诚成文化发布了两份不同的2009年年报。这是中国证券市场史上第一次出现两份正式年报。诚成文化发布的这两份年报的最大差异是第一份年报比第二份年报多出了5 000多万元的投资收益，原因是诚成文化2009年进行了资产交换。诚成文化将评估价值为870万元的一家子公司及诚成文化娱乐公司与大股东海南诚成企业集团公司评估价值为6 528万元的1 600套"传世藏书"进行资产交换，产生了5 000多万元的交换差额，最后在报表中被计算成5 000多万元的投资收益，使诚成文化每股收益达到了0.36元，净资产收益率达到了12%。但是，由于这次资产交换属于非货币性资产交换，换进来的资产是1 600套书籍，并不是货币资产，因此财政部按照相关准则认定，这次置换不公平、不合理,计算方式有误,要求诚成文化重新对这项交易进行会计处理,并对会计报表进行修改。于是,就产生了两份差异极大的报表。诚成文化为什么要将其拥有的只有 870 万元的资产与大股东海南诚成企业集团公司评估价值 6 528 万元的资产进行资产交换呢?该项资产交换应否确认为交换损益呢?学习本章之后,你将得到这一问题的正确答案。

非货币性资产交换是一种非经常性的特殊交易行为,是交易双方主要以存货、固定资产、无形资产和长期股权投资等非货币性资产进行的交换。实务工作中,交易双方通过非货币性资产交换,一方面可以满足各自生产经营的需要,同时可在一定程度上减少货币性资产的流出。如某企业需要另一个企业拥有的一项设备,另一个企业需要上述企业生产的产品作为原材料,双方就可能会出现非货币性资产交换的交易行为,同时也在一定程度上减少货币性资产的流出。因此,换入资产成本的计量基础以及对换出资产损益的确定与以货币性资产取得非货币性资产不同,需要运用不同的计量基础和判断标准。

第一节 非货币性资产交换的认定

一、非货币性资产交换的认定

非货币性资产交换是相对于货币性资产而言的。货币性资产,是指企业持有的货币资金和将以固定或可确定的金额收取的资产,包括现金、银行存款、应收账款和应收票据以及准备持有至到期的债券投资等。

非货币性资产,是指货币性资产以外的资产。非货币性资产有别于货币性资产的最基本特征是,其在将来为企业带来的经济利益,即货币金额是不固定的或不可确定的。例如,企业持有固定资产的主要目的是用于生产经营,通过折旧方式将其磨损价值转移到产品成本中,然后通过产品销售获利,固定资产在将来为企业带来的经济利益,即货币金额,是不固定的或不可确定的,因此,固定资产属于非货币性资产。资产负债表列示的项目中属于非货币性资产的项目通常包括存货(原材料、包装物、低值易耗品、库存商品、委托加工物资、委托代销商品等)、长期股权投资、投资性房地产、固定资产、在建工程、工程物资、无形资产等。

非货币性资产交换一般不涉及货币性资产,或只涉及少量货币性资产即补价。非货币性资产交换准则规定,认定涉及少量货币性资产的交换为非货币性资产交换,通常以补价占整个资产交换金额的比例是否低于 25% 作为参考比例。也就是说,支付的货币性资产占换入资产公允价值(或占换出资产公允价值与支付的货币性资产之和)的比例,或者收到的货币性资产占换出资产公允价值(或占换入资产公允价值与收到的货币性资产之和)的比例低于 25% 的,视为非货币性资产交换;高于 25%(含 25%)的,视为货币性资产交换。非货币性资产交换的认定条件可以用公式表示为

$$\frac{支付的货币性资产}{换入资产公允价值(或换出资产公允价值+支付的货币性资产)} < 25\%$$

$$\frac{收到的货币性资产}{换出资产公允价值(或换入资产公允价值+收到的货币性资产)} < 25\%$$

二、非货币性资产交换不涉及的交易和事项

本章所指非货币性资产交换不涉及以下交易和事项:

(一) 与所有者或所有者以外方面的非货币性资产非互惠转让

所谓非互惠转让,是指企业将其拥有的非货币性资产无代价地转让给其所有者或其他企业,或由其所有者或其他企业将非货币性资产无代价地转让给企业。本章所述的非货币性资产交换是企业之间主要以非货币性资产形式的互惠转让,即企业取得一项非货币性资产,必须以付出自己拥有的非货币性资产作为代价,而不是单方向的非互惠转让。实务中,与所有者的非互惠转让如以非货币性资产作为股利发放给股东等,属于资本性交易,适用《企业会计准则第 37 号——金融工具列报》。企业与所有者以外方面发生的非互惠转让,如政府无偿提供非货币性资产给企业建造固定资产,属于政府以非互惠方式提供非货币性资产,适用《企业会计准则第 16 号——政府补助》。

(二) 在企业合并、债务重组中和发行股票取得的非货币性资产

在企业合并、债务重组中取得的非货币性资产,其成本确定分别适用《企业会计准则第 20 号——企业合并》和《企业会计准则第 12 号——债务重组》;企业以发行股票形式取得的非货币性资产,相当于以权益工具换入非货币性资产,其成本确定适用《企业会计准则第 37 号——金融工具列报》。

第二节 非货币性资产交换的确认和计量

一、确认和计量原则

在非货币性资产交换的情况下,不论是一项资产换入一项资产、一项资产换入多项资产、多项资产换入一项资产,还是多项资产换入多项资产,非货币性资产交换准则规定了确定换入资产成本的两种计量基础和交换所产生损益的确认原则。

(一) 公允价值

非货币性资产交换同时满足下列两个条件的,应当以公允价值和应支付的相关税费作为换入资产的成本,公允价值与换出资产账面价值的差额计入当期损益:

1. 该项交换具有商业实质
2. 换入资产或换出资产的公允价值能够可靠地计量

资产存在活跃市场,是资产公允价值能够可靠计量的明显证据,但不是唯一要求。属于以下三种情形之一的,公允价值视为能够可靠计量:

(1) 换入资产或换出资产存在活跃市场。

(2) 换入资产或换出资产不存在活跃市场,但同类或类似资产存在活跃市场。

(3) 换入资产或换出资产不存在同类或类似资产可比市场交易、采用估值技术确定的公允价值满足一定的条件。采用估值技术确定的公允价值必须符合以下条件之一,视为能够可靠计量:

① 采用估值技术确定的公允价值估计数的变动区间很小。这种情况是指虽然企业通过估值技术确定的资产的公允价值不是一个单一的数据,但是介于一个变动范围很小的区间内,可以认为资产的公允价值能够可靠计量。

② 在公允价值估计数变动区间内,各种用于确定公允价值估计数的概率能够合理确定;这种情况是指采用估值技术确定的资产公允价值在一个变动区间内,区间内出现各种情况的概率或可能性能够合理确定,企业可以采用类似《企业会计准则第13号——或有事项》计算最佳估计数的方法确定资产的公允价值,这种情况视为公允价值能够可靠计量。

换入资产和换出资产公允价值均能够可靠计量的,应当以换出资产公允价值作为确定换入资产成本的基础,一般来说,取得资产的成本应当按照所放弃资产的对价来确定,在非货币性资产交换中,换出资产就是放弃的对价,如果其公允价值能够可靠确定,应当优先考虑按照换出资产的公允价值作为确定换入资产成本的基础;如果有确凿证据表明换入资产的公允价值更加可靠的,应当以换入资产公允价值为基础确定换入资产的成本,这种情况多发生在非货币性资产交换存在补价的情况,因为存在补价表明换入资产和换出资产公允价值不相等,一般不能直接以换出资产的公允价值作为换入资产的成本。

(二) 账面价值

不具有商业实质或交换涉及资产的公允价值均不能可靠计量的非货币性资产交换,应当按照换出资产的账面价值和应支付的相关税费作为换入资产的成本,无论是否支付补价,均不确认损益;收到或支付的补价作为确定换入资产成本的调整因素,其中,收到补价方应当以换出资产的账面价值减去补价加上应支付的相关税费作为换入资产的成本;支付补价方应当以换出资产的账面价值加上补价和应支付的相关税费作为换入资产的成本。

二、商业实质的判断

(一) 判断条件

认定某项非货币性资产交换具有商业实质,必须满足下列条件之一:

1. 换入资产的未来现金流量在风险、时间和金额方面与换出资产显著不同

换入资产的未来现金流量在风险、时间和金额方面与换出资产显著不同,通常包括但不仅限于以下几种情况:

(1)未来现金流量的风险、金额相同,时间不同。例如,某企业以一批存货换入一项设备,因存货流动性强,能够在较短的时间内产生现金流量,设备作为固定资产要在较长的时间内为企业带来现金流量,假定两者产生的未来现金流量风险和总额均相同,但由于两者产生现金流量的时间跨度相差较大,则可以判断上述存货与固定资产的未来现金流量显著不同,因而该两项资产的交换具有商业实质。

(2)未来现金流量的时间、金额相同,风险不同。例如,A企业以其用于经营出租的一幢公寓楼,与B企业同样用于经营出租的一幢公寓楼进行交换,两幢公寓楼的租期、每期租金总额均相同,但是A企业是租给一家财务及信用状况良好的企业(该企业租用该公寓是给其单身职工居住),B企业的客户则都是单个租户,相比较而言,A企业取得租金的风险较小,B企业由于租给散户,租金的取得依赖于各单个租户的财务和信用状况;因此,两者现金流量流入的风险或不确定性程度存在明显差异,则两幢公寓楼的未来现金流量显著不同,进而可判断该两项资产的交换具有商业实质。

(3)未来现金流量的风险、时间相同,金额不同。例如,某企业以一项商标权换入另一企业的一项专利技术,预计两项无形资产的使用寿命相同,在使用寿命内预计为企业带来的现金流量总额相同,但是换入的专利技术是新开发的,预计开始阶段产生的未来现金流量明显少于后期,而该企业拥有的商标每年产生的现金流量比较均衡,则两者各年产生的现金流量金额差异明显,则上述商标权与专利技术的未来现金流量显著不同,因而该两项资产的交换具有商业实质。

2. 换入资产与换出资产的预计未来现金流量现值不同,且其差额与换入资产和换出资产的公允价值相比是重大的

企业如按照上述第一项条件难以判断某项非货币性资产交换是否具有商业实质,再根据第二项条件,通过计算换入资产和换出资产的预计未来现金流量现值,进行比较后判断。资产预计未来现金流量的现值,应当按照资产在持续使用过程中和最终处置时所产生的预计未来现金流量,选择恰当的折现率对其进行折现后的金额加以确定,即国际财务报告准则所称的"主体特定价值"。

从市场参与者的角度分析,换入资产和换出资产预计未来现金流量在风险、时间和金额方面可能相同或相似,但是鉴于换入资产的性质和换入企业经营活动的特征等因素,换入资产与换入企业其他现有资产相结合,能够比换出资产产生更大的作用,使换入企业受该换入资产影响的经营活动部分产生的现金流量与换出资产明显不同,即换入资产对换入企业的使用价值与换出资产对该企业的使用价值明显不同,使换入资产的预计未来现金流量现值与换出资产产生明显差异,因而表明该两项资产的交换具有商业实质。

某企业以一项专利权换入另一企业拥有的长期股权投资，假定从市场参与者来看，该项专利权与该项长期股权投资的公允价值相同，两项资产未来现金流量的风险、时间和金额亦相同，但是对换入企业来讲，换入该项长期股权投资使该企业对被投资方由重大影响变为控制关系，从而对换入企业产生的预计未来现金流量现值与换出的专利权有较大差异；另一企业换入的专利权能够解决生产中的技术难题，从而对换入企业产生的预计未来现金流量现值与换出的长期股权投资有明显差异，因而该两项资产的交换具有商业实质。

（二）交换涉及的资产类别与商业实质的关系

企业在判断非货币性资产交换是否具有商业实质时，可以从资产是否属于同一类别进行分析，因为不同类非货币性资产因其产生经济利益的方式不同，一般来说其产生的未来现金流量风险、时间和金额也不相同，因而不同类非货币性资产之间的交换是否具有商业实质，通常较易判断。不同类非货币性资产是指在资产负债表中列示的不同大类的非货币性资产，比如存货、固定资产、投资性房地产、生物资产、长期股权投资、无形资产等都是不同类别的资产。

企业以一项用于出租的投资性房地产交换一项固定资产自用，在这种情况下，企业就将未来现金流量由每期产生的租金流，转化为该项资产独立产生或包括该项资产的资产组协同产生的现金流。通常情况下，由定期租金带来的现金流量与用于生产经营用的固定资产产生的现金流量在风险、时间和金额方面有所差异，因此，该两项资产的交换应当视为具有商业实质。

企业应当重点关注的是换入资产和换出资产为同类资产的情况，同类资产产生的未来现金流量既可能相同，也可能显著不同，其之间的交换因而可能具有商业实质，也可能不具有商业实质。例如，企业将自己拥有的一幢建筑物，与另一企业拥有的在同一地点的另一幢建筑物相交换，两幢建筑物的建造时间、建造成本等均相同，但两者未来现金流量的风险、时间和金额可能不同。再如，其中一项资产立即可供出售且企业管理层也打算将其立即出售，另一项难以出售或只能在一段较长的时间内出售，从而至少表明两项资产未来现金流量流入的时间明显不同，在这种情况下，该两项资产的交换视为具有商业实质。

商品用于交换具有类似性质和相等价值的商品，这种非货币性资产交换一般不产生损益，这种情况通常发生在某些特定商品上，例如石油或牛奶，供应商为满足特定地区对这类商品的及时需要，在不同的地区交换各自的商品（存货）。例如，A石油销售公司有部分客户在B石油销售公司的所在地，B公司有部分客户在A公司所在地，为了满足两地客户的即时需求，A公司将其相同型号、容量和价值的石油供应给B公司在A公司所在地的客户，同样，B公司也将相同型号、容量和价值的石油供应给A公司在B公司所在地的客户，这样的非货币性资产交换不能确认损益。

（三）关联方之间交换资产与商业实质的关系

关联方在确定非货币性资产交换是否具有商业实质时，企业应当关注交易各方之间是否存在关联方关系。关联方关系的存在可能导致发生的非货币性资产交换不具有商业实质。

第三节 非货币性资产交换的会计处理

一、以公允价值计量的会计处理

非货币性资产交换准则规定，非货币性资产交换具有商业实质且公允价值能够可靠计量的，应当以换出资产的公允价值和应支付的相关税费作为换入资产的成本，除非有确凿证据表明换入资产的公允价值比换出资产的公允价值更加可靠。

在以公允价值计量的情况下，不论是否涉及补价，只要换出资产的公允价值与其账面价值不相同，就一定会涉及损益的确认，因为非货币性资产交换损益通常是换出资产公允价值与换出资产账面价值的差额，通过非货币性资产交换予以实现。

（一）换入资产入账价值的确定及相关会计处理

1. 换入资产入账价值的确定

(1) 不涉及补价的情况。

换入资产成本＝换出资产公允价值＋换出资产增值税销项税额－换入资产可抵扣的增值税进项税额＋支付的应计入换入资产成本的相关税费

(2) 涉及补价的情况。

①支付补价。

换入资产成本＝换出资产公允价值＋换出资产增值税销项税额－换入资产可抵扣的增值税进项税额＋支付的应计入换入资产成本的相关税费＋支付的补价

②收到补价。

换入资产成本＝换出资产公允价值＋换出资产增值税销项税额－换入资产可抵扣的增值税进项税额＋支付的应计入换入资产成本的相关税费－收到的补价

2. 换出资产公允价值与其账面价值的差额的会计处理

换出资产公允价值与其账面价值的差额，应当分别按照不同情况处理：

(1) 换出资产为存货的，应当视同销售处理，根据《企业会计准则第14号——收入》按照公允价值确认销售收入，同时结转销售成本，相当于按照公允价值确认的收入和按账面价值结转的成本之间的差额，也即换出资产公允价值和换出资产账面价值的差额，在利润表中作为营业利润的构成部分予以列示。

(2) 换出资产为固定资产、无形资产的，换出资产公允价值和换出资产账面价值的差额计入营业外收入或营业外支出。

(3) 换出资产为长期股权投资、可供出售金融资产的，换出资产公允价值与其账面价值的差额，计入投资收益，并将长期股权投资和可供出售金融资产持有期间形成的"资本公积——其他资本公积"转入投资收益。

3. 相关税费的处理

(1) 与换出资产有关的相关税费与出售资产相关税费的会计处理相同,如换出固定资产支付的清理费用、换出不动产应交的营业税计入营业外收支,换出投资性房地产应交的营业税计入营业税金及附加等。

(2) 与换入资产有关的相关税费与购入资产相关税费的会计处理相同,如换入资产的运费和保险费计入换入资产的成本等。

(二) 不涉及补价的情况

【例2.1】 2011年5月1日,甲公司以2009年购入的生产经营用设备交换乙公司生产的一批钢材,甲公司换入的钢材作为原材料用于生产,乙公司换入的设备继续用于生产钢材。甲公司设备的账面原价为1 500 000元,在交换日的累计折旧为525 000元,公允价值为1 404 000元,甲公司此前没有为该设备计提资产减值准备。此外,甲公司以银行存款支付清理费1 500元。乙公司钢材的账面价值为1 200 000元,在交换日的市场价格为1 404 000元,计税价格等于市场价格,乙公司此前也没有为该批钢材计提存货跌价准备。

甲公司、乙公司均为增值税一般纳税人,适用的增值税税率为17%。假设甲公司和乙公司在整个交易过程中没有发生除增值税以外的其他税费,甲公司和乙公司均开具了增值税专用发票。

本例中,整个资产交换过程没有涉及收付货币性资产,因此,该项交换属于非货币性资产交换。甲公司以固定资产换入存货,换入的钢材是生产过程中的原材料,乙公司换入的设备是生产用设备,两项资产交换后对换入企业的特定价值显著不同,两项资产的交换具有商业实质;同时,两项资产的公允价值都能够可靠地计量,符合公允价值计量的两个条件。因此,甲公司和乙公司均应当以换出资产的公允价值为基础确定换入资产的成本,并确认产生的相关损益。

甲公司的账务处理如下:

换出设备的增值税销项税额 = 1 404 000×17% = 238 680(元)

借:固定资产清理	975 000
累计折旧	525 000
贷:固定资产——××设备	1 500 000
借:固定资产清理	1 500
贷:银行存款	1 500
借:原材料——钢材	1 404 000
应交税费——应交增值税(进项税额)	238 680
贷:固定资产清理	976 500
营业外收入	427 500
应交税费——应交增值税(销项税额)	238 680

其中,营业外收入的金额为换出设备的公允价值 1 404 000 元与其账面价值 975 000×(1 500 000-525 000)元并扣除清理费用 1 500 元后的余额,即 427 500 元。

乙公司的账务处理如下:
企业以库存商品换入其他资产,应计算增值税销项税额,缴纳增值税。

    换出钢材的增值税销项税额=1 404 000×17%=238 680(元)
    换入设备的增值税进项税额=1 404 000×17%=238 680(元)

借:固定资产——××设备   1 404 000
  应交税费——应交增值税(进项税额)   238 680
 贷:主营业务收入——钢材   1 404 000
   应交税费——应交增值税(销项税额)   238 680
借:主营业务成本——钢材   1 200 000
 贷:库存商品——钢材   1 200 000

【例2.2】 2009年6月,为了提高产品质量,甲冰箱制造公司以其持有的对丙公司的长期股权投资交换乙冰箱制造公司拥有的一项冰箱无霜专利技术。在交换日,甲公司持有的长期股权投资账面余额为670万元,已计提长期股权投资减值准备余额为40万元,在交换日的公允价值为650万元;乙公司专利技术的账面原价为800万元,累计已摊销金额为120万元,在交换日的公允价值为650万元,乙公司没有为该项专利技术计提减值准备。乙公司原已持有对丙公司的长期股权投资,从甲公司换入对丙公司的长期股权投资后,使丙公司成为乙公司的联营企业。假设整个交易过程中没有发生其他相关税费。

  该项资产交换没有涉及收付货币性资产,因此属于非货币性资产交换。本例属于以长期股权投资换入无形资产。对甲公司来讲,换入无霜专利技术能够大幅度改善产品质量,相对于对丙公司的长期股权投资来讲,预计未来现金流量的时间、金额和风险均不相同;对乙公司来讲,换入对丙公司的长期股权投资,使其对丙公司的关系由既无控制、共同控制或重大影响,改变为具有重大影响,因而可通过参与丙公司的财务和经营政策等方式,对其施加重大影响,增加了借此从丙公司活动中获取经济利益的权力,与专利技术预计产生的未来现金流量在时间、风险和金额方面都有所不同。因此,该两项资产的交换具有商业实质;同时,两项资产的公允价值都能够可靠地计量,符合非货币性资产交换准则规定以公允价值计量的条件。甲公司和乙公司均应当以公允价值为基础确定换入资产的成本,并确认产生的损益。

甲公司的账务处理如下:
借:无形资产——专利权   6 500 000
  长期股权投资减值准备   400 000
 贷:长期股权投资   6 700 000
   投资收益   200 000
乙公司的账务处理如下:

借：长期股权投资　　　　　　　　　6 500 000
　　累计摊销　　　　　　　　　　　1 200 000
　　营业外支出　　　　　　　　　　　 300 000
　　贷：无形资产——专利权　　　　　　　　　8 000 000

（三）涉及补价的情况

【例 2.3】 甲公司经协商以其拥有的一幢自用写字楼与乙公司持有的对丙公司长期股权投资交换。在交换日，该幢写字楼的账面原价为 6 000 000 元，已提折旧 1 200 000 元，未计提减值准备，在交换日的公允价值为 6 750 000 元，税务机关核定甲公司因交换写字楼需要缴纳营业税 337 500 元；乙公司持有的对丙公司长期股权投资账面价值为 4 500 000 元，没有计提减值准备，在交换日的公允价值为 6 000 000 元，乙公司支付 750 000 元给甲公司。乙公司换入写字楼后用于经营出租目的，并拟采用成本计量模式。甲公司换入对丙公司投资仍然作为长期股权投资，并采用成本法核算。甲公司转让写字楼的营业税尚未支付，假定除营业税外，该项交易过程中不涉及其他相关税费。

本例中，该项资产交换涉及收付货币性资产，即补价 750 000 元。对甲公司而言，收到的补价 750 000 元÷换出资产的公允价值 6 750 000 元（或换入长期股权投资公允价值 6 000 000 元+收到的补价 750 000 元）×100% = 11.11% < 25%，属于非货币性资产交换。

对乙公司而言，支付的补价 750 000 元÷换入资产的公允价值 6 750 000 元（或换出长期股权投资公允价值 6 000 000 元+支付的补价 750 000 元）×100% = 11.11% < 25%，属于非货币性资产交换。

本例属于以固定资产交换长期股权投资。由于两项资产的交换具有商业实质，且长期股权投资和固定资产的公允价值均能够可靠地计量，因此，甲、乙公司均应当以公允价值为基础确认换入资产的成本，并确认产生的损益。

甲公司的账务处理如下：
借：固定资产清理　　　　　　　　　4 800 000
　　累计折旧　　　　　　　　　　　1 200 000
　　贷：固定资产——办公楼　　　　　　　　 6 000 000
借：固定资产清理　　　　　　　　　 337 500
　　贷：应交税费——应交营业税　　　　　　 337 500
借：长期股权投资——丙公司　　　　 6 000 000
　　银行存款　　　　　　　　　　　 750 000
　　贷：固定资产清理　　　　　　　　　　　 6 750 000
借：固定资产清理　　　　　　　　　1 612 500
　　贷：营业外收入　　　　　　　　　　　　 1 612 500

其中，营业外收入金额为甲公司换出固定资产的公允价值 6 750 000 元与账面价值

4 800 000元之间的差额,减去处置时发生的营业税337 500元,即1 612 500元。

乙公司的账务处理如下:

借:投资性房地产　　　　　　　　　　　6 750 000
　　贷:长期股权投资——丙公司　　　　　　　　4 500 000
　　　　银行存款　　　　　　　　　　　　　　　750 000
　　　　投资收益　　　　　　　　　　　　　　1 500 000

其中,投资收益金额为乙公司换出长期股权投资的公允价值6 000 000元与账面价值4 500 000元之间的差额,即1 500 000元。

二、以账面价值计量的会计处理

非货币性资产交换准则规定,非货币性资产交换不具有商业实质,或者虽然具有商业实质但换入资产和换出资产的公允价值均不能可靠计量的,应当以换出资产账面价值为基础确定换入资产成本,无论是否支付补价,均不确认损益。

(一)不涉及补价情况下的会计处理

换入资产成本=换出资产账面价值+换出资产增值税销项税额-换入资产可抵扣的增值税进项税额+支付的应计入换入资产成本的相关税费

【例2.4】 甲公司以其持有的对丙公司的长期股权投资交换乙公司拥有的商标权。在交换日,甲公司持有的长期股权投资账面余额为5 000 000元,已计提长期股权投资减值准备余额为1 400 000元,该长期股权投资在市场上没有公开报价,公允价值也不能可靠计量;乙公司商标权的账面原价为4 200 000元,累计已摊销金额为600 000元,其公允价值也不能可靠计量,乙公司没有为该项商标权计提减值准备,税务机关核定乙公司为交换该商标权需要缴纳营业税180 000元。乙公司将换入的对丙公司的投资仍作为长期股权投资,并采用成本法核算。乙公司尚未缴纳营业税,假设除营业税以外,整个交易过程中没有发生其他相关税费。

本例中,该项资产交换没有涉及收付货币性资产,因此属于非货币性资产交换。本例属于以长期股权投资交换无形资产。由于换出资产和换入资产的公允价值都无法可靠计量,因此,甲、乙公司换入资产的成本均应当按照换出资产的账面价值确定,不确认损益。

甲公司的账务处理如下:

借:无形资产——商标权　　　　　　　　3 600 000
　　长期股权投资减值准备——丙公司　　1 400 000
　　贷:长期股权投资——丙公司　　　　　　　5 000 000

乙公司的账务处理如下:

借:长期股权投资——丙公司　　　　　　3 600 000
　　累计摊销　　　　　　　　　　　　　　600 000
　　营业外支出　　　　　　　　　　　　　180 000

贷：无形资产——专利权	4 200 000
应交税费——应交营业税	180 000

（二）涉及补价情况下的会计处理

1. 支付补价

换入资产成本=换出资产账面价值+换出资产增值税销项税额-换入资产可抵扣的增值税进项税额+支付的应计入换入资产成本的相关税费+支付的补价

2. 收到补价

换入资产成本=换出资产账面价值+换出资产增值税销项税额-换入资产可抵扣的增值税进项税额+支付的应计入换入资产成本的相关税费-收到的补价

【例2.5】 甲公司拥有一个离生产基地较远的仓库，该仓库账面原价3 500 000元，已计提折旧2 350 000元；乙公司拥有一项长期股权投资，账面价值1 050 000元，两项资产均未计提减值准备。由于仓库离市区较远，公允价值不能可靠计量；乙公司拥有的长期股权投资在活跃市场中没有报价，其公允价值也不能可靠计量。双方商定，乙公司以两项资产账面价值的差额为基础，支付甲公司100 000元补价，以换取甲公司拥有的仓库。税务机关核定甲公司需要为交换仓库支付营业税57 500元，尚未支付。假定除营业税外，交易中没有涉及其他相关税费。

本例中，该项资产交换涉及收付货币性资产，即补价100 000元。对甲公司而言，收到的补价100 000元÷换出资产账面价值1 150 000元×100%=8.7%＜25%，因此，该项交换属于非货币性资产交换，乙公司的情况也类似。由于两项资产的公允价值不能可靠计量，因此，甲、乙公司换入资产的成本均应当以换出资产的账面价值为基础确定，不确认损益。

甲公司的账务处理如下：

借：固定资产清理	1 150 000
累计折旧	2 350 000
贷：固定资产——仓库	3 500 000
借：固定资产清理	57 500
贷：应交税费——应交营业税	57 500
借：长期股权投资——××公司	1 050 000
银行存款	100 000
贷：固定资产清理	1 150 000
借：营业外支出	57 500
贷：固定资产清理	57 500

乙公司的账务处理如下：

借：固定资产——仓库	1 150 000
贷：长期股权投资——××公司	1 050 000

银行存款　　　　　　　　　　100 000

三、涉及多项非货币性资产交换的会计处理

　　涉及多项非货币性资产交换的情况包括企业以一项非货币性资产同时换入另一企业的多项非货币性资产，或同时以多项非货币性资产换入另一企业的一项非货币性资产，或以多项非货币性资产同时换入多项非货币性资产，也可能涉及补价。在涉及多项非货币性资产的交换中，企业无法将换出的某一资产与换入的某一特定资产相对应。与单项非货币性资产之间的交换一样，涉及多项非货币性资产交换的计量，企业也应当首先判断是否符合非货币性资产交换准则以公允价值计量的两个条件，再分别情况确定各项换入资产的成本。涉及多项非货币性资产的交换一般可以分为以下几种情况：

　　第一，资产交换具有商业实质，且各项换出资产和各项换入资产的公允价值均能够可靠计量。在这种情况下，换入资产的总成本应当按照换出资产的公允价值总额为基础确定，除非有确凿证据证明换入资产的公允价值总额更可靠。各项换入资产的成本，应当按照各项换入资产的公允价值占换入资产公允价值总额的比例，对换入资产总成本进行分配，确定各项换入资产的成本。

　　第二，资产交换具有商业实质，且换入资产的公允价值能够可靠计量、换出资产的公允价值不能可靠计量。在这种情况下，换入资产的总成本应当按照换入资产的公允价值总额为基础确定，各项换入资产的成本应当按照各项换入资产的公允价值占换入资产公允价值总额的比例，对换入资产总成本进行分配，确定各项换入资产的成本。

　　第三，资产交换具有商业实质，换出资产的公允价值能够可靠计量，但换入资产的公允价值不能可靠计量。在这种情况下，换入资产的总成本应当按照换出资产的公允价值总额为基础确定，各项换入资产的成本，应当按照各项换入资产的原账面价值占换入资产原账面价值总额的比例，对按照换出资产公允价值总额确定的换入资产总成本进行分配，确定各项换入资产的成本。

　　第四，资产交换不具有商业实质，或换入资产和换出资产的公允价值均不能可靠计量。在这种情况下，换入资产的总成本应当按照换出资产原账面价值总额为基础确定，各项换入资产的成本，应当按照各项换入资产的原账面价值占换入资产原账面价值总额的比例，对按照换出资产账面价值总额为基础确定的换入资产总成本进行分配，确定各项换入资产的成本。

　　实际上，上述第一、第二、第三三种情况，换入资产总成本都是按照公允价值计量，但各单项换入资产成本的确定，视各单项换入资产的公允价值能否可靠计量而分情况处理；第四属于不符合公允价值计量的条件，换入资产总成本按照换出资产账面价值总额确定，各单项换入资产成本的确定，按照各单项换入资产的原账面价值占换入资产原账面价值总额的比例确定。

　　（一）具有商业实质且换入资产公允价值能够可靠计量的会计处理

　　非货币性资产交换具有商业实质，且换入资产的公允价值能够可靠计量的，应当按照换入

各项资产的公允价值占换入资产公允价值总额的比例,对换入资产的成本总额进行分配,确定各项换入资产的成本。

每项换入资产成本＝该项资产的公允价值÷换入资产公允价值总额×换入资产的成本总额

【例2.6】 2012年6月30日,为适应业务发展的需要,经与乙公司协商,甲公司决定以生产经营过程中使用的办公楼、机器设备和库存商品换入乙公司生产经营过程中使用的10辆货运车、5辆轿车和15辆客运汽车。

甲公司办公楼的账面原价为2 250 000元,在交换日的累计折旧为450 000元,公允价值为1 600 000元;机器设备系由甲公司于2009年购入,账面原价为1 800 000元,在交换日的累计折旧为900 000元,公允价值为1 200 000元;库存商品的账面余额为4 500 000元,市场价格为5 250 000元。

乙公司的货运车、轿车和客运汽车均系2010年初购入,货运车的账面原价为2 250 000元,在交换日的累计折旧为750 000元,公允价值为2 250 000元;轿车的账面原价为3 000 000元,在交换日的累计折旧为1 350 000元,公允价值为2 500 000元;客运汽车的账面原价为4 500 000元,在交换日的累计折旧为1 200 000元,公允价值为3 600 000元。

乙公司另外收取甲公司以银行存款支付的623 000元,其中包括由于换出和换入资产公允价值不同而支付的补价300 000元,以及换出资产销项税额与换入资产进项税额的差额323 000元。

假定甲公司和乙公司都没有为换出资产计提减值准备;甲公司换入乙公司的货运车、轿车、客运汽车均作为固定资产使用和管理;乙公司换入甲公司的办公楼、机器设备作为固定资产使用和管理,换入的库存商品作为原材料使用和管理。甲公司和乙公司均为增值税一般纳税人,适用的增值税税率均为17%。甲公司和乙公司均开具了增值税专用发票。甲公司交换办公楼需要按照5%缴纳营业税,计税价格等于相关资产的公允价值或市场价格。

本例中,交换涉及收付货币性资产,应当计算甲公司支付的货币性资产占甲公司换出资产公允价值与支付的货币性资产之和比例,即623 000÷(1 600 000＋1 200 000＋5 250 000＋300 000)×100%＝7.46%＜25%。可以认定这一涉及多项资产的交换行为属于非货币性资产交换。对于甲公司而言,为了拓展运输业务,需要客运汽车、轿车、货运汽车等,乙公司为了满足生产,需要办公楼、机器设备、原材料等,换入资产对换入企业均能发挥更大的作用,因此,该项涉及多项资产的非货币性资产交换具有商业实质;同时,各单项换入资产和换出资产的公允价值均能可靠计量,因此,甲、乙公司均应当以公允价值为基础确定换入资产的总成本,确认产生的相关损益。同时,按照各单项换入资产的公允价值占换入资产公允价值总额的比例,确定各单项换入资产的成本。

计算比例时,分子和分母应当统一,题目答案分母为不含税补价即300 000元,分子也应当不含,所以计算比例时采用300 000÷(1 600 000＋1 200 000＋5 250 000＋300 000)更为合理。

甲公司的账务处理如下:

(1)计算相关税额。
换出办公楼的营业税税额=1 600 000×5%=80 000(元)
换出设备的增值税销项税额=1 200 000×17%=204 000(元)
换出库存商品的增值税销项税额=5 250 000×17%=892 500(元)
换入货运车、轿车和客运汽车的增值税进项税额=(2 250 000+2 500 000+3 600 000)×17%=1 419 500(元)
(2)计算换入资产、换出资产公允价值总额。
换出资产公允价值总额=1 600 000+1 200 000+5 250 000=8 050 000(元)
换入资产公允价值总额=2 250 000+2 500 000+3 600 000=8 350 000(元)
(3)计算换入资产总成本。
换入资产总成本=8 050 000+300 000+0=8 350 000(元)
或:换入资产总成本=8 050 000+(204 000+892 500)+623 000-1 419 500=8 350 000(元)
(4)计算确定换入各项资产的成本。
货运车的成本=8 350 000×(2 250 000÷8 350 000×100%)=2 250 000(元)
轿车的成本=8 350 000×(2 500 000÷8 350 000×100%)=2 500 000(元)
客运汽车的成本=8 350 000×(3 600 000÷8 350 000×100%)=3 600 000(元)
(5)会计分录。

借:固定资产清理	2 700 000
累计折旧	1 350 000
贷:固定资产——办公楼	2 250 000
——机器设备	1 800 000
借:固定资产清理	280 000
贷:应交税费——应交营业税	280 000
借:固定资产——货运车	2 250 000
——轿车	2 500 000
——客运汽车	3 600 000
应交税费——应交增值税(进项税额)	1 419 500
贷:固定资产清理	2 780 000
主营业务收入	5 250 000
应交税费——应交增值税(销项税额)	1 096 500
银行存款	623 000
营业外收入	20 000
借:主营业务成本	4 500 000
贷:库存商品	4 500 000

其中,营业外收入的金额等于甲公司换出办公楼和设备的公允价值 2 800 000(1 600 000+1 200 000)元超过其账面价值 2 700 000((2 250 000-450 000)+(1 800 000-900 000))元的金额,再减去支付的营业税金额 80 000 元,即 20 000 元。

乙公司的账务处理如下:

(1)计算相关税额。

换入设备的增值税进项税额 = 1 200 000×17% = 204 000(元)

换入原材料的增值税进项税额 = 5 250 000×17% = 892 500(元)

(2)计算换入资产、换出资产公允价值总额。

换出资产公允价值总额 = 2 250 000+2 500 000+3 600 000 = 8 350 000(元)

换入资产公允价值总额 = 1 600 000+1 200 000+5 250 000 = 8 050 000(元)

(3)确定换入资产总成本。

换入资产总成本 = 8 350 000-300 000+0 = 8 050 000(元)

或:换入资产总成本 = 8 350 000+1 419 500-623 000-(204 000+892 500) = 8 050 000(元)

(4)计算确定换入各项资产的成本。

办公楼的成本 = 8 050 000×(1 600 000÷8 050 000×100%) = 1 600 000(元)

机器设备的成本 = 8 050 000×(1 200 000÷8 050 000×100%) = 1 200 000(元)

原材料的成本 = 8 050 000×(5 250 000÷8 050 000×100%) = 5 250 000(元)

(5)会计分录。

借:固定资产清理　　　　　　　　　　　　　6 450 000
　　累计折旧　　　　　　　　　　　　　　　3 300 000
　　贷:固定资产——货运车　　　　　　　　　2 250 000
　　　　　　——轿车　　　　　　　　　　　3 000 000
　　　　　　——客运汽车　　　　　　　　　4 500 000

借:固定资产——办公楼　　　　　　　　　　1 600 000
　　　　　　——机器设备　　　　　　　　　1 200 000
　　原材料　　　　　　　　　　　　　　　　5 250 000
　　应交税费——应交增值税(进项税额)　　　1 096 500
　　银行存款　　　　　　　　　　　　　　　623 000
　　贷:固定资产清理　　　　　　　　　　　　8 350 000
　　　　应交税费——应交增值税(销项税额)　　1 419 500

借:固定资产清理　　　　　　　　　　　　　1 900 000
　　贷:营业外收入　　　　　　　　　　　　　1 900 000

其中,营业外收入的金额为换出货运车、轿车和客运汽车的公允价值 8 350 000(2 250 000+2 500 000+3 600 000)元与账面价值 6 450 000((2 250 000-750 000)+(3 000 000-

1 350 000)+(4 500 000−1 200 000))元的差额,即 1 900 000 元。

(二)不具有商业实质或者虽具有商业实质但换入资产的公允价值不能可靠计量的会计处理

非货币性资产交换不具有商业实质,或者虽具有商业实质但换入资产的公允价值不能可靠计量的,应当按照换入各项资产的原账面价值占换入资产原账面价值总额的比例,对换入资产的成本总额进行分配,确定各项换入资产的成本。

每项换入资产成本=该项资产的原账面价值÷换入资产原账面价值总额×换入资产的成本总额

【例2.7】 甲公司因经营战略发生较大转变,产品结构发生较大调整,原生产厂房、专利技术等已不符合生产新产品的需要,经与乙公司协商,2010 年 1 月 1 日,甲公司将其生产厂房连同专利技术与乙公司正在建造过程中的一幢建筑物、乙公司对丙公司的长期股权投资(采用成本法核算)进行交换。

甲公司换出生产厂房的账面原价为 2 000 000 元,已提折旧 1 250 000 元;专利技术账面原价为 750 000 元,已摊销金额为 375 000 元。

乙公司在建工程截至交换日的成本为 875 000 元,对丙公司的长期股权投资成本为 250 000元。

甲公司的厂房公允价值难以取得,专利技术市场上并不多见,公允价值也不能可靠计量。乙公司的在建工程因完工程度难以合理确定,其公允价值不能可靠计量,由于丙公司不是上市公司,乙公司对丙公司长期股权投资的公允价值也不能可靠计量。假定甲、乙公司均未对上述资产计提减值准备。经税务机关核定,因此项交易甲公司和乙公司分别需要缴纳营业税 56 250 元和 43 750 元。

本例中,交换不涉及收付货币性资产,属于非货币性资产交换。由于换入资产、换出资产的公允价值均不能可靠计量,甲、乙公司均应当以换出资产账面价值总额作为换入资产的总成本,各项换入资产的成本,应当按各项换入资产的账面价值占换入资产账面价值总额的比例分配后确定。

甲公司的账务处理如下:

(1)计算换入资产、换出资产账面价值总额。

换入资产账面价值总额=875 000+250 000=1 125 000(元)

换出资产账面价值总额=(2 000 000−1 250 000)+(750 000−375 000)=1 125 000(元)

(2)确定换入资产总成本。

换入资产总成本=换出资产账面价值=1 125 000(元)

(3)确定各项换入资产成本。

在建工程成本=1 125 000×(875 000÷1 125 000×100%)=875 000(元)

长期股权投资成本=1 125 000×(250 000÷1 125 000×100%)=250 000(元)

(4)会计分录。

借:固定资产清理	750 000	
累计折旧	1 250 000	
贷:固定资产——厂房		2 000 000
借:在建工程——××工程	875 000	
长期股权投资	250 000	
累计摊销	375 000	
贷:固定资产清理		750 000
无形资产——专利技术		750 000
借:营业外支出	56 250	
贷:应交税费——应交营业税		56 250

乙公司的账务处理如下:

(1)计算换入资产、换出资产账面价值总额。

换入资产账面价值总额=(2 000 000−1 250 000)+(750 000−375 000)=1 125 000(元)

换出资产账面价值总额=875 000+250 000=1 125 000(元)

(2)确定换入资产总成本。

换入资产总成本=换出资产账面价值=1 125 000(元)

(3)确定各项换入资产成本。

厂房成本=1 125 000×(750 000÷1 125 000×100%)=750 000(元)

专利技术成本=1 125 000×(375 000÷1 125 000×100%)=375 000(元)

(4)会计分录。

借:固定资产清理	875 000	
贷:在建工程——××工程		875 000
借:固定资产清理	43 750	
贷:应交税费——应交营业税		43 750
借:固定资产——厂房	750 000	
无形资产——专利技术	375 000	
营业外支出	43 750	
贷:固定资产清理		918 750
长期股权投资		250 000

本 章 小 结

本章主要讲授非货币性资产交换的会计处理等有关内容,基本要点包括:

1.非货币性资产交换,是指交易双方主要以存货、固定资产、无形资产和长期股权投资等非货币性资产进行的交换,该交换不涉及或只涉及少量的货币性资产(补价)。其中,非货币性资产是指货币性资产以外的资产,应当注意的是非货币性资产与货币性资产之间的本质差别在于非货币性资产在将来为企业带来的经济利益,即货币金额是不固定的或不可确定的;在认定涉及少量货币性资产的交换为非货币性资产交换,通常以补价占整个资产交换金额的比例低于25%作为参考比例。

2. 在非货币性资产交换的情况下,换入资产的成本有两种计量基础——公允价值与账面价值。非货币性资产交换同时满足下列条件的,应当以公允价值和应支付的相关税费作为换入资产的成本,公允价值与换出资产账面价值的差额计入当期损益:①该项交换具有商业实质;②换入资产或换出资产的公允价值能够可靠计量。未同时满足以上条件的非货币性资产交换,应当以换出资产的账面价值和应支付的相关税费作为换入资产的成本,不确认损益。在发生补价的情况下,确定换入资产成本时还需考虑收到或支付的补价。

3. 涉及多项资产的非货币性资产的计量,企业也应当首先判断是否符合以公允价值计量的两个条件,再分别确定各项换入资产的成本。

思 考 题

1. 什么是货币性资产?什么是非货币性资产?
2. 什么是非货币性资产交换?非货币性资产交换与货币性资产交换如何划分?
3. 非货币性资产交换核算的关键问题是什么?
4. 非货币性资产交换的会计处理原则是什么?
5. 非货币性资产交换是否必须确认损益?
6. 非货币性资产交换是否采用公允价值?
7. 怎样对换出存货的非货币性资产交换进行账务处理?
8. 怎样对换出固定资产的非货币性资产交换进行账务处理?
9. 根据企业会计准则的规定,企业应当在附注中披露与非货币性资产交换相关的哪些信息?

第三章
Chapter 3

借款费用

【学习目标】
1. 掌握借款费用的概念及范围；
2. 掌握专门借款资本化金额的确定；
3. 掌握一般借款资本化金额的确定；
4. 熟悉借款费用可予资本化的范围；
5. 熟悉借款费用开始资本化、暂停资本化和停止资本化的条件；
6. 熟悉辅助费用和外币专门借款汇兑差额资本化金额的计算；
7. 了解符合资本化条件的资产的界定。

【能力目标】
1. 借款费用的确认；
2. 专门借款和一般借款利息费用资本化金额的正确计算。

【引导案例】
长城机电工业有限公司通过市场考察，决定上马一个新生产基地，所需资金先是用银行提供的专门借款3 000万元来修建主体厂房，其他的资金则用银行一般借款解决。但由于工期的非正常延误，导致原来的投产计划一再推迟，工期前后长达三年。在这过程中，如果将企业的借款利息费用都计入资产的成本，无疑会增大成本，影响公司形象，那么如何处理项目在正式投产之前发生的借款成本和正式投产之后发生的贷款利息费用就是本章要解决的问题。

第一节　借款费用概述

在市场经济条件下,资金是企业生存和发展的生命源泉,其需求大量增加,来源日益多元化,无论是固定资产的购建、对外投资,还是材料或者商品的采购等,都需要资金。企业除了利用权益性资金解决部分资金来源外,通常会采取借款方式筹措生产经营所需资金。《企业会计准则第17号——借款费用》(以下简称《借款费用准则》)规范了借款费用的确认、计量和相关信息的披露要求,有助于如实反映企业资金成本,评估企业的财务状况和经营成果。

一、借款费用的范围

借款费用是企业因借入资金所付出的代价,它包括借款利息、折价或者溢价的摊销、辅助费用以及因外币借款而发生的汇兑差额等。对于企业发生的权益性融资费用,不应包括在借款费用中。但是,承租人根据租赁会计准则所确认的融资租赁发生的融资费用属于借款费用。

(一)因借款而发生的利息

因借款而发生的利息,包括企业向银行或者其他金融机构等借入资金发生的利息、发行公司债券发生的利息,以及为购建或者生产符合资本化条件的资产而发生的带息债务所承担的利息等。

(二)因借款而发生的折价或者溢价的摊销

因借款而发生的折价或者溢价,主要是指发行债券等所发生的折价或者溢价,发行债券中的折价或者溢价,其实质是对债券票面利息的调整(即将债券票面利率调整为实际利率),属于借款费用的范畴。

(三)因借款而发生的辅助费用

因借款而发生的辅助费用,是指企业在借款过程中发生的诸如手续费、佣金、印刷费等费用,由于这些费用是因安排借款而发生的,也属于借入资金所付出的代价,是借款费用的构成部分。

(四)因外币借款而发生的汇兑差额

因外币借款而发生的汇兑差额,是指由于汇率变动对外币借款本金及其利息的记账本位币金额所产生的影响金额。由于汇率的变化往往和利率的变化相联动,它是企业外币借款所需承担的风险,因此,因外币借款相关汇率变化所导致的汇兑差额属于借款费用的有机组成部分。

【例3.1】 某企业发生了借款手续费100 000元,发行公司债券佣金10 000 000元,发行公司股票佣金20 000 000元,借款利息2 000 000元。其中借款手续费100 000元、发行公司债券佣金10 000 000元和借款利息2 000 000元均属于借款费用;其中发行公司股票属于公司权益性融资性质,所发生的佣金应当冲减溢价,不属于借款费用范畴,不应按照《企业会计准则第17号——借款费用》进行会计处理。

二、符合资本化条件的借款范围

按照借款费用准则,借款包括专门借款和一般借款。专门借款是指为购建或者生产符合资本化条件的资产而专门借入的款项。专门借款通常应当有明确的用途,即为购建或者生产某项符合资本化条件的资产而专门借入的,并通常应当具有标明该用途的借款合同。例如,某制造企业为了建造厂房向某银行专门贷款1亿元,某房地产开发企业为了开发某住宅小区向某银行专门贷款2亿元等,均属于专门借款,其使用目的明确,而且其使用受与银行签订的相关合同限制。

一般借款是指除专门借款之外的借款,相对于专门借款而言,一般借款在借入时,其用途通常没有特指用于符合资本化条件的资产的购建或者生产。

三、符合资本化条件的资产

符合资本化条件的资产,是指需要经过相当长时间的购建或者生产活动才能达到预定可使用或者可销售状态的固定资产、投资性房地产和存货等资产。建造合同成本、确认为无形资产的开发支出等在符合资本化条件的情况下也可以认定为符合资本化条件的资产。

符合借款费用资本化条件的存货,主要包括:房地产开发企业开发的用于出售的房地产开发产品、机械制造企业制造的用于对外出售的大型机械设备等。这类存货通常需要经过相当长时间的建造或者生产过程,才能达到预定使用或者可销售状态。其中,"相当长时间"是指为资产的购建或者生产所必要的时间,通常为1年(含1年)以上。

在实务中,如果由于人为或者故意等非正常因素导致资产的购建或者生产时间相当长的,该资产不属于符合资本化条件的资产。购入即可使用的资产,或者购入后需要安装但所需安装时间较短的资产,或者需要建造或者生产但所需建造或者生产时间较短的资产,均不属于符合资本化条件的资产。

第二节 借款费用的确认

借款费用的确认主要解决的是将每期发生的借款费用资本化、计入相关资产的成本,还是将有关借款费用费用化、计入当期损益的问题。根据借款费用准则的规定,借款费用确认的基本原则是:企业发生的借款费用,可直接归属于符合资本化条件的资产的购建或者生产的,应当予以资本化,计入相关资产成本;其他借款费用,应当在发生时根据其发生额确认为费用,计入当期损益。

企业只有对发生在资本化期间内的有关借款费用,才允许资本化,资本化期间的确定是借款费用确认和计量的重要前提。借款费用资本化期间,是指从借款费用开始资本化时点到停止资本化时点的期间,但不包括借款费用暂停资本化的期间。

一、借款费用开始资本化的时点

借款费用允许开始资本化必须同时满足三个条件,即资产支出已经发生,借款费用已经发生,为使资产达到预定可使用或者可销售状态所必要的购建或者生产活动已经开始。

（一）资产支出已经发生

资产支出已经发生,是指企业已经发生了支付现金、转移非现金资产或者承担带息债务形式所发生的支出。包括:

1. 支付现金

支付现金,是指用货币资金支付符合资本化条件的资产的购建或者生产支出。

【例3.2】 某企业用现金或者银行存款购买为建造或者生产符合资本化条件的资产所需用材料,支付有关职工薪酬,向工程承包商支付工程进度款等,这些支出均属于资产支出。

2. 转移非现金资产

转移非现金资产,是指企业将自己的非现金资产直接用于符合资本化条件的资产的购建或者生产。

【例3.3】 某企业将自己生产的产品,包括自己生产的水泥、钢材等,用于符合资本化条件的资产的建造或者生产,企业同时还将自己生产的产品向其他企业换取用于符合资本化条件的资产的建造或者生产所需用工程物资的,这些产品成本均属于资产支出。

3. 承担带息债务

承担带息债务,是指企业为了购建或者生产符合资本化条件的资产所需用物资等而承担的带息应付款项(如带息应付票据)。企业以赊购方式购买这些物资所产生的债务可能带息,也可能不带息。如果企业赊购这些物资承担的是不带息债务,就不应当将购买价款计入资产支出,因为该债务在偿付前不需要承担利息,也没有占用借款资金。企业只有等到实际偿付债务,发生了资源流出时,才能将其作为资产支出。如果企业赊购物资承担的是带息债务,则企业要为这笔债务付出代价,支付利息,与企业向银行借入款项用以支付资产支出在性质上是一致的。所以,企业为购建或者生产符合资本化条件的资产而承担的带息债务应当作为资产支出,当该带息债务发生时,视同资产支出已经发生。

【例3.4】 某企业因建设长期工程所需,于2011年3月1日购入一批工程用物资,开出一张10万元的带息银行承兑汇票,期限为6个月,票面年利率为6%。对于该事项,企业尽管没有为工程建设的目的直接支付现金,但承担了带息债务,所以应当将10万元的购买工程用物资款作为资产支出,自3月1日开出承兑汇票开始即表明资产支出已经发生。

（二）借款费用已经发生

借款费用已经发生,是指企业已经发生了因购建或者生产符合资本化条件的资产而专门借入款项的借款费用或者所占用的一般借款的借款费用。

【例3.5】 某企业于2011年1月1日为建造一幢建设期为2年的厂房从银行专门借入款项5 000万元，当日开始计息。在2011年1月1日即应当认为借款费用已经发生。

（三）为使资产达到预定可使用或者可销售状态所必要的购建或者生产活动已经开始

为使资产达到预定可使用或者可销售状态所必要的购建或者生产活动已经开始，是指符合资本化条件的资产的实体建造或者生产工作已经开始，例如，主体设备的安装、厂房的实际开工建造等。它不包括仅仅持有资产、但没有发生为改变资产形态而进行的实质上的建造或者生产活动。

【例3.6】 某企业为了建设厂房购置了建筑用地，但是尚未开工兴建房屋，有关房屋实体建造活动也没有开始，在这种情况下即使企业为了购置建筑用地已经发生了支出，也不应当将其认为为使资产达到预定可使用状态所必要的购建活动已经开始。

【例3.7】 甲上市公司股东大会于2011年1月4日作出决议，决定建造厂房。为此，甲公司于3月5日向银行专门借款5 000万元，年利率为6%，款项于当日划入甲公司银行存款账户。3月15日，厂房正式动工兴建。3月16日，甲公司购入建造厂房用水泥和钢材一批，价款500万元，当日用银行存款支付。3月31日，计提当月专门借款利息。甲公司在3月份没有发生其他与厂房购建有关的支出，则甲公司专门借款利息应开始资本化的时间为3月16日。

企业只有在上述三个条件同时满足的情况下，有关借款费用才可开始资本化，只要其中有一个条件没有满足，借款费用就不能开始资本化。

二、借款费用暂停资本化的时间

符合资本化条件的资产在购建或者生产过程中发生非正常中断且中断时间连续超过3个月的，应当暂停借款费用的资本化。中断的原因必须是非正常中断，属于正常中断的，相关借款费用仍可资本化。在实务中，企业应当遵循"实质重于形式"等原则来判断借款费用暂停资本化的时间，如果相关资产购建或者生产的中断时间较长而且满足其他规定条件的，相关借款费用应当暂停资本化。

非正常中断，通常是由于企业管理决策上的原因或者其他不可预见的原因等所导致的中断。例如，企业因与施工方发生了质量纠纷，或者工程、生产用料没有及时供应，或者资金周转发生了困难，或者施工、生产发生了安全事故，或者发生了与资产购建、生产有关的劳动纠纷等原因，导致资产购建或者生产活动发生中断，均属于非正常中断。

【例3.8】 某企业于2011年1月1日利用专门借款开工兴建一幢办公楼，支出已经发生，因此借款费用从当日起开始资本化。工程预计于2012年3月完工。

2011年5月15日，由于工程施工发生了安全事故，导致工程中断，直到9月10日才复工。

该中断就属于非正常中断，因此，上述专门借款在5月15日至9月10日间所发生的借款费用不应资本化,而应作为财务费用计入当期损益。

非正常中断与正常中断显著不同。正常中断通常仅限于因购建或者生产符合资本化条件的资产达到预定可使用或者可销售状态所必要的程序,或者事先可预见的不可抗力因素导致的中断。例如,某些工程建造到一定阶段必须暂停下来进行质量或者安全检查,检查通过后才可继续下一阶段的建造工作,这类中断是在施工前可以预见的,而且是工程建造必须经过的程序,属于正常中断。某些地区的工程在建造过程中,由于可预见的不可抗力因素(如雨季或冰冻季节等原因)导致施工出现停顿,也属于正常中断。

【例3.9】 某企业在北方某地建造某工程期间,遇上冰冻季节(通常为6个月),工程施工因此中断,待冰冻季节过后方能继续施工。

由于该地区在施工期间出现较长时间的冰冻为正常情况,由此导致的施工中断是可预见的不可抗力因素导致的中断,属于正常中断。在正常中断期间所发生的借款费用可以继续资本化,计入相关资产的成本。

三、借款费用停止资本化的时点

(一)借款费用停止资本化的一般原则

购建或者生产符合资本化条件的资产达到预定可使用或者可销售状态时,借款费用应当停止资本化。在符合资本化条件的资产达到预定可使用或者可销售状态之后所发生的借款费用,应当在发生时根据其发生额确认为费用,计入当期损益。

企业在确定借款费用停止资本化的时点需要运用职业判断,应当遵循实质重于形式原则,针对具体情况,依据经济实质判断所购建或者生产的符合资本化条件的资产达到预定可使用或者可销售状态的时点,具体可从以下几个方面进行判断:

(1)符合资本化条件的资产的实体建造(包括安装)或者生产活动已经全部完成或者实质上已经完成。

(2)所购建或者生产的符合资本化条件的资产与设计要求、合同规定或者生产要求相符或者基本相符,即使有极个别与设计、合同或者生产要求不相符的地方,也不影响其正常使用或者销售。

(3)继续发生在所购建或者生产的符合资本化条件的资产上的支出金额很少或者几乎不再发生。

(4)购建或者生产符合资本化条件的资产需要试生产或者试运行的,在试生产结果表明资产能够正常生产出合格产品,或者试运行结果表明资产能够正常运转或者营业时,应当认为该资产已经达到预定可使用或者可销售状态。

【例3.10】 ABC公司借入一笔款项,于2010年2月10日采用出包方式开工兴建一幢办公楼。2011年10月10日工程全部完工,达到合同要求,10月30日工程验收合格,11月15日办理工程竣工结算,11月20日完成全部资产移交手续,12月1日办公楼正式投入使用。

在本例中，企业应当将2011年10月10日确定为工程达到预定可使用状态的时点，作为借款费用停止资本化的时点。后续的工程验收日、竣工结算日、资产移交日和投入使用日均不应作为借款费用停止资本化的时点，否则会导致资产价值和利润的高估。

【例3.11】 某企业利用借入资金建造由若干幢厂房组成的生产车间，每幢厂房完工时间不一样，但每幢厂房在其他厂房继续建造期间均可单独使用。

在这种情况下，当其中的一幢厂房完工并达到预定可使用状态时，企业应当停止该幢厂房相关借款费用的资本化。

（二）构建或生产的符合资本化条件的资产各部分分别完工的情况

在符合资本化条件的资产的实际购建或者生产过程中，如果所购建或者生产的符合资本化条件的资产分别建造、分别完工，企业也应当遵循实质重于形式的原则，区别不同情况，界定借款费用停止资本化的时点。

如果所购建或者生产的符合资本化条件的资产的各部分分别完工，且每部分在其他部分继续建造或者生产过程中可供使用或者可对外销售，且为使部分资产达到预定可使用或可销售状态所必要的购建或者生产活动实质上已经完成的，应当停止与该部分资产相关的借款费用的资本化，因为该部分资产已经达到了预定可使用或者可销售状态。

如果企业购建或者生产的资产的各部分分别完工，但必须等到整体完工后才可使用或者对外销售的，应当在该资产整体完工时停止借款费用的资本化。在这种情况下，即使各部分资产已经完工，也不能够认为该部分资产已经达到了预定可使用或者可销售状态，企业只能在所购建固定资产整体完工时，才能认为资产已经达到了预定可使用或者可销售状态，借款费用方可停止资本化。

【例3.12】 某企业在建设某一涉及数项工程的钢铁冶炼项目时，每个单项工程都是根据各道冶炼工序设计建造的，因此只有在每项工程都建造完毕后，整个冶炼项目才能正式运转，达到生产和设计要求，所以每一个单项工程完工后不应认为资产已经达到了预定可使用状态，企业只有等到整个冶炼项目全部完工，达到预定可使用状态时，才能停止借款费用的资本化。

第三节 借款费用的计量

一、借款利息资本化金额的确定

在借款费用资本化期间内，每一会计期间的利息资本化金额，应当按照下列规定确定：

（1）为购建或者生产符合资本化条件的资产而借入专门借款的，应当以专门借款当期实际发生的利息费用，减去将尚未动用的借款资金存入银行取得的利息收入或进行暂时性投资取得的投资收益后的金额确定。

（2）为购建或者生产符合资本化条件的资产而占用了一般借款的，企业应当根据累计资产支出超过专门借款部分的资产支出加权平均数乘以所占用一般借款的资本化率,计算确定一般借款应予资本化的利息金额。资本化率应当根据一般借款加权平均利率计算确定。

(3)每一会计期间的利息资本化金额,不应当超过当期相关借款实际发生的利息金额。

企业在确定每期利息资本化金额时,应当首先判断符合资本化条件的资产在购建或者生产过程所占用的资金来源,如果所占用的资金是专门借款资金,则应当在资本化期间内,根据每期实际发生的专门借款利息费用,确定应予资本化的金额。在企业将闲置的专门借款资金存入银行取得利息收入或者进行暂时性投资获取投资收益的情况下,企业还应当将这些相关的利息收入或者投资收益从资本化金额中扣除,以如实反映符合资本化条件的资产的实际成本。

【例3.13】 ABC公司于2010年1月1日正式动工兴建一幢厂房,工期预计为1年零6个月,工程采用出包方式,分别于2010年1月1日、2010年7月1日和2011年1月1日支付工程进度款。

公司为建造厂房于2010年1月1日专门借款2 000万元,借款期限为3年,年利率为6%。另外在2010年7月1日又专门借款4 000万元,借款期限为5年,年利率为7%。借款利息按年支付。(如无特别说明,本章例题中名义利率与实际利率均相同)

闲置借款资金均用于固定收益债券短期投资,该短期投资月收益率为0.5%。

厂房于2011年6月30日完工,达到预定可使用状态。

公司为建造该厂房的支出金额如表3.1所示。

表3.1 为建造厂房的支出金额　　　　　　　　　　单位:万元

日期	每期资产支出金额	累计资产支出金额	闲置借款资金用于短期投资金额
2010年1月1日	1 500	1 500	500
2010年7月1日	2 500	4 000	2 000
2011年1月1日	1 500	5 500	500
总计	5 500	—	3 000

由于ABC公司使用了专门借款建造厂房,而且厂房建造支出没有超过专门借款金额,因此公司2010年、2011年为建造厂房应予资本化的利息金额计算如下:

(1)确定借款费用资本化期间为2010年1月1日至2011年6月30日。

(2)计算在资本化期间内专门借款实际发生的利息金额:

2010年专门借款发生的利息金额=2 000×6%+4 000×7%×6/12=260(万元)

2011年1月1日至6月30日专门借款发生的利息金额=2 000×6%×6/12+4 000×7%×6/12=200(万元)

(3)计算在资本化期间内利用闲置的专门借款资金进行短期投资的收益:

2010年短期投资收益=500×0.5%×6+2 000×0.5%×6=75(万元)
2011年1月1日至6月30日短期投资收益=500×0.5%×6=15(万元)

(4)由于在资本化期间内,专门借款利息费用的资本化金额应当以其实际发生的利息费用减去将闲置的借款资金进行短期投资取得的投资收益后的金额确定,因此:

公司2010年的利息资本化金额=260-75=185(万元)
公司2011年的利息资本化金额=200-15=185(万元)

有关账务处理如下:

2010年12月31日:

借:在建工程　　　　　　　　　　1 850 000
　　应收利息(或银行存款)　　　　750 000
　　贷:应付利息　　　　　　　　　　　　2 600 000

2011年6月30日:

借:在建工程　　　　　　　　　　1 850 000
　　应收利息(或银行存款)　　　　150 000
　　贷:应付利息　　　　　　　　　　　　2 000 000

企业在购建或者生产符合资本化条件的资产时,如果专门借款资金不足,占用了一般借款资金的,或者企业为购建或者生产符合资本化条件的资产并没有借入专门借款,而占用的都是一般借款资金,则企业应当根据为购建或者生产符合资本化条件的资产而发生的累计资产支出超过专门借款部分的资产支出加权平均数乘以所占用一般借款的资本化率,计算确定一般借款应予资本化的利息金额。资本化率应当根据一般借款加权平均利率计算确定。如果符合资本化条件的资产的购建或者生产没有借入专门借款,则应以累计资产支出加权平均数为基础计算所占用的一般借款利息资本化金额。即企业占用一般借款资金购建或者生产符合资本化条件的资产时,一般借款的借款费用的资本化金额的确定应当与资产支出相挂钩。

【例3.14】 沿用【例3.13】,假定ABC公司为建造厂房于2010年1月1日专门借款2 000万元,借款期限为3年,年利率为6%。除此之外,没有其他专门借款。在厂房建造过程中占用了两笔一般借款,具体资料如下:

(1)向甲银行长期贷款2 000万元,期限为2009年12月1日至2012年12月1日,年利率为6%,按年支付利息。

(2)发行公司债券1亿元,于2009年1月1日发行,期限为5年,年利率为8%,按年支付利息。假定全年按360天计算。

其他相关资料均同【例3.13】。

在这种情况下,公司应当首先计算专门借款利息的资本化金额,然后计算所占用一般借款利息的资本化金额。具体如下:

(1)计算专门借款利息资本化金额:

2010年专门借款利息资本化金额＝2 000×6%－500×0.5%×6＝105(万元)
2011年专门借款利息资本化金额＝2 000×6%×180/360＝60(万元)
(2)计算一般借款资本化金额：
在建造厂房过程中，自2010年7月1日起已经有2 000万元占用了一般借款，另外，2011年1月1日支出的1 500万元也占用了一般借款。计算这两笔资产支出的加权平均数如下：
2010年占用了一般借款的资产支出加权平均数＝2 000×80/360＝1 000(万元)
一般借款利息资本化率＝(2 000×6%＋10 000×8%)/(2 000＋10 000)×100%＝7.67%
2010年应予资本化的一般借款利息金额＝1 000×7.67%＝76.70(万元)
2011年占用了一般借款的资产支出加权平均数＝(2 000＋1 500)×180/360＝1 750(万元)
则2011年应予资本化的一般借款利息金额＝1 750×7.67%＝134.23(万元)。
(3)根据上述计算结果，公司建造厂房应予资本化的利息金额为：
2010年利息资本化金额＝105＋76.70＝181.70(万元)
2011年利息资本化金额＝60＋134.23＝194.23(万元)
(4)有关账务处理如下：
2010年12月31日：
　　借：在建工程　　　　　　　　1 817 000
　　　　财务费用　　　　　　　　8 433 000
　　　　应收利息(或银行存款)　　　150 000
　　　　贷：应付利息　　　　　　　10 400 000
注：2010年实际借款利息＝2 000×6%＋2 000×6%＋10 000×8%＝1 040(万元)。
2011年6月30日：
　　借：在建工程　　　　　　　　1 942 300
　　　　财务费用　　　　　　　　3 257 700
　　　　贷：应付利息　　　　　　　5 200 000
注：2011年1月1日至6月30日的实际借款利息＝1 040/2＝520(万元)。

二、借款辅助费用资本化金额的确定

辅助费用是企业为了安排借款而发生的必要费用，包括借款手续费(如发行债券手续费)、佣金、印刷费等。如果企业不发生这些费用，就无法取得借款，因此辅助费用是企业借入款项所付出的一种代价，是借款费用的有机组成部分。

对于企业发生的专门借款辅助费用，在所购建或者生产的符合资本化条件的资产达到预定可使用或者可销售状态之前发生的，应当在发生时根据其发生额予以资本化，计入符合资本化条件的资产成本；在所购建或者生产的符合资本化条件的资产达到预定可使用或者可销售状态之后所发生的，应当在发生时根据其发生额确认为费用，计入当期损益。

上述资本化或计入当期损益的辅助费用的发生额,是指根据《企业会计准则第22号——金融工具确认和计量》,按照实际利率法所确定的金融负债交易费用对每期利息费用的调整额。借款实际利率与合同利率差异较小的,也可以采用合同利率计算确定利息费用。一般借款发生的辅助费用,也应当按照上述原则确定其发生额并进行处理。

考虑到借款辅助费用与金融负债交易费用是一致的,其会计处理也应当保持一致。根据《企业会计准则第22号——金融工具确认和计量》的规定,除以公允价值计量且其变动计入当期损益的金融负债之外,其他金融负债相关的交易费用应当计入金融负债的初始确认金额。为购建或者生产符合资本化条件的资产的专门借款或者一般借款,通常都属于除以公允价值计量且其变动计入当期损益的金融负债之外的其他金融负债。对于这些金融负债所发生的辅助费用需要计入借款的初始确认金额,即抵减相关借款的初始金额,从而影响以后各期实际利息的计算。换句话说,由于辅助费用的发生将导致相关借款实际利率的上升,从而需要对各期利息费用作相应调整,在确定借款辅助费用资本化金额时可以结合借款利息资本化金额一起计算。

三、外币专门借款汇兑差额资本化金额的确定

当企业为购建或者生产符合资本化条件的资产所借入的专门借款为外币借款时,由于企业取得外币借款日、使用外币借款日和会计结算日往往并不一致,而外汇汇率又在随时发生变化,因此,外币借款会产生汇兑差额。相应地,在借款费用资本化期间内,为购建固定资产而专门借入的外币借款所产生的汇兑差额,是购建固定资产的一项代价,应当予以资本化,计入固定资产成本。出于简化核算的考虑,在资本化期间内,外币专门借款本金及其利息的汇兑差额,应当予以资本化,计入符合资本化条件的资产的成本。而除外币专门借款之外的其他外币借款本金及其利息所产生的汇兑差额应当作为财务费用,计入当期损益。

【例3.15】 甲公司产品已经打入美国市场,为节约生产成本,决定在当地建造生产工厂设立分公司,2010年1月1日,为该工程项目专门向当地银行借入美金10 000 000元,年利率为8%,期限为3年,假定不考虑与借款有关的辅助费用。合同约定,甲公司于每年1月1日支付借款利息,到期偿还借款本金。

工程于2010年1月1日开始实体建造,2011年6月30日完工,达到预定可使用状态,期间发生的资产支出如下:

2010年1月1日,支出2 000 000美元;
2010年7月1日,支出5 000 000美元;
2011年1月1日,支出3 000 000美元。

公司的记账本位币为人民币,外币业务采用外币业务发生时当日即期汇率即市场汇率折算。相关汇率如下:

· 2010年1月1日,市场汇率为1美元=6.70元;

2010年12月31日,市场汇率为1美元=6.75元;
2011年1月1日,市场汇率为1美元=6.77元;
2011年6月30日,市场汇率为1美元=6.80元;
本例中,甲公司计算该外币借款汇兑差额资本化金额如下(不考虑闲置资金)。
(1)计算2010年汇兑差额资本化金额:
①应付利息=10 000 000×8%×6.75=5 400 000(元)
账务处理为:
借:在建工程——××工程　　　　　　　　5 400 000
　贷:应付利息——××银行　　　　　　　　5 400 000
②外币借款本金及利息汇兑差额=10 000 000×(6.75-6.70)+800 000×(6.75-6.75)=500 000(元)
账务处理为:
借:在建工程——××工程　　　　　　　　500 000
　贷:长期借款——××银行——汇兑差额　　500 000
(2)2011年1月1日实际支付利息时,应当支付800 000美元,折算成人民币为5 416 000元。该金额与原账面金额之间的差额16 000元应当继续予以资本化,计入在建工程成本。账务处理为:
借:应付利息——××银行　　　　　　　　5 400 000
　在建工程——××工程　　　　　　　　　16 000
　贷:银行存款　　　　(800 000×6.77)5 416 000
(3)计算2011年6月30日的汇兑差额资本化金额。
①应付利息=10 000 000×8%×1/2×6.80=2 720 000(元)
账务处理为:
借:在建工程——××工程　　　　　　　　2 720 000
　贷:应付利息——××银行　　　　　　　　2 720 000
②外币借款本金及利息汇兑差额=10 000 000×(6.80-6.75)+400 000×(6.80-6.80)=500 000(元)
账务处理为:
借:在建工程——××工程　　　　　　　　500 000
　贷:长期借款——××银行——汇兑差额　　500 000

本 章 小 结

本章主要讲授企业借款费用的确认和计量等有关内容,基本要点包括:
1.借款费用的确认。借款费用是指企业因借款而发生的利息及其他相关成本。借款费用包括借款利息、折价或者溢价的摊销、辅助费用以及因外币借款而发生的汇兑差额等。企业借款费用的基本处理原则为：可直接归属于符合资本化条件的资产的购建或者生产的，应当予以资本化，计入相关资产成本；其他借款费用应当在发生时根据其发生额确认为费用，计入当期损益。其中符合资本化条件的资产是指需要经过相当长时间的购建或者生产活动才能达到预定可使用或者可销售状态的固定资产、投资性房地产和存货等资产。在对借款费用进行确认时，应当注意以下时点的判断：借款费用开始资本化的时点、借款费用暂停资本化的时点和借款费用停止资本化的时点。

2. 借款费用的计量。利息资本化金额的确定：(1)专门借款利息资本化金额等于专门借款当期实际发生的利息费用减去将尚未动用的借款资金存入银行取得的利息收入或进行暂时性投资取得的投资收益后的金额。(2)一般借款利息资本化金额等于累计资产支出超过专门借款部分的资产支出加权平均数乘以所占用一般借款的资本化率。(3)借款存在折价或者溢价的，应当按照实际利率法确定每一会计期间应摊销的折价或者溢价金额，调整每期利息金额。对专门借款发生的辅助费用，在所购建或者生产的符合资本化条件的资产达到预定可使用或者可销售状态之前发生的，应当在发生时根据其发生额予以资本化。一般借款发生的辅助费用，应当在发生时根据其发生额确认为费用，计入当期损益。外币专门借款本金及利息的汇兑差额应当予以资本化，计入符合资本化条件的资产的成本。

思 考 题

1. 怎样理解符合资本化条件的资产？
2. 借款费用开始资本化、暂停资本化、停止资本化的时点如何确认？
3. 一般借款的累计资产支出加权平均数如何确定？
4. 借款辅助费用资本化金额如何确定？
5. 外币专门借款汇兑差额资本化金额如何确定？

第四章

Chapter 4

或有事项

【学习目标】
1. 掌握或有事项的概念和特征;
2. 掌握或有事项的确认;
3. 掌握预计负债的计量。

【能力目标】
1. 在会计实务中,能够确定最佳估计数;
2. 在会计实务中,能够正确处理预期可获得补偿。

【引导案例】
鹏程公司2011年1月1日与某外贸公司签订了一项产品销售合同,约定在2011年2月15日以每件产品100元的价格向外贸公司提供10 000件A产品,若不能按期交货,鹏程公司需要交纳300 000元的违约金。这批产品在签订合同时尚未开始生产,但鹏程公司开始筹备原材料以生产这批产品时,原材料价格突然上涨,预计生产每件产品的成本升至125元。鹏程公司是应当履行合同继续生产呢,还是选择违约呢?

第一节 或有事项概述

一、或有事项的概念及其特征

在市场经济条件下,企业在经营活动中有时会面临诉讼、仲裁、重组等具有较大不确定性的经济事项,还有企业为其他单位提供债务担保,对消费者提供产品质量保证等,也是如此。

这些不确定事项对企业的财务状况和经营成果可能会产生较大的影响，在会计上被称为或有事项。《企业会计准则第 13 号——或有事项》（以下简称《或有事项准则》），规范或有事项的确认、计量和相关信息的披露，及时反映或有事项对企业潜在的财务影响，以及企业可能因此承担的风险。

根据或有事项准则的规定，或有事项是指过去的交易或者事项形成的，其结果须由某些未来事项的发生或不发生才能决定的不确定事项。常见的或有事项主要包括：未决诉讼或未决仲裁、债务担保、产品质量保证（含产品安全保证）、亏损合同、重组义务、环境污染整治、承诺等。或有事项具有以下特征：

（一）或有事项是由过去的交易或者事项形成的

或有事项作为一种不确定事项，是因企业过去的交易或者事项形成的。因过去的交易或者事项形成，是指或有事项的现存状况是过去交易或者事项引起的客观存在。例如，未决诉讼虽然是正在进行中的诉讼，但该诉讼是企业因过去的经济行为导致起诉其他单位或被其他单位起诉，这是现存的一种状况，而不是未来将要发生的事项。

由于或有事项具有因过去的交易或者事项而形成这一特征，未来可能发生的自然灾害、交通事故、经营亏损等事项，不属于或有事项。

（二）或有事项的结果具有不确定性

或有事项的结果具有不确定性，是指或有事项的结果是否发生具有不确定性或者或有事项的结果预计将会发生，但发生的具体时间或金额具有不确定性。首先，或有事项的结果是否发生具有不确定性。例如，有些未决诉讼，被告是否会败诉，在案件审理过程中有时难以确定，需要根据法院判决情况加以确定。其次，或有事项的结果预计将会发生，但具体发生的时间或发生的金额具有不确定性。例如，某企业因生产排污治理不力并对周围环境造成污染而被起诉，如无特殊情况，该企业很可能败诉。但是，在诉讼成立时，该企业因败诉将支出多少金额，或者何时将发生这些支出，可能是难以确定的。

（三）或有事项的结果须由未来事项决定

结果由未来事项决定，是指或有事项的结果只能由未来不确定事项的发生或不发生才能决定。或有事项对企业是有利影响还是不利影响，或已知是有利影响或不利影响但影响多大，在或有事项发生时是难以确定的，只能由未来不确定事项的发生或不发生才能证实。例如，企业为其他单位提供债务担保，该担保事项最终是否会要求企业履行偿还债务的连带责任，一般只能看被担保方的未来经营情况和偿债能力。如果被担保方经营情况和财务状况良好且有较好的信用，那么企业将不需要履行该连带责任。只有在被担保方到期无力还款时，企业（担保方）才承担偿还债务的连带责任。

或有事项与不确定性联系在一起，但会计处理过程中存在的不确定性并不都形成或有事项准则所规范的或有事项，企业应当按照或有事项的定义和特征进行判断。例如，对固定资产计提折旧虽然涉及对固定资产净残值和使用寿命的估计,具有一定的不确定性,但固定资产原值是确定的,其价值最终会转移到成本或费用中也是确定的,因此,对固定资产计提折旧不是或有事项。

二、或有负债和或有资产

作为过去的交易或事项形成的一种状况,或有事项的结果会有两种情况:一种是导致经济利益流出企业;另一种是导致经济利益流入企业。

因或有事项导致经济利益流出或流入的可能性,通常按照一定的概率区间加以判断。一般情况下,发生的概率分为以下几个层次:基本确定,很可能,可能,极小可能。其中,"基本确定"是指发生的可能性大于95%但小于100%;"很可能"是指发生的可能性大于50%但小于或等于95%;"可能"是指发生的可能性大于5%但小于或等于50%;"极小可能"是指发生的可能性大于0但小于或等于5%。

(一)或有负债

或有负债,是指过去的交易或者事项形成的潜在义务,其存在须通过未来不确定事项的发生或不发生予以证实;或过去的交易或者事项形成的现时义务,履行该义务不是很可能导致经济利益流出企业或该义务的金额不能可靠计量。

或有负债涉及两类义务:一类是潜在义务,另一类是现时义务。

1. 潜在义务

潜在义务,是指结果取决于不确定未来事项的可能义务。也就是说,潜在义务最终是否转变为现时义务,由某些未来不确定事项的发生或不发生才能决定。或有负债作为一项潜在义务,其结果如何只能由未来不确定事项的发生或不发生来证实。

2. 现时义务

现时义务,是指企业在现行条件下已承担的义务。或有负债作为现时义务,其特征在于:该现时义务的履行不是很可能导致经济利益流出企业,或者该现时义务的金额不能可靠地计量。其中,"不是很可能导致经济利益流出企业",是指该现时义务导致经济利益流出企业的可能性不超过50%(含50%)。"金额不能可靠计量"是指,该现时义务导致经济利益流出企业的"金额"难以合理预计,现时义务履行的结果具有较大的不确定性。

(二)或有资产

或有资产,是指过去的交易或者事项形成的潜在资产,其存在须通过未来不确定事项的发生或不发生予以证实。

或有资产作为一种潜在资产,其结果具有较大的不确定性,只有随着经济情况的变化,通过某些未来不确定事项的发生或不发生才能证实其是否会形成企业真正的资产。例如,甲企业向法院起诉乙企业侵犯了其专利权。法院尚未对该案件进行公开审理,甲企业是否胜诉尚难判断。对于甲企业而言,将来可能胜诉而获得的赔偿属于一项或有资产,但这项或有资产是否会转化为真正的资产,要由法院的判决结果确定。如果终审判决结果是甲企业胜诉,那么这项或有资产就转化为甲企业的一项资产。如果终审判决结果是甲企业败诉,那么或有资产就消失了,更不可能形成甲企业的资产。

(三)或有负债和或有资产的确认和计量

或有负债和或有资产不符合负债要素或资产要素的定义和确认条件,企业不应当确认或有负债和或有资产,而应当按照或有事项准则的规定进行相应披露。但是,影响或有负债和或有资产的多种因素处于不断变化之中,企业应当持续地对这些因素予以关注。随着时间的推移和事态的进展,或有负债对应的潜在义务可能转化为现时义务,原本不是很可能导致经济利益流出的现时义务也可能被证实将很可能导致企业流出经济利益,并且现时义务的金额也能够可靠计量。这时或有负债就转化为企业的负债(预计负债),符合负债(预计负债)的确认条件,应当予以确认。或有资产也是一样,其对应的潜在资产最终是否能够流入企业会逐渐变得明确,如果某一时点企业基本确定能够收到这项潜在资产并且其金额能够可靠计量,则应当将其确认为企业的资产。

例如,未决诉讼,对于预期会胜诉的原告而言,因未决诉讼产生了一项或有资产,该或有资产最终是否转化为企业的资产,要根据诉讼的最终判决而定,最终判决原告胜诉的,这项或有资产就转化为一项真正的资产。对于预期会败诉的被告而言,因未决诉讼产生了一项或有负债或预计负债,如为或有负债,那么该或有负债是否转化为企业的预计负债或负债,只能根据诉讼的进展而定。企业根据法律规定、律师建议等因素判断自己很可能败诉且赔偿金额能够合理估计的,这项或有负债就转化为企业的预计负债;如果在法院最终判决之前,企业未能对判决结果作出可靠估计,那么法院最终判决其败诉时,该或有事项就直接转化为企业的负债。

第二节 预计负债的确认和计量

或有事项的确认和计量通常是指预计负债的确认和计量。或有事项形成的或有资产只有在企业基本确定能够收到的情况下,才转变为真正的资产,从而应当予以确认。

一、预计负债的确认

与或有事项相关的义务同时符合以下三个条件时确认为预计负债,作为预计负债进行确认和计量。

(一)该义务是企业承担的现时义务

该义务是企业承担的现时义务,是指与或有事项相关的义务是在企业当前条件下已承担的义务,企业没有其他现实的选择,只能履行该现时义务。这里所指的义务包括法定义务和推定义务。

其中,法定义务,是指因合同、法规或其他司法解释等产生的义务,通常是企业在经济管理和经济协调中,依照经济法律、法规的规定必须履行的责任。比如,企业与另外企业签订购货合同产生的义务,就属于法定义务。

推定义务,是指因企业的特定行为而产生的义务。企业的"特定行为",泛指企业以往的习惯做法、已公开的承诺或已公开宣布的经营政策。并且由于以往的习惯做法,或通过这些承诺或公开的声明,企业向外界表明了它将承担特定的责任,从而使受影响的各方形成了其将履行那些责任的合理预期。例如,甲公司是一家化工企业,因扩大经营规模,到A国创办了一家分公司。假定A国尚未针对甲公司这类企业的生产经营可能产生的环境污染制定相关法律,因而甲公司的分公司对在A国生产经营可能产生的环境污染不承担法定义务。但是,甲公司为在A国树立良好的形象,自行向社会公告,宣称将对生产经营可能产生的环境污染进行治理。甲公司的分公司为此承担的义务就属于推定义务。

(二)履行该义务很可能导致经济利益流出企业

履行该义务很可能导致经济利益流出企业,是指履行与或有事项相关的现时义务时,导致经济利益流出企业的可能性超过50%但小于或等于95%。

企业因或有事项承担了现时义务,并不说明该现时义务很可能导致经济利益流出企业。例如,2010年5月1日,甲企业与乙企业签订协议,承诺为乙企业的2年期银行借款提供全额担保。对于甲企业而言,由于担保事项而承担了一项现时义务,但这项义务的履行是否很可能导致经济利益流出企业,需依据乙企业的经营情况和财务状况等因素加以确定。假定2011年末,乙企业的财务状况恶化,且没有迹象表明可能发生好转。此种情况出现,表明乙企业很可能违约,从而甲企业履行承担的现时义务将很可能导致经济利益流出企业。

(三)该义务的金额能够可靠地计量

该义务的金额能够可靠地计量,是指与或有事项相关的现时义务的金额能够合理地估计。由于或有事项具有不确定性,因或有事项产生的现时义务的金额也具有不确定性,需要估计。要对或有事项确认一项预计负债,相关现时义务的金额应当能够可靠估计。

例如,甲企业(被告)涉及一桩诉讼案。根据以往的审判案例推断,甲企业很可能要败诉,相关的赔偿金额也可以估算出一个范围。这种情况下,可以认为甲企业因未决诉讼承担的现时义务的金额能够可靠地估计,从而应对未决诉讼确认一项预计负债。

二、预计负债的计量

当与或有事项有关的义务符合确认为负债的条件时,应当将其确认为预计负债。预计负债应当按照履行相关现时义务所需支出的最佳估计数进行初始计量。企业清偿预计负债所需支出还可能从第三方或其他方获得补偿。因此,或有事项的计量主要涉及两个问题:一是最佳估计数的确定,二是预期可获得补偿的处理。

(一)最佳估计数的确定

预计负债应当按照履行相关现时义务所需支出的最佳估计数进行初始计量。最佳估计数的确定应当分以下两种情况处理:

(1)所需支出存在一个连续范围(或区间;下同),且该范围内各种结果发生的可能性相同,则最佳估计数应当按照该范围内的中间值,即上下限金额的平均数确定。

【例 4.1】 2011 年 12 月 27 日,甲企业因合同违约而涉及一桩诉讼案。根据企业的法律顾问判断,最终的判决很可能对甲企业不利。2011 年 12 月 31 日,甲企业尚未接到法院的判决,因诉讼需承担的赔偿金额也无法准确地确定。不过,据专业人士估计,赔偿金额可能是 80 万元至 100 万元之间的某一金额,而且这个区间内每个金额的可能性都大致相同。

此例中,甲企业应在 2011 年 12 月 31 日的资产负债表中确认一项负债金额为

$$(80+100)\div 2=90(万元)$$

(2)所需支出不存在一个连续范围,或者虽然存在一个连续范围但该范围内各种结果发生的可能性不相同。在这种情况下,最佳估计数按照如下方法确定:

①或有事项涉及单个项目的,按照最可能发生金额确定。"涉及单个项目"是指或有事项涉及的项目只有一个,如一项未决诉讼、一项未决仲裁或一项债务担保等。

【例 4.2】 2011 年 10 月 2 日,乙股份有限公司涉及一起诉讼案。2011 年 12 月 31 日,乙股份有限公司尚未接到法院的判决。在咨询了公司的法律顾问后,公司认为:胜诉的可能性为 40%,败诉的可能性为 60%。如果败诉,需要赔偿 2 000 000 元。此时,乙股份有限公司在资产负债表中确认的负债金额应为最可能发生的金额,即 2 000 000 元。

②或有事项涉及多个项目的,按照各种可能结果及相关概率计算确定。"涉及多个项目"是指或有事项涉及的项目不止一个。例如,在产品质量保证中,提出产品保修要求的可能有许多客户,相应地,企业对这些客户负有保修义务。

【例 4.3】 甲股份有限公司是生产并销售 A 产品的企业,2011 年度第一季度,共销售 A 产品 60 000 件,销售收入为 360 000 000 元。根据公司的产品质量保证条款,该产品售出后一年内,如发生正常质量问题,公司将负责免费维修。根据以前年度的维修记录,如果发生较小的质量问题,发生的维修费用为销售收入的 1%;如果发生较大的质量问题,发生的维修费用为销售收入的 2%。根据公司技术部门的预测,本季度销售的产品中,80%不会发生质量问题,15%可能发生较小质量问题,5%可能发生较大质量问题。据此,2011 年第一季度末,甲股份有限公司应在资产负债表中确认的负债金额为

$$360\ 000\ 000\times(0\times 80\% +1\% \times 15\% +2\% \times 5\%)=900\ 000(元)$$

(二)预期可获得补偿的处理

企业清偿预计负债所需支出全部或部分预期由第三方补偿的,补偿金额只有在基本确定

能够收到时才能作为资产单独确认。确认的补偿金额不应当超过预计负债的账面价值。预期获得补偿的情况通常有：发生交通事故等情况时，企业通常可从保险公司获得合理的赔偿；在某些索赔诉讼中，企业可对索赔人或第三方另行提出赔偿要求；在债务担保业务中，企业在履行担保义务的同时，通常可向被担保企业提出追偿要求。

企业预期从第三方获得的补偿，是一种潜在资产，其最终是否真的会转化为企业真正的资产(即企业是否能够收到这项补偿)具有较大的不确定性，企业只能在基本确定能够收到补偿时才能对其进行确认。根据资产和负债不能随意抵销的原则，预期可获得的补偿在基本确定能够收到时应当确认为一项资产，而不能作为预计负债金额的扣减。

补偿金额的确认涉及两个问题：一是确认时间，补偿只有在"基本确定"能够收到时予以确认；二是确认金额，确认的金额是基本确定能够收到的金额，而且不能超过相关预计负债的金额。例如，甲企业因或有事项确认了一项预计负债50万元，同时，因该或有事项，甲企业还可从乙企业获得35万元的赔偿，且这项金额基本确定能收到。在这种情况下，甲企业应分别确认一项预计负债50万元和一项资产35万元。

【例4.4】 2011年12月31日，乙股份有限公司因或有事项而确认了一笔金额为1 000 000元的负债；同时，公司因该或有事项，基本确定可从甲股份有限公司获得400 000元的赔偿。

本例中，乙股份有限公司应分别确认一项金额为1 000 000元的负债和一项金额为400 000元的资产，而不能只确认一项金额为600 000(1 000 000−400 000)元的负债。同时，公司所确认的补偿金额400 000元不能超过所确认的负债的账面价值1 000 000元。

借：营业外支出　　　　　1 000 000
　　贷：预计负债　　　　　　1 000 000
借：其他应收款　　　　　400 000
　　贷：营业外支出　　　　　400 000

(三)预计负债计量需要考虑的其他因素

企业在确定最佳估计数时，应当综合考虑与或有事项有关的风险、不确定性和货币时间价值等因素。

1. **风险和不确定性**

风险是对过去的交易或事项结果的变化可能性的一种描述。风险的变动可能增加预计负债的金额。企业在不确定的情况下进行判断需要谨慎，使得收益或资产不会被高估，费用或负债不会被低估。企业应当充分考虑与或有事项有关的风险和不确定性，既不能忽略风险和不确定性对或有事项计量的影响，也要避免对风险和不确定性进行重复调整，从而在低估和高估预计负债金额之间寻找平衡点。

2. **货币时间价值**

预计负债的金额通常应当等于未来应支付的金额。但是，因货币时间价值的影响，资产负债表日后不久发生的现金流出,要比一段时间之后发生的同样金额的现金流出负有更大的义务。所以,如果预计负债的确认时点距离实际清偿有较长的时间跨度,货币时间价值的影响重大(通常时间为3年以上且金额较大),那么在确定预计负债的金额时,应考虑采用现值计量,即通过对相关未来现金流出进行折现后确定最佳估计数。

将未来现金流出折算为现值时,需要注意以下三点:

(1)用来计算现值的折现率,应当是反映货币时间价值的当前市场估计和相关负债特有风险的税前利率。

(2)风险和不确定性既可以在计量未来现金流出时作为调整因素,也可以在确定折现率时予以考虑,但不能重复反映。

(3)随着时间的推移,即使在未来现金流出和折现率均不改变的情况下,预计负债的现值将逐渐增长。企业应当在资产负债表日,对预计负债的值进行重新计量。

3. 未来事项

企业应当考虑可能影响履行现时义务所需金额的相关未来事项。也就是说,对于这些未来事项,如果有足够的客观证据表明它们将发生,则应当在预计负债计量中予以考虑相关未来事项的影响,但不应考虑预期处置相关资产形成的利得。

预期的未来事项可能对预计负债的计量较为重要。例如,某核电企业预计在生产结束时清理核废料的费用将因未来技术的变化而显著降低。那么,该企业因此确认的预计负债金额应当反映有关专家对技术发展以及清理费用减少作出的合理预测。但是,这种预计需要得到相当客观的证据予以支持。

三、对预计负债账面价值的复核

企业应当在资产负债表日对预计负债的账面价值进行复核。有确凿证据表明该账面价值不能真实反映当前最佳估计数的,应当按照当前最佳估计数对该账面价值进行调整。

例如,某化工企业对环境造成了污染,按照当时的法律规定,只需要对污染进行清理。随着国家对环境保护越来越重视,按照现在的法律规定,该企业不但需要对污染进行清理,还很可能要对居民进行赔偿。这种法律要求的变化,会对企业预计负债的计量产生影响。企业应当在资产负债表日对为此确认的预计负债金额进行复核,如有确凿证据表明预计负债金额不再能反映真实情况时,需要按照当前情况下企业清理和赔偿支出的最佳估计数对预计负债的账面价值进行相应的调整。

第三节 或有事项会计的具体应用

一、未决诉讼或未决仲裁

诉讼,是指当事人不能通过协商解决争议,因而在人民法院起诉、应诉,请求人民法院通过审判程序解决纠纷的活动。诉讼尚未解决之前,对于被告来说,可能形成一项或有负债或者预计负债;对于原告来说,则可能形成一项或有资产。

仲裁,是指经济法的各方当事人依照事先约定或事后达成的书面仲裁协议,共同选定仲裁机构并由其对争议依法作出具有约束力裁决的一种活动。作为当事人一方,仲裁的结果在仲裁决定公布以前是不确定的,会构成一项潜在义务或现时义务,或者潜在资产。

【例4.5】 2011年11月1日,乙股份有限公司因合同违约而被丁公司起诉。2011年12月31日,公司尚未接到法院的判决。丁公司预计,如无特殊情况很可能在诉讼中获胜,假定丁公司估计将来很可能获得赔偿金额1 900 000元。在咨询了公司的法律顾问后,乙公司认为最终的法律判决很可能对公司不利。假定乙公司预计将要支付的赔偿金额、诉讼费等费用为1 600 000元至2 000 000元之间的某一金额,而且这个区间内每个金额的可能性都大致相同,其中诉讼费为30 000元。

此例中,丁公司不应当确认或有资产,而应当在2011年12月31日的报表附注中披露或有资产1 900 000元。

乙股份有限公司应在资产负债表中确认一项预计负债,金额为

$$(1\ 600\ 000 + 2\ 000\ 000) \div 2 = 1\ 800\ 000(元)$$

同时在2011年12月31日的附注中进行披露。

乙公司的有关账务处理如下:

借:管理费用——诉讼费　　　　　　　　　　　30 000
　　营业外支出　　　　　　　　　　　　　　1 770 000
　　贷:预计负债——未决诉讼　　　　　　　　　　1 800 000

应当注意的是,对于未决诉讼,企业当期实际发生的诉讼损失金额与已计提的相关预计负债之间的差额,应分情况处理:

第一,企业在前期资产负债表日,依据当时实际情况和所掌握的证据合理预计了预计负债,应当将当期实际发生的诉讼损失金额与已计提的相关预计负债之间的差额,直接计入或冲减当期营业外支出。

第二,企业在前期资产负债表日,依据当时实际情况和所掌握的证据,原本应当能够合理估计诉讼损失,但企业所作的估计却与当时的事实严重不符(如未合理预计损失或不恰当地多计或少计损失),应当按照重大会计差错更正的方法进行处理。

第三,企业在前期资产负债表日,依据当时实际情况和所掌握的证据,确实无法合理预计诉讼损失,因而未确认预计负债,则在该项损失实际发生的当期,直接计入当期营业外支出。

第四,资产负债表日后至财务报告批准报出日之间发生的需要调整或说明的未决诉讼,按照资产负债表日后事项的有关规定进行会计处理。

二、债务担保

债务担保在企业中是较为普遍的现象。作为提供担保的一方,在被担保方无法履行合同的情况下,常常承担连带责任。从保护投资者、债权人的利益出发,客观、充分地反应企业因担保义务而承担的潜在风险是十分必要的。

【例4.6】 2007年1月,B公司从银行贷款人民币20 000 000元,期限2年,由A公司全额担保;2009年4月,C公司从银行贷款美元1 000 000元,期限1年,由A公司担保50%;2009年6月,D公司通过银行从G公司贷款人民币10 000 000元,期限2年,由A公司全额担保。

截至2009年12月31日,各贷款单位的情况如下:B公司贷款逾期未还,银行已起诉B公司和A公司,A公司因连带责任需赔偿多少金额尚无法确定;C公司由于受政策影响和内部管理不善等原因,经营效益不如以往,可能不能偿还到期美元债务;D公司经营情况良好,预期不存在还款困难。

本例中,对B公司而言,A公司很可能需履行连带责任,但损失金额是多少,目前还难以预计;就C公司而言,A公司可能需履行连带责任;就D公司而言,A公司履行连带责任的可能性极小。这三项债务担保形成A公司的或有负债,不符合预计负债的确认条件,A公司在2009年12月31日编制财务报表时,应当在附注中作相应披露。

三、产品质量保证

产品质量保证,是指销售商或制造商在销售产品或提供劳务后,对客户提供服务的一种承诺。在约定期内(或终身保修),若产品或劳务在正常使用过程中出现质量或与之相关的其他属于正常范围的问题,企业负有更换产品、免费或只收成本价进行修理等责任。为此,企业应当在符合确认条件的情况下,于销售成立时确认预计负债。

【例4.7】 沿用【例4.3】,甲公司2011年度第一季度实际发生的维修费为850 000元,"预计负债——产品质量保证"科目2010年末余额为30 000元。

本例中,2011年度第一季度,甲公司的账务处理如下:
(1)确认与产品质量保证有关的预计负债:
借:销售费用——产品质量保证　　　　　　　　900 000
　　贷:预计负债——产品质量保证　　　　　　　　900 000
(2)发生产品质量保证费用(维修费):

借:预计负债——产品质量保证　　　　　　850 000
　　贷:银行存款或原材料等　　　　　　　　850 000
"预计负债——产品质量保证"科目 2011 年第一季度末的余额为
　　　　　900 000－850 000＋30 000＝80 000(元)
在对产品质量保证确认预计负债时,需要注意的是:
第一,如果发现保证费用的实际发生额与预计数相差较大,应及时对预计比例进行调整。
第二,如果企业针对特定批次产品确认预计负债,则在保修期结束时,应将"预计负债——产品质量保证"余额冲销,不留余额。
第三,已对其确认预计负债的产品,如企业不再生产了,那么应在相应的产品质量保证期满后,将"预计负债——产品质量保证"余额冲销,不留余额。

四、亏损合同

待执行合同变为亏损合同,同时该亏损合同产生的义务满足预计负债的确认条件的,应当确认为预计负债。其中,待执行合同,是指合同各方未履行任何合同义务,或部分履行了同等义务的合同。企业与其他企业签订的商品销售合同、劳务提供合同、租赁合同等,均属于待执行合同,待执行合同不属于或有事项。但是,待执行合同变为亏损合同的,应当作为或有事项。亏损合同,是指履行合同义务不可避免发生的成本超过预期经济利益的合同。预计负债的计量应当反映退出该合同的最低净成本,即履行该合同的成本与未能履行该合同而发生的补偿或处罚两者之中的较低者。企业与其他单位签订的商品销售合同、劳务合同、租赁合同等,均可能变为亏损合同。

企业对亏损合同进行处理,需遵循以下两点原则:

(1)如果与亏损合同相关的义务不需要支付任何补偿即可撤销,企业通常就不存在现时义务,不应确认预计负债;如果与亏损合同相关的义务不可撤销,企业就存在了现时义务,同时满足该义务很可能导致经济利益流出企业且金额能够可靠地计量的,应当确认预计负债。

(2)待执行合同变成亏损合同时,合同存在标的资产的,应当对标的资产进行减值测试并按规定确认减值损失,在这种情况下,企业通常不需确认预计负债,如果预计亏损超过该减值损失,应将超过部分确认为预计负债;合同不存在标的资产的,亏损合同相关义务满足预计负债确认条件时,应当确认为预计负债。

【例4.8】 2010年1月1日,甲公司采用经营租赁方式租入一条生产线生产A产品,租赁期4年。甲公司利用该生产线生产的A产品每年可获利20万元。2011年12月31日,甲公司决定停产A产品,原经营租赁合同不可撤销,还要持续2年,且生产线无法转租给其他单位。

本例中,甲公司与其他公司签订了不可撤销的经营租赁合同,负有法定义务,必须继续履行租赁合同(交纳租金)。同时,甲公司决定停产A产品。因此,甲公司执行原经营租赁合同不可避免要发生的费用很可能超过预期获得的经济利益,属于亏损合同,应当在2011年12月31日,根据未来应支付的租金的最佳估计数确认预计负债。

【例4.9】 乙企业2011年1月1日与某外贸公司签订了一项产品销售合同,约定在2011年2月15日以每件产品100元的价格向外贸公司提供10 000件A产品,若不能按期交货,乙企业需要交纳300 000元的违约金。这批产品在签订合同时尚未开始生产,但企业开始筹备原材料以生产这批产品时,原材料价格突然上涨,预计生产每件产品的成本升至125元。

此例中,乙企业生产产品的成本为每件125元,而售价为每件100元,每销售1件产品亏损25元,共计损失250 000元。因此,这项销售合同是一项亏损合同。如果撤销合同,乙企业需要交纳300 000元的违约金。

(1)由于该合同变为亏损合同时不存在标的资产,乙企业应当按照履行合同造成的损失与违约金两者中的较低者确认一项预计负债:

借:营业外支出　　　　　　　　250 000
　　贷:预计负债　　　　　　　　　　250 000

(2)待相关产品生产完成后,将已确认的预计负债冲减产品成本:

借:预计负债　　　　　　　　　250 000
　　贷:库存商品　　　　　　　　　　250 000

【例4.10】 丙企业以生产B产品为主,目前企业库存积压较大,产品成本为每件180元。为了消化库存,盘活资金,丙企业2011年1月25日与某外贸公司签订了一项产品销售合同,约定在2011年2月5日,以每件产品150元的价格向外贸公司提供10 000件产品,合同不可撤销。

本例中,丙企业生产B产品的成本为每件180元,而售价为每件150元,每销售1件亏损30元,共计损失300 000元。并且,合同不可撤销。因此,这项销售合同是一项亏损合同。

由于该合同签订时即为亏损合同,且存在标的资产。乙企业应当对A产品进行减值测试,计提减值准备,如果亏损不超过该减值损失,企业不需确认预计负债,如果亏损超过该减值损失,应将超过部分确认为预计负债。

五、重组义务

(一)重组义务的确认

重组是指企业制定和控制的,将显著改变企业组织形式、经营范围或经营方式的计划实施行为。重组的事项主要包括:

(1)出售或终止企业的部分业务。
(2)对企业的组织结构进行较大调整。
(3)关闭企业的部分营业场所,或将营业活动由一个国家或地区迁移到其他国家或地区。

企业应当将重组与企业合并、债务重组区别开。因为重组通常是指企业内部资源的调整和组合,谋求现有资产效能的最大化;企业合并时在不同企业之间的资本重组和规模扩张;而债务重组是债权人对债务人作出让步,债务人减轻债务负担,债权人尽可能减少损失。

企业因重组而承担了重组义务,并且同时满足预计负债的三项确认条件时,才能确认预计负债。

首先,同时存在下列情况的,表明企业承担了重组义务:

(1)有详细、正式的重组计划,包括重组涉及的业务、主要地点、需要补偿的职工人数及其岗位性质、预计重组支出、计划实施时间等。

(2)该重组计划已对外公告。

其次,需要判断重组义务是否同时满足预计负债的三项确认条件,即判断其承担的重组义务是否是现时义务,履行重组义务是否很可能导致经济利益流出企业,重组义务的金额是否能够可靠计量。只有同时满足这三个确认条件,才能将重组义务确认为预计负债。

(二)重组义务的计量

企业应当按照与重组有关的直接支出确定预计负债金额,计入当期损益。其中,直接支出是企业重组必须承担的,并且与主体继续进行的活动无关的支出,不包括留用职工岗前培训、市场推广、新系统和营销网络投入等支出。

由于企业在计量预计负债时不应当考虑预期处置相关资产的利得或损失,在计量与重组义务相关的预计负债时,也不考虑处置相关资产(厂房、店面,有时是一个事业部整体)可能形成的利得或损失,即使资产的出售构成重组的一部分也是如此,这些利得或损失应当单独确认。

第四节 或有事项的列报或披露

一、预计负债的列报

在资产负债表中,因或有事项而确认的负债(预计负债)应与其他负债项目区别开来,单独反映。如果企业因多项或有事项确认了预计负债,在资产负债表上一般只需通过"预计负债"项目进行总括反映。在将或有事项确认为负债的同时,应确认一项支出或费用。这项费用或支出在利润表中不应单列项目反映,而应与其他费用或支出项目(如"销售费用"、"管理费用"、"营业外支出"等)合并反映。比如,企业因产品质量保证确认负债时所确认的费用,在利润表中应作为"销售费用"的组成部分予以反映;又如,企业因对其他单位提供债务担保确认负债时所确认的费用,在利润表中应作为"营业外支出"的组成部分予以反映。

同时,为了使会计报表使用者获得充分、详细的有关或有事项的信息,企业应在会计报表附注中披露以下内容:

(1)预计负债的种类、形成原因以及经济利益流出不确定性的说明。

(2)各类预计负债的期初、期末余额和本期变动情况。
(3)与预计负债有关的预期补偿金额和本期已经确认的预期补偿金额。

二、或有负债的披露

或有负债无论作为潜在义务还是现时义务,均不符合负债的确认条件,因而不予确认。但是,除非或有负债极小可能导致经济利益流出企业,否则企业应当在附注中披露有关信息,具体包括:

(1)或有负债的种类及其形成原因,包括已贴现商业承兑汇票、未决诉讼、对外提供担保等形成的或有负债。
(2)经济利益流出不确定性的说明。
(3)或有负债预计产生的财务影响,以及获得补偿的可能性;无法预计的,应当说明原因。

需要注意的是,在涉及未决诉讼、未决仲裁的情况下,如果披露全部或部分信息预期对企业会造成重大不利影响,企业无须披露这些信息,但应当披露该未决诉讼、未决仲裁的性质,以及没有披露这些信息的事实和原因。

三、或有资产的披露

或有资产作为一种潜在资产,不符合资产的确认条件,因而不予确认。企业通常不应当披露或有资产,但或有资产很可能会给企业带来经济利益的,应当披露其形成的原因、预计产生的财务影响等。

本 章 小 结

本章主要讲授或有事项的概念、或有负债与或有资产的概念、预计负债的确认和计量。

1. 或有事项是指过去的交易或者事项形成的,其结果须由某些未来事项的发生或不发生才能决定的不确定事项。常见的或有事项包括:未决诉讼或未决仲裁、债务担保、产品质量保证、承诺、亏损合同、重组义务等。

2. 或有负债是指过去的交易或事项形成的潜在义务,其存在须通过未来不确定事项的发生或不发生予以证实;或过去的交易或事项形成的现时义务,履行该义务不是很可能导致经济利益流出企业或该义务的金额不能可靠计量。或有资产是指过去的交易或者事项形成的潜在资产,其存在须通过未来不确定事项的发生或不发生予以证实。或有资产作为一种潜在资产,其结果具有较大的不确定性,只有随着经济情况的变化,通过某些未来不确定事项的发生或不发生才能证实其是否会形成企业真正的资产。

思 考 题

1. 常见的或有事项有哪些?
2. 或有负债与预计负债有何区别?如何确认和计量预计负债?
3. 或有事项会计的具体应用讲了哪些交易或事项的处理?

第五章
Chapter 5

所得税

【学习目标】
1. 熟悉所得税会计核算的一般程序；
2. 掌握资产的计税基础、负债的计税基础的确认和计量；
3. 掌握应纳税暂时性差异、可抵扣暂时性差异的确定；
4. 掌握递延所得税负债、递延所得税资产的确认和计量；
5. 掌握当期所得税、递延所得税的确认和计量；
6. 掌握资产负债表债务法下，所得税费用的确认和计量。

【能力目标】
1. 正确确定应纳税暂时性差异、可抵扣暂时性差异；
2. 在会计实务中，综合运用资产负债表债务法核算企业的所得税费用。

【引导案例】
海信公司2011年发生了2 000万元广告费支出，发生时已作为销售费用计入当期损益。税法规定，该类支出不超过当年销售收入15%的部分允许当期税前扣除，超过部分允许向以后年度结转税前扣除。海信公司2011年实现销售收入10 000万元。由于会计与税法规定不一致，上述广告费会产生暂时性差异吗？

第一节 所得税会计概述

企业的会计核算和税收处理分别遵循不同的原则，服务于不同的目的。在我国，会计的确认、计量、报告应当遵从企业会计准则的规定，目的在于真实、完整地反映企业的财务状况、经营成果和现金流量等信息,为投资者、债权人等会计信息使用者提供有用的决策依据。而税法则是以课税为目的,根据国家有关税收法律、法规的规定,确定一定时期内纳税人应交纳的税额,从所得税的角度,主要是确定企业的应纳税所得额,以对企业的经营所得征税。

所得税会计的形成和发展是所得税法规和会计准则规定相互分离的必然结果,两者分离的程度和差异的种类、数量直接影响和决定了所得税会计处理方法的改进。我国《企业会计准则第18号——所得税》是从资产负债表出发,通过比较资产负债表上列示的资产、负债等项目按照会计准则规定确定的账面价值与按照税法规定确定的计税基础,对于两者之间的差异分别应纳税暂时性差异与可抵扣暂时性差异,确认相关的递延所得税负债与递延所得税资产,并在此基础上确定每一会计期间利润表中的所得税费用。

一、资产负债表债务法的理论基础

所得税会计是会计与税收规定之间的差异在所得税会计核算中的具体体现。所得税准则规定,企业应当采用资产负债表债务法核算所得税。

资产负债表债务法在所得税的会计核算方面贯彻了资产、负债等会计要素的界定,较为完整地体现了资产负债观。从资产负债表角度考虑,资产的账面价值代表的是企业在持续持有及最终处置某项资产的一定期间内,该项资产为企业带来的未来经济利益;而其计税基础代表的是在这一期间内,就该项资产按照税法规定可以税前扣除的金额。

一项资产的账面价值小于其计税基础的,表明该项资产于未来期间产生的经济利益流入低于按照税法规定允许税前扣除的金额,产生可抵减未来期间应纳税所得额的因素,减少未来期间以应交所得税的方式流出企业的经济利益,从其产生时点来看,应确认为资产。反之,一项资产的账面价值大于其计税基础的,两者之间的差额将会于未来期间产生应税金额,增加未来期间的应纳税所得额及应交所得税,对企业形成经济利益流出的义务,则应确认为负债。

二、所得税会计核算的一般程序

采用资产负债表债务法核算所得税的情况下,企业一般应于每一资产负债表日进行所得税的核算。发生特殊交易或事项时,如企业合并,在确认因交易或事项取得的资产、负债时即应确认相关的所得税影响。企业进行所得税核算一般应遵循以下程序:

(1)按照相关企业会计准则规定,确定资产负债表中除递延所得税资产和递延所得税负债以外的其他资产和负债项目的账面价值。其中,资产、负债的账面价值,是指企业按照相关会计准则的规定进行核算后在资产负债表中列示的金额。对于计提了减值准备的各项资产,是指其账面余额减去已计提的减值准备后的余额。例如,企业持有的应收账款账面余额为2 000万元,企业对该应收账款计提了100万元的坏账准备,其账面价值为1 900万元,为该应收账款在资产负债表中的列示金额。

(2)按照企业会计准则中对于资产和负债计税基础的确定方法,以适用的税收法规为基础,确定资产负债表中有关资产、负债项目的计税基础。

(3)比较资产、负债的账面价值与其计税基础,对于两者之间存在差异的,分析其性质,除企业会计准则中规定的特殊情况外,分别应纳税暂时性差异与可抵扣暂时性差异,确定资产负债表日递延所得税负债和递延所得税资产的应有金额,并与期初递延所得税负债和递延所得税资产的余额相比,确定当期应予进一步确认的递延所得税资产和递延所得税负债金额或应予转销的金额,作为递延所得税。

(4)就企业当期发生的交易或事项,按照适用的税法规定计算确定当期应纳税所得额,将应纳税所得额与适用的所得税税率计算的结果确认为当期应交所得税,作为当期所得税。

(5)确定利润表中的所得税费用。利润表中的所得税费用包括当期所得税(当期应交所得税)和递延所得税两个组成部分,企业在计算确定了当期所得税和递延所得税后,两者之和(或之差),是利润表中的所得税费用。

所得税核算程序如图5.1所示。

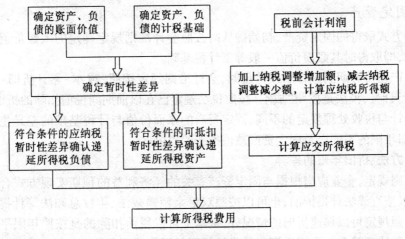

图5.1 所得税核算程序

第二节 资产、负债的计税基础及暂时性差异

所得税会计的关键在于确定资产、负债的计税基础。在确定资产、负债的计税基础时,应严格遵循税收法规中对于资产的税务处理以及可税前扣除的费用等的规定进行。

企业在取得其资产、负债时,应当确定其计税基础。企业应于资产负债表日,分析比较资产、负债的账面价值与其计税基础,两者之间存在差异的,确认递延所得税资产、递延所得税负债及相应的递延所得税费用(或收益)。企业合并等特殊交易或事项中取得的资产和负债,应于购买日比较其入账价值与计税基础,按照所得税准则规定,计算确认相关的递延所得税资产或递延所得税负债。

一、资产的计税基础

资产的计税基础,是指企业收回资产账面价值的过程中,计算应纳税所得额时按照税法规定可以自应税经济利益中抵扣的金额,即某一项资产在未来期间计税时按照税法规定可以税前扣除的金额。

资产在初始确认时,其计税基础一般为取得成本,即企业为取得某项资产支付的成本在未来期间准予税前扣除。在资产持续持有的过程中,其计税基础是指资产的取得成本减去以前期间按照税法规定已经税前扣除的金额后的余额。如固定资产、无形资产等长期资产在某一资产负债表日的计税基础是指其成本扣除按照税法规定已在以前期间税前扣除的累计折旧额或累计摊销额后的金额。

现举例说明部分资产项目计税基础的确定。

(一) 固定资产

以各种方式取得的固定资产,初始确认时按照会计准则规定确定的入账价值基本上是被税法认可的,即取得时其账面价值一般等于计税基础。

固定资产在持有期间进行后续计量时,会计准则规定按照"成本-累计折旧-固定资产减值准备"进行计量,税法是按照"成本-按照税法规定已在以前期间税前扣除的折旧额"进行计量。由于会计与税收处理规定的不同,固定资产的账面价值与计税基础的差异主要产生于折旧方法、折旧年限的不同以及固定资产减值准备的提取。

1. 折旧方法、折旧年限的差异

会计准则规定,企业应当根据与固定资产有关的经济利益的预期实现方式合理选择折旧方法,如可以按直线法计提折旧,也可以按照双倍余额递减法、年数总和法等计提折旧。税法中除某些按照规定可以加速折旧的情况外,基本上可以税前扣除的是按照年限平均法计提的折旧;另外,税法还就每一类固定资产的最低折旧年限作出了规定,而会计处理时按照准则规定折旧年限是由企业根据固定资产的性质和使用情况合理确定的。如会计处理时确定的折旧年限与税法规定不同,也会产生固定资产持有期间账面价值与计税基础的差异。

2. 因计提固定资产减值准备产生的差异

持有固定资产的期间内,在对固定资产计提了减值准备以后,因税法规定按照会计准则规定计提的资产减值准备在资产发生实质性损失前不允许税前扣除,也会造成固定资产的账面价值与计税基础的差异。

【例5.1】 甲企业于2009年12月20日取得的某项固定资产,原价750万元,使用年限为10年,会计上采用年限平均法计提折旧,净残值为零。税法规定该类(由于技术进步、产品更新换代较快的)固定资产采用加速折旧法计提的折旧可予税前扣除,该企业在计税时采用双倍余额递减法计提折旧,净残值为零。2011年12月31日,企业估计该项固定资产的可收回金额为 550 万元。

根据上述资料,甲企业的分析如下:

该项固定资产在 2011 年 12 月 31 日的账面余额 = 750 − 75 × 2 = 600(万元),该账面余额大于其可收回金额 550 万元,两者之间的差额应计提 50 万元的固定资产减值准备。

该项固定资产在 2011 年 12 月 31 日的账面价值 = 750 − 75 × 2 − 50 = 550(万元)

该项固定资产在 2011 年 12 月 31 日的计税基础 = 750 − 750 × 20% − 600 × 20% = 480(万元)

该项固定资产的账面价值 550 万元与其计税基础 480 万元之间的差额 70 万元,将于未来期间计入企业的应纳税所得额。

【例 5.2】 乙企业于 2010 年年末以 750 万元购入一项生产用固定资产,按照该项固定资产的预计使用情况,乙企业在会计核算时估计其使用寿命为 5 年。计税时,按照使用税法规定,其最低折旧年限为 10 年,该企业计税时按照 10 年计算确定可税前扣除的折旧额。假定会计与税法规定均按年限平均法计提折旧,净残值均为零。2011 年该项固定资产按照 12 个月计提折旧。本例中假定固定资产未发生减值。

根据上述资料,乙企业的分析如下:

该项固定资产在 2011 年 12 月 31 日的账面价值 = 750 − 750 ÷ 5 = 600(万元)

该项固定资产在 2011 年 12 月 31 日的计税基础 = 750 − 750 ÷ 10 = 675(万元)

该项固定资产的账面价值 600 万元与其计税基础 675 万元之间产生的差额 75 万元,在未来期间会减少企业的应纳税所得额。

(二)无形资产

除内部研究开发形成的无形资产以外,其他方式取得的无形资产,初始确认时按照会计准则规定确定的入账价值与按照税法规定确定的计税基础之间一般不存在差异。无形资产的账面价值与计税基础之间的差异主要产生于内部研究开发形成的无形资产以及使用寿命不确定的无形资产。

1. 内部研究开发无形资产的差异

内部研究开发形成的无形资产,其成本为开发阶段符合资本化条件以后至达到预定用途前发生的支出,除此之外,研究开发过程中发生的其他支出应予费用化计入当期损益;税法规定,自行开发的无形资产,以开发过程中该资产符合资本化条件后至达到预定用途前发生的支出为计税基础。另外,对于研究开发费用的加计扣除,税法中规定企业为开发新技术、新产品、新工艺发生的研究开发费用,未形成无形资产计入当期损益的,在按照规定据实扣除的基础上,按研究开发费用的 50% 加计扣除;形成无形资产的,按无形资产成本的 150% 摊销。如该无形资产的确认不是产生于企业合并交易,同时在确认时既不影响会计利润也不影响应纳税所得额,则按照所得税会计准则的规定,不确认有关暂时性差异的所得税影响。

一般情况下,对于内部研究开发形成的无形资产,初始确认时按照会计准则规定确认的成本与其计税基础应当是相同的。对于享受税收优惠的研究开发支出,在形成无形资产时,按照会计准则规定确定的成本为研究开发过程中符合资本化条件后至达到预定用途前发生的支出,因而税法规定按照无形资产成本的150%摊销,则其计税基础应在会计上入账价值的基础上加计50%,因而产生账面价值与计税基础在初始确认时的差异。但是,若该无形资产的确认不是产生于企业合并,同时在确认时既不影响会计利润也不影响应纳税所得额,按照所得税会计准则的规定,不确认该暂时性差异的所得税影响。

【例5.3】 甲公司当期为开发新技术发生研究开发支出共计1 000万元,其中研究阶段支出200万元,开发阶段符合资本化条件前发生的支出为200万元,符合资本化条件后至达到预定用途前发生的支出为600万元。税法规定,企业为开发新技术、新产品、新工艺发生的研究开发费用,未形成无形资产计入当期损益的,按研究开发费用的50%加计扣除;形成无形资产的,按无形资产成本的150%摊销。假定开发形成的无形资产在当期期末已达到预定用途(尚未开始摊销)。

根据上述资料,甲公司的分析如下:

甲公司当期发生的研究开发支出中,按照会计准则规定应予费用化的金额为400万元,形成无形资产的成本为600万元,即期末所形成无形资产的账面价值为600万元。

甲公司于当期发生的1 000万元研究开发支出,按照税法规定可在当期税前扣除的金额为600[400×(1+50%)]万元。所形成无形资产在未来期间可予税前扣除的金额为900(600×150%)万元,其计税基础为900万元。

该项无形资产的账面价值600万元与其计税基础900万元之间的差额形成暂时性差异300万元,该差异会减少企业在未来期间的应纳税所得额和应交所得税额。

2. 无形资产后续计量产生的差异

无形资产在后续计量时,会计与税法的差异主要产生于对无形资产是否需要摊销及无形资产减值准备的计提。

会计准则规定,无形资产在取得以后,应根据其使用寿命情况,区分为使用寿命有限的无形资产与使用寿命不确定的无形资产。对于使用寿命不确定的无形资产,不要求摊销,但持有期间每年应进行减值测试。税法规定,企业取得的无形资产成本(外购商誉除外),应在一定期限内摊销。对于使用寿命不确定的无形资产,会计处理时不予摊销,但计税时其按照税法规定确定的摊销额允许税前扣除,造成该类无形资产的账面价值与计税基础的差异。

在对无形资产计提减值准备的情况下,因税法对按照会计准则规定计提的无形资产减值准备在形成实质性损失前不允许税前扣除,即无形资产的计税基础不会随减值准备的提取发生变化,但其账面价值会因资产减值准备的提取而下降,从而造成无形资产的账面价值与计税基础的差异。

【例5.4】 乙公司于2011年1月1日取得的某项无形资产,取得成本为600万元,取得该项无形资产后,根据各方面情况判断,乙公司无法合理预计其使用期限,将其作为使用寿命不确定的无形资产。2011年12月31日,对该项无形资产进行减值测试表明其未发生减值。

企业在计税时,对该项无形资产按照10年的期限采用直线法摊销,摊销额允许税前扣除。

根据上述资料,乙公司的分析如下:

会计上将该项无形资产作为使用寿命不确定的无形资产,因未发生减值,其在2011年12月31日的账面价值为取得成本600万元。

该项无形资产在2011年12月31日的计税基础为540万元(成本600万元-按照税法规定可予税前扣除的摊销额60万元)。

该项无形资产的账面价值600万元与其计税基础540万元之间的差额60万元,将计入未来期间企业的应纳税所得额。

(三)以公允价值计量且其变动计入当期损益的金融资产

我国《企业会计准则第22号——金融工具确认和计量》规定,以公允价值计量且其变动计入当期损益的金融资产,于某一会计期末的账面价值为该时点的公允价值。税法规定,企业以公允价值计量的金融资产、金融负债以及投资性房地产等,持有期间公允价值的变动不计入应纳税所得额,在实际处置或结算时,处置取得的价款扣除历史成本后的差额应计入处置或结算期间的应纳税所得额。按照该规定,以公允价值计量的金融资产在持有期间市价的波动计税时不予考虑,有关金融资产在某一会计期末的计税基础为其取得成本,从而造成在公允价值变动的情况下,对以公允价值计量的金融资产账面价值与计税基础之间的差异。

企业持有的可供出售金融资产计税基础的确定,与以公允价值计量且其变动计入当期损益的金融资产类似,可比照处理。

【例5.5】 2011年10月15日,甲公司自公开市场取得一项权益性投资,支付价款1 600万元,作为交易性金融资产核算。2011年12月31日,该项权益性投资的市价为1 760万元。假定税法规定对于交易性金融资产,持有期间公允价值的变动不计入应纳税所得额,待出售时一并计算应计入应纳税所得额的金额。

根据上述资料,甲公司的分析如下:

该项交易性金融资产的期末市价为1 760万元,其按照会计准则规定进行核算,在2011年资产负债表日的账面价值为1 760万元。

因税法规定交易性金融资产在持有期间的公允价值变动不计入应纳税所得额,其在2011年资产负债表日的计税基础应维持原取得成本不变,即为1 600万元。

该交易性金融资产的账面价值1 760万元与其计税基础1 600万元之间产生了160万元的暂时性差异,该暂时性差异在未来期间转回时会增加未来期间的应纳税所得额。

【例5.6】 2011年11月5日,乙公司自公开市场取得一项基金投资,作为可供出售金融资产核算。该投资的成本2 000万元。2011年12月31日,其市价为2 076万元。假定税法规定对于可供出售金融资产,持有期间公允价值的变动不计入应纳税所得额,待出售时一并计算应计入应纳税所得额的金额。

根据上述资料,乙公司的分析如下:

按照会计准则规定,该项金融资产在会计期末应以公允价值计量,其账面价值应为期末公允价值2 076万元。

因税法规定资产在持有期间公允价值变动不计入应纳税所得额,则该项可供出售金融资产的期末计税基础应维持其原取得成本不变,为2 000万元。

该金融法资产在2011年资产负债表日的账面价值2 076万元与其计税基础2 000万元之间产生的76万元暂时性差异,将会增加未来该资产处置期间的应纳税所得额。

(四)其他资产

因会计准则规定与税收法规规定不同,企业持有的其他资产,可能造成其账面价值与计税基础之间存在差异的,如采用公允价值模式计量的投资性房地产以及其他计提了资产减值准备的各项资产,如应收账款、存货等。

1. 投资性房地产

企业持有的投资性房地产进行后续计量时,会计准则规定可以采用两种模式:一种是成本模式,采用该种模式计量的投资性房地产,其账面价值与计税基础的确定与固定资产、无形资产相同;另一种是在符合规定的情况下,可以采用公允价值模式对投资性房地产进行后续计量。对于采用公允价值模式进行后续计量的投资性房地产,其计税基础的确定类似于固定资产或无形资产计税基础的确定。

【例5.7】 甲公司于2011年1月1日将其某自用房屋用于对外出租,该房屋的成本为750万元,预计使用年限为20年。转为投资性房地产之前,已使用4年,企业按照年限平均法计提折旧,预计净残值为零。转为投资性房地产核算后,预计能够持续可靠取得该投资性房地产的公允价值,甲公司采用公允价值对该投资性房地产进行后续计量。假定税法规定的折旧方法、折旧年限及净残值与会计规定相同。同时,税法规定资产在持有期间公允价值的变动不计入应纳税所得额,待处置时一并计算确定应计入应纳税所得额的金额。该项投资性房地产在2011年12月31日的公允价值为900万元。

根据上述资料,甲公司的分析如下:

该投资性房地产在2011年12月31日的账面价值为其公允价值900万元。

该投资性房地产的计税基础为取得成本扣除按照税法规定允许税前扣除的折旧额后的金额,即其计税基础=750-750÷20×5=562.5(万元)。

该项投资性房地产的账面价值900万元与其计税基础562.5万元之间产生了337.5万元的暂时性差异,将会增加企业在未来期间的应纳税所得额。

2. 其他计提了资产减值准备的各项资产

有关资产计提了减值准备后,其账面价值会随之下降,而税法规定资产在发生实质性损失之前,不允许税前扣除,即其计税基础不会因减值准备的提取而变化,造成在计提资产减值准备以后,资产的账面价值与计税基础之间的差异。

【例5.8】 甲公司2011年购入原材料成本为4 000万元,因部分生产线停工,当年未领用任何该原材料,2011 年资产负债表日考虑到该原材料的市价及用其生产产成品的市价情况,估计其可变现净值为 3 200 万元。假定该原材料在 2011 年的期初余额为零。

根据上述资料,甲公司的分析如下:

该项原材料因期末可变现净值低于其成本,应计提的存货跌价准备 = 4 000 - 3 200 = 800(万元)。计提该存货跌价准备后,该项原材料的账面价值为 3 200 万元。

因计算交纳所得税时,按照会计准则规定计提的资产减值准备不允许税前扣除,该项原材料的计税基础不会因存货跌价准备的提取而发生变化,其计税基础应维持原取得成本 4 000 万元不变。

该存货的账面价值 3 200 万元与其计税基础 4 000 万元之间产生了 800 万元的暂时性差异,该差异会减少企业在未来期间的应纳税所得额。

【例 5.9】 甲公司 2011 年 12 月 31 日应收账款余额为 6 000 万元,该公司期末对应收账款计提了 600 万元的坏账准备。税法规定,不符合国务院财政、税务主管部门规定的各项资产减值准备不允许税前扣除。假定该公司应收账款及坏账准备的期初余额均为零。

根据上述资料,甲公司的分析如下:

该项应收账款在 2011 年资产负债表日的账面价值为 5 400(6 000 - 600)万元。

因有关的坏账准备不允许税前扣除,其计税基础为 6 000 万元,该计税基础与其账面价值之间产生 600 万元暂时性差异,在应收账款发生实质性损失时,会减少未来期间的应纳税所得额和应交所得税。

二、负债的计税基础

负债的计税基础,是指负债的账面价值减去未来期间计算应纳税所得额时按照税法规定可予抵扣的金额。用公式表示为

负债的计税基础 = 账面价值 - 未来期间按照税法规定可予税前扣除的金额

负债的确认与偿还一般不会影响企业的损益,也不会影响其应纳税所得额,未来期间计算应纳税所得额时按照税法规定可予抵扣的金额为零,计税基础即为账面价值。如企业的短期借款、应付账款、应付票据等。

但是,某些情况下,负债的确认可能会影响企业的损益,进而影响不同期间的应纳税所得额,使得其计税基础与账面价值之间产生差额,如按照会计规定确认的某些预计负债。

(一) 企业因销售商品提供售后服务等原因确认的预计负债

按照我国《企业会计准则第 13 号——或有事项》的规定,企业对于预计提供售后服务将发生的支出在满足有关确认条件时,销售当期即应确认为费用,同时确认预计负债。如果税法规定,与销售产品相关的支出应于发生时税前扣除。因该类事项产生的预计负债在期末的计税基础为其账面价值与未来期间可税前扣除的金额之间的差额,因有关的支出实际发生时可全部税前扣除,其计税基础为零。

其他交易或事项确认的预计负债,应按照税法规定的计税原则确定其计税基础。某些情况下,因有些事项确认的预计负债,税法规定其支出无论是否实际发生均不允许税前扣除,即未来期间按照税法规定可予抵扣的金额为零,账面价值等于计税基础。

【例5.10】 甲公司2010年因销售产品承诺提供3年期的免费保修服务,在当年年度利润表中确认了400万元的销售费用,同时确认为预计负债。2010年未发生任何保修支出,2011年发生保修支出50万元。假定按照税法规定,与产品售后服务相关的费用在实际发生时允许税前扣除。

根据上述资料,甲公司的分析如下:

(1)2010年12月31日。

该项预计负债在甲公司2010年12月31日资产负债表中的账面价值为400万元。

该项预计负债2010年12月31日的计税基础=账面价值400万元-未来期间计算应纳税所得额时按照税法规定可予抵扣的金额400万元=0。

该项负债的账面价值400万元与其计税基础零之间产生的400万元暂时性差异,会减少企业未来期间的应纳税所得额,使企业未来期间以应交所得税的方式流出的经济利益减少。

(2)2011年12月31日。

该项预计负债在甲公司2011年12月31日资产负债表中的账面价值为350(400-50)万元。

该项预计负债2011年12月31日的计税基础=账面价值350万元-未来期间计算应纳税所得额时按照税法规定可予抵扣的金额350(400-50)万元=0。

该项负债的账面价值350万元与其计税基础零之间产生的350万元暂时性差异,会减少企业未来期间的应纳税所得额,使企业未来期间以应交所得税的方式流出经济利益减少。

(二)预收账款

企业在收到客户预付的款项时,因不符合收入确认条件,会计上将其确认为负债。税法中对于收入的确认原则一般与会计规定相同,即会计上未确认收入时,计税时一般亦不计入应纳税所得额,该部分经济利益在未来期间计税时可予税前扣除的金额为零,计税基础等于账面价值。

某些情况下,因不符合会计准则规定的收入确认条件,未确认为收入的预收款项,按照税法规定应计入当期应纳税所得额时,有关预收账款的计税基础为零,即因其产生时已经计算交纳所得税,未来期间可全额税前扣除。

【例5.11】 甲公司于2011年12月20日自客户收到一笔合同预付款,金额为2 000万元,因不符合收入确认条件,将其作为预收账款核算。假定按照适用税法规定,该款项应计入取得当期应纳税所得额计算交纳所得税。

根据上述资料,甲公司的分析如下:

该预收账款在甲公司2011年12月31日资产负债表中的账面价值为2 000万元。

该预收账款 2011 年 12 月 31 日的计税基础 = 账面价值 2 000 万元 - 未来期间计算应纳税所得额时按照税法规定可予抵扣的金额 2 000 万元 = 0。

该项负债的账面价值 2 000 万元与其计税基础零之间产生的 2 000 万元暂时性差异,会减少企业未来期间的应纳税所得额,使企业未来期间以应交所得税的方式流出经济利益减少。

(三)应付职工薪酬

会计准则规定,企业为获得职工提供的服务给予的各种形式的报酬以及其他相关支出均应作为企业的成本费用,在未支付之前确认为负债。税法中对于职工薪酬基本允许税前扣除,但税法中明确规定了税前扣除标准的,按照会计准则规定计入成本费用的金额超过规定标准部分,应进行纳税调整。因超过部分在发生当期不允许税前扣除,在以后期间也不允许税前扣除,即该部分差额对未来期间计税不产生影响,所产生应付职工薪酬负债的账面价值等于计税基础。

需要说明的是,对于以现金结算的股份支付,企业在每一个资产负债表日应确认应付职工薪酬,税法规定,实际支付时可计入应纳税所得额,未来期间可予税前扣除的金额为其账面价值,即计税基础为零。

【例 5.12】 甲公司 2011 年 12 月计入成本费用的职工工资总额为 3 200 万元,至 2011 年 12 月 31 日尚未支付,在资产负债表中作为"应付职工薪酬"项目。按照税法规定,当期计入成本费用的 3 200 万元工资支出中,可予税前扣除的合理部分为 2 400 万元。

根据上述资料,甲公司的分析如下:

该项应付职工薪酬负债在 2011 年 12 月 31 日的账面价值为 3 200 万元。

该项应付职工薪酬负债在 2011 年 12 月 31 日的计税基础 = 账面价值 3 200 万元 - 未来期间计算应纳税所得额时按照税法规定可予抵扣的金额 0 = 3 200(万元)。

该项负债的账面价值 3 200 万元与其计税基础 3 200 万元相同,不形成暂时性差异。

(四)其他负债

企业的其他负债项目,如应交的罚款和滞纳金等,在尚未支付之前按照会计规定确认为费用,同时作为负债反映。税法规定,罚款和滞纳金不能税前扣除,即该部分费用无论是在发生当期还是在以后期间均不允许税前扣除,其计税基础为账面价值减去未来期间计税时可予税前扣除的金额之间的差额,即计税基础等于账面价值。

其他交易或事项产生的负债,其计税基础应当遵从适用税法的相关规定。

【例 5.13】 甲公司 2011 年 12 月因违反当地有关环保法规的规定,接到环保部门的处罚通知,要求其支付罚款 400 万元。税法规定,企业因违反国家有关法律法规规定支付的罚款和滞纳金,计算应纳税所得额时不允许税前扣除。至 2011 年 12 月 31 日,该项罚款尚未支付。

根据上述资料,甲公司的分析如下:

对于该项罚款,甲公司应计入 2011 年利润表,同时在资产负债表中确认为一项负债,账面价值为 400 万元。

该项负债的计税基础=账面价值 400 万元-未来期间计算应纳税所得额时按照税法规定可予抵扣的金额 0 万元=400(万元)。

该项负债的账面价值 400 万元与其计税基础 400 万元相同,不形成暂时性差异。

三、特殊交易或事项中产生资产、负债计税基础的确定

除企业在正常生产经营活动过程中取得的资产和负债以外,对于某些特殊交易中产生的资产、负债,其计税基础的确定应遵从税法规定,如企业合并过程中取得资产、负债计税基础的确定。

我国《企业会计准则第 20 号——企业合并》规定,企业合并视参与合并各方在合并前后是否为同一方或相同的多方最终控制,分为同一控制下的企业合并与非同一控制下的企业合并两种类型。对于同一控制下的企业合并,合并中取得的有关资产、负债基本上维持其原账面价值不变,合并中不产生新的资产和负债;对于非同一控制下的企业合并,合并中取得的有关资产、负债应按其在购买日的公允价值计量,企业合并成本大于合并中取得可辨认净资产公允价值的份额部分确认为商誉,企业合并成本小于合并中取得可辨认净资产公允价值的份额部分计入合并当期损益。

对于企业合并的税收处理,通常情况下,被合并企业应视为按公允价值转让、处置全部资产,计算资产的转让所得,依法缴纳所得税。合并企业接受被合并企业的有关资产,计税时可以按经评估确认的价值确定计税基础。但合并企业支付给被合并企业或其股东的收购价款中,除合并企业股权以外的现金、有价证券和其他资产(非股权支付额),不高于所支付的股权票面价值 20% 的,经税务机关审核确认,当事各方可选择进行免税处理,即被合并企业不确认全部资产的转让所得或损失,不计算缴纳所得税;被合并企业的股东以其持有的原被合并企业的股权交换合并企业的股权,不视为出售旧股,购买新股处理;免税合并中合并企业接受被合并企业全部资产的计税成本,须以被合并企业原账面价值为基础确定。

由于会计准则与税收法规对企业合并的划分标准不同、处理原则不同,某些情况下,会造成企业合并中取得的有关资产、负债的入账价值与其计税基础的差异。

四、暂时性差异

暂时性差异是指资产或负债的账面价值与其计税基础不同产生的差额。某些不符合资产、负债的确认条件,未作为财务报告中资产、负债列示的项目,如果按照税法规定可以确定其计税基础,该计税基础与其账面价值之间的差额也属于暂时性差异。

由于资产、负债的账面价值与其计税基础不同,产生了在未来收回资产或清偿负债的期间内,应纳税所得额增加或减少并导致未来期间应交所得税增加或减少的情况,形成企业的递延所得税资产和递延所得税负债。

需要说明的是,资产负债表债务法下,仅确认暂时性差异的所得税影响,原按照利润表下纳税影响会计法核算的永久性差异,因从资产负债表角度考虑,不会产生资产、负债的账面价值与其计税基础的差异,即不形成暂时性差异,对企业在未来期间计税没有影响,不产生递延所得税。

根据暂时性差异对未来期间应纳税所得额影响的不同,分为应纳税暂时性差异和可抵扣暂时性差异。除因资产、负债的账面价值与其计税基础不同产生的暂时性差异以外,按照税法规定可以结转以后年度的未弥补亏损和税款抵减,也视同可抵扣暂时性差异处理。

(一) 应纳税暂时性差异

应纳税暂时性差异,是指在确定未来收回资产或清偿负债期间的应纳税所得额时,将导致产生应纳税金额的暂时性差异,即在未来期间不考虑该事项影响的应纳税所得额的基础上,由于该暂时性差异的转回,会进一步增加转回期间的应纳税所得额和应交所得税金额,在其产生当期应当确认相关的递延所得税负债。

应纳税暂时性差异通常产生于以下两种情况:

1. 资产的账面价值大于其计税基础

资产的账面价值代表的是企业在持续使用或最终出售该项资产时将取得的经济利益的总额,而计税基础代表的是一项资产在未来期间可予税前扣除的金额。资产的账面价值大于其计税基础,该项资产未来期间产生的经济利益不能全部税前抵扣,两者之间的差额需要交税,产生应纳税暂时性差异。例如,一项资产账面价值为200万元,计税基础如果为150万元,两者之间的差额会造成未来期间应纳税所得额和应交所得税的增加,在其产生当期,符合确认条件时,应确认相关的递延所得税负债。

2. 负债的账面价值小于其计税基础

负债的账面价值为企业预计在未来期间清偿该项负债时的经济利益流出,而其计税基础代表的是账面价值在扣除税法规定未来期间允许税前扣除的金额之后的差额。负债的账面价值与其计税基础不同产生的暂时性差异,本质上是税法规定就该项负债在未来期间可以税前扣除的金额(即与该项负债相关的费用支出在未来期间可予税前扣除的金额)。负债的账面价值小于其计税基础,则意味着就该项负债在未来期间可以税前抵扣的金额为负数,即应在未来期间应纳税所得额的基础上调增,增加应纳税所得额和应交所得税金额,产生应纳税暂时性差异,应确认相关的递延所得税负债。

(二) 可抵扣暂时性差异

可抵扣暂时性差异,是指在确定未来收回资产或清偿负债期间的应纳税所得额时,将导致产生可抵扣金额的暂时性差异。该差异在未来期间转回时会减少转回期间的应纳税所得额,减少未来期间的应交所得税。在可抵扣暂时性差异产生当期,符合确认条件时,应当确认相关的递延所得税资产。

可抵扣暂时性差异一般产生于以下两种情况：

1. 资产的账面价值小于其计税基础

资产的账面价值小于其计税基础，意味着资产在未来期间产生的经济利益少，按照税法规定允许税前扣除的金额多，两者之间的差额可以减少企业在未来期间应纳税所得额并减少应交所得税，符合有关条件时，应当确认相关的递延所得税资产。例如，一项资产的账面价值为200万元，计税基础为260万元，则企业在未来期间就该项资产可以在其自身取得经济利益的基础上多扣除60万元，未来期间应纳税所得额会减少，应交所得税也会减少，形成可抵扣暂时性差异，符合确认条件时，应确认相关的递延所得税资产。

2. 负债的账面价值大于其计税基础

负债的账面价值大于其计税基础，负债产生的暂时性差异实质上是税法规定就该项负债可以在未来期间税前扣除的金额，即

负债产生的暂时性差异＝账面价值－计税基础＝

账面价值－（账面价值－未来期间计税时按照税法规定可予税前扣除的金额）＝

未来期间计税时按照税法规定可予税前扣除的金额

负债的账面价值大于其计税基础，意味着未来期间按照税法规定与该项负债相关的全部或部分支出可以自未来应纳税经济利益中扣除，减少未来期间的应纳税所得额和应交所得税。符合有关确认条件时，应确认相关的递延所得税资产。例如，企业对将发生的产品保修费用在销售当期确认预计负债20万元，但税法规定有关费用支出只有在实际发生时才能够税前扣除，其计税基础为零；企业确认预计负债的当期相关费用不允许税前扣除，但在以后期间有关费用实际发生时允许税前扣除，使得未来期间的应纳税所得额和应交所得税减少，产生可抵扣暂时性差异，符合有关确认条件时，应确认相关的递延所得税资产。

（三）特殊项目产生的暂时性差异

1. 未作为资产、负债确认的项目产生的暂时性差异

某些交易或事项发生以后，因为不符合资产、负债的确认条件而未体现为资产负债表中的资产或负债，但按照税法规定能够确定其计税基础的，其账面价值零与计税基础之间的差异也构成暂时性差异。

如企业发生的符合条件的广告费和业务宣传费支出，除税法另有规定外，不超过当年销售收入15%的部分准予扣除；超过部分准予向以后纳税年度结转扣除。该类支出在发生时按照会计准则规定即计入当期损益，不形成资产负债表中的资产，但按照税法规定可以确定其计税基础的，两者之间的差额也形成暂时性差异。

又如，企业在开始正常的生产经营活动以前发生的筹建等费用，会计准则规定应于发生时计入当期损益，不体现为资产负债表中的资产。按照税法规定，企业发生的该类费用可以在开始正常生产经营活动后的5年内分期摊销，自税前扣除。该类事项不形成资产负债表中的资

产,但按照税法规定可以确定其计税基础,两者之间的差异也形成暂时性差异。

【例5.14】 甲公司2011年发生了2 000万元广告费支出,发生时已作为销售费用计入当期损益。税法规定,该类支出不超过当年销售收入15%的部分允许当期税前扣除,超过部分允许向以后年度结转税前扣除。甲公司2011年实现销售收入10 000万元。

根据上述资料,甲公司的分析如下:

该广告费支出因按照会计准则规定在发生时已计入当期损益,不体现为期末资产负债表中的资产,如果将其视为资产,其账面价值为零。

因按照税法规定,该类支出税前列支有一定的标准限制,根据当期甲公司销售收入15%计算,当期可予税前扣除1 500(10 000×15%)万元,当期未予税前扣除的500万元可以向以后年度结转,其计税基础为500万元。

该项资产的账面价值零与其计税基础500万元之间产生了500万元的暂时性差异,该暂时性差异在未来期间可减少企业的应纳税所得额,为可抵扣暂时性差异,符合确认条件时,应确认相关的递延所得税资产。

甲公司在开始正常生产经营活动之前发生了1 000万元的筹建费用,在发生时已计入当期损益。税法规定,企业在筹建期间发生的费用,允许在开始正常生产经营活动之后5年内分期税前扣除。

根据上述资料,甲公司的分析如下:

该项费用支出因按照会计准则规定在发生时已计入当期损益,不体现为资产负债表中的资产,即如果将其视为资产,其账面价值为零。

因按照税法规定,该费用可以在开始正常的生产经营活动后5年内分期税前扣除,假定企业在2011年开始正常生产经营活动,当期税前扣除了200万元,其于未来期间可税前扣除的金额为800万元,即其在2011年12月31日的计税基础为800万元。

该项资产的账面价值零与其计税基础800万元之间产生了800万元的暂时性差异,该暂时性差异在未来期间可减少企业的应纳税所得额,为可抵扣暂时性差异,符合确认条件时,应确认相关的递延所得税资产。

2. 可抵扣亏损及税款抵减产生的暂时性差异

对于按照税法规定可以结转以后年度的未弥补亏损及税款抵减,虽不是因资产、负债的账面价值与计税基础不同产生的,但本质上可抵扣亏损和税款抵减与可抵扣暂时性差异具有同样的作用,均能够减少未来期间的应纳税所得额和应交所得税,视同可抵扣暂时性差异,在符合确认条件的情况下,应确认与其相关的递延所得税资产。

【例5.16】 甲公司于2011年因政策性原因发生经营亏损4 000万元,按照税法规定,该亏损可用于抵减以后5个年度的应纳税所得额。该公司预计其于未来5年期间能够产生足够的应纳税所得额弥补该经营亏损。

根据上述资料,甲公司的分析如下:

该经营亏损并非因资产、负债的账面价值与其计税基础的差异产生的,但从性质上来看,其同样可以减少未来期间的应纳税所得额和应交所得税,因而可视同可抵扣暂时性差异进行处理。在企业预计未来期间能够产生足够的应纳税所得额抵扣该项可抵扣亏损时,应确认相关的递延所得税资产。

第三节 递延所得税负债及递延所得税资产

企业在计算确定了应纳税暂时性差异与可抵扣暂时性差异后,应当按照所得税会计准则规定的原则确认与应纳税暂时性差异相关的递延所得税负债以及与可抵扣暂时性差异相关的递延所得税资产。

一、递延所得税负债的确认和计量

递延所得税负债产生于应纳税暂时性差异。因应纳税暂时性差异在转回期间将增加企业的应纳税所得额和应交所得税,导致企业经济利益的流出,在其发生当期,构成企业应支付税金的义务,应作为负债确认。

确认递延所得税负债时,交易或事项发生时影响到会计利润或应纳税所得额的,相关的所得税影响应作为利润表中所得税费用的组成部分;与直接计入所有者权益的交易或事项相关的,其所得税影响应减少所有者权益;与企业合并中取得资产、负债相关的,递延所得税影响应调整购买日应确认的商誉或是计入合并当期损益的金额。

（一）递延所得税负债的确认

企业在确认因应纳税暂时性差异产生的递延所得税负债时,应遵循以下原则:

1. 基于谨慎性原则

基于谨慎性原则,除企业会计准则中明确规定可不确认递延所得税负债的情况以外,企业对于所有的应纳税暂时性差异均应确认相关的递延所得税负债。除与直接计入所有者权益的交易或事项以及企业合并中取得资产、负债相关的以外,在确认递延所得税负债的同时,应增加利润表中的所得税费用。

【例5.17】 甲公司于2010年12月6日购入某项设备,取得成本为200万元,会计上采用年限平均法计提折旧,使用年限为10年,预计净残值为零。因该资产常年处于强震动状态,计税时按双倍余额递减法计提折旧,使用年限及预计净残值与会计相同。甲公司适用的所得税税率为25%。假定该企业不存在其他会计与税收处理的差异。

根据上述资料,甲公司的分析如下:

2011年资产负债表日,该项固定资产按照会计规定计提的折旧额为20万元,计税时允许扣除的折旧额为40万元,则该固定资产的账面价值180万元与其计税基础160万元的差额构成应纳税暂时性差异,企业应确认相关的递延所得税负债。

【例5.18】 甲公司于2008年12月底购入一台机器设备,成本为525 000元,预计使用年限为6年,预计净残值为0。会计上采用年限平均法计提折旧,因该设备符合税法规定的税收优惠条件,计税时可采用年数总和法计提折旧,假定税法规定的使用年限及预计净残值均与会计相同。本例中假定该公司各会计期间均未对固定资产计提减值准备,除该项固定资产产生的会计与税法之间的差异外,不存在其他会计与税收处理的差异。

该公司每年因固定资产账面价值与计税基础不同应予确认的递延所得税情况如表5.1所示。

表5.1　因固定资产账面价值与计税基础不同应予确认的递延所得税情况表　　单位:元

项　目	2009年	2010年	2011年	2012年	2013年	2014年
实际成本①	525 000	525 000	525 000	525 000	525 000	525 000
累计会计折旧②	87 500	175 000	262 500	350 000	437 500	525 000
账面价值 ③=①-②	437 500	350 000	262 500	175 000	87 500	0
累计计税折旧④	150 000	275 000	375 000	450 000	500 000	525 000
计税基础 ⑤=①-④	375 000	250 000	150 000	75 000	25 000	0
暂时性差异 ⑥=⑤-③	62 500	100 000	112 500	100 000	62 500	0
适用税率⑦	25%	25%	25%	25%	25%	25%
递延所得税负债余额⑧=⑥×⑦	15 625	25 000	28 125	25 000	15 625	0
当期递延所得税负债增加额 ⑨=⑧n-⑧n-1	15 625	9 375	3 125	-3 125	-9 375	-15 625

根据上述资料,甲公司该项固定资产各年度账面价值与计税基础确定如下:
(1)2009年资产负债表日:

　　账面价值=实际成本-会计折旧=525 000-87 500=437 500(元)

　　计税基础=实际成本-税前扣除的折旧额=525 000-150 000=375 000(元)

因资产的账面价值437 500元大于其计税基础375 000元,两者之间产生的62 500元差异会增加未来期间的应纳税所得额和应交所得税,属于应纳税暂时性差异,应确认与其相关的递延所得税负债15 625(62 500×25%)元,账务处理如下:

　　借:所得税费用——递延所得税费用　　　　　　　15 625
　　　　贷:递延所得税负债　　　　　　　　　　　　　15 625

(2)2010年资产负债表日:

　　账面价值=525 000-87 500-87 500=350 000(元)

计税基础=实际成本-累计已税前扣除的折旧额=525 000-275 000=250 000(元)

因资产的账面价值 350 000 元大于其计税基础 250 000 元,两者之间产生的 100 000 元差异为应纳税暂时性差异,应确认与其相关的递延所得税负债 25 000(100 000×25%)元,但递延所得税负债的期初余额为 15 625 元,当期应进一步确认递延所得税负债 9 375 元,账务处理如下:

  借:所得税费用——递延所得税费用　　　　　　　　　　9 375
    贷:递延所得税负债　　　　　　　　　　　　　　　　　9 375

(3)2011 年资产负债表日:

    账面价值=525 000-262 500=262 500(元)
    计税基础=525 000-375 000=150 000(元)

因资产的账面价值 262 500 元大于其计税基础 150 000 元,两者之间产生的 112 500 元差异为应纳税暂时性差异,应确认与其相关的递延所得税负债 28 125(112 500×25%)元,但递延所得税负债的期初余额为 25 000 元,当期应进一步确认递延所得税负债 3 125 元,账务处理如下:

  借:所得税费用——递延所得税费用　　　　　　　　　　3 125
    贷:递延所得税负债　　　　　　　　　　　　　　　　　3 125

(4)2012 年资产负债表日:

    账面价值=525 000-350 000=175 000(元)
    计税基础=525 000-450 000=75 000(元)

因资产的账面价值 175 000 元大于其计税基础 75 000 元,两者之间产生的 100 000 元差异为应纳税暂时性差异,应确认与其相关的递延所得税负债 25 000(100 000×25%)元,但递延所得税负债的期初余额为 28 125 元,当期应转回原已确认的递延所得税负债 3 125 元,账务处理如下:

  借:递延所得税负债　　　　　　　　　　　　　　　　　　3 125
    贷:所得税费用——递延所得税费用　　　　　　　　　3 125

(5)2013 年资产负债表日:

    账面价值=525 000-437 500=87 500(元)
    计税基础=525 000-500 000=25 000(元)

因资产的账面价值 87 500 元大于计税基础 25 000 元,两者之间产生的 62 500 元差异为应纳税暂时性差异,应确认与其相关的递延所得税负债 15 625(62 500×25%)元,但递延所得税负债的期初余额为 25 000 元,当期应转回原已确认的递延所得税负债 9 375 元,账务处理如下:

  借:递延所得税负债　　　　　　　　　　　　　　　　　　9 375
    贷:所得税费用——递延所得税费用　　　　　　　　　9 375

(6)2014年资产负债表日:

该项固定资产的账面价值及计税基础均为零,两者之间不存在暂时性差异,原已确认的与该项资产相关的递延所得税负债应予全额转回,账务处理如下:

借:递延所得税负债　　　　　　　　　　　　15 625
　　贷:所得税费用——递延所得税费用　　　　　15 625

2. 不确认递延所得税负债的特殊情况

有些情况下,虽然资产、负债的账面价值与其计税基础不同,产生了应纳税暂时性差异,但出于各方面考虑,所得税会计准则中规定不确认相应的递延所得税负债,主要包括:

(1)商誉的初始确认。非同一控制下的企业合并中,企业合并成本大于合并中取得的被购买方可辨认净资产公允价值份额的差额,按照会计准则规定应确认为商誉。因会计与税收的划分标准不同,会计上作为非同一控制下的企业合并,但如果按照税收法规定计税时作为免税合并的情况下,商誉的计税基础为零,其账面价值与计税基础两者之间的差额形成应纳税暂时性差异,准则中规定不确认与其相关的递延所得税负债。

【例5.19】 甲公司以增发市场价值为6 000万元的自身普通股为对价购入乙公司100%的净资产,对乙公司进行吸收合并,合并前甲公司与乙公司不存在任何关联方关系。假定该项合并符合税法规定的免税合并条件,交易各方选择进行免税处理,购买日乙公司各项可辨认资产、负债的公允价值及其计税基础如表5.2所示。

表5.2　乙公司资产、负债的公允价值及其计税基础情况表　　　　　　　　单位:元

项　目	公允价值	计税基础	暂时性差异
固定资产	27 000 000	15 500 000	11 500 000
应收账款	2 100 000	2 100 000	0
存货	17 400 000	12 400 000	5 000 000
应付账款	(1 200 000)	(1 200 000)	0
其他应付款	(30 000 000)	0	(30 000 000)
不包括递延所得税的可辨认资产、负债的公允价值	504 000 000	3 690 000	13 500 000

根据上述资料,乙公司适用的所得税税率为25%,预期在未来期间不会发生变化,该项交易中应确认递延所得税负债及商誉的金额计算如下:

可辨认净资产公允价值　　　　　　　　50 400 000
递延所得税资产　　　　　　　　　　　+750 000(3 000 000×25%)
递延所得税负债　　　　　　　　　　　-4 125 000(16 500 000×25%)
考虑递延所得税后

可辨认资产、负债的公允价值	47 025 000
商誉	+12 975 000
企业合并成本	60 000 000

因该项合并符合税法规定的免税合并条件,当事各方选择进行免税处理的情况下,购买方在免税合并中取得的被购买方有关资产、负债应维持其原计税基础不变。被购买方原账面上未确认商誉,即商誉的计税基础为零。

该项合并中所确认的商誉金额 12 975 000 元与其计税基础零之间产生的应纳税暂时性差异,按照准则中规定,不再进一步确认相关的所得税影响。

需要说明的是,按照会计准则规定在非同一控制下企业合并中确认了商誉,并且按照所得税法规的规定商誉在初始确认时计税基础等于账面价值的,该商誉在后续计量过程中因会计准则与税法规定不同产生暂时性差异的,应当确认相关的所得税影响。

(2) 除企业合并以外的其他交易或事项中,如果该项交易或事项发生时既不影响会计利润,也不影响应纳税所得额,则所产生的资产、负债的初始确认金额与其计税基础不同,形成应纳税暂时性差异的,交易或事项发生时不确认相应的递延所得税负债。该规定主要是考虑到由于交易发生时既不影响会计利润,也不影响应纳税所得额,确认递延所得税负债的直接结果是增加有关资产的账面价值或是降低所确认负债的账面价值,使得资产、负债在初始确认时,违背历史成本原则,影响会计信息的可靠性。

(3) 与子公司、联营企业、合营企业投资等相关的应纳税暂时性差异,一般应确认相关的递延所得税负债,但同时满足以下两个条件的除外:一是投资企业能够控制暂时性差异转回的时间;二是该暂时性差异在可预见的未来很可能不会转回。满足上述条件时,投资企业可以运用自身的影响力决定暂时性差异的转回,如果不希望其转回,则在可预见的未来该项暂时性差异即不会转回,从而对未来期间不会产生所得税影响,无须确认相应的递延所得税负债。

(二) 递延所得税负债的计量

(1) 所得税准则规定,资产负债表日,对于递延所得税负债,应当根据适用税法规定,按照预期清偿该负债期间的适用税率计量。即递延所得税负债应以相关应纳税暂时性差异转回期间按照税法规定适用的所得税税率计量。

(2) 无论应纳税暂时性差异的转回期间如何,准则中规定递延所得税负债不要求折现。对递延所得税负债进行折现,企业需要对相关的应纳税暂时性差异进行详细的分析,确定其具体的转回时间表,并在此基础上,按照一定的利率折现后确定递延所得税负债的金额。实务中,要求企业进行类似的分析工作量较大,包含的主观判断因素较多,且很多情况下无法合理确定暂时性差异的具体转回时间,准则中规定递延所得税负债不予折现。

(三) 递延所得税负债的会计处理

企业应设置"递延所得税负债"科目,核算企业确认的应纳税暂时性差异产生的所得税负债。本科目可按应纳税暂时性差异的项目进行明细核算,科目期末贷方余额,反映企业已确认的递延所得税负债。

资产负债表日,企业确认的递延所得税负债,借记"所得税费用——递延所得税费用"科目,贷记"递延所得税负债"科目。资产负债表日递延所得税负债的应有余额大于其账面余额的,应按其差额,借记"所得税费用——递延所得税费用"科目,贷记"递延所得税负债"科目;资产负债表日递延所得税负债的应有余额小于其账面余额的差额,作相反的会计分录。

与直接计入所有者权益的交易或事项相关的递延所得税负债,借记"其他综合收益"科目,贷记"递延所得税负债"科目。

企业合并中取得资产、负债的入账价值与其计税基础不同形成应纳税暂时性差异的,应于购买日确认递延所得税负债,同时调整商誉,借记"商誉"等科目,贷记"递延所得税负债"科目。

二、递延所得税资产的确认和计量

(一)递延所得税资产的确认

1. 确认的一般原则

递延所得税资产产生于可抵扣暂时性差异。确认因可抵扣暂时性差异产生的递延所得税资产应以未来期间很可能取得的应纳税所得额为限。在可抵扣暂时性差异转回的未来期间内,企业无法产生足够的应纳税所得额用以利用可抵扣暂时性差异的影响,使得与可抵扣暂时性差异相关的经济利益无法实现的,则不应确认递延所得税资产;企业有明确的证据表明其于可抵扣暂时性差异转回的未来期间能够产生足够的应纳税所得额,进而利用可抵扣暂时性差异的,则应以很可能取得的应纳税所得额为限,确认相关的递延所得税资产。

在判断企业于可抵扣暂时性差异转回的未来期间是否能够产生足够的应纳税所得额时,应考虑企业在未来期间通过正常的生产经营活动能够实现的应纳税所得额以及以前期间产生的应纳税暂时性差异在未来期间转回时将增加的应纳税所得额。

(1)对与子公司、联营企业、合营企业的投资相关的可抵扣暂时性差异,同时满足下列条件的,应当确认相关的递延所得税资产:一是暂时性差异在可预见的未来很可能转回;二是未来很可能获得用来抵扣可抵扣暂时性差异的应纳税所得额。

对联营企业和合营企业等的投资产生的可抵扣暂时性差异,主要产生于权益法下被投资单位发生亏损时,投资企业按照持股比例确认应予承担的部分相应减少长期股权投资的账面价值,但税法规定长期股权投资的成本在持有期间不发生变化,造成长期股权投资的账面价值小于其计税基础,产生可抵扣暂时性差异。

投资企业对有关投资计提减值准备的情况下,也会产生可抵扣暂时性差异。

(2)对于按照税法规定可以结转以后年度的未弥补亏损和税款抵减,应视同可抵扣暂时性差异处理。在有关的亏损或税款抵减金额得到税务部门的认可或预计能够得到税务部门的认可且预计可利用未弥补亏损或税款抵减的未来期间内能够取得足够的应纳税所得额时,除准则中规定不予确认的情况外,应当以很可能取得的应纳税所得额为限,确认相应的递延所得税资产,同时减少确认当期的所得税费用。

2. 不确认递延所得税资产的特殊情况

某些情况下,企业发生的某项交易或事项不是企业合并,并且该交易发生时既不影响会计利润也不影响应纳税所得额,且该项交易中产生的资产、负债的初始确认金额与其计税基础不同,产生可抵扣暂时性差异的,所得税准则中规定在交易或事项发生时不确认相应的递延所得税资产。其原因同该种情况下不确认递延所得税负债相同,如果确认递延所得税资产,则需要调整资产、负债的入账价值,对实际成本进行调整将有违会计核算中的历史成本原则,影响会计信息的可靠性。

【例5.20】 沿用【例5.3】,甲企业进行内部研究开发形成的无形资产成本为600万元,因按照税法规定可于未来期间税前扣除的金额为900万元,其计税基础为900万元。

该项无形资产并非产生于企业合并,同时在初始确认时既不影响会计利润也不影响应纳税所得额,确认其账面价值与计税基础之间产生暂时性差异的所得税影响需要调整该项资产的历史成本,准则规定该种情况下不确认相关的递延所得税资产。

(二)递延所得税资产计量

1. 适用税率的确定

同递延所得税负债的计量原则相一致,确认递延所得税资产时,应当以预期收回该资产期间的适用所得税税率为基础计算确定。另外,无论相关的可抵扣暂时性差异转回期间如何,递延所得税资产均不要求折现。

2. 递延所得税资产的减值

企业在确认递延所得税资产以后,资产负债表日,应当对递延所得税资产的账面价值进行复核。如果未来期间很可能无法取得足够的应纳税所得额用以利用可抵扣暂时性差异带来的经济利益,应当减记递延所得税资产的账面价值。减记的递延所得税资产,除原确认时记入所有者权益的,其减记金额亦应记入所有者权益外,其他的情况均应增加所得税费用。

因无法取得足够的应纳税所得额利用可抵扣暂时性差异而减记递延所得税资产账面价值的,以后期间根据新的环境和情况判断能够产生足够的应纳税所得额利用可抵扣暂时性差异,使得递延所得税资产包含的经济利益能够实现的,应相应恢复递延所得税资产的账面价值。

另外,无论是递延所得税资产还是递延所得税负债的计量,均应考虑资产负债表日企业预期收回资产或清偿负债方式的所得税影响,在计量递延所得税资产和递延所得税负债时,应当采用与收回资产或清偿债务的预期方式相一致的税率和计税基础。例如,企业持有的某项固定资产,一般情况下是为企业的正常生产经营活动提供必要的生产条件,但在某一时点上,企业决定将该固定资产对外出售,实现其为企业带来的未来经济利益,且假定税法规定长期资产处置时适用的所得税税率与一般情况不同的,则企业在计量因该资产产生的应纳税暂时性差异或可抵扣暂时性差异的所得税影响时,应考虑该资产带来的经济利益预期实现方式的影响。

3. 延所得税资产的会计处理

企业应设置"递延所得税资产"科目,核算企业确认的可抵扣暂时性差异产生的所得税资产。本科目可按可抵扣暂时性差异的项目进行明细核算,科目期末借方余额,反映企业已确认的递延所得税资产。

资产负债表日,企业确认的递延所得税资产,借记"递延所得税资产"科目,贷记"所得税费用——递延所得税费用"等科目。资产负债表日递延所得税负债资产的应有余额大于其账面余额的,应按其差额,借记"递延所得税资产"科目,贷记"所得税费用——递延所得税费用"等科目;资产负债表日递延所得税资产的应有余额小于其账面余额的差额,作相反的会计分录。

与直接计入所有者权益的交易或事项相关的递延所得税资产,借记"递延所得税资产"科目,贷记"资本公积——其他资本公积"科目。

企业合并中取得资产、负债的入账价值与其计税基础不同形成可抵扣暂时性差异的,应于购买日确认递延所得税资产,借记"递延所得税资产"科目,贷记"商誉"等科目。

资产负债表日,预计未来期间很可能无法获得足够的应纳税所得额用以抵扣可抵扣暂时性差异的,按原已确认的递延所得税资产中应减计的金额,借记"所得税费用——递延所得税费用"、"资本公积——其他资本公积"等科目,贷记"递延所得税资产"科目。

三、特殊交易或事项中涉及递延所得税的确认

(一)与直接计入所有者权益的交易或事项相关的所得税

与当期及以前期间直接计入所有者权益的交易或事项相关的当期所得税及递延所得税应当计入所有者权益。直接计入所有者权益的交易或事项主要有:会计政策变更采用追溯调整法或对前期差错更正采用追溯重述法调整期初留存收益、可供出售金融资产公允价值的变动计入所有者权益,同时包含负债及权益成分的金融工具在初始确认时计入所有者权益等。

(二)与企业合并相关的递延所得税

在企业合并中,购买方取得的可抵扣暂时性差异,比如,购买日取得的被购买方在以前期间发生的未弥补亏损等可抵扣暂时性差异,按照税法规定可以用于抵减以后年度应纳税所得额,但在购买日不符合递延所得税资产确认条件而不予以确认。购买日后 12 个月内,如取得新的或进一步的信息表明购买日的相关情况已经存在,预期被购买方在购买日可抵扣暂时性差异带来的经济利益能够实现的,应当确认相关的递延所得税资产,同时减少商誉,商誉不足冲减的,差额部分确认为当期损益;除上述情况外,确认与企业合并相关的递延所得税资产,应当计入当期损益。

【例 5.21】 甲公司于 2011 年 1 月 1 日购买乙公司 80% 股权,形成非同一控制下的企业

合并。因会计准则规定与使用税法规定处理方法不同,在购买日产生可抵扣暂时性差异300万元。假定购买日及未来期间企业适用的所得税税率为25%。

根据上述资料,甲公司的会计处理如下:

购买日,因预计未来期间无法取得足够的应纳税所得额,未确认与可抵扣暂时性差异相关的递延所得税资产75万元。购买日确认的商誉为50万元。

在购买日后6个月,甲公司预计能够产生足够的应纳税所得额用以抵扣企业合并时产生的可抵扣暂时性差异300万元,且该事实于购买日已经存在,则甲公司应作如下账务处理:

借:递延所得税资产　　　　　　　　　　750 000
　贷:商誉　　　　　　　　　　　　　　　500 000
　　 所得税费用　　　　　　　　　　　　250 000

假定,在购买日后6个月,甲公司根据新的事实预计能够产生足够的应纳税所得额用以抵扣企业合并时产生的可抵扣暂时性差异300万元,且该新的事实于购买日并不存在,则甲公司应作如下账务处理:

借:递延所得税资产　　　　　　　　　　750 000
　贷:所得税费用　　　　　　　　　　　　750 000

四、适用所得税税率变化对已确认递延所得税资产和递延所得税负债的影响

因适用税收法规的变化,导致企业在某一会计期间适用的所得税税率发生变化的,企业应对已确认的递延所得税资产和递延所得税负债按照新的税率进行重新计量。递延所得税资产和递延所得税负债的金额代表的是有关可抵扣暂时性差异或应纳税暂时性差异于未来期间转回时,导致应交所得税金额的减少或增加的情况。在适用税率变动的情况下,应对原已确认的递延所得税资产及递延所得税负债的金额进行调整,反映税率变化带来的影响。

除直接计入所有者权益的交易或事项产生的递延所得税资产及递延所得税负债,相关的调整金额应计入所有者权益以外,其他情况下产生的递延所得税资产及递延所得税负债的调整金额应确认为变化当期的所得税费用(或收益)。

第四节　所得税费用的确认和计量

企业核算所得税,主要目的是为确定当期应交所得税以及利润表中应确认的所得税费用。按照资产负债表债务法核算所得税的情况下,利润表中的所得税费用由两个部分组成:当期所得税和递延所得税。

所得税费用,是指企业因所得收益而缴纳的所得税费用。企业设置"所得税费用"科目,核算企业确认的应当从当期利润总额中扣除的所得税费用。本科目可按"当期所得税费用"、"递延所得税费用"进行明细核算。期末,应将本科目余额转入"本年利润"科目,结转后本科

目无余额。

一、当期所得税

当期所得税,是指企业按照税法规定计算确定的针对当期发生的交易和事项,应交纳给税务部门的所得税金额,即当期应交所得税。当期所得税应以适用的税收法规为基础计算确定。即

$$当期所得税=当期应交所得税=应纳税所得额\times 适用的所得税税率$$

企业在确定当期所得税时,对于当期发生的交易或事项,会计处理与税收处理不同的,应在会计利润的基础上,按照适用税收法规的规定进行调整,计算出当期应纳税所得额,按照应纳税所得额与适用所得税税率计算确定当期应交所得税。一般情况下,应纳税所得额可在会计利润的基础上,考虑会计与税收之间的差异,按照以下公式计算确定:

应纳税所得额=会计利润+

按照会计准则规定计入利润表但计税时不允许税前扣除的费用±

计入利润表的费用与按照税法规定可予税前抵扣的费用金额之间的差额±

计入利润表的收入与按照税法规定应计入应纳税所得额的收入之间的差额-

税法规定的不征税收入+其他需要调整的因素

资产负债表日,企业按照税法规定计算确定的当期应交所得税,借记"所得税费用——当期所得税费用"科目,贷记"应交税费——应交所得税"科目。

二、递延所得税

递延所得税,是指按照所得税准则规定应予确认的递延所得税资产和递延所得税负债在期末应有的金额,即递延所得税资产及递延所得税负债当期发生额的综合结果,但不包括计入所有者权益的交易或事项的所得税影响。用公式表示即为

$$递延所得税=(递延所得税负债的期末余额-递延所得税负债的期初余额)-$$
$$(递延所得税资产的期末余额-递延所得税资产的期初余额)$$

需要说明的是,企业因确认递延所得税资产和递延所得税负债产生的递延所得税,一般应当记入所得税费用,但以下两种情况除外:

一是某项交易或事项按照会计准则规定应计入所有者权益的,由该交易或事项产生的递延所得税资产或递延所得税负债及其变化亦应计入所有者权益,不构成利润表中的递延所得税费用(或收益)。

【例5.22】 甲公司持有的某项可供出售金融资产,成本为500万元,会计期末,其公允价值为600万元,该企业适用的所得税税率为25%。除该事项外,该企业不存在其他会计与税收法规之间的差异,且递延所得税资产和递延所得税负债不存在期初余额。

根据上述资料,甲公司的会计处理如下:

会计期末在确认100万元的公允价值变动时,账务处理为:

借:可供出售金融资产　　　　　　1 000 000
　　贷:其他综合收益　　　　　　　　　1 000 000

确认应纳税暂时性差异的所得税影响时,账务处理为:

借:其他综合收益　　　　　　　　　250 000
　　贷:递延所得税负债　　　　　　　　250 000

二是企业合并中取得的资产、负债,其账面价值与计税基础不同,应确认相关递延所得税的,该递延所得税的确认影响合并中产生的商誉或是记入合并当期损益的金额,不影响所得税费用,有关举例见【例5.19】。

按照税法规定允许用以后年度所得弥补的可抵扣亏损以及可结转以后年度的税款抵减,比照可抵扣暂时性差异的原则处理。

三、所得税费用

企业在计算确定了当期所得税及递延所得税以后,利润表中应予确认的所得税费用为两者之和,即:

$$\text{所得税费用}=\text{当期所得税}+\text{递延所得税}$$

【例5.23】 丁公司2010年度利润表中利润总额为24 000 000元,该公司适用的所得税税率为25%。递延所得税资产及递延所得税负债不存在期初余额。2010年发生的有关交易和事项中,会计处理与税收处理存在差别的有:

(1)2010年1月开始计提折旧的一项固定资产,成本为12 000 000元,使用年限为10年,预计净残值为0,会计按双倍余额递减法计提折旧,税收按直线法计提折旧。假定税法规定的使用年限及预计净残值与会计规定相同。

(2)向关联企业捐赠现金4 000 000元。按照税法规定,企业向关联方的捐赠不允许税前扣除。

(3)当期取得作为交易性金融资产核算的股票投资成本8 000 000万元,2010年12月31日的公允价值为13 000 000万元。税法规定,以公允价值计量的金融资产持有期间市价变动不计入应纳税所得额。

(4)违反环保法规应支付罚款2 000 000元。

(5)期末,对持有的存货计提了600 000元的存货跌价准备。

根据上述资料,丁公司的会计处理如下:

(1)2010年度应交所得税:

　　应纳税所得额=24 000 000+(2 400 000-1 200 000)+4 000 000
　　　　　　　　-(13 000 000-8 000 000)+2 000 000+600 000=
　　　　　　　　26 800 000(元)

应交所得税 = 26 800 000×25% = 6 700 000(元)

(2)2010年度递延所得税：

该公司2010年资产负债表相关项目金额及其计税基础如表5.3所示。

表5.3 2010年部分项目账面价值及其计税基础情况表　　　　单位:元

项　目	账面价值	计税基础	差　异	
			应纳税暂时性差异	可抵扣暂时性差异
以公允价值计量且其变动计入当其损益的金融资产	13 000 000	8 000 000	5 000 000	
存货	16 000 000	16 600 000		600 000
固定资产:	9 600 000	10 800 000		1 200 000
固定资产原价	12 000 000	12 000 000		
减:累计折旧	2 400 000	1 200 000		
固定资产价值准备	0	0		
其他应付款	2 000 000	2 000 000		0
总　计	—	—	5 000 000	1 800 000

递延所得税资产增加额 = 1 800 000×25% - 0 = 450 000(元)
递延所得税负债增加额 = 5 000 000×25% - 0 = 1 250 000(元)
递延所得税 = 1 250 000 - 450 000 = 800 000(元)

(3)利润表中应确认的所得税费用：

所得税费用 = 6 700 000 + 800 000 = 7 500 000(元)

借:所得税费用——当期所得税费用　　　　6 700 000
　　　　　　——递延所得税费用　　　　　　800 000
　　递延所得税资产　　　　　　　　　　　　450 000
　贷:应交税费——应交所得税　　　　　　　6 700 000
　　递延所得税负债　　　　　　　　　　　1 250 000

【例5.24】 沿用【例5.23】的中有关资料,假定丁公司2011年当期应交所得税为7 000 000元。资产负债表中有关资产、负债的账面价值与其计税基础相关资料如表5.4所示,除所列项目外,其他资产、负债项目不存在会计与税收处理的差异。

85

表5.4 有关资产、负债的账面价值及其计税基础情况表　　　　　单位:元

项目	账面价值	计税基础	差异	
			应纳税暂时性差异	可抵扣暂时性差异
交易性金融资产	13 400 000	8 000 000	54 00 000	
存货	32 000 000	32 500 000		500 000
固定资产:	7 280 000	9 600 000		2 320 000
固定资产原价	12 000 000	12 000 000		
减:累计折旧	4 320 000	2 400 000		
固定资产减值准备	400 000	0		
预计负债	2 000 000	0		2 000 000
总计	—	—	5 400 000	4 820 000

根据上述资料,丁公司的会计处理如下:

(1)当期所得税=当期应交所得税=7 000 000(元)。

(2)递延所得税。

① 期末递延所得税负债(5 400 000×25%)　　　　　　　　1 350 000
　-期初递延所得税负债　　　　　　　　　　　　　　　　-1 250 000
　递延所得税负债增加额　　　　　　　　　　　　　　　　　100 000
② 期末递延所得税资产(4 820 000×25%)　　　　　　　　1 205 000
　-期初递延所得税资产　　　　　　　　　　　　　　　　　-450 000
　递延所得税资产增加额　　　　　　　　　　　　　　　　　755 000
　　　　递延所得税=100 000-755 000=-655 000(元)(收益)

(3)确认所得税费用:

　　　　所得税费用=7 000 000+(-655 000)=6 345 000(元)

借:所得税费用——当期所得税费用　　　　7 000 000
　　递延所得税资产　　　　　　　　　　　　755 000
　贷:应交税费——应交所得税　　　　　　　　7 000 000
　　　递延所得税负债　　　　　　　　　　　　100 000
　　　所得税费用——递延所得税费用　　　　　655 000

四、合并财务报表中因抵销未实现内部交易损益产生的递延所得税

企业在编制合并财务报表时,因抵销未实现内部销售损益导致合并资产负债表中资产、负

债的账面价值与其在纳入合并范围的企业按照适用税法规定确定的计税基础之间产生暂时性差异的,在合并资产负债表中应当确认递延所得税资产或递延所得税负债,同时调整合并利润表中的所得税费用,但与直接计入所有者权益的交易或事项及企业合并相关的递延所得税除外。

企业在编制合并财务报表时,按照合并报表的编制原则,应将纳入合并范围的企业之间发生的未实现内部交易损益予以抵销。因此,对于所涉及的资产负债项目在合并资产负债表中列示的价值与其在所属的企业个别资产负债表中的价值会不同,并进而可能产生与有关资产、负债所属个别纳税主体计税基础的不同,从合并财务报表作为一个完整经济主体的角度,应当确认该暂时性差异的所得税影响。

【例5.25】 甲公司拥有乙公司80%的有表决权股份,能够控制乙公司的生产经营决策。2011年9月甲公司以800万元将自产产品一批销售给乙公司,该批产品在甲公司的生产成本为500万元。至2011年12月31日,乙公司尚未对外销售该批商品。假定涉及的商品未发生减值。甲、乙公司适用的所得税税率均为25%,且在未来期间预计不会发生变化。税法规定,企业的存货以历史成本作为计税基础。

根据上述资料,甲公司的会计处理如下:

甲公司在编制合并财务报表时,对于与乙公司发生的内部交易应进行以下抵销处理:

借:营业收入　　　　　　8 000 000
　　贷:营业成本　　　　　5 000 000
　　　　存货　　　　　　　3 000 000

经过上述抵销处理后,该项内部交易中涉及的存货在合并资产负债表中体现的价值为500万元,即未发生减值的情况下,为出售方的成本,其计税基础为800万元,两者之间产生了300万元可抵扣暂时性差异,与该暂时性差异相关的递延所得税在乙公司并未确认,为此在合并财务报表中应进行以下处理:

借:递延所得税资产　　　　750 000
　　贷:所得税费用　　　　　750 000

五、所得税的列报

企业对所得税的核算结果,除利润表中列示的所得税费用以外,在资产负债表中形成的应交税费(应交所得税)以及递延所得税资产和递延所得税负债应当遵循准则规定进行列报。其中,递延所得税资产和递延所得税负债一般应当分别作为非流动资产和非流动负债在资产负债表中列示,所得税费用应当在利润表中单独列示,同时还应在附注中披露与所得税有关的信息。

一般情况下,在个别财务报表中,当期所得税资产与当期所得税负债及递延所得税资产与递延所得税负债可以以抵销后的净额列示。在合并财务报表中,纳入合并范围的企业中,一方的当期所得税资产或递延所得税资产与另一方的当期所得税负债或递延所得税负债一般不能予以抵销,除非所涉及的企业具有以净额结算的法定权利并且意图以净额结算。

本 章 小 结

本章主要讲授所得税会计核算程序、资产的计税基础和负债的计税基础、暂时性差异、递延所得税资产和递延所得税负债、所得税费用等有关内容,基本要点包括:

1. 企业应当采用资产负债表债务法核算所得税,所得税会计核算程序分为以下几个步骤:
(1)确定资产负债表中有关资产和负债项目的账面价值。
(2)确定资产负债表中有关资产、负债项目的计税基础。
(3)确定资产负债表日递延所得税资产和递延所得税负债的应有金额,从而确定递延所得税。
(4)计算确定当期应纳税所得额和当期所得税。
(5)确定利润表中的所得税费用。

2. 资产的计税基础,是指企业收回资产账面价值的过程中,计算应纳税所得额时按照税法规定可以自应税经济利益中抵扣的金额,即某一项资产在未来期间计税时按照税法规定可以税前扣除的金额。负债的计税基础,是指负债的账面价值减去未来期间计算应纳税所得额时按照税法规定可予抵扣的金额。用公式表示为

负债的计税基础=账面价值-未来期间按照税法规定可予税前扣除的金额

3. 暂时性差异,是指资产或负债的账面价值与其计税基础不同产生的差额,包括应纳税暂时性差异和可抵扣暂时性差异。应纳税暂时性差异通常产生于两种情况:
(1)资产的账面价值大于其计税基础。
(2)负债的账面价值小于其计税基础。
可抵扣暂时性差异一般产生于两种情况:
(1)资产的账面价值小于其计税基础。
(2)负债的账面价值大于其计税基础。
特殊项目产生的暂时性差异有:
(1)未作为资产、负债确认的项目产生的暂时性差异。
(2)可抵扣亏损及税款抵减产生的暂时性差异。

4. 递延所得税负债产生于应纳税暂时性差异。于谨慎性原则,除企业会计准则中明确规定可不确认递延所得税负债的情况以外,企业对于所有的应纳税暂时性差异均应确认相关的递延所得税负债。有些情况下,虽然资产、负债的账面价值与其计税基础不同,产生了应纳税暂时性差异,但出于各方面考虑,所得税会计准则中规定不确认相应的递延所得税负债,主要包括:
(1)商誉的初始确认。

(2)除企业合并以外的其他交易或事项中,如果该项交易或事项发生时既不影响会计利润,也不影响应纳税所得额,则所产生的资产、负债的初始确认金额与其计税基础不同,形成应纳税暂时性差异的,交易或事项发生时不确认相应的递延所得税负债。

(3)与子公司、联营企业、合营企业投资等相关的应纳税暂时性差异,一般应确认相关的递延所得税负债,但同时满足以下两个条件的除外:一是投资企业能够控制暂时性差异转回的时间;二是该暂时性差异在可预见的未来很可能不会转回。资产负债表日,对于递延所得税负债,应当根据适用税法规定,按照预期清偿该负债期间的适用税率计量。

5.递延所得税资产产生于可抵扣暂时性差异。企业应以很可能取得的应纳税所得额为限,确认相关的递延所得税资产。

(1)对与子公司、联营企业、合营企业的投资相关的可抵扣暂时性差异,同时满足下列条件的,应当确认相关的递延所得税资产:一是暂时性差异在可预见的未来很可能转回;二是未来很可能获得用来抵扣可抵扣暂时性差异的应纳税所得额。

(2)对于按照税法规定可以结转以后年度的未弥补亏损和税款抵减,应视同可抵扣暂时性差异处理。某些情况下,企业发生的某项交易或事项不是企业合并,并且该交易发生时既不影响会计利润也不影响应纳税所得额,且该项交易中产生的资产、负债的初始确认金额与其计税基础不同,产生可抵扣暂时性差异的,所得税准则中规定在交易或事项发生时不确认相应的递延所得税资产。

同递延所得税负债的计量原则相一致,确认递延所得税资产时,应当以预期收回该资产期间的适用所得税税率为基础计算确定。另外,无论相关的可抵扣暂时性差异转回期间如何,递延所得税资产均不要求折现。特殊交易或事项中涉及递延所得税的确认:

(1)与直接计入所有者权益的交易或事项相关的所得税。

(2)与企业合并相关的递延所得税因适用税收法规的变化,导致企业在某一会计期间适用的所得税税率发生变化的,企业应对已确认的递延所得税资产和递延所得税负债按照新的税率进行重新计量。

6.在资产负债表债务法下,利润表中的所得税费用由两个部分组成:当期所得税和递延所得税。

当期所得税=当期应交所得税=应纳税所得额×适用的所得税税率

递延所得税=(递延所得税负债的期末余额-递延所得税负债的期初余额)-
(递延所得税资产的期末余额-递延所得税资产的期初余额)

企业在计算确定了当期所得税及递延所得税以后,利润表中应予确认的所得税费用为两者之和,即

所得税费用=当期所得税+递延所得税

思 考 题

1. 什么是资产负债表债务法？其核算程序是什么？
2. 什么是计税基础？如何计算资产、负债项目计税基础？
3. 如何确认递延所得税资产和递延所得税负债？
4. 当递延所得税负债和递延所得税资产存在期初余额时，如何确定当期应进一步确认的递延所得税负债和递延所得税资产金额或应予转销的金额？
5. 怎样计算当期所得税费用？

第六章
Chapter 6

外币折算

【学习目标】
1. 了解外币业务的相关概念;
2. 熟悉企业记账本位币的确定和变更;
3. 掌握外币交易的会计处理原则;
4. 掌握外币财务报表的折算;

【能力目标】
1. 在会计实务中,能够熟练地进行外币交易的会计处理;
2. 在会计实务中,能够正确进行外币财务报表的折算。

【引导案例】
益源公司为国内一家婴儿配方奶粉加工企业,其原材料牛奶全部来自澳大利亚,主要加工技术、机器设备及主要技术人员均由澳大利亚方面提供,生产的婴儿配方奶粉面向国内出售。为满足采购原材料牛奶等所需澳元的需要,益源公司向澳大利亚某银行借款10亿澳元,期限为20年,该借款是益源公司当期流动资金净额的4倍。原材料采购以澳元结算,且企业经营所需要的营运资金,即融资获得的资金也使用澳元,益源公司应当以澳元还是人民币作为记账本位币呢?

第一节 记账本位币的确定和变更

一、记账本位币的定义

记账本位币,是指企业经营所处的主要经济环境中的货币。主要经济环境,通常是指企业主要产生和支出现金的环境,使用该环境中的货币最能反映企业主要交易的经济结果。例如,我国大多数企业产生和支出现金的环境在国内,因此,一般以人民币作为记账本位币。

二、企业记账本位币的确定

我国《会计法》规定,"会计核算以人民币为记账本位币。""业务收支以人民币以外的货币为主的单位,可以选定其中一种货币作为记账本位币,但是编报的财务会计报告应当折算为人民币。"可见,我国允许企业选择非人民币作为记账本位币。我国《企业会计准则第19号——外币折算》规定,企业选定记账本位币,应当考虑下列因素:

一是从日常活动收入的角度看,所选择的货币能够对企业商品和劳务销售价格起主要作用,通常以该货币进行商品和劳务销售价格的计价和结算。

二是从日常活动支出的角度看,所选择的货币能够对商品和劳务所需人工、材料和其他费用产生主要影响,通常以该货币进行这些费用的计价和结算。

三是融资活动获得的资金以及保存从经营活动中收取款项时所使用的货币。即视融资活动获得的资金在其生产经营活动中重要性,或者企业通常留存销售收入的货币而定。

【例6.1】 国内甲公司为外贸自营出口企业,超过70%的营业收入来自向欧盟各国的出口,其商品销售价格主要受欧元的影响,以欧元计价,因此,从影响商品和劳务销售价格的角度看,甲公司应选择欧元作为记账本位币。

如果甲公司除厂房设施、30%的人工成本在国内以人民币采购外,生产所需原材料、机器设备及70%以上的人工成本以欧元在欧盟市场采购,则可确定甲公司的记账本位币是欧元。

但是,如果甲公司的人工成本、原材料及相应的厂房设施、机器设备等95%以上在国内采购并以人民币计价,则难以判定甲公司的记账本位币应选择欧元还是人民币。这时,还需要考虑第三项因素:融资活动获得的资金以及保存从经营活动中收取款项时所使用的货币。如果甲公司取得的欧元营业收入在汇回国内时直接兑换成了人民币存款,且甲公司对欧元波动产生的外币风险进行了套期保值,降低了汇率波动对企业取得的外币销售收入的影响,则甲公司可以确定其记账本位币为人民币。

在确定企业的记账本位币时,上述因素的重要程度因企业具体情况不同而不同,需要企业管理当局根据实际情况进行判断。一般情况下,综合考虑前两项即可确定企业的记账本位币,第三项为参考因素,视其对企业收支现金的影响程度而定。在综合考虑前两项因素仍不能确定企业记账本位币的情况下,第三项因素对企业记账本位币的确定起重要作用。

需要说明的是,企业管理当局根据实际情况确定的记账本位币只有一种,该货币一经确定,不得改变,除非与确定记账本位币相关的企业经营所处的主要经济环境发生重大变化。

三、境外经营记账本位币的确定

（一）境外经营的含义

境外经营,通常是指企业在境外的子公司、合营企业、联营企业、分支机构。当企业在境内的子公司、联营企业、合营企业或者分支机构,选定的记账本位币不同于企业的记账本位币时,也应当视同境外经营。

区分某实体是否为该企业的境外经营的关键因素有两项:一是该实体与企业的关系,是否为企业的子公司、合营企业、联营企业、分支机构;二是该实体的记账本位币是否与企业的记账本位币相同。而不是以该实体是否在企业所在地的境外作为标准。

（二）境外经营记账本位币的确定

境外经营也是一个企业,在确定其记账本位币时也应当考虑企业选择确定记账本位币需要考虑的上述三个因素。同时,由于境外经营是企业的子公司、联营企业、合营企业或者分支机构,因此,境外经营记账本位币的选择还应当考虑该境外经营与企业的关系:

(1)境外经营对其所从事的活动是否拥有很强的自主性。如果境外经营所从事的活动是视同企业经营活动的延伸,该境外经营应当选择与企业记账本位币相同的货币作为记账本位币,如果境外经营所从事的活动拥有极大的自主性,应根据所处的主要经济环境选择记账本位币。

(2)境外经营活动中与企业的交易是否在境外经营活动中占有较大比重。如果境外经营与企业的交易在境外经营活动中所占的比例较高,境外经营应当选择与企业记账本位币相同的货币作为记账本位币;反之,应根据所处的主要经济环境选择记账本位币。

(3)境外经营活动产生的现金流量是否直接影响企业的现金流量,是否可以随时汇回。如果境外经营活动产生的现金流量直接影响企业的现金流量,并可随时汇回,境外经营应当选择与企业记账本位币相同的货币作为记账本位币;反之,应根据所处的主要经济环境选择记账本位币。

(4)境外经营活动产生的现金流量是否足以偿还其现有债务和可预期的债务。如果境外经营活动产生的现金流量在企业不提供资金的情况下,难以偿还其现有债务和正常情况下可预期的债务,境外经营应当选择与企业记账本位币相同的货币作为记账本位币;反之,应根据所处的主要经济环境选择记账本位币。

【例6.2】 国内乙公司以人民币作为记账本位币,该公司在美国设有一家子公司A公司,A公司在美国的经营活动拥有完全的自主权:自主决定其经营政策、销售方式、进货来源等,乙公司与 A 公司除投资与被投资关系外,基本不发生业务往来,A 公司的产品主要在美国市场销售,其一切费用开支等均由 A 公司在当地自行解决。

由于 A 公司主要收、支现金的环境在美国,且 A 公司对其自身经营活动拥有很强的自主性,A 公司与乙公司之间除了投资与被投资关系外,基本无其他业务往来,因此,A 公司应当选择美元作为其记账本位币。

四、记账本位币变更的会计处理

企业的记账本位币一经确定,不得随意改变,除非企业经营所处的主要经济环境发生重大变化。主要经济环境发生重大变化,通常是指企业主要产生和支出现金的环境发生重大变化,使用该环境中的货币最能反映企业的主要交易业务的经济结果。

企业因经营所处的主要经济环境发生重大变化,确需变更记账本位币的,应当采用变更当日的即期汇率将所有项目折算为变更后的记账本位币,折算后的金额作为新的记账本位币的历史成本。由于采用同一即期汇率进行折算,因此,不会产生汇兑差额。当然,企业需要提供确凿的证据证明企业经营所处的主要经济环境确实发生了重大变化,并应当在附注中披露变更的理由。

企业记账本位币发生变更的,其比较财务报表应当以可比当日的即期汇率折算所有资产负债表和利润表项目。

第二节 外币交易的会计处理

一、外币交易的记账方法与核算程序

(一)外币交易的主要内容

外币,是指企业记账本位币以外的货币。外币交易,是指企业发生以外币计价或者结算的交易。具体包括:

(1)买入或者卖出以外币计价的商品或者劳务。例如,以人民币为记账本位币的国内甲公司向国外乙公司销售商品,货款以美元结算;A 公司购买 S 公司发行的 H 股股票,甲公司从境外以美元购买固定资产或生产用原材料等。

(2)借入或者借出外币资金。例如,以人民币为记账本位币的甲公司从中国银行借入欧元、经批准向海外发行美元债券等。

(3)其他以外币计价或者结算的交易。指除上述(1)、(2)以外的,以记账本位币以外的货币计价或结算的其他交易。例如,接受外币现金捐赠等。

(二)外币交易的记账方法

外币交易的记账方法有外币统账制和外币分账制两种。外币统账制,是指企业在发生外

币交易时,即折算为记账本位币入账。外币分账制,是指企业在日常核算时分别币种记账,资产负债表日,分别货币性项目和非货币性项目进行调整:货币性项目按资产负债表日的即期汇率折算,非货币性项目按交易日即期汇率折算;产生的汇兑差额计入当期损益。

从我国目前的情况看,绝大多数企业采用外币统账制,只有银行等少数金融企业由于外币交易频繁,涉及外币币种较多,可以采用分账制记账方法进行日常核算。无论是采用分账制记账方法,还是统账制记账方法,只是账务处理的程序不同,但产生的结果应当相同,即计算出的汇兑差额相同;相应的会计处理也相同,即均计入当期损益。

(三)外币交易的基本核算程序

本节主要介绍外币统账制下的账户设置及其会计核算的基本程序。

1. 账户设置

外币统账制方法下,对外币交易的核算不单独设置科目,对外币交易金额因汇率变动而产生的差额可在"财务费用"科目下设置二级科目"汇兑差额"反映。该科目借方反映因汇率变动而产生的汇兑损失,贷方反映因汇率变动而产生的汇兑收益。期末余额结转入"本年利润"科目后一般无余额。

2. 会计核算的基本程序

企业发生外币交易时,其会计核算的基本程序为:

第一,将外币金额按照交易日的即期汇率或即期汇率的近似汇率折算为记账本位币金额,按照折算后的记账本位币金额登记有关账户;在登记有关记账本位币账户的同时,按照外币金额登记相应的外币账户。

第二,期末,将所有外币货币性项目的外币余额,按照期末即期汇率折算为记账本位币金额,并与原记账本位币金额相比较,其差额记入"财务费用——汇兑差额"科目。

第三,结算外币货币性项目时,将其外币结算金额按照当日即期汇率折算为记账本位币金额,并与原记账本位币金额相比较,其差额记入"财务费用——汇兑差额"科目。

二、折算汇率

(一)汇率的概念及种类

汇率指两种货币相兑换的比率,是一种货币单位用另一种货币单位所表示的价格。

根据汇率表示方法的不同,汇率可以分为直接汇率和间接汇率,直接汇率是一定数量的其他货币单位折算为本国货币的金额,如1美元兑换6.5元人民币。间接汇率是指一定数量的本国货币折算为其他货币的金额,如1元人民币兑换0.15美元。目前,各国一般都运用直接汇率表示,我国也采用直接汇率。

我们通常在银行见到的汇率有三种表示方式:买入价、卖出价和中间价。买入价,是指银行买入其他货币的价格;卖出价,是指银行出售其他货币的价格;中间价,是指银行买入价与卖出价的平均价。银行的卖出价一般高于买入价,以获取其中的差价。

(二)即期汇率和即期汇率的近似汇率

无论是在交易日对外币交易进行初始确认时,还是在资产负债表日对外币交易余额进行处理,亦或对外币财务报表进行折算时,均涉及折算汇率的选择,外币折算准则规定了两种折算汇率,即:即期汇率和即期汇率的近似汇率。

1. 即期汇率的选择

即期汇率,通常是指中国人民银行公布的当日人民币外汇牌价的中间价。无论是买入价,还是卖出价,均是立即交付的结算价格,都是即期汇率。即期汇率是相对于远期汇率而言的。远期汇率,是在未来某一日交付时的结算价格。为方便核算,准则中企业用于记账的即期汇率一般指当日中国人民银行公布的人民币汇率的中间价。但是,在企业发生单纯的货币兑换交易或涉及货币兑换的交易时,仅用中间价不能反映货币买卖的损益,需要使用买入价或卖出价折算。

企业发生的外币交易只涉及人民币与美元、欧元、日元、港元之间折算的,可直接采用中国人民银行每日公布的人民币汇率的中间价作为即期汇率进行折算;企业发生的外币交易涉及人民币与其他货币之间折算的,应按照国家外汇管理局公布的各种货币对美元折算率采用套算的方法进行折算,发生的外币交易涉及人民币以外的货币之间折算的,可直接采用国家外汇管理局公布的各种货币对美元折算率进行折算。

2. 即期汇率的近似汇率

即期汇率的近似汇率,是指按照系统合理的方法确定的、与交易发生日即期汇率近似的汇率,通常采用当期平均汇率或加权平均汇率等。例如,以人民币兑美元的周平均汇率为例,假定人民币兑美元每天的即期汇率为:周一6.3,周二6.4,周三6.5,周四6.6,周五6.5,周平均汇率为$(6.3+6.4+6.5+6.6+6.5)÷5=6.46$。月平均汇率的计算方法与周平均汇率的计算方法相同。月加权平均汇率需要采用当月外币交易的外币金额作为权重进行计算。

企业通常应当采用即期汇率进行折算。当汇率变动不大时,为简化核算,企业在外币交易日或对外币报表的某些项目进行折算时也可以选择即期汇率的近似汇率折算。无论是采用平均汇率,还是加权平均汇率,抑或其他方法确定的即期汇率的近似汇率,确定即期汇率的近似汇率的方法应在前后各期保持一致。如果汇率波动使得采用即期汇率的近似汇率折算不适当时,应当采用交易发生日的即期汇率折算。至于何时不适当,需要企业根据汇率变动情况及计算即期汇率的近似汇率的方法等进行判断。

三、外币交易的会计处理

(一)初始确认

企业发生外币交易的,应当在初始确认时采用交易日的即期汇率或即期汇率的近似汇率将外币金额折算为记账本位币金额。按照折算后的记账本位币金额登记有关账户;同时,按照外币金额登记相应的外币账户。这里的即期汇率可以是外汇牌价的买入价或卖出价,也可以是中间价,在与银行不进行货币兑换的情况下,一般以中间价作为即期汇率。

1. 外币购销业务

企业从国外或境外购进原材料、商品或引进设备时,按照当日的即期汇率或即期汇率的近似汇率将支付的外币或应付的外币折算为人民币记账,以确定购入原材料等货物及债务的入账价值,同时,按照外币金额登记有关外币账户。

【例6.3】 甲股份有限公司属于增值税一般纳税企业,选择确定的记账本位币为人民币,其外币交易采用交易日即期汇率折算。2011年3月12日,从美国乙公司购入某种工业原料500吨,每吨价格为4 000美元,当日的即期汇率为1美元=6.56元人民币,进口关税为1 312 000元人民币,支付进口增值税2 453 440元人民币,货款尚未支付,进口关税及增值税由银行存款支付。

根据上述资料,甲公司的会计处理如下:

借:原材料　　　　　　　　　　　(500×4 000×6.56+1 312 000)14 432 000
　　应交税费——应交增值税(进项税额)　2 453 440
　　贷:应付账款——乙公司(美元)　　13 120 000
　　　　银行存款　　　　　　　　　　3 765 440

【例6.4】 乙股份有限公司的记账本位币为人民币,对外币交易采用交易日的即期汇率折算。2011年3月3日,从境外丙公司购入不需要安装的设备一台,设备价款为250 000美元,购入该设备当日的即期汇率为1美元=6.58元人民币,适用的增值税税率为17%,款项尚未支付,增值税以银行存款支付。

根据上述资料,乙公司的会计处理如下:

借:固定资产——机器设备　　　　(250 000×6.58)1 645 000
　　应交税费——应交增值税(进项税额)　279 650
　　贷:应付账款——丙公司(美元)　　1 645 000
　　　　银行存款　　　　　　　　　　279 650

企业出口商品时,按照当日的即期汇率或即期汇率的近似汇率将外币销售收入折算为人民币入账;对于出口销售取得的款项或发生的债权,按照折算的人民币入账,同时,按照外币金额登记有关外币账户。

【例6.5】 甲股份有限公司的记账本位币为人民币,对外币交易采用交易日的即期汇率折算。2011年4月3日,向国外乙公司出口销售商品1 200件,销售合同规定的销售价格为每件150美元,当日的即期汇率为1美元=6.54元人民币。假设不考虑相关税费,货款尚未收到。

根据上述资料,甲公司的会计处理如下:

借：应收账款——乙公司（美元） 1 177 200
　　贷：主营业务收入 （1 200×150×6.54）1 177 200

2. 外币借款业务

企业借入外币时，按照借入外币时的即期汇率或即期汇率的近似汇率折算为人民币入账，同时，按照借入外币金额登记有关外币账户。

【例6.6】 乙股份有限公司的记账本位币是人民币。对外币交易采用交易日即期汇率折算。2011年4月1日，从中国银行借入150 000港币，期限为6个月，借入的港币暂存银行。借入当日的即期汇率为1港元＝0.83元人民币。

根据上述资料，乙公司的会计处理如下：

借：银行存款——港元 （150 000×0.83）124 500
　　贷：短期借款——港元 124 500

3. 接受外币投资业务

企业收到投资者以外币投入的资本，无论是否有合同约定汇率，均不得采用合同约定汇率和即期汇率的近似汇率折算，而是采用交易发生日即期汇率折算。这样，外币投入资本与相应的货币性项目的记账本位币金额相等，不产生外币资本折算差额。

【例6.7】 甲股份有限公司的记账本位币为人民币，对外币交易采用交易日的即期汇率折算。根据其与外商签订的投资合同，外商将分两次投入外币资本，投资合同约定的汇率是1美元＝6.52元人民币。2011年7月1日，甲股份有限公司第一次收到外商投入资本300 000美元，当日即期汇率为1美元＝6.46元人民币；2012年2月3日，第二次收到外商投入资本300 000美元，当日即期汇率为1美元＝6.31元人民币。

根据上述资料，甲公司的会计处理如下：

2011年7月1日，第一次收到外币资本时：

借：银行存款——美元 （300 000×6.46）1 938 000
　　贷：股本 1 938 000

2012年2月3日，第二次收到外币资本时：

借：银行存款——美元 （300 000×6.31）1 893 000
　　贷：股本 1 893 000

虽然"股本（或实收资本）"账户的金额不能反映股权比例，但并不改变企业分配和清算的约定比例，这一约定比例通常已经包括在合同中。

4. 外币兑换业务

外币兑换业务，是指企业从银行等金融机构购入外币或向银行等金融机构售出外币。企业发生的外币兑换业务或涉及外币兑换的交易事项，应当以交易实际采用的汇率，即银行买入价或卖出价折算。由于汇率变动产生的折算差额计入当期损益。

企业卖出外币时，一方面，将实际收取的记账本位币（按照外汇买入价折算的记账本位币)金额登记入账,借记"银行存款——人民币"科目;另一方面,按照当日的即期汇率将卖出的外币折算记账本位币金额,贷记"银行存款——××币"科目,由此而发生的差额,作为当期损益处理。

【例6.8】 甲股份有限公司以人民币为记账本位币,对外币交易采用交易日的即期汇率折算。2011年6月1日,将50 000美元到银行兑换为人民币,银行当日的美元买入价为1美元=6.44元人民币,中间价为1美元=6.48元人民币。

本例中,企业与银行发生货币兑换,兑换所用汇率为银行的买入价或卖出价,而通常记账所用的即期汇率为中间价,由于汇率变动而产生的汇兑差额计入当期财务费用。

根据上述资料,甲公司的会计处理如下:

借:银行存款——人民币　　　　　　　　　　(50 000×6.44)322 000
　　财务费用——汇兑差额　　　　　　　　　　　　　　　　 2 000
　贷:银行存款——美元　　　　　　　　　　(50 000×6.48)324 000

企业买入外币时,一方面,按照外币卖出价折算应向银行支付的记账本位币,贷记"银行存款——人民币"科目;另一方面,将买入的外币金额按照当日的即期汇率折算的人民币金额,借记"银行存款——××币"科目,并在该账户登记相应的外币金额。实际支付的人民币金额与买入外币按记账汇率折算的人民币金额之间的差额,作为当期损益处理。

【例6.9】 乙股份有限公司以人民币为记账本位币,对外币交易采用交易日的即期汇率折算。2011年6月1日,因外币支付需要,从银行购入100 000欧元,银行当日的欧元卖出价为1欧元=8.65元人民币,当日的中间价为1欧元=8.62元人民币。

根据上述资料,乙公司的会计处理如下:

借:银行存款——欧元　　　　　　　　　(100 000×8.62)862 000
　　财务费用——汇兑差额　　　　　　　　　　　　　　　　 3 000
　贷:银行存款——人民币　　　　　　　　(100 000×8.65)865 000

【例6.10】 丁公司记账本位币为人民币。2012年2月23日,以10 000美元向中国银行兑换日元。丁公司以中国人民银行公布的人民币汇率中间价作为即期汇率,当日即期汇率为1美元=6.30元人民币,100日元=7.85元人民币。银行当天美元买入价为1美元=6.29元人民币,日元卖出价100日元=8.00元人民币。

处理这样的业务时,首先应进行美元与人民币之间的折算,然后再进行人民币与日元之间的折算,即将折算分为两步进行:

第一步,以美元买进人民币=10 000×6.29=62 900(元)

第二步,以人民币买入日元=62 900÷0.0800=786 250(元)

同时,按美元与日元的即期汇率将换进的日元与换出的美元折算成记账本位币即人民币记账。

根据上述资料,乙公司的会计处理如下:

借:银行存款——日元(786 250日元)　　(786 250×0.0785)61 720.63
　　财务费用——汇兑差额　　　　　　　　　　　　　　　　1 279.37
　　贷:银行存款——美元(10 000美元)　(10 000×6.30)63 000

(二)期末调整或结算

期末,企业应当分别对外币货币性项目和外币非货币性项目进行处理。

1. 货币性项目

货币性项目是指企业持有的货币资金和将以固定或可确定的金额收取的资产或者偿付的负债。货币性项目分为货币性资产和货币性负债。货币性资产包括库存现金、银行存款、应收账款、其他应收款、长期应收款,以及持有至到期的债券投资等,货币性负债包括应付账款、其他应付款、短期借款、应付债券、长期借款、长期应付款等。

期末或结算日,对于货币性项目因汇率波动而产生的汇兑差额,符合资本化条件的应予以资本化,否则作为财务费用处理,同时调增或调减外币货币性项目的记账本位币金额。外币汇兑差额资本化的确定请参见"借款费用"章节的相关内容。汇兑差额,是指对同样数量的外币金额采用不同的汇率折算为记账本位币金额所产生的差额。例如,资产负债表日或结算日,以不同于交易日即期汇率或前一资产负债表日即期汇率的汇率折算同一外币金额产生的差额,即为汇兑差额。

【例6.11】 沿用【例6.3】,2011年3月31日,甲公司尚未向乙公司支付所欠工业原料款。当日即期汇率为1美元=6.54元人民币。应付乙公司货款按期末即期汇率折算为13 080 000(500×4 000×6.54)元人民币,与该货款原记账本位币之差额40 000(13 080 000-13 120 000)元人民币计入当期损益。

根据上述资料,甲公司的会计处理如下:

借:应付账款——乙公司(美元)　　　40 000
　　贷:财务费用——汇兑差额　　　　　　40 000

【例6.12】 沿用【例6.5】,2011年4月30日,甲公司仍未收到乙公司发来的销售货款。当日的即期汇率为1美元=6.52元人民币。乙公司所欠销售货款按当日即期汇率折算为1 173 600(1 200×150×6.52)元人民币,与该货款原记账本位币之差额150 000(1 173 600-1 177 200)元人民币计入当期损益。

根据上述资料,甲公司的会计处理如下:

借:财务费用——汇兑差额　　　　　3 600
　　贷:应收账款——乙公司(美元)　　　3 600

假定,2011年5月8日收到上述货款,兑换成人民币后直接存入银行;当日银行的美元买入价为1美元=6.53元人民币。

根据上述资料,甲公司的会计处理如下:

借:银行存款——人民币　　(1 200×150×6.53)1 175 400

贷：应收账款——乙公司(美元)　　　　　　　　　1 173 600
　　　　财务费用——汇兑差额　　　　　　　　　　　　　1 800

【例6.13】　沿用【例6.6】,6个月后,乙股份有限公司按期以人民币向中国银行归还借入的150 000港币。归还借款时港币的卖出价为1港元=0.82元人民币。

根据上述资料,甲公司的会计处理如下：
　　借：短期借款——港币　　　　　　　　　　　　　　124 500
　　　　贷：银行存款——人民币　　　　　　　(150 000×0.82)123 000
　　　　　　财务费用——汇兑差额　　　　　　　　　　　1 500

2. 非货币性项目

非货币性项目是指货币性项目以外的项目,如预付账款、预收账款、存货、长期股权投资、交易性金融资产(股票、基金)、固定资产、无形资产等。

(1)对于以历史成本计量的外币非货币性项目,已在交易发生日按当日即期汇率折算,资产负债表日不应改变其原记账本位币金额,不产生汇兑差额。

【例6.14】　沿用【例6.7】,外商于2011年7月1日投入甲公司外币资本300 000美元,已按当日的即期汇率折算为人民币并记入"实收资本"账户。"实收资本"为非货币性项目,因此,期末(2011年12月31日)不需要按照当日即期汇率调整。

(2)对于以成本与可变现净值孰低计量的存货,如果其可变现净值以外币确定,则在确定存货的期末价值时,应先将可变现净值折算为记账本位币,再与以记账本位币反映的存货成本进行比较。

【例6.15】　甲公司以人民币为记账本位币。2011年11月15日,从英国W公司采购国内市场尚无的A商品1 000件,每件价格为100英镑。2011年12月31日,尚有100件A商品未售出,国内市场仍无A商品供应,A商品在国际市场的价格已降至每件90英镑。

11月15日,当日即期汇率为1英镑=10元人民币。12月31日的即期汇率是1英镑=10.5元人民币。假定不考虑增值税等相关税费。

本例中,由于存货在资产负债表日采用成本与可变现净值孰低计量,因此,在以外币购入存货并且该存货在资产负债表日获得可变现净值以外币反映时,计提存货跌价准备时应当考虑汇率变动的影响。

根据上述资料,甲公司的会计处理如下：
11月15日,购入A商品
　　借：库存商品——A　　　　　　　(1 000×100×10)1 000 000
　　　　贷：银行存款——英镑　　　　　　　　　　　　1 000 000
12月31日,计提存货跌价准备
　　　　　　100×100×10－100×90×10.5＝5 500(元人民币)
　　借：资产减值损失　　　　　　　　　　　　　　　　5 500

贷：存货跌价准备　　　　　　　　　　5 500
　　(3)对于以公允价值计量的股票、基金等非货币性项目,如果期末的公允价值以外币反映,则应当先将该外币的公允价值按照当日的即期汇率折算为记账本位币金额,再与原记账本位币金额进行比较,其差额作为公允价值变动损益,计入当期损益。

【例6.16】 国内甲公司的记账本位币为人民币。2011年12月14日以每股1.5美元的价格购入乙公司B股10 000股作为交易性金融资产,当日汇率为1美元=6.30元人民币,款项已付。2011年12月31日,由于市价变动,当月购入的乙公司B股的市价变为每股1美元,当日汇率为1美元=6.31元人民币。假定不考虑相关税费的影响。

根据上述资料,甲公司的会计处理如下:

(1)2011年12月14日,取得交易性金融资产:
　　借：交易性金融资产　　(1.5×10 000×6.30)94 500
　　　　贷：银行存款——美元　　　　　　　　94 500

(2)确定公允价值变动损益:

根据《企业会计准则第22号——金融工具确认和计量》,交易性金融资产以公允价值计量。由于该项交易性金融资产是以外币计价,在资产负债表日,不仅应考虑美元市价的变动,还应一并考虑美元与人民币之间汇率变动的影响,上述交易性金融资产在资产负债表日的人民币金额为63 100(即1×10 000×6.31)元,与原账面价值94 500元的差额为31 400元人民币,计入公允价值变动损益。31 400元人民币既包含甲公司所购乙公司B股股票公允价值变动的影响,又包含人民币与美元之间汇率变动的影响。

　　借：公允价值变动损益　　　　　　　　31 400
　　　　贷：交易性金融资产——公允价值变动　　31 400

注意：如果本题划分为可供出售金融资产核算,则将上述分录中的"公允价值变动损益"科目换为"其他综合收益"科目。

(3)确定售出当日的投资收益:

2012年1月10日,甲公司将所购乙公司B股股票按当日市价每股1.2美元全部售出,所得价款为12 000美元,按当日汇率1美元=6.32元人民币折算为人民币金额为75 840元,与其原账面价值人民币金额63 100元的差额为12 740元人民币,对于汇率的变动和股票市价的变动不进行区分,均作为投资收益进行处理。因此,售出当日,甲公司应作会计分录为:

　　借：银行存款——美元　　(1.2×10 000×6.32)75 840
　　　　贷：交易性金融资产　　(94 500-31 400)63 100
　　　　　　投资收益　　　　　　　　　　12 740

另外,对于交易性金融资产在处置时还应将持有过程中累计产生的公允价值变动损益转入投资收益：

　　借：投资收益　　　　　　　　　　31 400

贷:公允价值变动损益　　　　　31 400

第三节　外币财务报表折算

企业的境外经营如果采用与企业相同的记账本位币,即便是设在境外,其财务报表也不存在折算问题。但是,如果企业境外经营的记账本位币不同于企业的记账本位币,在将企业的境外经营通过合并、权益法核算等纳入到企业的财务报表中时,需要将企业境外经营的财务报表折算为以企业记账本位币反映的财务报表。这一过程就是财务报表的折算。可见,境外经营及其记账本位币的确定是进行财务报表折算的关键。

一、境外经营财务报表的折算

在对企业境外经营财务报表进行折算前,应当调整境外经营的会计期间和会计政策,使之与企业会计期间和会计政策相一致,根据调整后会计政策及会计期间编制相应货币(记账本位币以外的货币)的财务报表,再按照规定的方法对境外经营财务报表进行折算。

(一)折算方法

(1)资产负债表中的资产和负债项目,采用资产负债表日的即期汇率折算,所有者权益项目除"未分配利润"项目外,其他项目采用发生时的即期汇率折算。

(2)利润表中的收入和费用项目,采用交易发生日的即期汇率折算或即期汇率的近似汇率折算。

(3)产生的外币财务报表折算差额,应在所有者权益项目下单独列示"外币报表折算差额"。在编制合并财务报表时,应在合并资产负债表中"其他综合收益"项目列示。

比较财务报表的折算比照上述规定处理。

【例6.17】　国内甲公司的记账本位币为人民币,该公司在境外有一子公司乙公司,乙公司确定的记账本位币为美元。根据合同约定,甲公司拥有乙公司70%的股权,并能够对乙公司的财务和经营政策施加重大影响。甲公司采用当期平均汇率折算乙公司利润表项目。乙公司的有关资料如下:

2010年12月31日的汇率为1美元=7.7元人民币,2010年的平均汇率为1美元=7.6元人民币,实收资本、资本公积发生日的即期汇率为1美元=8元人民币,2009年12月31日的股本为500万美元,折算为人民币为4 000万元;累计盈余公积为50万美元,折算为人民币为405万元,累计未分配利润为120万美元,折算为人民币为972万元,甲、乙公司均在年末提取盈余公积,乙公司当年提取的盈余公积为70万美元。

报表折算见表6.1、表6.2和表6.3。

表 6.1 利 润 表

2010 年　　　　　　　　　　　　　　　　　　　　　　　　　　单位：万元

项　目	期末数(美元)	折算汇率	折算为人民币金额
一、营业收入	2 000	7.6	15 200
减：营业成本	1 500	7.6	11 400
营业税金及附加	40	7.6	304
管理费用	100	7.6	760
财务费用	10	7.6	76
加：投资收益	30	7.6	228
二、营业利润	380	—	2 888
加：营业外收入	40	7.6	304
减：营业外支出	20	7.6	152
三、利润总额	400	—	3 040
减：所得税费用	120	7.6	912
四、净利润	280	—	2 128
五、每股收益			
六、其他综合收益			
七、综合收益总额			

表 6.2 所有者权益变动表

2010 年度　　　　　　　　　　　　　　　　　　　　　　　　单位：万元

项　目	实收资本			盈余公积			未分配利润		外币报表折算差额	股东权益合计
	美元	折算汇率	人民币	美元	折算汇率	人民币	美元	人民币		人民币
一、本年年初余额	500	8	4 000	50		405	120	972		5 377
二、本年增减变动金额										
（一）净利润							280	2 128		2 128
（二）其他综合收益										−190
其中：外币报表折算差额									−190	−190
（三）利润分配										
提取盈余公积				70	7.6	532	−70	−532		0
三、本年年末余额	500	8	4 000	120		937	330	2 568	−190	7 315

当期计提的盈余公积采用当期平均汇率折算,期初盈余公积为以前年度计提的盈余公积按相应年度平均汇率折算后金额的累计,期初未分配利润记账本位币金额为以前年度未分配利润记账本位币金额的累计。

表 6.3 资产负债表

2010 年 12 月 31 日　　　　　　　　　　　　　　　　　　　　单位:万元

资　产	期末数（美元）	折算汇率	折算为人民币金额	负债和所有者权益（或股东权益）	期末数（美元）	折算汇率	折算为人民币金额
流动资产:				流动负债:			
货币资金	190	7.7	1 463	短期借款	45	7.7	3 465
应收账款	190	7.7	1 463	应付账款	285	7.7	2 194.5
存货	240	7.7	1 848	其他流动负债	110	7.7	847
其他流动资产	200	7.7	1 540	流动负债合计	440	-	3 388
流动资产合计	820		6 314	非流动负债:			
非流动资产:				长期借款	140	7.7	1 078
长期应收款	120	7.7	924	应付债券	80	7.7	616
固定资产	550	7.7	4 235	其他非流动负债	90	7.7	693
在建工程	80	7.7	616	非流动负债合计	310	-	2 387
无形资产	100	7.7	770	负债合计	750		5 775
其他非流动资产	30	7.7	231	股东权益:			
非流动资产合计	880	-	6 776	股本	500	8	4 000
				盈余公积	120		937
				未分配利润	330		2 568
				外币报表折算差额			-190
				股东权益合计	950		7 315
资产总计	1 700		13 090	负债和股东权益总计	1 700		13 090

外币报表折算差额为以记账本位币反映的净资产减去以记账本位币反映的实收资本、资本公积、累计盈余公积及累计未分配利润后的余额。

(二)特殊项目的处理

1.少数股东应分担的外币财务报表折算差额

在企业境外经营为其子公司的情况下,企业在编制合并财务报表时,应按少数股东在境外经营所有者权益中所享有的份额计算少数股东应分担的外币报表折算差额,并入少数股东权益列示于合并资产负债表。

2. 实质上构成对境外经营净投资的外币货币性项目产生的汇兑差额的处理

母公司含有实质上构成对子公司(境外经营)净投资的外币货币性项目的情况下,在编制合并财务报表时,应分别以下两种情况编制抵销分录:

(1)实质上构成对子公司(境外经营)净投资的外币货币性项目以母公司或子公司的记账本位币反映,则应在抵销长期应收应付项目的同时,将其产生的汇兑差额转入"其他综合收益"项目。即借记或贷记"财务费用——汇兑差额"科目,贷记或借记"其他综合收益"。

(2)实质上构成对子公司(境外经营)净投资的外币货币性项目以母公司、子公司的记账本位币以外的货币反映,则应将母公司、子公司此项外币货币性项目产生的汇兑差额相互抵销,差额转入"其他综合收益"项目。

如果合并财务报表中各子公司之间也存在实质上构成对另一子公司(境外经营)净投资的外币货币性项目,在编制合并财务报表时应比照上述编制相应的抵销分录。

二、恶性通货膨胀经济情况下的外币财务报表的折算

(一)恶性通货膨胀经济的判定

当一个国家经济环境显示出(但不局限于)以下特征时,应当判断该国处于恶性通货膨胀经济中:

(1)3年累计通货膨胀率接近或超过100%。

(2)利率、工资和物价与物价指数挂钩;物价指数是物价变动趋势和幅度的相对数。

(3)一般公众不是以当地货币,而是以相对稳定的外币为单位作为衡量货币金额的基础。

(4)一般公众倾向于以非货币性资产或相对稳定的外币来保存自己的财富,持有的当地货币立即用于投资以保持购买力。

(5)即使信用期限很短,赊销、赊购交易仍按补偿信用期预计购买力损失的价格成交。

(二)处于恶性通货膨胀经济中境外经营财务报表的折算

企业在通过合并或权益法核算将处于恶性通货膨胀经济中境外经营的财务报表纳入本企业财务报表时,需要对其财务报表进行重述:对资产负债表项目运用一般物价指数予以重述,对利润表项目运用一般物价指数变动予以重述,然后,按照重述后的财务报表进行折算。在境外经营不再处于恶性通货膨胀经济中时,应当停止重述,按照停止之日的价格水平重述的财务报表进行折算。

1. 资产负债表项目的重述

在对资产负债表项目进行重述时,由于现金、应收账款、其他应收款等货币性项目已经以资产负债表日的计量单位表述,因此,不需要对其进行重述;通过协议与物价变动挂钩的资产

和负债,应根据协议约定进行调整;非货币性项目中,有些是以资产负债表日的计量单位列示的,如存货如果已经以可变现净值列示,资产负债表日就不需要进行重述;对其他非货币性项目,如固定资产、无形资产等,应自购置日起根据购置日至资产负债表日期间的一般物价指数变动予以重述。

2. 利润表项目的重述

在对利润表项目进行重述时,所有项目金额都需要自初始确认之日起,以一般物价指数变动予以重述,以使利润表所有项目都以资产负债表日的计量单位表述。由于上述重述产生的差额计入当期净利润。

对资产负债表项目和利润表项目进行重述后,再按资产负债表日的即期汇率将资产负债表项目和利润表项目折算为记账本位币报表。

三、境外经营的处置

企业可能通过出售、清算、返还股本或放弃全部或部分权益等方式处置其在境外经营中的利益。在包含境外经营的财务报表中,企业应在处置境外经营的当期,将已列入合并财务报表所有者权益的外币报表折算差额中与该境外经营相关部分,自所有者权益项目转入处置当期损益;如果是部分处置境外经营,应当按处置的比例计算处置部分的外币报表折算差额,转入处置当期损益。

本 章 小 结

本章主要讲授记账本位币的确定和变更、外币交易的会计处理、外币财务报表折算等有关内容,基本要点包括:

1. 我国《会计法》规定,"会计核算以人民币为记账本位币"。"业务收支以人民币以外的货币为主的单位,可以选定其中一种货币作为记账本位币,但是编报的财务会计报告应当折算为人民币。"企业的记账本位币一经确定,不得随意改变,除非企业经营所处的主要经济环境发生重大变化。企业因经营所处的主要经济环境发生重大变化,确需变更记账本位币的,应当采用变更当日的即期汇率将所有项目折算为变更后的记账本位币,折算后的金额作为新的记账本位币的历史成本。

2. 外币交易业务包括:买入或者卖出以外币计价的商品或者劳务;借入或者借出外币资金;其他以外币计价或者结算的交易。外币交易的会计处理主要涉及两个环节:一是在交易日对外币交易进行初始确认,将外币金额采用交易日的即期汇率或即期汇率的近似汇率折算为记账本位币金额。按照折算后的记账本位币金额登记有关账户;同时,按照外币金额登记相应的外币账户。二是在资产负债表日对相关项目进行折算,将所有外币货币性项目的外币余额,按照期末即期汇率折算为记账本位币金额,因汇率变动产生的差额计入当期损益。

3. 企业的境外经营如果采用与企业相同的记账本位币,即便是设在境外,其财务报表也不存在折算问题。但是,如果企业境外经营的记账本位币不同于企业的记账本位币,在将企业的境外经营通过合并、权益法核算等纳入企业的财务报表中时,需要将企业境外经营的财务报表折算为以企业记账本位币反映的财务报表。

思 考 题

1. 什么是外币?什么是记账本位币?二者的关系怎样?
2. 确定记账本位币时应当考虑哪些主要因素?
3. 什么是外币兑换?什么是外币折算?二者的关系怎样?
4. 什么是汇兑损益?它是怎样形成的?在外币业务核算中有何重要意义?
5. 什么是货币性项目?什么是非货币性项目?掌握其内容有何意义?
6. 怎样理解期末外币折算的会计处理?会出现什么样的问题?怎样解决?

第七章
Chapter 7

租 赁

【学习目标】
1. 熟悉租赁的概念、特点及租赁的分类;
2. 掌握融资租赁的确认标准;
3. 掌握经营租赁的会计核算方法及其会计信息的披露;
4. 掌握融资租赁的会计核算方法及其会计信息的披露;
5. 掌握承租人、出租人对租赁业务的会计处理;
6. 掌握售后租回业务相关规定和会计处理。

【能力目标】
1. 在会计实务中,能够熟练站在承租人、出租人角度对融资租赁业务进行会计处理;
2. 在会计实务中,能够正确进行售后租回业务的会计处理。

【引导案例】
大鹏同学的思考:
1. 大学毕业后到异地工作,我住在哪里呢?还是租房子吧!在租赁期内,我们可能支付的款项包括哪些呢?
2. 我要创业办厂,国家对大学生有税收优惠政策,但是,没钱买机器啊!到租赁公司长期租赁能行吗?哎!我有好多想法,如何是好呢?
大家学完这一章内容后,能帮助大鹏同学找到答案吗?

第一节 租赁概述

在我国的市场经济条件下,由于租赁筹资成本低,可以节省承租人的资金投入,并且形式灵活,可以减少资产陈旧的风险,租赁业务作为企业融资的重要形式,其需求日益增长,越来越多的企业通过租赁的形式获取相关资产的使用权。我国《企业会计准则第21号——租赁》全面规范了租赁业务的确认、计量以及相关信息的列报。

一、租赁的相关概念

(一)租赁

租赁,是指在约定的期间内,出租人将资产使用权让与承租人,以获取租金的协议。租赁的主要特征是在租赁期内转移资产的使用权,而不是转移资产的所有权,并且这种转移是有偿的,取得使用权以支付租金为代价,从而使租赁有别于资产购置和不把资产的使用权从合同一方转移给另一方的服务性合同,如劳务合同、运输合同、保管合同、仓储合同以及无偿提供使用权的借用合同。

(二)租赁期

租赁期,是指租赁协议规定的不可撤销的租赁期间。如果租赁合同规定承租人有优惠续租选择权,即承租人续租的租金预计远低于行使优惠续租选择权日正常的租金,因而,在租赁开始日就可以合理确定承租人将会行使这种选择权,在这种情况下,租赁期应包括优惠续租选择权所涉及的期间(即续租期)。

上述"不可撤销租赁"是相对于"可撤销租赁"而言的,主要是从承租人角度给出的定义。租赁合同签订后一般不可撤销,但下列情况除外:

(1)经出租人同意。
(2)承租人与原出租人就同一资产或同类资产签订了新的租赁合同。
(3)承租人支付一笔足够大的额外款项。
(4)发生某些很少会出现的或有事项。承租人有权选择续租该资产,并且在租赁开始日就可以合理确定承租人将会行使这种选择权,不论是否再支付租金,续租期也包括在租赁期之内。

【例7.1】 假设2011年12月1日,甲公司与乙公司签订了一份租赁合同。租赁合同的主要条款如下:

(1)租赁期开始日为2012年1月1日。
(2)租赁期为2012年1月1日至2014年12月31日,共3年。
(3)租金支付为每年年末支付租金100 000元。

(4)租赁期届满后,承租人可以每年20 000元的租金续租2年,即续租期为2015年1月1日至2016年12月31日,估计租赁期届满时该项租赁资产每年的正常租金为80 000元。

根据上述资料,甲公司的分析如下:

虽然合同规定的租赁期为3年,但是,续租租金20 000元/正常租金80 000元=25%,可以合理确定承租人将来一定会续租。因此,本例中的租赁期应为5年(3年+2年),即2012年1月1日至2016年12月31日。

【例7.2】 沿用【例7.1】,假设承租人可以在2015年6月30日按300元购买该项租赁资产,估计购买选择权行使之日该项租赁资产的公允价值为60 000元。

根据上述资料,甲公司的分析如下:

购买价格300元远低于购买时租赁资产的公允价值60 000元,可以合理确定承租人将来一定会购买该项租赁资产。因此,本例中的租赁期应为3.5年(3年+0.5年),即2012年1月1日至2015年6月30日。

(三)租赁开始日

租赁开始日,是指租赁协议日与租赁各方就主要条款作出承诺日中的较早者。在租赁开始日,承租人和出租人应当将租赁认定为融资租赁或经营租赁,并确定在租赁期开始日应确认的金额。

(四)租赁期开始日

租赁期开始日,是指承租人有权行使其使用租赁资产权利的日期,表明租赁行为的开始。在租赁期开始日,承租人应当对租入资产、最低租赁付款额和未确认融资费用进行初始确认;出租人应当对应收融资租赁款、未担保余值和未实现融资收益进行初始确认。

例如,甲公司与乙公司签订融资租赁合同,租赁协议签订日为2011年12月5日,租赁期为3年,从2012年1月1日到2014年12月31日。则租赁开始日为2011年12月5日,该日应对租赁进行分类;租赁期开始日为2012年1月1日,该日应对融资租赁进行账务处理,确认租入资产等。

(五)担保余值

担保余值,就承租人而言,是指由承租人或与其有关的第三方担保的资产余值;就出租人而言,是指就承租人而言的担保余值加上独立于承租人和出租人的第三方担保的资产余值。其中,资产余值是指在租赁开始日估计的租赁期届满时租赁资产的公允价值。

为了促使承租人谨慎地使用租赁资产,尽量减少出租人自身的风险和损失,租赁协议有时要求承租人或与其有关的第三方对租赁资产的余值进行担保,此时的担保余值是针对承租人而言的。除此以外,担保人还可能是与承租人和出租人均无关,但在财务上有能力担保的第三方,如担保公司,此时的担保余值是针对出租人而言的。

（六）未担保余值

未担保余值，是指租赁资产余值中扣除就出租人而言的担保余值以后的资产余值。对出租人而言，如果租赁资产余值中包含未担保余值，表明这部分余值的风险和报酬并没有转移，其风险应由出租人承担，因此，未担保余值不能作为应收融资租赁款的一部分。

（七）最低租赁付款额

最低租赁付款额，是指在租赁期内，承租人应支付或可能被要求支付的款项（不包括或有租金和履约成本），加上由承租人或与其有关的第三方担保的资产余值。但是出租人支付但可退还的税金不包括在内。

最低租赁付款额，是站在"承租人"角度上的一个基本概念，其中，"最低"一词所指的是在最低租赁付款额中，不包括上述的"或有租金"和"履约成本"。或有租金，是指金额不固定、以时间长短以外的其他因素（如销售量、使用量、物价指数等）为依据计算的租金。履约成本，是指租赁期内为租赁资产支付的各种使用费用，如技术咨询和服务费、人员培训费、维修费、保险费等。

承租人有购买租赁资产选择权，所订立的购买价款预计将远低于行使选择权时租赁资产的公允价值，因而在租赁开始日就可以合理确定承租人将会行使这种选择权的，购买价款应当计入最低租赁付款额。

最低租赁付款额的构成内容与租赁合同的规定有关。如果租赁合同规定承租人有优惠购买选择权，最低租赁付款额包括：

（1）租赁期内承租人每期支付的租金（这里的租赁期是自租赁开始日至优惠购买选择权行使之日的期间）。

（2）承租人到期行使优惠购买选择权而支付的任何款项。

如果租赁合同没有规定优惠购买选择权，最低租赁付款额包括：

（1）租赁期内承租人每期支付的租金。

（2）租赁期届满时，由承租人或与其有关的第三方担保的资产余值。

（3）租赁期届满时，承租人未能续租或展期而造成的任何应由承租人支付的款项。

（八）最低租赁收款额

最低租赁收款额，是指最低租赁付款额加上独立于承租人和出租人的第三方对出租人担保的资产余值。

与承租人的"最低租赁付款额"相对应，"最低租赁收款额"是站在"出租人"角度上的一个基本概念，其中，"最低"一词所指的是在最低租赁收款额中，不包括上述的"或有租金"和"履约成本"。出租人除了根据租赁合同规定要求承租人支付最低租赁付款额外，如果还存在与承租人和出租人均无关，但在财务上有能力担保的第三方对出租人的资产余值提供担保，则表明租赁期届满时能够保证出租人实现这一确定的金额，这一担保的资产余值也应包括在出租人的最低租赁收款额之中。

(九)初始直接费用

初始直接费用,是指在租赁谈判和签订租赁合同的过程中发生的可直接归属于租赁项目的费用。如可归属于租赁项目的手续费、律师费、差旅费、印花税等。

二、租赁的分类

承租人和出租人应当在租赁开始日将租赁分为融资租赁和经营租赁。企业对租赁进行分类时,应当全面考虑租赁期届满时租赁资产所有权是否转移给承租人、承租人是否有购买租赁资产的选择权、租赁期占租赁资产使用寿命的比例等各种因素。

(一)融资租赁的认定标准

融资租赁,是指实质上转移与资产所有权有关的全部风险和报酬的租赁。满足下列标准之一的,应当认定为融资租赁:

(1)在租赁期届满时,资产的所有权转移给承租人。即如果在租赁协议中已经约定,或者根据其他条件在租赁开始日就可以合理地判断,租赁期届满时出租人会将资产的所有权转移给承租人,那么该项租赁应当认定为融资租赁。(定性标准)

(2)承租人有购买租赁资产的选择权,所订立的购买价款预计远低于行使选择权时租赁资产的公允价值,因而在租赁开始日就可合理地确定承租人将会行使这种选择权。这里的"远低于"是指"小于等于25%"。(定量标准)

例如,出租人和承租人签订了一项租赁协议,租赁期限为3年,租赁期届满时承租人有权以10 000元的价格购买租赁资产,在签订租赁协议时估计该租赁资产租赁期届满时的公允价值为40 000元,由于购买价格仅为公允价值的25%(远低于公允价值40 000元),如果没有特别的情况,承租人在租赁期届满时将会购买该项资产。在这种情况下,在租赁开始日即可判断该项租赁为融资租赁。

(3)即使资产的所有权不转移,但租赁期占租赁资产使用寿命的大部分。这里的"大部分"掌握在租赁期占租赁开始日租赁资产使用寿命的75%以上(含75%,下同)。这里的"大部分"是指"大于等于75%"。(定量标准)

需要说明的是,这条标准强调的是租赁期占租赁资产使用寿命的比例,而非租赁期占该项资产全部可使用年限的比例。如果租赁资产是旧资产,在租赁前已使用年限超过资产自全新时起算可使用年限的75%以上时,则这条判断标准不适用,不能使用这条标准确定租赁的分类。

例如,某项租赁设备全新时可使用年限为10年,已经使用了3年,从第4年开始租出,租赁期为6年,由于租赁开始时该设备使用寿命为7年,租赁期占使用寿命的85.7%(6年/7年),符合第(3)条标准,因此,该项租赁应当归类为融资租赁;如果从第4年开始,租赁期为3

年,租赁期占使用寿命的42.9%,就不符合第(3)条标准,因此该项租赁不应认定为融资租赁(假定也不符合其他判断标准)。假如该项设备已经使用了8年,从第9年开始租赁,租赁期为2年,此时,该设备使用寿命为2年,虽然租赁期为使用寿命的100%(2年/2年),但由于在租赁前该设备的已使用年限超过了可使用年限(10年)的75%(8年/10年=80%>75%),因此,也不能采用这条标准来判断租赁的分类。

(4)就承租人而言,在租赁开始日最低租赁付款额的现值几乎相当于租赁开始日租赁资产公允价值;就出租人而言,在租赁开始日最低租赁收款额的现值几乎相当于租赁开始日租赁资产公允价值。这里的"几乎相当于";通常掌握在90%以上(含90%,下同)。这里的"几乎相当于"是指"大于等于90%"。(定量标准)

需要说明的是,这里的量化标准只是指导性标准,企业在具体运用时,必须以准则规定的相关条件进行判断。

(5)租赁资产性质特殊,如果不作较大改造,只有承租人才能使用。这条标准是指租赁资产是出租人根据承租人对资产型号、规格等方面的特殊要求专门购买或建造的,具有专购、专用性质。这些租赁资产如果不作较大的重新改制,其他企业通常难以使用。这种情况下,该项租赁也应当认定为融资租赁。(定性标准)

(二)经营租赁的认定标准

经营租赁,是指融资租赁以外的其他租赁。经营租赁资产的所有权不转移,租赁期届满后,承租人有退租或续租的选择权,而不存在优惠购买选择权。

需要说明的是,如果承租人和出租人在租赁期内的某一时间同意改变租赁合同的条款(续租除外),由此改变了原来对租赁的分类,则出租人和承租人均应当根据修订后的租赁合同对租赁进行重新分类。但是,由于租赁资产使用年限或担保余值的改变等导致会计估计的变更,或发生承租人违约等事项,不应当对租赁进行重新分类。

第二节 承租人的会计处理

一、承租人对经营租赁的会计处理

(一)租金的会计处理

在经营租赁下,与租赁资产所有权有关的风险和报酬并没有转移给承租人,承租人不承担租赁资产的主要风险。承租人对经营租赁的会计处理比较简单,承租人不需将所取得的租入资产的使用权资本化,相应地也不必将所承担的付款义务列作负债。其主要问题是解决应支付的租金与计入当期费用的关系。

承租人在经营租赁下发生的租金,应当在租赁期内各个期间按照直线法确认为费用;如果其他方法更为系统合理的,也可以采用其他方法。其会计处理为:确认各期租金费用时,借记"长期待摊费用"等科目,贷记"其他应付款"等科目。实际支付租金时,借记"其他应付款"等科目,贷记"银行存款"、"库存现金"等科目。

在某些情况下,出租人可能对经营租赁提供激励措施,如免租期、承担承租人的某些费用等。在出租人提供了免租期的情况下,承租人应将租金总额在整个租赁期内,而不是在租赁期扣除免租期后的期间内,按直线法或其他合理的方法进行分摊,免租期内应确认租金费用;在出租人承担了承租人的某些费用的情况下,承租人应将该费用从租金总额中扣除,并将租金余额在租赁期内进行分摊。

此外,为了保证租赁资产的安全和有效使用,承租人应设置"经营租赁资产"备查簿作备查登记,以反映和监督租赁资产的使用、归还和结存情况。

(二)初始直接费用的会计处理

对于承租人在经营租赁中发生的初始直接费用,应当计入当期损益。其账务处理为:借记"管理费用"等科目,贷记"银行存款"等科目。

(三)或有租金的会计处理

在经营租赁下,承租人对或有租金的会计处理与融资租赁下相同,即在实际发生时计入当期损益。其账务处理为:借记"财务费用"、"销售费用"等科目,贷记"银行存款"等科目。

(四)相关信息的披露

对于重大的经营租赁,承租人应当在附注中披露下列信息:

(1)资产负债表日后连续三个会计年度每年将支付的不可撤销经营租赁的最低租赁付款额。

(2)以后年度将支付的不可撤销经营租赁的最低租赁付款额总额。

【例7.3】 2009年1月1日,甲公司向乙公司租入办公设备一台,租期为3年。设备价值为1 000 000元,预计使用年限为10年。租赁合同规定,租赁开始日(2009年1月1日)甲公司向乙公司一次性预付租金150 000元,第一年年末支付租金150 000元,第二年年末支付租金200 000元,第三年年末支付租金250 000元。租赁期届满后乙公司收回设备,3年的租金总额为750 000元。假定甲公司和乙公司均在年末确认租金费用和租金收入,并且不存在租金逾期支付的情况。

根据上述资料,甲公司的会计处理如下:

此项租赁没有满足融资租赁的任何一条标准,应作为经营租赁处理。

1.2009年1月1日,甲公司向乙公司预付租金时

借:长期待摊费用　　　　　　　　　150 000
　　贷:银行存款　　　　　　　　　　150 000

2. 2009年12月31日,甲公司支付第一年租金并摊销租金费用时

确认租金费用时,不能依据各期实际支付的租金的金额确定,而应采用直线法分摊确认各期的租金费用。此项租赁租金费用总额为750 000元,按直线法计算,每年应分摊的租金费用为250 000元。

借:管理费用　　　　　　　　　　　　　250 000
　　贷:长期待摊费用　　　　　　　　　　　100 000
　　　　银行存款　　　　　　　　　　　　　150 000

3. 2010年12月31日,甲公司支付第二年租金并摊销租金费用时

借:管理费用　　　　　　　　　　　　　250 000
　　贷:长期待摊费用　　　　　　　　　　　 50 000
　　　　银行存款　　　　　　　　　　　　　200 000

4. 2011年12月31日,甲公司支付第三年租金时

借:管理费用　　　　　　　　　　　　　250 000
　　贷:银行存款　　　　　　　　　　　　　250 000

二、承租人对融资租赁的会计处理

(一)租赁期开始日的会计处理

根据实质重于形式原则,承租人必须将融资租入的资产视同自有资产入账。在租赁期开始日,承租人应当将租赁开始日租赁资产公允价值与最低租赁付款额现值两者中较低者作为租入资产的入账价值,将最低租赁付款额作为长期应付款的入账价值,其差额作为未确认融资费用。

承租人在租赁谈判和签订租赁合同过程中发生的,可归属于租赁项目的手续费、律师费、差旅费、印花税等初始直接费用,应当计入租入资产价值。

承租人在计算最低租赁付款额的现值时,能够取得出租人租赁内含利率的,应当采用租赁内含利率作为折现率;否则,应当采用租赁合同规定的利率作为折现率。如果承租人无法取得出租人的租赁内含利率且租赁合同没有规定利率的,应当采用同期银行贷款利率作为折现率。其中,租赁内含利率,是指在租赁开始日,使最低租赁收款额的现值与未担保余值的现值之和等于租赁资产公允价值与出租人的初始直接费用之和的折现率。

融资租入的固定资产,在租赁期开始日,按应计入固定资产成本的金额(租赁开始日租赁资产公允价值与最低租赁付款额现值两者中较低者,加上初始直接费用),借记"固定资产——融资租入固定资产"科目,按最低租赁付款额,贷记"长期应付款"科目,按发生的初始直接费用,贷记"银行存款"等科目,按其差额,借记"未确认融资费用"科目。

如果融资租入的固定资产在租赁开始日需要经过安装,应先通过"在建工程"科目核算,安装完毕达到预定可使用状态时,再由"在建工程"科目转入"固定资产——融资租入固定资产"科目。

(二) 未确认融资费用的分摊

在融资租赁下,承租人向出租人支付的租金中,包含了本金和利息两部分。承租人支付租金时,一方面应减少长期应付款,另一方面应同时将未确认的融资费用按一定的方法确认为当期融资费用。在先付租金(即每期期初等额支付租金)的情况下,租赁期第一期支付的租金不含利息,只需减少长期应付款,不必确认当期融资费用。

在分摊未确认的融资费用时,按照租赁准则的规定,承租人应当采用实际利率法。在采用实际利率法的情况下,根据租赁开始日租赁资产和负债的入账价值基础不同,融资费用分摊率的选择也不同。未确认融资费用的分摊率的确定具体分为下列几种情况:

(1)以出租人的租赁内含利率为折现率将最低租赁付款额折现,且以该现值作为租赁资产入账价值的,应当将租赁内含利率作为未确认融资费用的分摊率。

(2)以合同规定利率为折现率将最低租赁付款额折现,且以该现值作为租赁资产入账价值的,应当将合同规定利率作为未确认融资费用的分摊率。

(3)以银行同期贷款利率为折现率将最低租赁付款额折现,且以该现值作为租赁资产入账价值的,应当将银行同期贷款利率作为未确认融资费用的分摊率。

(4)以租赁资产公允价值为入账价值的,应当重新计算分摊率。该分摊率是使最低租赁付款额的现值等于租赁资产公允价值的折现率。

存在优惠购买选择权的,在租赁期届满时,未确认融资费用应全部摊销完毕,并且租赁负债应当减少为优惠购买金额。在承租人或与其有关的第三方对租赁资产提供了担保或由于在租赁期届满时没有续租而支付违约金的情况下,在租赁期届满时,未确认融资费用应当全部摊销完毕,并且租赁负债应当减少至担保余值或该日应支付的违约金。

承租人应按每期支付的租金金额,借记"长期应付款——应付融资租赁款"科目,贷记"银行存款"等科目,如果支付的租金中包含履约成本,还应同时借记"制造费用"、"管理费用"等科目。每期(通常为每月)分摊未确认融资费用时,按当期应分摊的未确认融资费用金额,借记"财务费用"科目,贷记"未确认融资费用"科目。

需要说明的是,在融资租入固定资产达到预定可使用状态之前摊销的未确认融资费用,也应计入当期财务费用,而不应计入固定资产的成本。

(三) 租赁资产折旧的计提

承租人应对融资租入的固定资产计提折旧,主要涉及两个问题:一是折旧政策;二是折旧期间。

1. 折旧政策

对于融资租入资产,计提租赁资产折旧时,承租人应采用与自有应折旧资产相一致的折旧政策。同自有应折旧资产一样,租赁资产的折旧方法一般有年限平均法、工作量法、双倍余额递减法、年数总和法等。如果承租人或与其有关的第三方对租赁资产余值提供了担保,则应计折旧总额为租赁期开始日固定资产的入账价值扣除担保余值后的余额;如果承租人或与其有关的第三方未对租赁资产余值提供担保,则应计提折旧总额为租赁开始日固定资产的入账价值。

2. 折旧期间

确定租赁资产的折旧期间时,应视租赁合同的规定而定。如果能够合理确定租赁期届满时承租人将会取得租赁资产所有权,即可认为承租人拥有该项资产的全部使用寿命,因此应以租赁期开始日租赁资产的寿命作为折旧期间;如果无法合理确定租赁期届满时承租人是否能够取得租赁资产的所有权,则应以租赁期与租赁资产寿命两者中较短者作为折旧期间。

(四)履约成本的会计处理

履约成本,是指租赁期内为租赁资产支付的各种使用费用,如技术咨询和服务费、人员培训费、维修费、保险费等。承租人发生的履约成本,通常计入当期损益。例如,对于固定资产的修理费、保险费等,直接计入当期费用,借记"制造费用"、"管理费用"等科目,贷记"银行存款"等科目。

(五)或有租金的会计处理

或有租金,是指金额不固定、以时间长短以外的其他因素(如销售量、使用量、物价指数等)为依据计算的租金。由于或有租金的金额不固定,无法采用系统合理的方法对其进行分摊,因此,或有租金在实际发生时计入当期损益,并分别情况进行处理。如果或有租金是以销售百分比、使用量等为依据计算的,借记"销售费用"等科目,贷记"银行存款"等科目;如果或有租金是以物价指数为依据计算的,借记"财务费用"科目,贷记"银行存款"等科目。

(六)出租人提供激励措施的会计处理

出租人提供免租期的,承租人应将租金总额在不扣除免租期的整个租赁期内,按直线法或其他合理的方法进行分摊,免租期内应当确认租金费用及相应的负债。出租人承担了承租人某些费用的,承租人应将该费用从租金费用总额中扣除,按扣除后的租金费用余额在租赁期内进行分摊。

(七)租赁期届满时的会计处理

租赁期届满时,承租人对租赁资产的处理通常有三种情况:返还、优惠续租和留购。

1. 返还租赁资产

租赁期届满,承租人向出租人返还租赁资产时,通常借记"长期应付款——应付融资租赁款"、"累计折旧"科目,贷记"固定资产——融资租入固定资产"科目。

2. 优惠续租租赁资产

如果承租人行使优惠续租选择权,应视同该项租赁一直存在而作出相应的账务处理。如继续支付租金等。

如果租赁期届满时没有续租,根据租赁合同规定须向出租人支付违约金时,借记"营业外支出"科目,贷记"银行存款"等科目。

3. 留购租赁资产

在承租人享有优惠购买选择权的情况下,支付购买价款时,借记"长期应付款——应付融资租赁款"科目,贷记"银行存款"等科目;同时,将固定资产从"融资租入固定资产"明细科目转入有关明细科目。

(八)相关会计信息的列报与披露

承租人应当在资产负债表中,将与融资租赁相关的长期应付款减去未确认融资费用的差额,分别长期负债和一年内到期的长期负债列示。

承租人应当在附注中披露与融资租赁有关的下列信息:

(1)各类租入固定资产的期初和期末原价、累计折旧额。

(2)资产负债表日后连续三个会计年度每年将支付的最低租赁付款额,以及以后年度将支付的最低租赁付款额总额。

(3)未确认融资费用的余额,以及分摊未确认融资费用所采用的方法。

【例7.4】 2008年12月28日,甲公司与乙公司签订了一份租赁合同。

1. 租赁合同,主要条款如下

(1)租赁标的物:程控生产线。

(2)租赁期开始日:租赁物运抵甲公司生产车间之日(即2009年1月1日)。

(3)租赁期:从租赁期开始日算起36个月(即2009年1月1日至2011年12月31日)。

(4)租金支付方式:自租赁期开始日起每年年末支付租金1 000 000元。

(5)该生产线在2009年1月1日乙公司的公允价值为2 600 000元。

(6)租赁合同规定的利率为8%(年利率)。

(7)该生产线为全新设备,估计使用年限为5年。

(8)2010年和2011年两年,甲公司每年按该生产线所生产的产品——微波炉的年销售收入的1%向乙公司支付经营分享收入。

2. 甲公司

(1)采用实际利率法确认本期应分摊的未确认融资费用。

(2)采用年限平均法计提固定资产折旧。

(3)2010年、2011年甲公司分别实现微波炉销售收入10 000 000元和15 000 000元。

(4)2011年12月31日,将该生产线退还乙公司。

(5)甲公司在租赁谈判和签订租赁合同过程中发生可归属于租赁项目的手续费、差旅费10 000元。

根据上述资料,甲公司的会计处理如下:

1. 租赁开始日的会计处理

第一步,判断租赁类型。

本例中租赁期(3年)占租赁资产尚可使用年限(5年)的60%(小于75%),没有满足融资租赁的第(3)条标准;另外,最低租赁付款额的现值为 2 577 100 元(计算过程见后)大于租赁资产公允价值的90%,即 2 340 000(2 600 000×90%)元,满足融资租赁的第(4)条标准,因此,甲公司应当将该项租赁认定为融资租赁。

第二步,计算租赁开始日最低租赁付款额的现值,确定租赁资产的入账价值。

本例中甲公司不知道出租人的租赁内含利率,因此应选择租赁合同规定的利率8%作为最低租赁付款额的折现率。

$$最低租赁付款额=各期租金之和+承租人担保的资产余值=$$
$$1\ 000\ 000 \times 3+0=3\ 000\ 000(元)$$

计算现值的过程如下:

每期租金 1 000 000 元的年金现值 = 1 000 000×(P/A,8%,3),查表得知
$$(P/A,8\%,3)=2.577\ 1$$

每期租金的现值之和 = 1 000 000×2.577 1 = 2 577 100(元),小于租赁资产公允价值 2 600 000 元。

根据孰低原则,租赁资产的入账价值应为最低租赁付款额现值 2 577 100 元。

第三步,计算未确认融资费用。

$$未确认融资费用=最低租赁付款额-最低租赁付款额现值=$$
$$3\ 000\ 000-2\ 577\ 100=422\ 900(元)$$

第四步,将初始直接费用计入资产价值。

$$租赁资产的入账价值=2\ 577\ 100+10\ 000=2\ 587\ 100(元)$$

账务处理为:

2009 年 1 月 1 日,租入程控生产线:

借:固定资产——融资租入固定资产　　　　　2 587 100
　　未确认融资费用　　　　　　　　　　　　422 900
　　贷:长期应付款——应付融资租赁款　　　　3 000 000
　　　　银行存款　　　　　　　　　　　　　　10 000

2.分摊未确认融资费用的会计处理

第一步,确定融资费用分摊率。

由于租赁资产的入账价值为其最低租赁付款额的折现值,因此该折现率就是其融资费用分摊率,即8%。

第二步,在租赁期内采用实际利率法分摊未确认融资费用,如表7.1所示。

表 7.1 未确认融资费用分摊表（实际利率法）
2009 年 12 月 31 日   单位:元

日期 ①	租金 ②	确认的融资费用 ③=期初⑤×8%	应付本金减少额 ④=②-③	应付本金余额 期末⑤=期初⑤-④
(1)2009.1.1				2 577 100
(2)2009.12.31	1 000 000	206 168	793 832	1 783 268
(3)2010.12.31	1 000 000	142 661.44	857 338.56	925 929.44
(4)2011.12.31	1 000 000	74 070.56*	925 929.44*	0
合 计	3 000 000	422 900	2 577 100	

*作尾数调整:74 070.56=1 000 000-925 929.44
925 929.44=925 929.44-0

第三步,账务处理为:
2009 年 12 月 31 日,支付第一期租金时:

借:长期应付款——应付融资租赁款　　　　　　1 000 000
　　贷:银行存款　　　　　　　　　　　　　　　　1 000 000

2009 年 1~12 月,每月分摊未确认融资费用时,每月财务费用为
$$206\ 168 \div 12 \approx 17\ 180.67(元)$$

借:财务费用　　　　　　　　　　　　　　　　　17 180.67
　　贷:未确认融资费用　　　　　　　　　　　　　17 180.67

2010 年 12 月 31 日,支付第二期租金时:

借:长期应付款——应付融资租赁款　　　　　　1 000 000
　　贷:银行存款　　　　　　　　　　　　　　　　1 000 000

2010 年 1~12 月,每月分摊未确认融资费用时,每月财务费用为
$$142\ 661.44 \div 12 \approx 11\ 888.45(元)$$

借:财务费用　　　　　　　　　　　　　　　　　11 888.45
　　贷:未确认融资费用　　　　　　　　　　　　　11 888.45

2011 年 12 月 31 日,支付第三期租金时:

借:长期应付款——应付融资租赁款　　　　　　1 000 000
　　贷:银行存款　　　　　　　　　　　　　　　　1 000 000

2011 年 1~12 月,每月分摊未确认融资费用时,每月财务费用为
$$74\ 070.56 \div 12 \approx 6\ 172.55(元)$$

借:财务费用　　　　　　　　　　　　　　　　　6 172.55
　　贷:未确认融资费用　　　　　　　　　　　　　6 172.55

3. 计提租赁资产折旧的会计处理

第一步,融资租入固定资产折旧的计算,如表 7.2 所示。

表 7.2　融资租入固定资产折旧计算表(年限平均法)

2009 年 1 月 1 日　　　　　　　　　　　　　　　　　　　金额单位:元

日期	固定资产原价	估计余值	折旧率*	当年折旧费	累计折旧	固定资产净值
(1)2009.1.1	2 587 100	0				2 587 100
(2)2009.12.31			31.42%	812 866.82	812 866.82	1 774 233.18
(3)2010.12.31			34.29%	887 116.59	1 699 983.41	887 116.59
(4)2011.12.31			34.29%	887 116.59	2 587 100	0
合计	2 587 100	0	100%	2 587 100		

* 根据合同规定,由于甲公司无法合理确定在租赁期届满时能够取得租赁资产的所有权,因此,应当在租赁期与租赁资产尚可使用年限两者中的较短的期间内计提折旧。本例中,租赁期为3年,短于租赁资产尚可使用年限 5 年,因此应按 3 年计提折旧。同时,根据"当月增加的固定资产,当月不提折旧,从下月起计提折旧"这一规定,本租赁合同应按 35 个月计提折旧,即 2009 年应按 11 个月计提折旧,其他 2 年分别按 12 个月计提折旧。

第二步,账务处理为:

2009 年 2 月 28 日,计提本月折旧

$$812\ 866.82 \div 11 \approx 73\ 896.98(元)$$

借:制造费用——折旧费　　　　　　　73 896.98
　　贷:累计折旧　　　　　　　　　　　　　　　73 896.98

2009 年 3 月至 2011 年 12 月的会计分录,同上。

4. 或有租金的会计处理

2010 年 12 月 31 日,根据合同规定,应向乙公司支付经营分享收入 100 000 元时:

借:销售费用　　　　　　　　　　　100 000
　　贷:其他应付款——乙公司　　　　　　100 000

2011 年 12 月 31 日,根据合同规定,应向乙公司支付经营分享收入 150 000 元时:

借:销售费用　　　　　　　　　　　150 000
　　贷:其他应付款——乙公司　　　　　　150 000

5. 租赁期届满时的会计处理

2011 年 12 月 31 日,将该生产线退还乙公司时:

借:累计折旧　　　　　　　　　　　2 587 100
　　贷:固定资产——融资租入固定资产　　2 587 100

第三节 出租人的会计处理

一、出租人对经营租赁的会计处理

(一)经营租赁资产在财务报表中的列示

在经营租赁下,与租赁资产所有权有关的风险和报酬并没有实质上转移给承租人,出租人对经营租赁的会计处理也比较简单,主要问题是解决应收的租金与确认为当期收入之间的关系、经营租赁资产折旧的计提。在经营租赁下,租赁资产的所有权始终归出租人所有,因此,出租人应当将用作经营租赁的资产作为自身拥有的资产在资产负债表中列示。

(二)租金的会计处理

对于经营租赁的租金,出租人应当按照直线法将收到的租金在租赁期内各个期间确认为当期损益;其他方法更为系统合理的,也可以采用其他方法,如根据租赁资产的使用量来确认租赁收益的方法。例如,出租一台起重机,根据起重机的工作小时来确认当期租赁收益就比按直线法确认更为合理。

在某些情况下,出租人可能对经营租赁提供激励措施,如免租期、承担承租人的某些费用等。在出租人提供了免租期的情况下,出租人应将租金收入总额在整个租赁期内、而不是在租赁期扣除免租期后的期间内,按直线法或其他合理的方法进行分配,免租期内应确认租金收入;在出租人承担了承租人的某些费用的情况下,出租人应将该费用从租金收入总额中扣除,并将租金收入余额在租赁期内进行分配。其会计处理为:确认各期租金收入时,借记"应收账款"或"其他应收款"等科目,贷记"租赁收入"科目。实际收到租金时,借记"银行存款"等科目,贷记"应收账款"或"其他应收款"等科目。

企业确认租赁收入时,借记"未实现融资收益"、"应收账款"等科目,贷记"租赁收入"科目;实际收到租金时,借记"银行存款"等科目,贷记"未实现融资收益"或"应收账款"等科目。

(三)初始直接费用的会计处理

出租人发生的初始直接费用,应当计入当期损益。

(四)出租资产折旧的计提

对于经营租赁资产中的固定资产,出租人应当采用类似资产的折旧政策计提折旧;对于其他经营租赁资产,应当采用系统合理的方法进行摊销。

(五)或有租金的会计处理

在经营租赁下,出租人对或有租金的处理与融资租赁下相同,即或有租金应当在实际发生时计入当期损益。企业取得或有租金,借记"银行存款"等科目,贷记"租赁收入"科目。

(六)相关会计信息的列报与披露

对于经营租赁,出租人应当披露各类出租资产在资产负债表日的账面价值。

【例7.5】 沿用【例7.3】,此项租赁没有满足融资租赁的任何一条标准,出租人应作为经营租赁处理。

根据上述资料,乙公司的会计处理如下:

乙公司确认租金收入时,不能依据各期实际收到的租金的金额确定,而应采用直线法分配确认各期的租赁收入。此项租赁租金收入总额为750 000元,按直线法计算,每年应分配的租金收入为250 000元。

1. 2009年1月1日,收到甲公司预付的租金时

借:银行存款　　　　　　　　　　　　150 000
　　贷:预收账款　　　　　　　　　　　150 000

2. 2009年12月31日,收到甲公司支付第一年租金并确认租金收入时

借:银行存款　　　　　　　　　　　　150 000
　　预收账款　　　　　　　　　　　　100 000
　　贷:租赁收入　　　　　　　　　　　250 000

3. 2010年12月31日,收到甲公司支付第二年租金并确认租金收入时

借:银行存款　　　　　　　　　　　　200 000
　　预收账款　　　　　　　　　　　　 50 000
　　贷:租赁收入　　　　　　　　　　　250 000

4. 2011年12月31日,收到甲公司支付第三年租金并确认租金收入时

借:银行存款　　　　　　　　　　　　250 000
　　贷:租赁收入　　　　　　　　　　　250 000

二、出租人对融资租赁的会计处理

(一)租赁期开始日的会计处理

由于在融资租赁下,出租人将与租赁资产所有权有关的风险和报酬实质上转移给承租人,将租赁资产的使用权长期转让给承租人,并以此获取租金,因此,出租人的租赁资产在租赁开始日实际上就变成了收取租金的债权。出租人应在租赁期开始日,将租赁开始日最低租赁收款额与初始直接费用之和作为应收融资租赁款的入账价值,并同时记录未担保余值,将应收融资租赁款、未担保余值之和与其现值的差额确认未实现融资收益。

其会计处理为:在租赁期开始日,出租人应按最低租赁收款额与初始直接费用之和,借记"长期应收款——应收融资租赁款"科目,按未担保余值,借记"未担保余值"科目,按租赁资产的公允价值(最低租赁收款额的现值和未担保余值的现值之和),贷记"融资租赁资产"科目,

租赁资产公允价值与其账面价值的差额,借记"营业外支出"科目或贷记"营业外收入"科目,按发生的初始直接费用,贷记"银行存款"等科目,按借方与贷方的差额,贷记"未实现融资收益"科目。

(二)未实现融资收益分配的会计处理

在分配未实现融资收益时,出租人应当采用实际利率法计算当期应确认的融资收入。

由于在计算内含报酬率时已考虑了初始直接费用的因素,为了避免未实现融资收益高估,在初始确认时应对未实现融资收益进行调整。其会计处理为:出租人每期收到租金时,按收到的租金,借记"银行存款"科目,贷记"长期应收款——应收融资租赁款"科目。在未确认融资收益初始确认时对其进行调整,借记"未实现融资收益"科目,贷记"长期应收款——应收融资租赁款科目。每期采用合理方法分配未实现融资收益时,按当期应确认的融资租赁收入金额,借记"未实现融资收益"科目,贷记"租赁收入"科目。

(三)应收融资租赁款坏账准备的计提

为了更加真实、客观地反映出租人在融资租赁中的债权,出租人应当定期根据承租人的财务及经营管理情况,以及租金的逾期期限等因素,分析应收融资租赁款的风险程度和回收的可能性,对应收融资租赁款合理计提坏账准备。出租人应对应收融资租赁款减去未实现融资收益的差额部分(在金额上等于本金的部分)合理计提坏账准备,而不是对应收融资租赁款全额计提坏账准备。计提坏账准备的方法由出租人根据有关规定自行确定。坏账准备的计提方法一经确定,不得随意变更。其会计处理为:

(1)根据有关规定合理计提坏账准备时,借记"资产减值损失"科目,贷记"坏账准备"科目。

(2)对于确实无法收回的应收融资租赁款,经批准作为坏账损失,冲销计提的坏账准备,借记"坏账准备"科目,贷记"长期应收款——应收融资租赁款"科目。

(3)已确认并转销的坏账损失,如果以后又收回,按实际收回的金额,借记"长期应收款——应收融资租赁款"科目,贷记"坏账准备"科目;同时,借记"银行存款"科目,贷记"长期应收款——应收融资租赁款"科目。

(四)未担保余值发生变动的会计处理

由于未担保余值的金额决定了租赁内含利率的大小,从而决定着未实现融资收益的分配,因此,为了真实地反映企业的资产和经营业绩,出租人至少应当于每年年度终了,对未担保余值进行复核。

根据谨慎性原则的要求,如果有证据表明未担保余值已经减少的,应当重新计算租赁内含利率,将由此而引起的租赁投资净额的减少确认为当期损失,记入当期损益;以后各期,根据修正后的租赁投资净额和重新计算的租赁内含利率确认融资收入。其中,租赁投资净额是指融资租赁中最低租赁收款额及未担保余值之和与未实现融资收益之间的差额。在未担保余值增加时,则不做任何调整。

在未担保余值发生减少时,对前期已确认的融资收入不作追溯调整,在对未担保余值发生减少的当期和以后各期,根据修正后的租赁投资净额和和重新计算的租赁内含利率确认融资收入。其会计处理为:

(1)期末,出租人的未担保余值的预计可收回金额低于其账面价值的差额,借记"资产减值损失"科目,贷记"未担保余值减值准备"科目。同时,将未担保余值减少额与由此所产生的租赁投资净额的减少额的差额,借记"未实现融资收益"科目,贷记"资产减值损失"科目。

(2)如果已确认损失的未担保余值得以恢复,应在原已确认的损失金额内转回,借记"未担保余值减值准备"科目,贷记"资产减值损失"科目。同时,将未担保余值恢复额与由此所产生的租赁投资净额的增加额的差额,借记"资产减值损失"科目,贷记"未实现融资收益"科目。

(五)或有租金的会计处理

出租人在融资租赁下收到的或有租金,应在实际发生时确认为当期收入。其会计处理为:借记"银行存款"等科目,贷记"租赁收入"科目。

(六)租赁期届满时的会计处理

租赁期届满时,出租人应区别以下情况进行会计处理:

1. 收回租赁资产

租赁期届满时,出租人收回租赁资产,通常有可能出现以下四种情况:

(1)存在担保余值,不存在未担保余值。出租人收到承租人返还的租赁资产时,借记"融资租赁资产"科目,贷记"长期应收款——应收融资租赁款"科目。

如果收回租赁资产的价值低于担保余值,则应向承租人收取价值损失补偿金,借记"其他应收款"科目,贷记"营业外收入"科目。

(2)存在担保余值,同时存在未担保余值。出租人收到承租人返还的租赁资产时,借记"融资租赁资产"科目,贷记"长期应收款——应收融资租赁款"、"未担保余值"等科目。

如果收回租赁资产的价值扣除未担保余值后的余额低于担保余值,则应向承租人收取价值损失补偿金,借记"其他应收款"科目,贷记"营业外收入"科目。

(3)存在未担保余值,不存在担保余值。出租人收到承租人返还的租赁资产时,借记"融资租赁资产"科目,贷记"未担保余值"科目。

(4)担保余值和未担保余值均不存在。此时,出租人无需作会计处理,只需作相应的备查登记。

2. 优惠续租租赁资产

(1)如果承租人行使优惠续租选择权,则出租人应视同该项租赁一直存在而作出相应的会计处理,如继续分配未实现融资收益等。

(2)如果租赁期届满时承租人没有续租,根据租赁合同规定应向承租人收取违约金时,并将其确认为营业外收入。借记"其他应收款"科目,贷记"营业外收入"科目。同时,将收回的租赁资产按上述规定进行处理。

3. 留购租赁资产

租赁期届满时,承租人行使了优惠购买选择权。出租人按收到的承租人支付的购买资产的价款,借记"银行存款"等科目,贷记"长期应收款——应收融资租赁款"科目。

如果还存在未担保余值,还应借记"营业外支出——处置固定资产净损失"科目,贷记"未担保余值"科目。

(七)相关会计信息的列报与披露

出租人应当在附注中披露与融资租赁有关的下列信息:

(1)资产负债表日后连续三个会计年度每年将收到的最低租赁款额,以及以后年度将收到的最低租赁收款额总额。

(2)未实现融资收益的余额,以及分配未实现融资收益所采用的方法。

【例7.6】 沿用【例7.4】,乙公司的有关资料如下:

(1)该程控生产线账面价值为 2 600 000 元。

(2)发生初始直接费用 100 000 元。

(3)采用实际利率法确认本期应分配的未实现融资收益。

(4)2010年、2011年甲公司分别实现微波炉销售收入 10 000 000 元和 15 000 000 元,根据合同规定,这两年应向甲公司取得的经营分享收入分别为 100 000 元和 150 000 元。

(5)2011 年 12 月 31 日,从甲公司收回该生产线。

根据上述资料,乙公司的会计处理如下:

1. 租赁开始日的会计处理

第一步,计算租赁内含利率。

根据租赁内含利率的定义,租赁内含利率是指在租赁开始日,使最低租赁收款额的现值与未担保余值的现值之和等于租赁资产公允价值与出租人的初始直接费用之和的折现率。

由于本例中不存在独立于承租人和出租人的第三方对出租人担保的资产余值,因此最低租赁收款额等于最低租赁付款额,即

$$租金 \times 期数 + 承租人担保余值 = 1\,000\,000 \times 3 + 0 = 3\,000\,000(元)$$

因此有 $1\,000\,000 \times (P/A, R, 3) = 2\,600\,000 + 100\,000 = 2\,700\,000$(租赁资产的公允价值+初始直接费用)

经查表,可知:

年金系数	利率
2.723 2	5%
2.7	R
2.673 0	6%
2.723 2−2.7 =	5%−R
2.723 2−2.673 0	5%−6%

$R = 5.46\%$ 即,租赁内含利率为 5.46%。

第二步,计算租赁开始日最低租赁收款额及其现值和未实现融资收益。
最低租赁收款额+未担保余值=(最低租赁付款额+第三方担保的余值)+未担保余值=
[(各期租金之和+承租人担保余值)+第三方担保余值]+未担保余值=
[(1 000 000×3+0)+0]+0=3 000 000(元)

最低租赁收款额=1 000 000×3=3 000 000(元)

最低租赁收款额的现值=1 000 000×(P/A,5.46%,3)=2 700 000(元)

未实现融资收益=(最低租赁收款额+未担保余值)-
(最低租赁收款额的现值+未担保余值的现值)=
3 000 000-2 700 000=
300 000(元)

第三步,判断租赁类型。

本例中租赁期(3年)占租赁资产尚未可使用年限(5年)的60%,没有满足融资租赁的第(3)条标准;另外,最低租赁收款额的现值为2 600 000元,大于租赁资产原账面价值的90%,即2 340 000(2 600 000×90%)元,满足融资租赁的第4条标准,因此,乙公司应当将该项租赁认定为融资租赁。

第四步,账务处理。

2009年1月1日,租出程控生产线,发生初始直接费用时:

借:长期应收款——应收融资租赁款　　3 000 000
　　贷:融资租赁资产　　　　　　　　　　2 600 000
　　　　银行存款　　　　　　　　　　　　100 000
　　　　未实现融资收益　　　　　　　　　300 000

2.未实现融资收益分配的会计处理

第一步,计算租赁期内各租金收取期应分配的未实现融资收益,如表7.3所示。

表7.3　未实现融资收益分配表

2009年1月1日　　　　　　　　　　　　　　　　　　　　　　　单位:元

日　期①	租金②	确认的融资收入③=期初⑤×5.46%	租赁投资净额减少额④=②-③	租赁投资净额余额期末⑤=期初⑤-④
(1)2009.1.1				
(2)2009.12.31	1 000 000	147 420	852 580	2 700 000
(3)2010.12.31	1 000 000	100 869.13	899 130.87	1 847 420
(4)2011.12.31	1 000 000	51 710.87*	948 289.13	948 289.13
合　计	3 000 000	300 000	2 700 000	0

*作尾数调整:51 710.87=1 000 000-948 289.13
　　　　　　948 289.13=948 289.13-0

第二步,账务处理。

2009年12月31日,收到第一期租金时:

借:银行存款　　　　　　　　　　　　1 000 000
　　贷:长期应收款——应收融资租赁款　　1 000 000
2009 年 1~12 月,每月确认融资收入时:
借:未实现融资收益　　　　　　　(147 420÷12)12 285
　　贷:租赁收入　　　　　　　　　　　　12 285
2010 年 12 月 31 日,收到第二期租金时:
借:银行存款　　　　　　　　　　　　1 000 000
　　贷:长期应收款——应收融资租赁款　　1 000 000
2010 年 1~12 月,每月确认融资收入时:
借:未实现融资收益　　　　　　(100 869.13÷12)8 405.76
　　贷:租赁收入　　　　　　　　　　　　8 405.76
2011 年 12 月 31 日,收到第三期租金时:
借:银行存款　　　　　　　　　　　　1 000 000
　　贷:长期应收款——应收融资租赁款　　1 000 000
2011 年 1~12 月,每月确认融资收入时:
借:未实现融资收益　　　　　　(51 710.87÷12) 4 309.24
　　贷:租赁收入　　　　　　　　　　　　4 309.24

3. 或有租金的会计处理
2010 年 12 月 31 日,根据合同规定应向 A 公司收取经营分享收入 100 000 元:
借:应收账款——甲公司　　　　　　100 000
　　贷:租赁收入　　　　　　　　　　　　100 000
2011 年 12 月 31 日,根据合同规定应向 A 公司收取经营分享收入 150 000 元:
借:应收账款——甲公司　　　　　　150 000
　　贷:租赁收入　　　　　　　　　　　　150 000

4. 租赁期届满时的会计处理
2011 年 12 月 31 日,将该生产线从甲公司收回,作备查登记。

5. 财务报告中的列示与披露(略)

第四节　售后租回交易的会计处理

一、售后租回交易的定义

售后租回交易是一种特殊形式的租赁业务,是指卖主(即承租人)将资产出售后,又将该项资产从买主(即出租人)租回,习惯上称之为"回租"。20 世纪 90 年代以来,售后租回交易在我国得到了充分的发展,大部分租赁公司尤其是中外合资租赁公司,最近几年的租赁业务以售后租回交易为主。

通过售后租回交易,资产的原所有者(即承租人)在保留对资产的占有权、使用权和控制权的前提下,将固定资本转化为货币资本,在出售时可取得全部价款的现金,而租金则是分期支付的,从而获得了所需的资金;而资产的新所有者(即出租人)通过售后租回交易,找到了一个风险小、回报有保障的投资机会。

由于在售后租回交易中资产的售价和租金是相互关联的,是以一揽子方式谈判的,是一并计算的,因此,资产的出售和租回应视为一项交易。

二、售后租回交易的会计处理

对于售后租回交易,无论是承租人还是出租人,均应按照租赁的分类标准,将售后租回交易认定为融资租赁或经营租赁。对于出租人来讲,售后租回交易(无论是融资租赁还是经营租赁的售后租回交易)同其他租赁业务的会计处理没有什么区别。而对于承租人来讲,由于其既是资产的承租人同时又是资产的出售者,因此,售后租回交易同其他租赁业务的会计处理有所不同。

售后租回交易的会计处理应根据其所形成的租赁类型而定,可按融资租赁和经营租赁分别进行会计处理。

(一)售后租回交易形成融资租赁

如果售后租回交易被认定为融资租赁,那么,这种交易实质上转移了买主(即出租人)所保留的与该项租赁资产的所有权有关的全部风险和报酬,是出租人提供资金给承租人并以该项资产作为担保,因此,售价与资产账面价值之间的差额(无论是售价高于资产账面价值还是售价低于资产账面价值)在会计上均未实现,其实质是,售价高于资产账面价值实际上是在出售时高估了资产的价值,而售价低于资产账面价值实际上是在出售时低估了资产的价值,卖主(即承租人)应将售价与资产账面价值的差额(无论是售价高于资产账面价值还是售价低于资产账面价值)予以递延,并按该项租赁资产的折旧进度进行分摊,作为折旧费用的调整。按折旧进度进行分摊是指在对该项租赁资产计提折旧时,按与该项资产计提折旧所采用的折旧率相同的比例对未实现售后租回损益进行分摊。

(二)售后租回交易形成经营租赁

售后租回交易认定为经营租赁的,应当分别情况处理:如果有确凿证据表明售后租回交易是按照公允价值达成的,售价与资产账面价值的差额应当记入当期损益。如果售后租回交易不是按照公允价值达成的,有关损益应于当期确认;但若该损失将由低于市价的未来租赁付款额补偿的,应将其递延,并按与确认租金费用相一致的方法分摊于预计的资产使用期限内;售价高于公允价值的,其高出公允价值的部分应予递延,并在预计的资产使用期限内摊销。

（三）售后租回交易的会计处理

（1）出售资产时，按固定资产账面净值，借记"固定资产清理"科目，按固定资产已提折旧，借记"累计折旧"科目，按固定资产的账面原价，贷记"固定资产"科目；如果出售资产已计提减值准备，还应结转已计提的减值准备。

（2）收到出售资产的价款时，借记"银行存款"科目，贷记"固定资产清理"科目，借记或贷记"递延收益——未实现售后租回损益（融资租赁或经营租赁）"科目或"营业外收入"、"营业外支出"科目。

（3）租回资产时，如果形成一项融资租赁，按租赁资产的公允价值与最低租赁付款额的现值中较低者，借记"融资租赁资产"科目（假设不需要安装），按最低租赁付款额，贷记"长期应付款——应付融资租赁款"科目，按其差额，借记"未确认融资费用"科目。如果形成一项经营租赁，则作备查登记。

（4）各期根据该项租赁资产的折旧进度或租金支付比例分摊未实现售后租回损益时，借记或贷记"递延收益——未实现售后租回损益（融资租赁或经营租赁）"科目，贷记或借记"制造费用"、"销售费用"、"管理费用"等科目。

（四）售后租回交易的披露

承租人和出租人除应当按照有关规定披露售后租回交易外，还应当对售后租回合同中的特殊条款作出披露。这里的"特殊条款"是指售后租回合同中规定的区别于一般租赁交易的条款，比如租赁标的物的售价等。

1. 售后租回交易形成融资租赁，售价高于资产账面价值

【例7.7】 沿用【例7.4】，假定2009年1月1日，甲公司将一条程控生产线按2 600 000元的价格销售给乙公司，该生产线2009年1月1日的账面原价为2 400 000元，全新设备未计提折旧。同时又签订了一份租赁合同将该生产线租回，该合同主要条款与【例7.4】的合同条款内容相同，假定不考虑相关税费。

（1）卖主（即承租人：甲公司）的会计处理。

第一步，判断租赁类型。根据【例7.4】，可知该项租赁属于融资租赁。租赁开始日最低租赁付款额的现值及融资费用分摊率的计算过程与结果同【例7.4】。

第二步，计算未实现售后租回损益。

未实现售后租回损益=售价−资产的账面价值=
售价−（资产的账面原价−累计折旧）=
2 600 000−（2 400 000−0）=200 000（元）

第三步，在租赁期内采用实际利率法分摊未确认融资费用（同【例7.4】，见表7.1）。

第四步，在折旧期内按折旧进度（本例中即年限平均法）分摊未实现售后租回损益，如表7.4所示。

表7.4　未实现售后租回收益分摊表

2009年1月1日　　　　　　　　　　　　　　　　　金额单位:元

日期	售价	固定资产账面价值	摊销期	分摊率*	摊销额	未实现售后租回损益
(1)2009.1.1	2 600 000	2 400 000	35个月			200 000
(2)2009.12.31				31.42%	62 840	137 160
(3)2010.12.31				34.29%	68 580	68 580
(4)2011.12.31				34.29%	68 580	0
合　计	2 600 000	2 400 000		100%	200 000	

*参见表7.2中的折旧率。

本例中,由于租赁资产的折旧期为35个月,因此,未实现售后租回损益的分摊期也为35个月。

第五步,账务处理。

2009年1月1日,结转出售固定资产的成本:

借:固定资产清理　　　　　　　　　　　　　　2 400 000
　　贷:固定资产　　　　　　　　　　　　　　　　　　2 400 000

2009年1月1日,向乙公司出售程控生产线:

借:银行存款　　　　　　　　　　　　　　　　2 600 000
　　贷:固定资产清理　　　　　　　　　　　　　　　　2 400 000
　　　　递延收益——未实现售后租回损益(融资租赁)　　200 000

2009年2月28日,确认本月应分摊的未实现售后租回损益:

借:递延收益——未实现售后租回损益(融资租赁)　(62 840÷11)5 712.73
　　贷:制造费用——折旧费　　　　　　　　　　　　　5 712.73

其他有关会计处理(略)。

第六步,财务报告中的列示和披露(略)。

(2)买主(即出租人:乙公司)的会计处理。

2009年1月1日,向甲公司购买程控生产线:

借:融资租赁资产　　　　　　　　　　　　　　2 600 000
　　贷:银行存款　　　　　　　　　　　　　　　　　　2 600 000

其他相关会计处理与一般融资租赁业务的会计处理相同,此处略。

2. 售后租回交易形成融资租赁,售价低于资产账面价值

【例7.8】　沿用【例7.4】,假定2009年1月1日,甲公司将一条程控生产线按2 600 000元的价格销售给乙公司。该生产线2009年1月1日的账面原值为2 800 000元,全新设备未计提折旧。同时又签订了一份租赁合同将该生产线租回,该合同主要条款与【例7.4】的合同条款内容相同,假定不考虑相关税费。

(1)卖主(即承租人:甲公司)的会计处理。

第一步,判断租赁类型。

根据【例7.4】,可知该项租赁属于融资租赁。租赁开始日最低租赁付款额的现值及融资费用分摊率的计算过程与结果同【例7.4】。

第二步,计算未实现售后租回损益。

$$未实现售后租回损益 = 售价 - 资产的账面价值 =$$
$$售价 - (资产的账面原价 - 累计折旧) =$$
$$2\,600\,000 - (2\,800\,000 - 0) =$$
$$-200\,000(元)$$

第三步,在租赁期内采用实际利率法分摊未确认融资费用(同【例7.4】,见表7.1)。

第四步,在折旧期内按折旧进度(在本例中即年限平均法)分摊未实现售后租回损益,如表7.5所示。

本例中,由于租赁资产的折旧期为35个月,因此,未实现售后租回损益的分摊期也为35个月。

表7.5 未实现售后租回收益分摊表

2009年1月1日　　　　　　　　　　　　　　　　　金额单位:元

日 期	售价	固定资产账面价值	摊销期	分摊率*	摊销额	未实现售后租回损益
(1)2009.1.1	2 600 000	2 800 000	35个月			200 000
(2)2009.12.31				31.42%	62 840	137 160
(3)2010.12.31				34.29%	68 580	68 580
(4)2011.12.31				34.29%	68 580	0
合　计	2 600 000	2 800 000		100%	200 000	

*参见表7.2中的折旧率。

第五步,账务处理。

2009年1月1日,结转出售固定资产的成本:

借:固定资产清理　　　　　　　　　　　　　　2 800 000
　　贷:固定资产　　　　　　　　　　　　　　　　　　2 800 000

2009年1月1日,向B公司出售程控生产线:

借:银行存款　　　　　　　　　　　　　　　　2 600 000
　　递延收益——未实现售后租回损益(融资租赁)　　200 000
　　贷:固定资产清理　　　　　　　　　　　　　　　　2 800 000

2009年2月28日,确认本月应分摊的未实现售后租回损益:

借：制造费用——折旧费 　　　　　　　　　　　(62 840÷11) 5 712.73
　　贷：递延收益——未实现售后租回损益(融资租赁)　　　　5 712.73
其他有关会计处理（略）。

第六步，财务报告中的列示和披露（略）。

(2) 买主（即出租人：乙公司）的会计处理

2009年1月1日，向甲公司购买程控生产线：

借：融资租赁资产　　　　　　　　　　　　　　2 600 000
　　贷：银行存款　　　　　　　　　　　　　　　　　2 600 000

其他相关会计处理与一般融资租赁业务的会计处理相同，此略。

3. 售后租回交易形成经营租赁，售价高于资产公允价值

【例7.9】 假定2009年1月1日，甲公司将全新市价为950 000元的办公设备一台，按照1 000 000元的价格销售给乙公司，该设备2009年1月1日的账面价值为900 000元，并立即签订了一份租赁合同，租期为4年，每年年末支付租金200 000元。

(1) 卖主（即承租人：甲公司）的会计处理。

第一步，判断租赁类型。

根据【例7.3】，该项租赁属于经营租赁。

第二步，计算未实现售后租回损益。

$$未实现售后租回损益=售价-资产的账面价值=$$
$$1\ 000\ 000-900\ 000=100\ 000(元)$$

第三步，在租赁期内按租金支付比例分摊未实现售后租回损益，如表7.6所示。

表7.6　未实现售后租回收益分摊表

2009年1月1日

金额单位：元

日期	售价	固定资产账面价值	支付的租金	分摊率	摊销额	未实现售后租回损益
(1) 2009.1.1	1 000 000	900 000				100 000
(2) 2009.12.31			200 000	25%	25 000	75 000
(3) 2010.12.31			200 000	25%	25 000	50 000
(4) 2011.12.31			200 000	25%	25 000	25 000
(5) 2012.12.31			200 000	25%	25 000	0
合计	1 000 000	900 000	800 000	100%	100 000	

第四步，账务处理。

2009年1月1日，结转出售固定资产的成本：

借：固定资产清理　　　　　　　　　　　　　　900 000
　　贷：固定资产　　　　　　　　　　　　　　　　　900 000

2009年1月1日,向乙公司出售设备:
借:银行存款　　　　　　　　　　　　　　1 000 000
　　贷:固定资产清理　　　　　　　　　　　　900 000
　　　　递延收益——未实现售后租回损益(经营租赁)　100 000

2009年12月31日,确认本年应分摊的未实现售后租回损益(在本例中,按年分摊未实现售后租回损益只是为了简化核算。在实际工作中,承租人一般应在按月确认租金费用的同时合理分摊未实现售后租回损益)。

借:递延收益——未实现售后租回损益(经营租赁)　25 000
　　贷:管理费用　　　　　　　　　　　　　　25 000

其他有关会计处理(略)。

第五步,财务报告中的列示和披露(略)。

但是,如果有确凿证据表明,售后租回是按照公允价值达成的,售价与资产账面价值之间的差额应当计入当期损益。

在这种情况下,账务处理如下。

2009年1月1日,结转出售固定资产的成本:
借:固定资产清理　　　　　　　　　　　　900 000
　　贷:固定资产　　　　　　　　　　　　　900 000

2009年1月1日,向乙公司出售设备:
借:银行存款　　　　　　　　　　　　　　1 000 000
　　贷:固定资产清理　　　　　　　　　　　　900 000
　　　　营业外收入　　　　　　　　　　　　100 000

(2)买主(即出租人:乙公司)的会计处理。

2009年1月1日,向甲公司购买设备:
借:固定资产　　　　　　　　　　　　　　1 000 000
　　贷:银行存款　　　　　　　　　　　　　1 000 000

其他相关会计处理与一般经营租赁业务的会计处理相同,此略。

4. 售后租回交易形成经营租赁,售价低于资产公允价值且损失将由低于市价的未来租赁付款额补偿的

【例7.10】 沿用【例7.3】,假定2009年1月1日,甲公司将全新市价为1 100 000元的办公设备一台,按照1 000 000元的价格销售给乙公司,该设备2009年1月1日的账面价值为1 100 000元,并立即签订了一份租赁合同,该合同主要条款与【例7.3】的合同条款内容相同。假定未来租赁付款总额低于市价100 000元。

(1)卖主(即承租人:甲公司)的会计处理。

第一步,判断租赁类型。

根据【例7.3】,该项租赁属于经营租赁。

第二步,计算未实现售后租回损益。

未实现售后租回损益=售价-资产的账面价值=
1 000 000-1 100 000=-100 000(元)

第三步,在租赁期内按租金支付比例分摊为实现售后租回损益,如表7.7所示。

表7.7 未实现售后租回收益分摊表

2009年1月1日 金额单位:元

日期	售价	固定资产账面价值	支付的租金	分摊率	摊销额	未实现售后租回损益
(1)2009.1.1	1 000 000	1 100 000				-100 000
(2)2009.12.31			200 000	25%	25 000	75 000
(3)2010.12.31			200 000	25%	25 000	50 000
(4)2011.12.31			200 000	25%	25 000	25 000
(5)2012.12.31			200 000	25%	25 000	0
合计	1 000 000	1 100 000	800 000	100%	100 000	

第四步,会计处理。

2009年1月1日,结转出售固定资产的成本:

借:固定资产清理　　　　　　　　　　　　1 100 000
　　贷:固定资产　　　　　　　　　　　　　　1 100 000

2009年1月1日,向乙公司出售设备:

借:银行存款　　　　　　　　　　　　　　1 000 000
　　递延收益——未实现售后租回损益(经营租赁)　100 000
　　贷:固定资产清理　　　　　　　　　　　　1 100 000

2009年12月31日,确认本年应分摊的未实现售后租回损益(在本例中,按年分摊为实现售后租回损益只是为了简化核算。在实际工作中,承租人一般应在按月确认租金费用的同时合理分摊未实现售后租回损益)。

借:管理费用　　　　　　　　　　　　　　25 000
　　贷:递延收益——未实现售后租回损益(经营租赁)　25 000

其他有关会计处理(略)。

第五步,财务报告中的列示和披露(略)。

但是,如果有确凿证据表明,售后租回是按照公允价值达成的或售价低于公允价值且未来租赁付款额不低于市价的,售价与资产账面价值之间的差额应当计入当期损益。

在这种情况下,会计处理如下。

2009年1月1日,结转出售固定资产的成本:

借:固定资产清理	1 100 000	
贷:固定资产		1 100 000

2009年1月1日,向乙公司出售设备:

借:银行存款	1 000 000	
营业外收支出	100 000	
贷:固定资产清理		1 100 000

(2)买主(即出租人:乙公司)的会计处理。

2009年1月1日,向甲公司购买设备:

借:固定资产	1 000 000	
贷:银行存款		1 000 000

其他相关会计处理与一般经营租赁业务的会计处理相同,此略。

本 章 小 结

本章主要讲授租赁的相关概念、租赁的分类、承租人的会计处理、出租人的会计处理、售后租回的会计处理等有关内容,基本要点包括:

1. 租赁,是指在约定的期间内,出租人将资产使用权让与承租人,以获取租金的协议。租赁期,是指租赁协议规定的不可撤销的租赁期间。租赁开始日,是指租赁协议日与租赁各方就主要条款作出承诺日中的较早者。租赁期开始日,是指承租人有权行使其使用租赁资产权利的日期,表明租赁行为的开始。担保余值,就承租人而言,是指由承租人或与其有关的第三方担保的资产余值;就出租人而言,是指就承租人而言的担保余值加上独立于承租人和出租人的第三方担保的资产余值。未担保余值,是指租赁资产余值中扣除就出租人而言的担保余值以后的资产余值。对出租人而言,如果租赁资产余值中包含未担保余值,表明这部分余值的风险和报酬并没有转移,其风险应由出租人承担,因此,未担保余值不能作为应收融资租赁款的一部分。最低租赁付款额,是指在租赁期内,承租人应支付或可能被要求支付的款项(不包括或有租金和履约成本),加上由承租人或与其有关的第三方担保的资产余值。但是出租人支付但可退还的税金不包括在内。最低租赁收款额,是指最低租赁付款额加上独立于承租人和出租人的第三方对出租人担保的资产余值。初始直接费用,是指在租赁谈判和签订租赁合同的过程中发生的可直接归属于租赁项目的费用。

2. 承租人和出租人应当在租赁开始日将租赁分为融资租赁和经营租赁。融资租赁,是指实质上转移与资产所有权有关的全部风险和报酬的租赁。满足下列标准之一的,应当认定为融资租赁:

(1)在租赁期届满时,资产的所有权转移给承租人。

(2)承租人有购买租赁资产的选择权,所订立的购买价款预计远低于行使选择权时租赁资产的公允价值,因而在租赁开始日就可合理地确定承租人将会行使这种选择权。这里的

"远低于"是指"小于等于25%"。

（3）即使资产的所有权不转移，但租赁期占租赁资产使用寿命的大部分。这里的"大部分"掌握在租赁期占租赁开始日租赁资产使用寿命的75%以上（含75%，下同），"大部分"是指"大于等于75%"。

（4）就承租人而言，在租赁开始日最低租赁付款额的现值几乎相当于租赁开始日租赁资产公允价值；就出租人而言，在租赁开始日最低租赁收款额的现值几乎相当于租赁开始日租赁资产公允价值。这里的"几乎相当于"，通常掌握在90%以上（含90%，下同），"几乎相当于"是指"大于等于90%"。

（5）租赁资产性质特殊，如果不作较大改造，只有承租人才能使用。经营租赁，是指融资租赁以外的其他租赁。经营租赁资产的所有权不转移，租赁期届满后，承租人有退租或续租的选择权，而不存在优惠购买选择权。

3．承租人的会计处理。在经营租赁下，与租赁资产所有权有关的风险和报酬并没有转移给承租人，承租人不承担租赁资产的主要风险。承租人对经营租赁的会计处理比较简单，只需将支付或应付的租金按一定的方法计入相关资产或当期损益。承租人在经营租赁下发生的租金，应当在租赁期内各个期间按照直线法确认为费用；如果其他方法更为系统合理的，也可以采用其他方法。

在融资租赁下，在租赁开始日租赁资产公允价值与最低租赁付款额现值两者中较低者作为租入资产的入账价值，将最低租赁付款额作为长期应付款的入账价值，其差额作为未确认融资费用。承租人在租赁谈判和签订租赁合同过程中发生的，可归属于租赁项目的手续费、律师费、差旅费、印花税等初始直接费用，应当计入租入资产价值。在融资租赁下，承租人向出租人支付的租金中，包含了本金和利息两部分。承租人支付租金时，一方面应减少长期应付款，另一方面应同时将未确认的融资费用按一定的方法确认为当期融资费用。在先付租金（即每期期初等额支付租金）的情况下，租赁期第一期支付的租金不含利息，只需减少长期应付款，不必确认当期融资费用。在分摊未确认的融资费用时，按照租赁准则的规定，承租人应当采用实际利率法。承租人应对融资租入的固定资产计提折旧。租赁期届满时，承租人对租赁资产的处理通常有三种情况：返还、优惠续租和留购，应分别按不同的情况进行处理。

4．出租人的会计处理。在经营租赁下，租赁资产的所有权始终归出租人所有，因此，出租人应当将用作经营租赁的资产作为自身拥有的资产在资产负债表中列示。对于经营租赁的租金，出租人应当按照直线法将收到的租金在租赁期内各个期间确认为当期损益；其他方法更为系统合理的，也可以采用其他方法。

在融资租赁下，在租赁期开始日，将租赁开始日最低租赁收款额与初始直接费用之和作为应收融资租赁款的入账价值，并同时记录未担保余值，将应收融资租赁款、未担保余值之和与其现值的差额确认为未实现融资收益。在分配未实现融资收益时，出租人应当采用实际利率法计算当期应确认的融资收入。由于在计算内含报酬率时已考虑了初始直接费用的因素，为了避免未实现融资收益高估,在初始确认时应对未实现融资收益进行调整。出租人应对应收融资租赁款减去未实现融资收益的差额部分(在金额上等于本金的部分)合理计提坏账准备,而不是对应收融资租赁款全额计提坏账准备。计提坏账准备的方法由出租人根据有关规定自行确定。为了真实地反映企业的资产和经营业绩,出租人至少应当于每年年度终了,对未担保余值进行复核。如果有证据表明未担保余值已经减少的,应当重新计算租赁内含利率,将由此而引起的租赁投资净额的减少确认为当期损失,记入当期损益;以后各期,根据修正后的租赁投资净额和重新计算的租赁内含利率确认融资收入。在未担保余值增加时,则不作任何调整。租赁期届满时,出租人应区别不同情况进行会计处理。

5. 对于售后租回交易,无论是承租人还是出租人,均应按照租赁的分类标准,将售后租回交易认定为融资租赁或经营租赁。对于出租人来讲,售后租回交易(无论是融资租赁还是经营租赁的售后租回交易)同其他租赁业务的会计处理没有什么区别。而对于承租人来讲,由于其既是资产的承租人同时又是资产的出售者,因此,售后租回交易同其他租赁业务的会计处理有所不同。售后租回交易的会计处理应根据其所形成的租赁类型而定,可按融资租赁和经营租赁分别进行会计处理。

思 考 题

1. 请说明融资租赁和经营租赁的主要区别,以及我国会计准则认定融资租赁的标准。
2. 请说明融资租赁和经营租赁会计处理的主要区别。
3. 最低租赁付款额和最低租赁收款额的含义分别是什么?二者的区别在哪里?
4. 我国会计准则对融资租赁和经营租赁在信息披露方面分别有何要求?
5. 如果售后租回业务属于融资租赁,相关的折旧如何计提?

第八章
Chapter 8

会计政策、会计估计变更和差错更正

【学习目标】
1. 熟悉会计政策、会计估计和前期差错的概念；
2. 熟悉会计政策变更、会计估计变更和前期差错更正的区别；
3. 掌握会计政策变更及其会计处理；
4. 掌握会计估计变更及其会计处理；
5. 掌握前期差错更正及其会计处理；
6. 掌握追溯调整法、未来适用法、追溯重述法；
7. 注意追溯调整法与追溯重述法之间的区别。

【能力目标】
1. 在会计实务中，能够熟练区分会计政策变更、会计估计变更和前期差错更正的情形；
2. 在会计实务中，能够正确运用追溯调整法、未来适用法、追溯重述法进行会计处理。

【引导案例】
鸿翔公司的会计人员小侯，在2011年发现，2010年公司漏记了一项固定资产的折旧费用150 000元，所得税申报表中未扣除该项费用。假设2010年适用所得税税率为25%，无其他纳税调整事项。该公司按净利润的10%、5%提取法定盈余公积和任意盈余公积。公司发行股票份额为1 800 000股。假定税法允许调整应交所得税。作为会计人员的小侯在想：这怎么办啊？

第一节 会计政策及其变更

一、会计政策概述

（一）会计政策的概念与特点

会计政策,是指企业在会计确认、计量和报告中所采用的原则、基础和会计处理方法。其中,原则,是指按照企业会计准则规定的、适合于企业会计核算的具体会计原则。例如,《企业会计准则第14号——收入》规定的以交易已经完成、经济利益能够流入企业、收入和成本能够可靠计量作为收入确认的标准,就属于收入确认的具体会计原则;基础,是指为了将会计原则应用于交易或者事项而采用的基础,主要是计量基础（即计量属性）,包括历史成本、重置成本、可变现净值、现值和公允价值等;会计处理方法,是指企业在会计核算中按照法律、行政法规或者国家统一的会计制度等规定采用或者选择的、适合于本企业的具体会计处理方法。例如,企业按照《企业会计准则第15号——建造合同》规定采用的完工百分比法等。

会计政策包括的原则、基础和会计处理方法,是指导企业进行会计确认和计量的具体要求。会计政策具有以下特点：

1. 会计政策的选择性

会计政策是在允许的会计原则、计量基础和会计处理方法中作出指定或具体选择。由于企业经济业务的复杂性和多样化,某些经济业务在符合会计原则和基础的要求下,可以有多种会计处理方法,即存在不止一种可供选择的会计政策。例如,确定发出存货的实际成本时可以在先进先出法、加权平均法或者个别计价法中进行选择。

2. 会计政策的强制性

在我国,会计准则和会计制度属于行政法规,会计政策所包括的具体会计原则、计量基础和具体会计处理方法由会计准则或会计制度规定,具有一定的强制性。企业必须在法规所允许的范围内选择适合本企业实际情况的会计政策。即企业在发生某项经济业务时,必须从允许的会计原则、计量基础和具体会计处理方法中选择出适合本企业特点的会计政策。

3. 会计政策的层次性

会计政策包括会计原则、基础和会计处理方法三个层次。其中,会计原则是指导企业会计核算的具体原则,例如,《企业会计准则第13号——或有事项》规定的以该义务是企业承担的现时义务,履行该义务很可能导致经济利益流出企业,该义务的金额能够可靠地计量作为预计负债的确认条件就是预计负债确认的具体会计原则;会计基础是为将会计原则体现在会计核算而采用的基础,例如,《企业会计准则第8号——资产减值》中设计的公允价值就是计量基础;会计处理方法是按照会计原则和基础的要求,由企业在会计核算中采用或者选择的、适合于本企业的具体会计处理方法,例如,企业按照《企业会计准则第15号——建造合同》规定采用的完工百分比法就是会计处理方法。会计原则、基础和会计处理方法三者之间是一个具有逻辑性、密不可分的整体，通过这个整体，会计政策才能得以应用和落实。

（二）应当披露的重要会计政策

企业应当披露重要的会计政策，不具有重要性的会计政策可以不予披露。判断会计政策是否重要，应当考虑与会计政策相关项目的性质和金额。企业应当披露的重要会计政策包括：

（1）发出存货成本的计量，是指企业确定发出存货成本所采用的会计处理。例如，企业发出存货成本的计量是采用先进先出法，还是采用其他计量方法。

（2）长期股权投资的后续计量，是指企业取得长期股权投资后的会计处理。例如，企业对被投资单位的长期股权投资是采用成本法，还是采用权益法核算。

（3）投资性房地产的后续计量，是指企业对投资性房地产进行后续计量所采用的会计处理。例如，企业对投资性房地产的后续计量是采用成本模式，还是公允价值模式。

（4）固定资产的初始计量，是指对取得的固定资产初始成本的计量。例如，企业取得的固定资产初始成本是以购买价款，还是以购买价款的现值为基础进行计量。

（5）生物资产的初始计量，是指对取得的生物资产初始成本的计量。例如，企业为取得生物资产而产生的借款费用，应当予以资本化，还是计入当期损益。

（6）无形资产的确认，是指对无形项目的支出是否确认为无形资产。例如，企业内部研究开发项目开发阶段的支出是确认为无形资产，还是在发生时计入当期损益。

（7）非货币性资产交换的计量，是指非货币性资产交换事项中对换入资产成本的计量。例如，非货币性资产交换是以换出资产的公允价值作为确定换入资产成本的基础，还是以换出资产的账面价值作为确定换入资产成本的基础。

（8）收入的确认，是指收入确认所采用的会计原则。例如，企业确认收入时要同时满足已将商品所有权上的主要风险和报酬转移给购货方、收入的金额能够可靠地计量、相关经济利益很可能流入企业等条件。

（9）合同收入与费用的确认，是指确认建造合同的收入和费用所采用的会计处理方法。例如，企业确认建造合同的合同收入和合同费用时采用完工百分比法。

（10）借款费用的处理，是指借款费用的会计处理方法，即是采用资本化，还是采用费用化。

（11）合并政策，是指编制合并财务报表所采用的原则。例如，母公司与子公司的会计年度不一致的处理原则、合并范围的确定原则等。

（12）其他重要会计政策。

二、会计政策变更

会计政策变更，是指企业对相同的交易或者事项由原来采用的会计政策改用另一会计政策的行为。

（一）企业变更会计政策的条件

为保证会计信息的可比性，使财务报表使用者在比较企业一个以上期间的财务报表时，能够正确判断企业的财务状况、经营成果和现金流量的趋势。一般情况下，企业采用的会计政策，在每一会计期间和前后各期应当保持一致，不得随意变更。否则，势必削弱会计信息的可比性。

但是，在下述两种情形下，企业可以变更会计政策：

第一，法律、行政法规或者国家统一的会计制度等要求变更。这种情况是指，按照法律、行政法规以及国家统一的会计制度的规定，要求企业采用新的会计政策，则企业应当按照法律、行政法规以及国家统一的会计制度的规定改变原会计政策，按照新的会计政策执行。例如，《企业会计准则第1号——存货》对发出存货实际成本的计价排除了后进先出法，这就要求执行企业会计准则体系的企业按照新规定，将原来以后进先出法核算发出存货成本改为准则规定可以采用的其他发出存货成本计价方法。

第二，会计政策变更能够提供更可靠、更相关的会计信息。由于经济环境、客观情况的改变，使企业原采用的会计政策所提供的会计信息，已不能恰当地反映企业的财务状况、经营成果和现金流量等情况。在这种情况下，应改变原有会计政策，按变更后新的会计政策进行会计处理，以便对外提供更可靠、更相关的会计信息。例如，某企业一直采用成本模式对投资性房地产进行后续计量，如果企业能够从房地产交易市场上持续地取得同类或类似房地产的市场价格及其他相关信息，从而能够对投资性房地产的公允价值作出合理的估计，此时企业可以将投资性房地产的后续计量方法由成本模式变更为公允价值模式。

（二）不属于企业会计政策变更的情形

对会计政策变更的认定，直接影响会计处理方法的选择。因此，在会计实务中，企业应当正确认定属于会计政策变更的情形。下列两种情况不属于会计政策变更：

第一，本期发生的交易或者事项与以前相比具有本质差别而采用新的会计政策。这是因为，会计政策是针对特定类型的交易或事项，如果发生的交易或事项与其他交易或事项有本质区别，那么，企业实际上是为新的交易或事项选择适当的会计政策，并没有改变原有的会计政策。例如，某企业以往租入的设备均为临时需要而租入的，企业按经营租赁会计处理方法核算，但自本年度起租入的设备均采用融资租赁方式，则该企业自本年度起对新租赁的设备采用融资租赁会计处理核算。由于该企业原租入的设备均为经营性租赁，本年度起租赁的设备均改为融资租赁，经营租赁和融资租赁有着本质差别，因而改变会计政策不属于会计政策变更。

第二，对初次发生的或不重要的交易或者事项采用新的会计政策。对初次发生的某类交易或者事项采用适当的会计政策，并未改变原有的会计政策。例如，某企业以前没有建造合同业务，当年签订一项建造合同，为某企业建造三栋厂房，对该项建造合同采用完工百分比法确认收入。由于该企业初次发生该项交易，采用完工百分比法确认该项交易的收入，不属于会计政策变更。至于对不重要的交易或者事项采用新的会计政策,不按会计政策变更作出会计处理并不影响会计信息的可比性,所以也不作为会计政策变更。例如,某企业原在生产经营过程中使用少量的低值易耗品,并且价值较低,故企业在领用低值易耗品时一次计入费用;该企业于近期转产新产品,所需低值易耗品比较多,且价值较大,企业对领用的低值易耗品处理方法改为五五摊销法。该企业低值易耗品在企业生产经营中所占的费用比例并不大,改变低值易耗品处理方法后,对损益的影响也不大,属于不重要的事项,因而改变会计政策不属于会计政策变更。

需要说明的是,应当注意区分会计政策变更与会计差错的区别,会计政策变更并不意味着以前期间的会计政策是错误的,而是由于情况发生了变化,或者掌握了新的信息,积累了更多的经验,使得变更会计政策能够更好地反映企业的财务状况、经营成果以及现金流量。如果以前期间的会计政策的运用是错误的,则属于会计差错,应按前期差错更正的规定进行会计处理。

三、会计政策变更的会计处理

发生会计政策变更时,有两种会计处理方法,即追溯调整法和未来适用法,两种方法适用于不同情形。

(一)追溯调整法

追溯调整法,是指对某项交易或事项变更会计政策,视同该项交易或事项初次发生时,即采用变更后的会计政策,并以此对财务报表相关项目进行调整的方法。采用追溯调整法时,对于比较财务报表期间的会计政策变更,应调整各期间净损益各项目和财务报表其他相关项目,视同该政策在比较财务报表期间上一直采用。对于比较财务报表可比期间以前的会计政策变更的累积影响数,应调整比较财务报表最早期间的期初留存收益,财务报表其他相关项目的数字也应一并调整。因此,追溯调整法,是将会计政策变更的累积影响数调整列报前期最早期初留存收益,而不计入当期损益。

追溯调整法的运用通常由以下步骤构成:

第一步,计算会计政策变更的累积影响数;

第二步,编制相关项目的调整分录;

第三步,调整列报前期最早期初财务报表相关项目及其金额;

第四步,附注说明。

其中,会计政策变更累积影响数,是指按照变更后的会计政策对以前各期追溯计算的列报前期最早期初留存收益应有金额与现有金额之间的差额。根据上述定义的表述,会计政策变更的累积影响数可以分解为以下两个金额之间的差额:

(1)在变更会计政策当期,按变更后的会计政策对以前各期追溯计算,所得到列报前期最早期初留存收益金额。

(2)在变更会计政策当期,列报前期最早期初留存收益金额。上述留存收益金额,包括盈余公积和未分配利润等项目,不考虑由于损益的变化而应当补充的利润或股利。例如,某企业由于会计政策变化,增加了以前期间可供分配的利润,该企业通常按净利润的 20% 分派股利。但在计算调整会计政策变更当期期初的留存收益时,不应当考虑由于以前期间净利润的变化而需要分派的股利。

在财务报表只提供列报项目上一个可比会计期间比较数据的情况下,上述第(2)项,在变更会计政策当期,列报前期最早期初留存收益金额,即为上期资产负债表所反映的期初留存收益,可以从上年资产负债表项目中获得;需要计算确定的是第(1)项,即按变更后的会计政策对以前各期追溯计算,所得到的上期期初留存收益金额。

累积影响数通常可以通过以下各步骤计算获得:

第一步,根据新会计政策重新计算受影响的前期交易或事项;

第二步,计算两种会计政策下的差异;

第三步,计算差异的所得税影响金额;

第四步,确定前期中的每一期的税后差异;

第五步,计算会计政策变更的累积影响数。

需要说明的是,对以前年度损益进行追溯调整或追溯重述的,应当重新计算各列报期间的每股收益。

【例 8.1】 甲公司 2005 年、2006 年分别以 4 500 000 元和 1 100 000 元的价格从股票市场购入 A、B 两只以交易为目的的股票(假设不考虑购入股票发生的交易费用),市价一直高于购入成本。公司采用成本与市价孰低法对购入股票进行计量。公司从 2007 年起对其以交易为目的购入的股票由成本与市价孰低改为公允价值计量,公司保存的会计资料比较齐备,可以通过会计资料追溯计算。假设所得税税率为 25%,公司按净利润的 10% 提取法定盈余公积,按净利润的 5% 提取任意盈余公积。公司发行普通股 4 500 万股,未发生任何稀释性潜在普通股。两种方法计量的交易性金融资产账面价值如表 8.1 所示。

表 8.1 两种方法计量的交易性金融资产账面价值 单位:元

会计政策 股票	成本与市价孰低	2005 年年末公允价值	2006 年年末公允价值
A 股票	4 500 000	5 100 000	5 100 000
B 股票	1 100 000	—	1 300 000

根据上述资料,甲公司的会计处理如下:

1. 计算改变交易性金融资产计量方法后的累积影响数,如表 8.2 所示。

表 8.2　改变交易性金融资产计量方法后的累积影响数　　　　　　　单位:元

时间	公允价值	成本与市价孰低	税前差异	所得税影响	税后差异
2005 年末	5 100 000	4 500 000	600 000	150 000	450 000
2006 年末	1 300 000	1 100 000	200 000	50 000	150 000
合　计	6 400 000	5 600 000	800 000	200 000	600 000

甲公司 2007 年 12 月 31 日的比较财务报表列报前期最早期初为 2006 年 1 月 1 日。

甲公司在 2005 年年末按公允价值计量的账面价值为 5 100 000 元,按成本与市价孰低计量的账面价值为 4 500 000 元,两者的所得税影响合计为 150 000 元,两者差异的税后净影响额为 450 000 元,即为该公司 2006 年期初由成本与市价孰低改为公允价值的累积影响数。

甲公司在 2006 年年末按公允价值计量的账面价值为 6 400 000 元,按成本与市价孰低计量的账面价值为 5 600 000 元,两者的所得税影响合计为 200 000 元,两者差异的税后净影响额为 600 000 元,其中,450 000 元是调整 2006 年累积影响数,150 000 元是调整 2006 年当期金额。

甲公司按照公允价值重新计量 2006 年年末 B 股票账面价值,其结果为公允价值变动收益少计了 200 000 元,所得税费用少计了 50 000 元,净利润少计了 150 000 元。

2. 编制有关项目的调整分录

(1)对 2005 年有关事项的调整分录:

①调整会计政策变更累积影响数:

借:交易性金融资产——公允价值变动　　　600 000
　　贷:利润分配——未分配利润　　　　　　　　　450 000
　　　　递延所得税负债　　　　　　　　　　　　　150 000

②调整利润分配:

按照净利润的 10% 提取法定盈余公积,按照净利润的 5% 提取任意盈余公积,共计提取盈余公积 450 000×15% = 67 500(元)。

借:利润分配——未分配利润　　　　　　　　67 500
　　贷:盈余公积　　　　　　　　　　　　　　　　67 500

(2)对 2006 年有关事项的调整分录:

①调整交易性金融资产:

借:交易性金融资产——公允价值变动　　　200 000
　　贷:利润分配——未分配利润　　　　　　　　　150 000
　　　　递延所得税负债　　　　　　　　　　　　　50 000

②调整利润分配:

按照净利润的 10% 提取法定盈余公积,按照净利润的 5% 提取任意盈余公积,共计提取盈余公积 150 000×15% = 22 500（元）。

借：利润分配——未分配利润　　　　22 500
　　贷：盈余公积　　　　　　　　　　　　22 500

3. 财务报表调整和重述（财务报表略）

甲公司在列报 2007 年财务报表时，应调整 2007 年资产负债表有关项目的年初余额、利润表有关项目的上年金额及所有者权益变动表有关项目的上年金额和本年金额。

（1）资产负债表项目的调整：

调增交易性金融资产年初余额 800 000 元；调增递延所得税负债年初余额 200 000 元；调增盈余公积年初余额 90 000 元；调增未分配利润年初余额 510 000 元。

（2）利润表项目的调整：

调增公允价值变动收益上年金额 200 000 元；调增所得税费用上年金额 50 000 元；调增净利润上年金额 150 000 元；调增基本每股收益上年金额 0.003 3 元。

（3）所有者权益变动表项目的调整：

调增会计政策变更项目中盈余公积上年金额 67 500 元，未分配利润上年金额 382 500 元，所有者权益合计上年金额 450 000 元。

调增会计政策变更项目中盈余公积本年金额 22 500 元，未分配利润本年金额 127 500 元，所有者权益合计本年金额 150 000 元。

（二）未来适用法

未来适用法，是指将变更后的会计政策应用于变更日及以后发生的交易或者事项，或者在会计估计变更当期和未来期间确认会计估计变更影响数的方法。

在未来适用法下，不需要计算会计政策变更产生的累积影响数，也无须重编以前年度的财务报表。企业会计账簿记录及财务报表上反映的金额，变更之日仍保留原有的金额，不因会计政策变更而改变以前年度的既定结果，并在现有金额的基础上再按新的会计政策进行核算。

【例 8.2】 乙公司原对发出存货采用后进先出法，由于采用新准则，按其规定，公司从 2007 年 1 月 1 日起改用先进先出法。2007 年 1 月 1 日存货的价值为 2 500 000 元，公司当年购入存货的实际成本为 18 000 000 元，2007 年 12 月 31 日按先进先出法计算确定的存货价值为 4 500 000 元，当年销售额为 25 000 000 元，假设该年度其他费用为 1 200 000 元，所得税税率为 25%。2007 年 12 月 31 日按后进先出法计算的存货价值为 2 200 000 元。

根据上述资料，乙公司的会计处理如下：

乙公司由于法律环境变化而改变会计政策，假定对其采用未来适用法进行处理，即对存货采用先进先出法从 2007 年及以后才适用，不需要计算 2007 年 1 月 1 日以前按先进先出法计算存货应有的余额以及对留存收益的影响金额。

计算确定会计政策变更对当期净利润的影响数如表 8.3 所示。

表 8.3 当期净利润的影响数计算表　　　　　　　　　　单位:元

项目	先进先出法	后进先出法
营业收入	25 000 000	25 000 000
减:营业成本	16 000 000	18 300 000
减:其他费用	1 200 000	1 200 000
利润总额	7 800 000	5 500 000
减:所得税	1 950 000	1 375 000
净利润	5 850 000	4 125 000
差　额	1 725 000	

公司由于会计政策变更使当期净利润增加了 1 725 000 元。其中：

采用先进先出法的销售成本为

　　期初存货+购入存货实际成本-期末存货=2 500 000+18 000 000-4 500 000=
　　　　　16 000 000(元)

采用后进先出法的销售成本为

　　期初存货+购入存货实际成本-期末存货=2 500 000+18 000 000-2 200 000=
　　　　　18 300 000(元)

(三)会计政策变更的会计处理方法的选择

对于会计政策变更,企业应当根据具体情况,分别采用不同的会计处理方法:

(1)法律、行政法规或者国家统一的会计制度等要求变更的情况下,企业应当分别按照以下情况进行处理：

①国家发布相关的会计处理办法,则按照国家发布的相关会计处理规定进行处理。

②国家没有发布相关的会计处理办法,则采用追溯调整法进行会计处理。

(2)在会计政策变更能够提供更可靠、更相关的会计信息的情况下,企业应当采用追溯调整法进行会计处理,将会计政策变更累积影响数调整列报前期最早期初留存收益,其他相关项目的期初余额和列报前期披露的其他比较数据也应当一并调整。

(3)确定会计政策变更对列报前期影响数不切实可行的,应当从可追溯调整的最早期间期初开始应用变更后的会计政策;在当期期初确定会计政策变更对以前各期累积影响数不切实可行的,应当采用未来适用法处理。其中,不切实可行,是指企业在采取所有合理的方法后,仍然不能获得采用某项规定所必需的相关信息,而导致无法采用该项规定,则该项规定在此时是不切实可行的。

对于以下特定前期,对某项会计政策变更应用追溯调整法或进行追溯重述以更正一项前期差错是不切实可行的：

(1)应用追溯调整法或追溯重述法的累积影响数不能确定。

(2)应用追溯调整法或追溯重述法要求对管理层在该期当时的意图作出假定。

(3)应用追溯调整法或追溯重述法要求对有关金额进行重大估计,并且不可能将提供有关交易发生时存在状况的证据(例如,有关金额确认、计量或披露日期存在事实的证据,以及在受变更影响的当期和未来期间确认会计估计变更的影响的证据)和该期间财务报表批准报出时能够取得的信息这两类信息与其他信息客观地加以区分。

在某些情况下,调整一个或者多个前期比较信息以获得与当期会计信息的可比性是不切实可行的。例如,企业因账簿、凭证超过法定保存期限而销毁,或因不可抗力而毁坏、遗失,如火灾、水灾等,或因人为因素,如盗窃、故意毁坏等,可能使当期期初确定会计政策变更对以前各期累积影响数无法计算,即不切实可行,此时,会计政策变更应当采用未来适用法进行处理。

对根据某项交易或者事项确认、披露的财务报表项目应用会计政策时常常需要进行估计。本质上,估计是主观行为,而且可能在资产负债表日后才作出。当追溯调整会计政策变更或者追溯重述前期差错更正时,要作出切实可行的估计更加困难,因为有关交易或者事项已经发生了较长一段时间,要获得作出切实可行的估计所需要的相关信息往往比较困难。

在前期采用一项新会计政策或者更正前期金额时,不论是对管理层在某个前期的意图作出假定,还是估计在前期确认、计量或者披露的金额,都不应当使用"后见之明"。例如,按照《企业会计准则第22号——金融工具确认和计量》的规定,企业对于原先划归为持有至到期投资的金融资产计量的前期差错,即便管理层随后决定不将这些投资持有至到期,也不能改变它们在前期的计量基础,即该项金融资产应当仍然按照持有至到期投资进行计量。

四、会计政策变更的披露

企业应当在附注中披露与会计政策变更有关的下列信息:

(1)会计政策变更的性质、内容和原因。包括:对会计政策变更的简要阐述、变更的日期、变更前采用的会计政策和变更后所采用的新会计政策及会计政策变更的原因。

(2)当期和各个列报前期财务报表中受影响的项目名称和调整金额。包括:采用追溯调整法时,计算出的会计政策变更的累积影响数;当期和各个列报前期财务报表中需要调整的净损益及其影响金额,以及其他需要调整的项目名称和调整金额。

(3)无法进行追溯调整的,说明该事实和原因以及开始应用变更后的会计政策的时点、具体应用情况。包括:无法进行追溯调整的事实;确定会计政策变更对列报前期影响数不切实可行的原因;在当期期初确定会计政策变更对以前各期累积影响数不切实可行的原因;开始应用新会计政策的时点和具体应用情况。

需要说明的是,在以后期间的财务报表中,不需要重复披露在以前期间的附注中已披露的会计政策变更的信息。

【例8.3】 沿用【例8.1】,应在财务报表附注中作如下说明:

本公司 2007 年按照会计准则规定,对交易性金融资产计量由成本与市价孰低改为以公允价值计量。此项会计政策变更采用追溯调整法,2007 年比较财务报表已重新表述。2006 年期初运用新会计政策追溯计算的会计政策变更累计影响数为 450 000 元,调增 2006 年的期初留存收益 450 000 元。其中,调增未分配利润 382 500 元,调增盈余公积 67 500 元。会计政策变更对 2007 年度财务报表本年金额的影响为调增未分配利润 127 500 元,调增盈余公积 22 500 元,调增净利润 150 000 元。

【例 8.4】 沿用【例 8.2】,应在财务报表附注中作如下说明:

本公司对存货原采用后进先出法计价,由于施行新会计准则,改用先进先出法计价。按照《企业会计准则第 38 号——首次执行企业会计准则》的规定,对该项会计政策变更应当采用未来适用法。由于该项会计政策变更,当期净利润增加 1 725 000 元。

第二节 会计估计及其变更

一、会计估计概述

(一)会计估计的概念与特点

会计估计是指企业对结果不确定的交易或者事项以最近可利用的信息为基础所作的判断。会计估计具有如下特点:

1. 会计估计的存在是由于经济活动中内在的不确定性因素的影响

在会计核算中,企业总是力求保持会计核算的准确性,但有些经济业务本身具有不确定性。例如,坏账、固定资产折旧年限、固定资产残余价值、无形资产摊销年限等,因而需要根据经验作出估计。可以说,在进行会计核算和相关信息披露的过程中,会计估计是不可避免的。

2. 进行会计估计时,往往以最近可利用的信息或资料为基础

企业在会计核算中,由于经营活动中内在的不确定性,不得不经常进行估计。一些估计的主要目的是为了确定资产或负债的账面价值,例如,坏账准备、担保责任引起的负债;另一些估计的主要目的是确定将在某一期间记录的收益或费用的金额,例如,某一期间的折旧、摊销的金额。企业在进行会计估计时,通常应根据当时的情况和经验,以一定的信息或资料为基础。但是,随着时间的推移、环境的变化,进行会计估计的基础可能会发生变化,因此,进行会计估计所依据的信息或者资料不得不经常发生变化。由于最新的信息是最接近目标的信息,以其为基础所作的估计最接近实际,所以进行会计估计时,应以最近可利用的信息或资料为基础。

3. 进行会计估计并不会削弱会计确认和计量的可靠性

企业为了定期、及时地提供有用的会计信息,将延续不断的经营活动人为划分为一定的期间,并在权责发生制的基础上对企业的财务状况和经营成果进行定期确认和计量。例如,在会计分期的情况下,许多企业的交易跨越若干会计年度,以至于需要在一定程度上作出决定:某一年度发生的开支,哪些可以合理地预期能够产生其他年度以收益形式表示的利益,从而全部或部分向后递延;哪些可以合理地预期在当期能够得到补偿,从而确认为费用。由于会计分期和货币计量的前提,在确认和计量过程中,不得不对许多尚在延续中,其结果尚未确定的交易或事项予以估计入账。

(二)应当披露的重要会计估计

企业应当披露重要的会计估计,不具有重要性的会计估计可以不披露。判断会计估计是否重要,应当考虑与会计估计相关项目的性质和金额。企业应当披露的重要会计估计包括：

(1)存货可变现净值的确定。

(2)采用公允价值模式下的投资性房地产公允价值的确定。

(3)固定资产的预计使用寿命与净残值;固定资产的折旧方法。

(4)生物资产的预计使用寿命与净残值;各类生产性生物资产的折旧方法。

(5)使用寿命有限的无形资产的预计使用寿命与净残值。

(6)可收回金额按照资产组的公允价值减去处置费用后的净额确定的,确定公允价值减去处置费用后的净额的方法。

可收回金额按照资产组预计未来现金流量的现值确定的,预计未来现金流量的确定。

(7)合同完工进度的确定。

(8)权益工具公允价值的确定。

(9)债务人债务重组中转让的非现金资产的公允价值、由债务转成的股份的公允价值和修改其他债务条件后债务的公允价值的确定。

债权人债务重组中受让的非现金资产的公允价值、由债权转成的股份的公允价值和修改其他债务条件后债权的公允价值的确定。

(10)预计负债初始计量的最佳估计数的确定。

(11)金融资产公允价值的确定。

(12)承租人对未确认融资费用的分摊;出租人对未实现融资收益的分配。

(13)探明矿区权益、井及相关设施的折旧方法;与油气开采活动相关的辅助设备及设施的折旧方法。

(14)非同一控制下企业合并成本的公允价值的确定。

(15)其他重要会计估计。

二、会计估计变更

(一)会计估计变更的概念

会计估计变更,是指由于资产和负债的当前状况及预期经济利益和义务发生了变化,从而对资产或负债的账面价值或者资产的定期消耗金额进行调整。

由于企业经营活动中内在的不确定因素,许多财务报表项目不能准确地计量,只能加以估计,估计过程涉及以最近可以得到的信息为基础所作的判断。但是,估计毕竟是就现有资料对未来所作的判断,随着时间的推移,如果赖以进行估计的基础发生变化,或者由于取得了新的信息、积累了更多的经验或后来的发展可能不得不对估计进行修正,但会计估计变更的依据应当真实、可靠。

(二)会计估计变更的情形

会计估计变更的情形包括:

1. 赖以进行估计的基础发生了变化

企业进行会计估计,总是依赖于一定的基础。如果其所依赖的基础发生了变化,则会计估计也应相应发生变化。例如,企业的某项无形资产摊销年限原定为 10 年,以后发生的情况表明,该资产的受益年限已不足 10 年,相应调减摊销年限。

2. 取得了新的信息,积累了更多的经验

企业进行会计估计是就现有资料对未来所作的判断,随着时间的推移,企业有可能取得新的信息、积累更多的经验,在这种情况下,也需要对会计估计进行修正,即发生会计估计变更。例如,某企业原根据当时能够得到的信息,对应收账款每年按其余额的 5% 计提坏账准备。在掌握了新的信息,判定不能收回的应收账款比例已达 15%,企业改按 15% 的比例计提坏账准备。

会计估计变更,并不意味着以前期间会计估计是错误的,只是由于情况发生变化,或者掌握了新的信息,积累了更多的经验,使得变更会计估计能够更好地反映企业的财务状况和经营成果。如果以前期间的会计估计是错误的,则属于前期差错,按前期差错更正的会计处理办法进行处理。

需要说明的是,会计估计变更并不意味着以前期间的会计估计是错误的,只是由于情况发生变化或者掌握了新的信息、积累了更多的经验,使得变更会计估计能够更好地反映企业的财务状况和经营成果。如果以前期间的会计估计是错误的,则属于前期差错,应按前期差错更正的规定进行会计处理。

三、会计政策变更与会计估计变更的划分

企业应当正确划分会计政策变更与会计估计变更,并按照不同的方法进行相关会计处理。企业应当以变更事项的会计确认、计量基础和列报项目是否发生变更作为判断该变更是会计政策变更还是会计估计变更的划分基础。

第一,以会计确认是否发生变更作为判断基础。《企业会计准则——基本准则》规定了资产、负债、所有者权益、收入、费用和利润等六项会计要素的确认标准,是会计处理的首要环节。一般地,对会计确认的指定或选择是会计政策,其相应的变更是会计政策变更。会计确认的变更一般会引起列报项目的变更。例如,企业在前期将某项内部研发项目开发阶段的支出计入

当期损益，而当期按照《企业会计准则第6号——无形资产》的规定，该项支出符合无形资产的确认条件，应当确认为无形资产。该事项的会计确认发生变更，即前期将开发费用确认为一项费用，而当期将其确认为一项资产。该事项中会计确认发生了变化，所以该变更属于会计政策变更。

第二，以计量基础是否发生变更作为判断基础。《企业会计准则——基本准则》规定了历史成本、重置成本、可变现净值、现值和公允价值等五项会计计量属性，是会计处理的计量基础。一般地，对计量基础的指定或选择是会计政策，其相应的变更是会计政策变更。例如，企业在前期对购入的价款超过正常信用条件延期支付的固定资产初始计量采用历史成本，而当期按照《企业会计准则第4号——固定资产》的规定，该类固定资产的初始成本应以购买价款的现值为基础确定。该事项的计量基础发生了变化，所以该变更属于会计政策变更。

第三，以列报项目是否发生变更作为判断基础。《企业会计准则第30号——财务报表列报》规定了财务报表项目应采用的列报原则。一般地，对列报项目的指定或选择是会计政策，其相应的变更是会计政策变更。例如，企业在前期将商品采购费用列入营业费用，当期根据《企业会计准则第1号——存货》的规定，将采购费用列入成本。因为列报项目发生了变化，所以该变更是会计政策变更。

第四，根据会计确认、计量基础和列报项目所选择的、为取得与该项目有关的金额或数值（如预计使用寿命、净残值等）所采用的处理方法，不是会计政策，而是会计估计，其相应的变更是会计估计变更。例如，企业需要对某项资产采用公允价值进行计量，而公允价值的确定需要根据市场情况选择不同的处理方法。在不存在销售协议和资产活跃市场的情况下，需要根据同行业类似资产的近期交易价格对该项资产进行估计；在不存在销售协议但存在资产活跃市场的情况下，其公允价值应当按照该项资产的市场价格为基础进行估计。因为企业所确定的公允价值是与该项资产有关的金额，所以为确定公允价值所采用的处理方法是会计估计，不是会计政策。相应地，当企业面对的市场情况发生变化时，其采用的确定公允价值的方法变更是会计估计变更，不是会计政策变更。

企业可以采用以下具体方法划分会计政策变更与会计估计变更：分析并判断该事项是否涉及会计确认、计量基础选择或列报项目的变更。当至少涉及上述一项划分基础变更的，该事项是会计政策变更；不涉及上述划分基础变更时，该事项可以判断为会计估计变更。例如，某企业在前期将自行购建的固定资产相关的一般借款费用计入当期损益，当期根据会计准则的规定，将符合条件的有关借款费用予以资本化，企业因此将对该事项进行变更。该事项的计量基础未发生变更，即都是以历史成本作为计量基础；该事项的会计确认发生变更，即前期将借款费用确认为一项费用，而当期将其确认为一项资产；同时，会计确认的变更导致该事项在资产负债表和利润表相关项目的列报也发生变更。该事项涉及会计确认和列报的变更，所以属于会计政策变更。又如，企业原采用双倍余额递减法计提固定资产折旧，根据固定资产使用的实际情况，企业决定改用直线法计提固定资产折旧。该事项前后采用的两种计提折旧方法都是以历史成本作为计量基础,对该事项的会计确认和列报项目也未发生变更,只是固定资产折旧、固定资产净值等相关金额发生了变化。因此,该事项属于会计估计变更。

四、会计估计变更的会计处理

(一)会计估计变更适用的方法

企业对会计估计变更应当采用未来适用法处理。即在会计估计变更当期及以后期间,采用新的会计估计,不改变以前期间的会计估计,也不调整以前期间的报告结果。

(二)会计估计变更的会计处理

1. 会计估计变更仅影响当期的处理

会计估计变更仅影响变更当期的,其影响数应当在变更当期予以确认。例如,某企业原按应收账款余额的5%提取坏账准备,由于企业不能收回应收账款的比例已达10%,则企业改按应收账款余额的10%提取坏账准备。这类会计估计的变更,只影响变更当期,因此,应于变更当期确认。

【例8.5】 甲公司2011年末应收账款余额为10 000 000元,坏账计提比例为2%。2012年起坏账计提比例调整为3%,年末应收款项余额为15 000 000元。

根据上述资料,甲公司的会计处理如下:

变更坏账准备计提比例,为会计估计变更,只影响变更当期。因此,应于变更当期2012年确认。

借:资产减值损失　　　　　　　　　　　　　　250 000
　　贷:坏账准备　(15 000 000×3% -10 000 000×2%)250 000

2. 会计估计变更既影响当期又影响未来期间的处理

会计估计变更既影响变更当期又影响未来期间的,其影响数应当在变更当期和未来期间予以确认。例如,某企业的一项可计提折旧的固定资产,其有效使用年限或预计净残值的估计发生变更,常常影响变更当期及资产以后使用年限内各个期间的折旧费用,这类会计估计的变更,应于变更当期及以后各期确认。

会计估计变更的影响数应计入变更当期与前期相同的项目中。为了保证不同期间的财务报表具有可比性,如果以前期间的会计估计变更的影响数计入企业日常经营活动损益,则以后期间也应计入日常经营活动损益;如果以前期间的会计估计变更的影响数计入特殊项目中,则以后期间也应计入特殊项目。

【例8.6】 丙公司有一台管理用设备,原始价值为84 000元,预计使用寿命为8年,净残值为4 000元,自2008年1月1日起按直线法计提折旧。2012年1月,由于新技术的发展等原因,需要对原预计使用寿命和净残值作出修正,修改后的预计使用寿命为6年,净残值为2 000元。该公司适用所得税税率为25%。假定税法允许按变更后的折旧额在税前扣除。

根据上述资料,丙公司的会计处理如下:
(1)分析。丙公司对上述会计估计变更的处理如下:
①不调整以前各期折旧,也不计算累积影响数。
②变更日以后发生的经济业务改按新估计使用寿命提取折旧。
(2)计算。按原估计,每年折旧额为10 000元,已提折旧4年,共计40 000元,固定资产净值为44 000元,则第5年相关科目的年初余额如表8.4所示。

表8.4 相关科目年初余额表　　　　　　　　　　　　　　　　　单位:元

项　　目	金　　额
固定资产	84 000
减:累计折旧	40 000
固定资产净值	44 000

改变估计使用寿命后,2012年1月1日起每年计提的折旧费用为21 000元[(44 000-2 000)÷(6-4)]。2012年不必对以前年度已提折旧进行调整,只需按重新预计的尚可使用寿命和净残值计算确定的年折旧费用。

(3)编制会计分录如下:
借:管理费用　　　　　　　　　　21 000
　　贷:累计折旧　　　　　　　　　　21 000

3. 会计估计变更与会计政策变更不易分清时的处理

企业应当正确划分会计政策变更和会计估计变更,并按不同的方法进行相关会计处理。企业通过判断会计政策变更和会计估计变更划分基础仍然难以对某项变更进行区分的,应当将其作为会计估计变更处理。

五、会计估计变更的披露

企业应当在附注中披露与会计估计变更有关的下列信息:
(1)会计估计变更的内容和原因。包括变更的内容、变更日期以及为什么要对会计估计进行变更。
(2)会计估计变更对当期和未来期间的影响数。包括会计估计变更对当期和未来期间损益的影响金额,以及对其他各项目的影响金额。
(3)会计估计变更的影响数不能确定的,披露这一事实和原因。

【例8.7】 沿用【例8.6】,应在财务报表附注中作如下说明:

本公司一台管理用设备,原始价值为84 000元,原预计使用寿命为8年,预计净残值为4 000元,按直线法计提折旧。由于新技术的发展,原设备已不能按原预计使用寿命计提折旧,本公司于2012年年初变更该设备的使用寿命为6年,预计净残值为2 000元,以反映该设备的真实耐用寿命和净残值。此估计变更影响本年度净利润减少数为 8 250[(21 000-10 000)×(1-25%)]元。

第三节 前期差错及其更正

一、前期差错概述

（一）前期差错的概念

前期差错，是指由于没有运用或错误运用下列两种信息，而对前期财务报表造成省略或错报：

（1）报前期财务报表时预期能够取得并加以考虑的可靠信息。

（2）前期财务报告批准报出时能够取得的可靠信息。前期差错通常包括计算错误、应用会计政策错误、疏忽或曲解事实以及舞弊产生的影响等。

（二）形成前期差错的情形

没有运用或错误运用上述两种信息而形成前期差错的情形主要有：

（1）计算以及账户分类错误。例如，企业购入的五年期国债，意图长期持有，但在记账时记入了交易性金融资产，导致账户分类上的错误，并导致在资产负债表上流动资产和非流动资产的分类也有误。

（2）采用法律、行政法规或者国家统一的会计制度等不允许的会计政策。例如，按照《企业会计准则第 17 号——借款费用》的规定，为购建固定资产的专门借款而发生的借款费用，满足一定条件的，在固定资产达到预定可使用状态前发生的，应予资本化，计入所购建固定资产的成本；在固定资产达到预定可使用状态后发生的，计入当期损益。如果企业固定资产已达到预定可使用状态后发生的借款费用，也计入该项固定资产的价值，予以资本化，则属于采用法律或会计准则等行政法规、规章所不允许的会计政策。

（3）对事实的疏忽或曲解，以及舞弊。例如，企业对某项建造合同应按建造合同规定的方法确认营业收入，但该企业却按确认商品销售收入的原则确认收入。

（4）在期末对应计项目与递延项目未予调整。例如，企业应在本期摊销的费用，在期末未予摊销。

（5）漏记已完成的交易。例如，企业销售一批商品，商品已经发出，开出增值税专用发票，商品销售收入确认条件均已满足，但企业在期末未将已实现的销售收入入账。

（6）提前确认尚未实现的收入或不确认已实现的收入。例如，在采用委托代销商品的销售方式下，应以收到代销单位的代销清单时确认商品销售收入的实现，如企业在发出委托代销商品时即确认为收入，则为提前确认尚未实现的收入。

(7)资本性支出与收益性支出划分差错等。例如,企业发生的管理人员的工资一般作为收益性支出,而发生的在建工程人员工资一般作为资本性支出。如果企业将发生的在建工程人员工资计入了当期损益,则属于资本性支出与收益性支出的划分差错。

需要说明的是,就会计估计的性质来说,它是个近似值,随着更多信息的获得,估计可能需要进行修正,但是会计估计变更不属于前期差错更正。

二、前期差错更正的会计处理

如果财务报表项目遗漏或错误表述可能影响财务报表使用者根据财务报表所作出的经济决策,则该项目的遗漏或错误是重要的。重要的前期差错,是指足以影响财务报表使用者对企业财务状况、经营成果和现金流量作出正确判断的前期差错。不重要的前期差错,是指不足以影响财务报表使用者对企业财务状况、经营成果和现金流量作出正确判断的会计差错。

前期差错的重要性取决于在相关环境下对遗漏或错误表述的规模和性质的判断。前期差错所影响的财务报表项目的金额或性质,是判断该前期差错是否具有重要性的决定性因素。一般来说,前期差错所影响的财务报表项目的金额越大、性质越严重,其重要性水平越高。

企业应当采用追溯重述法更正重要的前期差错,但确定前期差错累积影响数不切实可行的除外。追溯重述法,是指在发现前期差错时,视同该项前期差错从未发生过,从而对财务报表相关项目进行更正的方法。

(一)不重要的前期差错的会计处理

对于不重要的前期差错,企业不需调整财务报表相关项目的期初数,但应调整发现当期与前期相同的相关项目。影响损益的,应直接计入本期与上期相同的净损益项目;不影响损益的,应调整本期与前期相同的相关项目。

【例8.8】 甲公司在2011年12月31日发现,一台价值9 600元,应计入固定资产,并于2010年2月1日开始计提折旧的管理用设备,在2010年计入了当期费用。该公司固定资产折旧采用直线法,该资产估计使用年限为4年,假设不考虑净残值因素。

根据上述资料,甲公司的会计处理如下。

2011年12月31日,更正前期差错:

借:固定资产　　　　　　　　　　　　9 600
　　贷:管理费用　　　　　　　　　　　5 000
　　　　累计折旧　　　　　　　　　　　4 600

假设该项差错直到2014年2月后才发现,则不需要作任何分录,因为该项差错已经抵销了。

(二)重要的前期差错的会计处理

对于重要的前期差错,企业应当在其发现当期的财务报表中,调整前期比较数据。具体地

说,企业应当在重要的前期差错发现当期的财务报表中,通过下述处理对其进行追溯更正:

(1)追溯重述差错发生期间列报的前期比较金额。

(2)如果前期差错发生在列报的最早前期之前,则追溯重述列报的最早前期的资产、负债和所有者权益相关项目的期初余额。

对于发生的重要的前期差错,如影响损益,应将其对损益的影响数调整发现当期的期初留存收益,财务报表其他相关项目的期初数也应一并调整;如不影响损益,应调整财务报表相关项目的期初数。

在编制比较财务报表时,对于比较财务报表期间的重要的前期差错,应调整各该期间的净损益和其他相关项目,视同该差错在产生的当期已经更正;对于比较财务报表期间以前的重要的前期差错,应调整比较财务报表最早期间的期初留存收益,财务报表其他相关项目的数字也应一并调整。

确定前期差错影响数不切实可行的,可以从可追溯重述的最早期间开始调整留存收益的期初余额,财务报表其他相关项目的期初余额也应当一并调整,也可以采用未来适用法。当企业确定前期差错对列报的一个或者多个前期比较信息的特定期间的累积影响数不切实可行时,应当追溯重述切实可行的最早期间的资产、负债和所有者权益相关项目的期初余额(可能是当期);当企业在当期期初确定前期差错对所有前期的累积影响数不切实可行时,应当从确定前期差错影响数切实可行的最早日期开始采用未来适用法追溯重述比较信息;当企业确定所有前期差错(例如,采用错误的会计政策)累积影响数不切实可行时,应当从确定前期差错影响数切实可行的最早日期开始采用未来适用法追溯重述比较信息。

需要说明的是,为了保证经营活动的正常进行,企业应当建立健全内部稽核制度,保证会计资料的真实、完整。对于年度资产负债表日至财务报告批准报出日之间发现的报告年度的会计差错及报告年度前不重要的前期差错,应按照《企业会计准则第29号——资产负债表日后事项》的规定进行处理。

【例8.9】 乙公司在2011年发现,2010年公司漏记一项固定资产的折旧费用150 000元,所得税申报表中未扣除该项费用。假设2010年适用所得税税率为25%,无其他纳税调整事项。该公司按净利润的10%、5%提取法定盈余公积和任意盈余公积。公司发行股票份额为1 800 000股。假定税法允许调整应交所得税。

根据上述资料,乙公司的会计处理如下:

1. 分析前期差错的影响数

2010年少计折旧费用150 000元;多计所得税费用37 500(150 000×25%)元;多计净利润112 500元;多计应交税费37 500(150 000×25%)元;多提法定盈余公积和任意盈余公积11 250(112 500×10%)元和5 625(112 500×5%)元。

2. 编制有关项目的调整分录

(1)补提折旧:

借:以前年度损益调整　　　　　　　　　　150 000
　　贷:累计折旧　　　　　　　　　　　　　　　　150 000
(2)调整应交所得税:
借:应交税费——应交所得税　　　　　37 500
　　贷:以前年度损益调整　　　　　　　　　　　37 500
(3)将"以前年度损益调整"科目余额转入利润分配:
借:利润分配——未分配利润　　　　　112 500
　　贷:以前年度损益调整　　　　　　　　　　　112 500
(4)调整利润分配有关数字:
借:盈余公积　　　　　　　　　　　　16 875
　　贷:利润分配——未分配利润　　　　　　　　16 875

3. 财务报表调整和重述(财务报表略)

乙公司在列报2011年财务报表时,应调整2011年资产负债表有关项目的年初余额,利润表有关项目及所有者权益变动表的上年金额也应进行调整。

(1)资产负债表项目的调整:

调增累计折旧150 000元;调减应交税费37 500元;调减盈余公积16 875元;调减未分配利润95 625元。

(2)利润表项目的调整:

调增营业成本上年金额150 000元;调减所得税费用上年金额37 500元;调减净利润上年金额112 500元;调减基本每股收益上年金额0.0625元。

(3)所有者权益变动表项目的调整:

调减前期差错更正项目中盈余公积上年金额16 875元,未分配利润上年金额95 625元,所有者权益合计上年金额112 500元。

三、前期差错更正的披露

企业应当在附注中披露与前期差错更正有关的下列信息:
(1)前期差错的性质。
(2)各个列报前期财务报表中受影响的项目名称和更正金额。
(3)无法进行追溯重述的,说明该事实和原因以及对前期差错开始进行更正的时点、具体更正情况。

在以后期间的财务报表中,不需要重复披露在以前期间的附注中已披露的前期差错更正的信息。

【例8.10】　沿用【例8.9】,应在财务报表附注中作如下说明:

本年度发现2010年公司漏记一项固定资产的折旧费用150 000元,在编制2010年与

2011 年比较财务报表时,已对该项差错进行了更正。更正后,调减 2010 年净利润及留存收益 112 500 元,调增累计折旧 150 000 元。

本 章 小 结

本章主要讲授会计政策及其变更、会计估计及其变更、前期差错及其更正等有关内容,基本要点包括:

1. 会计政策及其变更。会计政策,是指企业在会计确认、计量和报告中所采用的原则、基础和会计处理方法。会计政策具有选择性、强制性、层次性等特点。会计政策变更,是指企业对相同的交易或者事项由原来采用的会计政策改用另一会计政策的行为。一般情况下,企业采用的会计政策,在每一会计期间和前后各期应当保持一致,不得随意变更。但是,在下述两种情形下,企业可以变更会计政策:

(1)法律、行政法规或者国家统一的会计制度等要求变更。

(2)会计政策变更能够提供更可靠、更相关的会计信息。

下列两种情况不属于会计政策变更:

(1)本期发生的交易或者事项与以前相比具有本质差别而采用新的会计政策。

(2)对初次发生的或不重要的交易或者事项采用新的会计政策。

发生会计政策变更时,有两种会计处理方法,即追溯调整法和未来适用法,两种方法适用于不同情形。追溯调整法,是指对某项交易或事项变更会计政策,视同该项交易或事项初次发生时,即采用变更后的会计政策,并以此对财务报表相关项目进行调整的方法。未来适用法,是指将变更后的会计政策应用于变更日及以后发生的交易或者事项,或者在会计估计变更当期和未来期间确认会计估计变更影响数的方法。

2. 会计估计及其变更。会计估计,是指企业对结果不确定的交易或者事项以最近可利用的信息为基础所作的判断。会计估计具有如下特点:

(1)会计估计的存在是由于经济活动中内在的不确定性因素的影响。

(2)进行会计估计时,往往以最近可利用的信息或资料为基础。

(3)进行会计估计并不会削弱会计确认和计量的可靠性。企业应当披露重要的会计估计,不具有重要性的会计估计可以不披露。

会计估计变更,是指由于资产和负债的当前状况及预期经济利益和义务发生了变化,从而对资产或负债的账面价值或者资产的定期消耗金额进行调整。会计估计变更的情形包括:

(1)赖以进行估计的基础发生了变化。

(2)取得了新的信息,积累了更多的经验。企业对会计估计变更应当采用未来适用法处理。企业应当正确划分会计政策变更和会计估计变更,并按不同的方法进行相关会计处理。企业通过判断会计政策变更和会计估计变更划分基础仍然难以对某项变更进行区分的,应当将其作为会计估计变更处理。

3. 前期差错及其更正。前期差错,是指由于没有运用或错误运用下列两种信息,而对前期财务报表造成省略或错报:

(1) 报前期财务报表时预期能够取得并加以考虑的可靠信息。

(2) 前期财务报告批准报出时能够取得的可靠信息。前期差错通常包括计算错误、应用会计政策错误、疏忽或曲解事实以及舞弊产生的影响等。

如果财务报表项目遗漏或错误表述可能影响财务报表使用者根据财务报表所作出的经济决策,则该项目的遗漏或错误是重要的。重要的前期差错,是指足以影响财务报表使用者对企业财务状况、经营成果和现金流量作出正确判断的前期差错。对于重要的前期差错,企业应当在其发现当期的财务报表中,调整前期比较数据。具体地说,企业应当在重要的前期差错发现当期的财务报表中,通过处理对其进行追溯更正。

不重要的前期差错,是指不足以影响财务报表使用者对企业财务状况、经营成果和现金流量作出正确判断的会计差错。对于不重要的前期差错,企业不需调整财务报表相关项目的期初数,但应调整发现当期与前期相同的相关项目。企业应当采用追溯重述法更正重要的前期差错,但确定前期差错累积影响数不切实可行的除外。追溯重述法,是指在发现前期差错时,视同该项前期差错从未发生过,从而对财务报表相关项目进行更正的方法。

思 考 题

1. 会计政策变更的条件及不属于会计政策变更的情形有哪些?
2. 会计政策变更的会计处理方法有哪些? 追溯调整法适用于何种情形?
3. 如何进行会计估计变更的会计处理?
4. 如何进行会计差错更正的会计处理?

第九章
Chapter 9

资产负债表日后事项

【学习目标】
1. 掌握资产负债表日后事项的概念;
2. 掌握资产负债表日后事项涵盖期间;
3. 掌握资产负债表日后事项的内容及相关会计处理;
4. 熟悉调整事项的会计处理原则;
5. 了解非调整事项的处理原则和处理办法。

【能力目标】
1. 实地判断各种会计事项的属性类型,及其涉及的内容;
2. 正确处理会计事项及对相关会计报表的调整。

【引导案例】

一家农副产品生产企业欣欣养殖基地(以下称为甲公司)与大光明食品加工有限公司(以下称为乙公司)签订了一项购销合同,合同中甲公司在2011年10月销售所生产的农副产品销售给乙公司。由于甲公司未履行义务未能及时发货,致使乙公司发生了巨大的经济损失。2011年12月乙公司将甲公司告上法庭,要求甲公司赔偿其全部经济损失2 000 000元。该诉讼案件在2011年12月31日尚未判决,甲公司按照或有事项准则的相关规定对该诉讼事项确认预计负债2 000 000元,并反映在12月31日的财务报表中。2012年3月8日经法院一审判决,甲公司应赔偿乙公司经济损失1 800 000元,甲、乙双方服从判决,不再上诉。判决当日,甲公司向乙公司支付了赔偿款1 800 000元人民币。假定涉及的两家公司的财务报表均在2012年4月25日报出。

对于以上涉及的两家公司,2011年度的财务报告中,将如何反映该会计事项?其中对于甲公司2011年的资产负债表日预计的负债与年度财务报表报出之前案件终结时支付的金额不一致,将如何处理?还有对于甲、乙公司2011年度所得税汇算清缴是在财务报告报出日前还是日后完成,在会计处理上是不一样的!

第一节 资产负债表日后事项概述

一、资产负债表日后事项的定义

资产负债表日后事项是指资产负债表日至财务报告批准报出日之间发生的有利或不利事项。理解这一定义,需要注意以下方面:

(一)资产负债表日

资产负债表日是指会计年度末和中期期末。中期是指短于一个完整的会计年度的报告期间,包括半年度、季度和月度。按着我国《会计法》的规定,会计年度采用公历年度,即从当年的1月1日至12月31日。因此,年度资产负债表日就是指当年的12月31日,中期资产负债日就是指各会计中期期末。例如,提供第一季度财务报告时,资产负债日就是当年的3月31日;提供半年度财务报告时,资产负债日就是当年的6月30日。

如果母公司或是子公司在国外,无论该母公司或者子公司如何确定会计年度和会计中期,其向国内提供的财务报告都应当根据我国《会计法》和会计准则的要求确定资产负债表日。

(二)财务报告批准报出日

财务报告批准报出日是由董事会或经理(厂长)会议或类似机构批准财务报告报出的日期。通常是指对财务报告的内容负有法律责任的单位或个人批准财务报告对外公布的日期。

财务报告的批准者包括所有者,所有者中的多数,董事会或类似的管理单位、部门和个人。根据我国《公司法》的规定,董事会有权制定公司的年度财务预算方案、决算方案、利润分配方案和弥补亏损方案;董事会有权批准对外公布财务报告。因此,对于公司制企业而言,财务报告批准报出日是指董事会批准财务报告报出的日期;对于非公司制的企业而言,财务报告批准报出日是指经理(厂长)会议或类似机构批准财务报告报出的日期。

(三)有利事项和不利事项

资产负债表日后事项包括有利事项和不利事项。有利事项或不利事项是指资产负债表日后事项肯定对企业财务状况和经营成果具有一定有利或不利影响的事项。如果这些事项的发生对企业并无任何的影响,那么,这些事项既不是有利事项,也不是不利事项,也就不属于这里所说的资产负债表日后事项。

二、资产负债表日后事项所涵盖期间

资产负债表日后事项所涵盖期间,是资产负债表日次日起至财务报告的批准报出日止的一段时间。对于一个上市公司而言,这一期间内涉及几个日期,包括完成财务报告编制日、注册会计师出具审计报告日、董事会批准财务报告可以对外公布日和实际对外公布日等。具体而言,资产负债表日后事项涵盖的期间应当包括:

(一)资产负债表日后期间

报告期间的下一期间第一天至董事会或类似机构批准财务报告对外公布的日期,资产负债表日后事项的起点,就年度报告而言,是以年度报告次年的1月1日为起点;就半年度报告而言,是以报告期间的下一期第一天为起点。例如,半年度财务报告的资产负债表日后事项所涵盖的期间,应当是以7月1日为起点。资产负债表日后期间的截止时间是到财务报告批准报出日。

(二)再次确定资产负债表日后期间

如果在财务报告的批准报出日至实际报出日之间又发生了需调整或说明的事项,则需重新修正报告内容并再次确定财务报告的批准报出日,此时资产负债表日后事项的期间界限就要延至新确定的财务报告批准报出日。如果再次出现上述情况,又要重新确定财务报告批准报出日,资产负债表日后事项又得依此类推。

如果公司管理层修改了财务报告,注册会计师应当根据实际情况实施必要的审计程序,并对修改后的财务报告出具新的审计报告。

【例9.1】 某上市公司2011年度的财务报告已于2012年3月1日编制完成,注册会计师也已经完成了年度财务报告的审计工作并于4月10日签署了审计报告。董事会批准财务报告批准对外公布的日期为4月18日,财务报告实际对外公布的日期为4月22日。

本例中该公司2011年度资产负债表日后事项涵盖的期间是2012年1月1日至2012年4月18日。如果该公司在4月18日至4月22日之间发生会计事项,也属于资产负债表日后事项,应当按照资产负债表日后事项的会计处理原则进行处理。如果财务报告批准报出日与实际报出日之间发生了重大事项,需要调整财务会计报告的相关项目的数据或需要在报表附注中披露的,经调整或说明后的财务报告再经董事会批准重新报出。

如果本例中的财务报告已调整或说明后再经过董事会报出的时间是4月25日,实际报出日为4月28日。那么该企业的资产负债表日后事项的涵盖期间为2012年1月1日至2012年4月25日。

三、资产负债表日后事项的内容

根据我国《企业会计准则第29号——资产负债表日后事项》规定,资产负债表日后事项包括资产负债表日后调整事项(以下简称调整事项)和资产负债表日后非调整事项(以下简称非调整事项)。

(一)资产负债表日后的调整事项

资产负债表日后的调整事项,是指对资产负债表日已经存在的情况提供了新的或进一步证据的事项。企业发生的资产负债表日后调整事项,应当调整资产负债表日的财务报表。

如果资产负债表日及所属会计期间已经存在某种情况,但当时并不知道其存在或者不能知道确切结果,资产负债表日后至财务报告批准报出日之间发生的事项能够证实该情况的存在或者确切结果,则该事项属于资产负债表日后事项中的调整事项。如果资产负债表日后的事项对资产负债表日后的情况提供了进一步的证据,证据表明的情况与原来的估计和判断不完全一致,则需要对原来的会计处理进行调整。

企业发生的调整事项,通常包括:

(1)资产负债表日后诉讼案件结案,法院判决证实了企业资产负债表日已经存在现实义务,需要调整原先确认的与该诉讼案件相关的预计负债,或确认一项新负债。

(2)资产负债表日取得确凿证据,表明某项资产资产负债表日发生了减值或者需要调整该项资产原先确认的减值金额。

(3)资产负债表日后进一步确定了资产负债表日前购买资产的成本或出售资产的收入。

(4)资产负债表日后发现了财务报表舞弊或差错。

【例9.2】 2011年甲公司对乙公司所欠的800 000元债务在编制资产负债表时,因乙企业的经营状况不佳,估计提取了10%的坏账准备,即80 000元。这样在资产负债表上应收账款的净值为720 000元。在次年的1月30日,在甲公司财务报告报出之前获得了进一步的证据,乙公司的财务状况继续恶化,只能归还所欠款项的50%。

本例中,这表明资产负债表编报日存在的情况,属于资产负债表日后的调整事项,只是在财务报表批准报出日前进一步提供了证据,所反映的乙公司归还应收账款的金额不准确,应予以重新估计,通过编制调整分录对资产负债表的相关数据进行调整。

【例9.3】 甲公司与乙公司签订合同,合同中表明2010年乙公司在年度内向甲公司提供指定数量的电力。由于乙公司推迟了修建新的发电厂的计划,致使乙公司没有履行合同规定的义务,甲公司不得不以较高的价格从另一家企业购买电力。2010年甲公司通过法律手段要求赔偿由于乙公司违约所造成的经济损失2 000万元。在2010年后期,法院作出了乙公司赔偿甲公司全部损失的判决。在编制2010年度的资产负债表时,甲公司认为它有法定权力获得赔偿,乙公司的任何上诉都不会获胜,并且乙公司的财务状况足以偿还此项赔偿款。因此将很可能收回的赔偿款作为一项应收款列示在资产负债表上。2011年1月,甲公司接到乙公司的通知,乙公司建议用现金1 680万元结算赔偿款,余下的赔偿款不再支付,甲公司接受了以此全部结案的建议,并收到乙公司的赔款。

本例中,甲公司在2010年12月31日就已经知道乙公司近日要支付赔偿款,并根据赔款很可能收回作出了估计。然而在2011年1月甲公司实际收到的赔款又与2010年12月31日所作出的估计不符。因此必须调整财务报告中的相关数字,以使甲公司2010年度的财务报告更能真实地反映企业的实际情况。

(二)资产负债表日后的非调整事项

资产负债表日后的非调整事项,是指表明资产负债表日后发生的情况的事项。企业发生的资产负债表日后非调整事项,不应当调整资产负债表日的财务报表。

企业发生的非调整事项,不影响企业资产负债表日企业的财务报表数字,只说明了资产负债表日后发生了某些情况,对财务报告使用者而言,非调整事项说明的情况有的重要,有的不重要。其中重要的非调整事项虽然不影响资产负债表日的财务报告的数据,但可能影响资产负债表日后的财务状况和经营成果,不加以说明将会影响财务报告使用者作出正确的估计和判断,因此需要适当说明。

企业发生的非调整事项,通常包括:
(1)资产负债表日后发生重大诉讼、仲裁、承诺。
(2)资产负债表日后发生资产价格、税收政策、外汇汇率发生重大变化。
(3)资产负债表日后发生的自然灾害导致资产发生重大损失。
(4)资产负债表日后发行股票和债券以及其他巨额举债。
(5)资产负债表日后资本公积转增资本。
(6)资产负债表日后发生巨额亏损。
(7)资产负债表日后发生企业合并或处置子公司。

值得注意的是:资产负债表日后,企业利润分配方案中拟分配的以及经审议批准宣告发放的股利或利润,不确认为资产负债表日的负债,但应当在附注中单独披露。

【例9.4】 甲公司2010年度的财务报告于2011年的3月26日经董事会批准对外报出。2011年3月1日甲公司与银行签订了8 000 000万元的10年期限的长期贷款合同。用于生产项目的技术改造。

本例中,甲公司与银行签订贷款的事项发生在2011年度,且在2010年度财务报告尚未批准报出的期间内,即该事项发生在资产负债表日后事项所涵盖的期间内。该事项在2010年12月31日之前尚未发生,与资产负债表日存在的状况无关,不影响2010年度资产负债表日企业的财务报表数字。但是,该事项属于重要事项,会影响公司以后期间的财务状况经营,因此,需要在附注中予以披露。

(三)资产负债表日后调整事项与非调整事项的区别

资产负债表日后发生的事项究竟是调整事项还是非调整事项,取决于该事项表明的情况在资产负债表日或资产负债表日以前是否存在。若该情况在资产负债表日或之前已经存在,则属于调整事项;反之,属于非调整事项。

【例9.5】 甲公司2011年10月向乙公司出售一批材料,价款2 000万元,根据销售合同,乙公司应当在收到原材料后3个月内付款。至2011年12月31日乙公司尚未付款。假定甲公司在编制2011年度财务报告时有以下两种情况:

(1)2011年12月31日甲公司根据掌握的资料判断,乙公司有可能破产清算,估计应收账款的20%无法收回,故按20%的比例计提了坏账准备。2012年1月20日,甲公司接到通知,乙公司已被破产清算,甲公司估计有70%的债权无法收回。

(2)2011年12月31日乙公司财务状况良好,甲公司预计应收账款可能按时收回,2012年1月20日,乙公司发生重大火灾,导致甲公司应收账款的50%无法收回。2012年3月15日,甲公司的财务报表经批准对外公布。

本例中,(1)导致甲公司应收账款无法收回的事实是乙公司的财务状况恶化,该事实在资产负债表日已经存在,乙公司宣告破产只是证实了资产负债表日乙公司财务状况恶化的情况,因此,乙公司破产导致的甲公司应收账款无法收回的事项属于调整事项。(2)导致甲公司应收账款损失的因素是火灾,火灾是不可预计的,应收账款发生损失这一事实,是在资产负债表日后才发生的,因此火灾导致甲公司应收账款发生坏账的事实属于非调整事项。

在理解资产负债表日后事项的会计处理时,还要说明以下三点:

第一,如何确定资产负债表日后事项是调整事项还是非调整事项,是对资产负债表日后事项进行会计处理的关键。调整与非调整事项是一个广泛的概念,就事项本身而言,可以有各种各样的性质,只要符合企业会计准则中对这两类事项的判断原则即可。另外,同一性质的事项可能是调整事项,也可能是非调整事项,这取决于该事项表明的情况是在资产负债表日或资产负债表日以前已经存在或发生,还是在资产负债表日后才发生的。

第二,企业会计准则以列举的方式说明了资产负债表日后事项中,哪些属于调整事项,哪些属于非调整事项,但并没有列举详尽。实务中,会计人员应当按照资产负债表日后事项的判断原则,确定资产负债表日后事项中哪些是调整事项,哪些是非调整事项。

第三,调整事项与非调整事项的会计处理不同。调整事项需要作出调整分录,并据此调整财务报表中相关项目的数字,调整后一般不需要在报表中披露;而非调整事项的发生,一般只作正常的账务处理,不作调整分录,但需要在报表附注中说明。

第二节 资产负债表日后调整事项的会计处理

一、资产负债表日后调整事项的处理原则

企业发生的资产负债表日后调整事项,应当调整资产负债表日的财务报表。对于年度财务报告而言,由于资产负债表日后事项发生在报告年度次年,报告年度的有关账已经结转,特别是损益类科目在结账以后已经无余额。因此,年度资产负债表日后发生的调整事项,应根

据具体情况加以处理。

（一）涉及损益的事项

涉及损益的调整事项，通过"以前年度损益调整"科目核算。调整增加以前年度利润或减少以前年度亏损的事项，记入"以前年度损益调整"科目的贷方；调整减少以前年度利润或增加以前年度亏损的事项，记入"以前年度损益调整"科目的借方。

涉及损益的调整事项，如果发生在企业资产负债表日所属的会计年度（即报告年度）所得税汇算清缴前的，应当调整报告期的应纳税所得额、应纳所得税税额；如果发生在企业资产负债表日所属的会计年度所得税汇算清缴后的，应当调整本年度（即报告年度的次年）应纳税所得额、应纳所得税税额。

由于以前年度损益调整增加的所得税费用，记入"以前年度损益调整"科目的借方，同时贷记"应交税费——应交所得税"、"递延所得税负债"等科目；由于以前年度损益调整减少的所得税费用，记入"以前年度损益调整"科目的贷方，同时借记"应交税费——应交所得税"、"递延所得税资产"等科目。

调整完成后，将"以前年度损益调整"科目的余额转入"利润分配——未分配利润"科目。"以前年度损益调整"科目如为贷方余额的，应借记"以前年度损益调整"科目，贷记"利润分配——未分配利润"科目；若为借方余额的，则作相反分录。"以前年度损益调整"科目结转后无余额。

（二）涉及利润分配的事项

涉及利润分配事项的，直接在"利润分配——未分配利润"科目核算。

（三）不涉及损益及利润分配的事项

不涉及损益及利润分配的事项，调整相关科目。

（四）调整财务报表相关的数字

通过上述财务处理以后，还应当调整财务报表相关的数字，包括：
(1)资产负债表日编制的财务报表相关项目的期末数或本年发生数。
(2)当期编制的会计报表相关项目的期初数或上年数。
(3)经过上述调整后，如果涉及会计报表附注内容的，还应当调整会计附注相关项目的数字。

二、资产负债表日后调整事项的具体会计处理

为简化处理，如无特殊说明，本章的例题均假定如下：财务报告批准报出日为此年的4月22日，所得税税率为25%，按净利润的10%提取法定盈余公积、提取法定盈余公积后不再作其他分配；调整事项按税法规定均可调整应交纳的所得税，涉及递延所得税资产的，均假定在未来的会计期间很可能取得用于抵扣暂时性差异的应纳税所得额；不考虑报表附注中有关现

金流量表项目的数字;所得税会计核算采用资产负债表法。

(一)资产负债表日后资产减值事项

资产负债表日后资产减值是指在资产负债表日,根据当时的资料判断某项资产可能发生了减值损失;但没有最后确定是否会发生,因而按照当时最佳估计金额反映在财务报表中;但在资产负债表日至财务报告批准报出日之间,所取得的确凿证据证明该事实成立,即某项资产已经发生了损失或减值,则应对资产负债表日所作的估计予以修正。

【例9.6】 甲公司2010年4月销售给乙公司一批产品,价款58 000万元(含应向购买方收取的增值税),乙公司于5月份收到所购买的货物并验收入库。按合同规定,乙公司应当在收到购买物资后的1个月内付款。由于乙公司财务状况不佳,到2010年12月31日仍未付款。甲公司于2010年12月31日编制财务报表时,已为该项应收账款计提了5%的坏账准备,即2 900万元,12月31日该项应收账款已按55 100万元列示资产负债表中"应收账款"项目内。甲公司于2011年3月2日(所得税汇算清缴前)接到乙公司的通知,乙公司已宣告破产,无力偿还所欠部分货款,甲公司预计只能收回应收账款的40%。

根据以上资料,甲公司首先判断该会计事项属于资产负债表日后的调整事项,并根据调整事项的处理原则进行如下处理:

(1)补提坏账准备,调整资产减值损失:

应补提的坏账准备=58 000 ×60% -2 900 =31 900(万元)

借:以前年度损益调整　　　　31 900

　　贷:坏账准备　　　　　　　　31 900

(2)调整递延所得税资产:

递延所得税资产=31 900 ×25% =7 975(万元)

借:递延所得税资产　　　　　7 975

　　贷:以前年度损益调整　　　　7 975

(3)将"以前年度损益调整"科目的余额结转利润分配:

借:利润分配——未分配利润　23 925

　　贷:以前年度损益调整　　　　23 925

(4)调整利润分配有关数字:

借:盈余公积　　　　　　　　2 392.5

　　贷:利润分配——未分配利润　2 392.5

(5)调整报告年度财务报表的相关数字如表9.1、表9.2、表9.3所示。

为便于比较,假设2010年12月31日存在状况编制的财务报表的数字在"调整前"栏反映,按照资产负债表日后事项发生的调整事项调整后的数字在"调整后"栏反映。

①调整资产负债表项目的年末数,如表9.1所示。

表 9.1 资产负债表(局部)

编制单位:甲公司　　　　　　　　　　2010 年 12 月 31 日　　　　　　　　　　金额单位:元

资产	年末数		
	调整前	调增(减)	调整后
……	……	……	……
应收账款	76 000	-31 900	44 100
……	……	……	……
递延所得税资产	3 000	7 975	10 975
……	……	……	……

负债和所有者权益	年末数		
	调整前	调增(减)	调整后
……	……	……	……
盈余公积	8 000	-2 392.5	5 607.5
未分配利润	40 000	-23 925+2 392.5	18467.5
……	……	……	……

②调整利润表项目的本年金额,如表 9.2 所示。

表 9.2 利润表(局部)

编制单位:甲公司　　　　　　　　　　2010 年度　　　　　　　　　　金额单位:元

项目	本年金额		
	调整前	调增(减)	调整后
……	……	……	……
减:资产减值损失	58 000	319 00	899 00
二、营业利润(亏损以"-"号列示)	425 000	-31 900	393 100
……	……	……	……
三、利润总额(亏损以"-"号列示)	375 000	-31 900	343 100
减:所得税费用	25 600	-7 975	17 625
四、净利润	349 400	-23 925	325 475

③调整所有者权益变动表的本年金额,如表 9.3 所示。

表9.3 所有者权益变动表(局部)

编制单位:甲公司　　　　　　　　　　2010年度　　　　　　　　　　金额单位:元

项　目	本年金额					
	盈余公积			未分配利润		
	调整前	调增(减)	调整后	调整前	调增(减)	调整后
……	……	……	……	……	……	……
三、本年增减变动金额 （减少以"-"列示）	……	-2 329.5	……	……	-23 925	……
（一）净利润	……	—	……	……	-2 392.5	……
……	……	……	……	……	—	……
（四）利润分配	……	-2329.5	……	……	2392.5	……
1.提取盈余公积	……	-2 329.5	……	……	2 392.5	……
……	……	……	……	……	……	……
四、本年年末余额	8 000	-2 329.5	5 607.5	40 000	-23 925	18 467.5

④调整2011年3月份资产负债表相关项目的年初数。甲公司在编制2011年1、2月份的财务报表时,按照表9.1中调整前的数字作为资产负债表的年初数,由于发生了资产负债表日后调整事项,甲公司除了调整2010年度财务报表相关数字之外,还应当调整2011年3月份的资产负债表相关项目的年初数,其年初数按照表9.1中调整后的数字填列。

(二)资产负债表日后诉讼案件结案事项

资产负债表日后诉讼案件结案,法院判决证实了企业在资产负债表日已经存在的现时业务,需要调整原来确认的与该诉讼案件相关的预计负债,或确认一项新的负债。

资产负债表日后结案的诉讼案件事项是指导致该诉讼案件的事项在资产负债表日已经存在,但尚不具备确认负债的条件而未加以确认。资产负债表日后至财务报告报出日之间获得了新的或进一步的证据(法院判决结果),表明符合负债确认条件,因此应当在财务报告中确认为一项新负债;或在资产负债表日虽已确认,但需要根据判决结果调整已确认负债的金额。

【例9.7】　甲公司与乙公司签订了一项购销合同,合同中订明甲公司在2010年8月销售给乙公司一批货物。由于甲公司未履行义务未能及时发货,致使乙公司发生了巨大的经济损失。2010年12月乙公司将甲公司告上法庭,要求甲公司赔偿其全部经济损失540 000元。该诉讼案件在2010年12月31日尚未判决,甲公司按照或有事项准则的相关规定对该诉讼事项确认预计负债300 000元,并反映在12月31日的财务报表中。2011年3月8日经法院一审判决,甲公司应赔偿乙公司经济损失520 000元,甲、乙双方服从判决,不再上诉。判决当日,甲公司向乙公司支付了赔偿款520 000元人民币。甲、乙公司2010年度所得税汇算清缴均在

2011年5月15日完成。税法规定,预计负债产生的损失不允许在预计时税前抵扣,只有在损失实际发生时,才允许抵扣。

本例中,2011年3月8日法院判决,证实了甲、乙两公司在资产负债表日(2010年12月31日)分别存在现时赔偿义务和获赔权利。因此两家公司均应将"法院判决"这一事项作为调整事项进行处理。甲、乙公司在2010年度所得税汇算清缴均在2011年5月15日完成。因此,甲、乙两家公司均应根据法院判决结果调整报告年度应纳税所得额和应纳所得税税额。

(一)甲公司相关会计处理

1.记录支付的赔偿款时

(1)结转预计负债时:

借:预计负债　　　　　　　　　300 000
　　贷:其他应付款　　　　　　　　　300 000

(2)调整营业外支出时:

借:以前年度损益调整　　　　　220 000
　　贷:其他应付款　　　　　　　　　220 000

(3)支付赔偿款时:

借:其他应付款　　　　　　　　520 000
　　贷:银行存款　　　　　　　　　　520 000

需要说明的是:资产负债表日后发生的调整事项如果涉及现金项目的,均不调整报告年度资产负债表的货币项目和现金流量表正表相关项目数字。本例中,虽然支付了赔偿款,但在调整财务报表相关项目数字时,只需调整上述第一和第二笔会计分录,不需作调整第三笔会计分录,第三笔会计分录是作为2011年度的会计事项处理的。

2.调整应交所得税和所得税费用时

借:应交税费——应交所得税　　　[(300000+220000)×25%]130 000
　　贷:以前年度损益调整　　　　　　　　　　　　　　　　　　130 000

3.冲减递延所得税资产,调整所得税费用时

借:以前年度损益调整　　　　　75 000
　　贷:递延所得税资产　　　　　　　75 000

注:2010年末在确认预计负债300 000元时,已确认相应的递延所得税资产,资产负债表日后事项发生后结平预计负债,导致递延所得税资产不复存在,故应冲销相应记录。

4.将"以前年度损益调整"科目的余额转入未分配利润时

借:利润分配——未分配利润　　165 000
　　贷:以前年度损益调整　　　　　　165 000

5.调减盈余公积时

借:盈余公积　　　　　　　　　16 500
　　贷:利润分配——未分配利润　　　16 500

6. 调整报告年度财务报告相关数字时

(1) 调整资产负债表相关项目的年末数,如表 9.4 所示。

表 9.4 资产负债表(局部)

编制单位:甲公司　　　　　　　　2010 年 12 月 31 日　　　　　　　　金额单位:元

资产	年末数		
	调整前	调增(减)	调整后
……	……	……	……
递延所得税资产	……	-75 000	……
……	……	……	……
资产合计	……	-75 000	……

负债和所有者权益	年末数		
	调整前	调增(减)	调整后
……	……	……	……
应交税费	……	-130 000	……
其他应付款	……	520 000	……
预计负债	……	-300 000	……
……	……	……	……
盈余公积	……	-16 500	……
未分配利润	……	-148 500	……
负债和所有者权益合计	……	-75 000	……

(2) 调整利润表项目的本年金额,如表 9.5 所示。

表 9.5 利润表(局部)

编制单位:甲公司　　　　　　　　2010 年度　　　　　　　　金额单位:元

项　目	本年金额		
	调整前	调增(减)	调整后
……	……	-	……
二、营业利润(亏损以"-"号列示)	……	-	……
……	……	-	……
减:营业外支出	……	220 000	……
三、利润总额(亏损以"-"号列示)	……	-220 000	……
减:所得税费用	……	-55 000	……
四、净利润	……	-165 000	……

(3)调整所有者权益变动表的本年金额,如表9.6所示。

表9.6 所有者权益变动表(局部)

编制单位:甲公司　　　　　　　　　　2010年度　　　　　　　　　　金额单位:元

项目	本年金额					
	盈余公积			未分配利润		
	调整前	调增(减)	调整后	调整前	调增(减)	调整后
……	……	—	……	……	—	……
三、本年增减变动金额(减少以"-"列示)	……	-165 000	……	……	-148 500	……
(一)净利润	……	—	……	……	-165 000	……
……	……	—	……	……	……	……
(四)利润分配	……	-165 000	……	……	16 500	……
1.提取盈余公积	……	-165 000	……	……	16 500	……
……	……	……	……	……	……	……
四、本年年末余额	……	-165 000	……	……	-148 500	……

(二)乙公司相关会计处理

1. 记录收到赔偿款时

(1)调整营业外收入时:

借:其他应收款　　　　　　520 000
　　贷:以前年度损益调整　　　　　520 000

(2)收到赔偿款时:

借:银行存款　　　　　　　520 000
　　贷:其他应收款　　　　　　　　520 000

需要说明的是:资产负债表日后发生的调整事项如果涉及现金项目的,均不调整报告年度资产负债表的货币项目和现金流量表正表相关项目数字。本例中,虽然支付了赔偿款,但在调整财务报表相关项目数字时,只需调整上述第一笔会计分录,不需调整第二笔会计分录,第二笔会计分录是作为2011年度的会计事项处理的。

2. 调整应交所得税和所得税费用时

借:以前年度损益调整　　　　　　　　130 000
　　贷:应交税费——应交所得税　　　　　　130 000

3. 将"以前年度损益调整"科目的余额转入未分配利润时

借：以前年度损益调整　　　　　　　　390 000
　　贷：利润分配——未分配利润　（520 000-130 000）390 000

4. 补提盈余公积时

借：利润分配——未分配利润　　　　　39 000
　　贷：盈余公积　　　　　　　　　　　　39 000

5. 调整报告年度财务报告相关数字时

(1) 调整资产负债表相关项目的年末数，如表9.7所示。

表9.7　资产负债表（局部）

编制单位：乙公司　　　　2010年12月31日　　　　金额单位：元

资　产	年末数		
	调整前	调增（减）	调整后
……	……	……	……
其他应收款	……	520 000	……
……	……	……	……
资产合计	……	520 000	……
负债和所有者权位置	年末数		
	调整前	调增（减）	调整后
……	……	……	……
应交税费	……	130 000	……
……	……	……	……
盈余公积	……	39 000	……
未分配利润	……	351 000	……
负债和所有者合计	……	520 000	……

(2) 调整利润表项目的本年金额，如表9.8所示。

表9.8 利润表(局部)

编制单位:乙公司　　　　　　　　　2010年度　　　　　　　　　金额单位:元

项目	本年金额		
	调整前	调增(减)	调整后
……	……	—	……
二、营业利润(亏损以"-"号列示)	……	—	……
……	……	—	……
加:营业外收入	……	520 000	……
三、利润总额(亏损以"-"号列示)	……	520 000	……
减:所得税费用	……	130 000	……
四、净利润	……	390 000	……

(3)调整所有者权益变动表的本年金额,如表9.9所示。

表9.9 所有者权益变动表(局部)

编制单位:乙公司　　　　　　　　　2010年度　　　　　　　　　金额单位:元

项目	本年金额					
	盈余公积			未分配利润		
	调整前	调增(减)	调整后	调整前	调增(减)	调整后
……	……	—	……	……	—	……
三、本年增减变动金额(减少以"-"列示)	……	39 000	……	……	351 000	……
(一)净利润	……	—	……	……	390 000	……
……	……	—	……	……	—	……
(四)利润分配	……	39 000	……	……	-39 000	……
1.提取盈余公积	……	39 000	……	……	-39 000	……
……	……	……	……	……	……	……
四、本年年末余额	……	39 000	……	……	351 000	……

(三)资产负债表日后发现财务报表舞弊或差错事项

资产负债表日后发现财务报表舞弊或差错事项是指在资产负债表日后期间发现报告期或以前期间存在的财务舞弊或差错。企业发生这一会计事项后,应当将其作为资产负债表日后事项,调整报告期间的财务报告相关项目的数字。一般来说,财务舞弊均是重要事项,但发生的差错,可能是重要差错,也可能是非重要差错。

【例9.8】 甲公司于2012年3月5日,发现2011年5月购买的一台管理用固定资产漏记折旧3 000 000元(属于前期重要差错)。甲公司2011年度所得税申报在2012年5月15日完成。

根据上述资料,甲公司的会计处理如下:

2012年3月5日,发现报告期2011年漏记管理用固定资产折旧3 000 000元,为前期重要差错,属于资产负债表日后事项,应调整报告期2011年度财务报表的相关项目的数字。

1. 补提折旧,调整管理费用时

借:以前年度损益调整　　　　　　　　3 000 000
　　贷:累计折旧　　　　　　　　　　　　　3 000 000

2. 调整应交所得税和所得税费用时

借:应交税费——应交所得税　　　　　750 000
　　贷:以前年度损益调整　　　　　　　　　750 000

注:报告年度的折旧在所得税汇算清缴前补提,可在报告年度税前抵扣。

3. 将"以前年度损益调整"科目的余额转入未分配利润时

借:利润分配——未分配利润　　　　2 250 000
　　贷:以前年度损益调整　　　　　　　　2 250 000

4. 调减盈余公积时

借:盈余公积　　　　　　　　　　　　　225 000
　　贷:利润分配——未分配利润　　　　　225 000

5. 调整报告年度财务报告相关数字时。

(1) 调整资产负债表相关项目的年末数,如表9.10所示。

表9.10　资产负债表(局部)

编制单位:甲公司　　　　2011年12月31日　　　　金额单位:元

资产	年末数		
	调整前	调增(减)	调整后
……	……	……	……
固定资产	……	-3 000 000	……
……	……	-	……
资产合计	……	-3 000 000	……
负债和所有者权位置	年末数		
	调整前	调增(减)	调整后
……	……	……	……
应交税费	……	-750 000	……
……	……	……	……
盈余公积	……	-225 000	……
未分配利润	……	-2 025 000	……
负债和所有者合计	……	-3 000 000	……

(2) 调整利润表项目的本年金额,如表9.11所示。

表9.11 利润表(局部)

编制单位:甲公司　　　　　　　　　2011年度　　　　　　　　　金额单位:元

项目	本年金额		
	调整前	调增(减)	调整后
……	……	—	……
减:管理费用	……	3 000 000	……
二、营业利润(亏损以"-"号列示)	……	-3 000 000	……
……	……	—	……
三、利润总额(亏损以"-"号列示)	……	-3 000 000	……
减:所得税费用	……	-750 000	……
四、净利润	……	-2 250 000	……

(3) 调整所有者权益变动表的本年金额,如表9.12所示。

表9.12 所有者权益变动表(局部)

编制单位:甲公司　　　　　　　　　2011年度　　　　　　　　　金额单位:元

项目	本年金额					
	盈余公积			未分配利润		
	调整前	调增(减)	调整后	调整前	调增(减)	调整后
……	……	—	……	……	—	……
三、本年增减变动金额(减少以"-"列示)	……	-225 000	……	……	-2 025 000	……
(一)净利润	……	—	……	……	-2 250 000	……
……	……		……	……		……
(四)利润分配	……	-225 000	……	……	225 000	……
1.提取盈余公积	……	-225 000	……	……	225 000	……
……	……		……	……		……
四、本年年末余额	……	-225 000	……	……	-2 025 000	……

(四)资产负债表日后进一步确定了资产负债日前购入资产的成本或出售资产的收入

这一类调整事项包括以下两个方面的内容:

(1)若资产负债表日前购买的资产已经按暂估金额入账,资产负债表日后获得证据,可以进一步确定该资产的成本,则应对已入账的资产成本进行调整。

(2)企业在资产负债表日已根据收入确认条件确认资产销售收入,但资产负债表日后获得关于资产收入的进一步证据,如发生销售退回等,此时也应调整财务报表相关项目的金额。需要说明的是,资产负债表日后发生的销售退回,既包括报告年度或报告中期销售的商品在资产负债表日后发生的销售退回,也包括以前期间销售的商品在资产负债表日后发生的销售退回。

资产负债所属期间或以前期间所售商品在资产负债表日后退回的,应作为资产负债表日后调整事项,发生于在资产负债表日后至财务报告批准报出日之间的销售退回事项,可能发生于该企业年度所得税汇算清缴之前,也可能发生于该企业年度所得税汇算清缴之后,其会计处理分别为:

1. 涉及报告年度所属期间的销售退回发生于该企业报告年度所得税汇算清缴之前的,应调整报告年度利润表的收入、成本等,并相应调整报告年度的应纳税所得额以及报告年度应缴的所得税等。

【例9.9】 2011年11月8日销售一批商品给乙公司,取得收入120万元(不含税,增值税率17%)。甲公司发出商品以后,按着正常情况已确认收入,并结转成本100万元。2011年1月31日,该笔货款尚未收到,甲公司在12月31日按应收账款年末余额5%计提70 200元的坏账准备。2012年1月12日,由于产品质量问题,本批货物被退回。甲公司2012年2月28日完成2011年度所得税汇算清缴。

本例中,销售退回业务发生在资产负债表日后事项涵盖期间,属于资产负债表日后调整事项。由于销售退回发生在甲公司报告年度所得税汇算清缴之前,因此,在所得税汇算清缴时,应扣除该部分销售退回所实现的应纳税所得额。

甲公司的账务处理如下:

(1)2012年1月12日,调整销售收入时:

借:以前年度损益调整　　　　　　　　　1 200 000
　　应交税费——应交增值税(销项税额)　 204 000
　　贷:应收账款　　　　　　　　　　　　　1 404 000

(2)调整销售成本时:

借:库存商品　　　　　　　　　　　　　1 000 000
　　贷:以前年度损益调整　　　　　　　　 1 000 000

(3)调整应纳的所得税时:

借:应交税费——应交所得税　　　　　　　50 000
　　贷:以前年度损益调整　　　　　　　　　50 000

(4)将"以前年度损益调整"科目的余额转入利润分配时：
借：利润分配——未分配利润　　　　　150 000
　　贷：以前年度损益调整　　　　　　　　　150 000
(5)调整盈余公积时：
借：盈余公积　　　　　　　　　　　　15 000
　　贷：利润分配——未分配利润　　　　　　15 000
(6)调整相关财务报表(略)。

2.资产负债表日后事项涉及报告年度所属期间的销售退回发生于该企业报告年度所得税汇算清缴之后，应调整报告年度利润表的收入、成本等，但按照税法的规定，在此期间发生的销售退回所涉及的应缴所得税，应作为本年度的纳税调整事项。

第三节　资产负债表日后非调整事项的会计处理

一、资产负债表日后非调整事项的处理原则

资产负债表日后发生的非调整事项，是表明在资产负债表日后发生的情况的事项，与资产负债表日存在的状况无关，不应当调整资产负债表日的财务报表。但有的非调整事项对财务报告使用者具有重大的影响，如不加以说明，将不利于财务报告使用者作出正确的估计和决策。因此，应当在财务报告附注中加以披露。

二、资产负债表日后非调整事项的具体会计处理

资产负债表日后发生的非调整事项，应当在报表附注中披露每项重要的资产负债表日后非调整事项的性质、内容及其对财务状况和经营成果的影响。无法作出估计的，应当说明原因。资产负债表日后非调整事项的主要内容如下：

(一)资产负债表日后发生重大诉讼、仲裁、承诺事项

资产负债表日后发生重大诉讼、仲裁、承诺事项，对企业影响较大，为防止误导投资者和其他财务报告使用者，应当在财务报告附注中加以披露。

(二)资产负债表日后资产价格、税收政策、外汇汇率发生重大变化事项

资产负债表日后发生的资产价格、税收政策、外汇汇率发生重大变化，虽然不会影响资产负债表日的财务报表相关项目的数字，但对资产负债表日后期间的财务状况和经营成果有重大影响，应当在财务报表附注中予以披露。

(三)资产负债表日后因自然灾害导致资产发生重大损失事项

资产负债表日后发生的自然灾害导致的资产重大损失，不是企业主观上能够决定的，是由

不可抗力造成的。但这一事项对企业财务状况所产生的影响,如果不加以披露,有可能使报表使用者产生误解,导致作出错误的决策。因此,资产负债表日后发生的自然灾害导致的资产重大损失应作为非调整事项在财务报表附注中予以披露。

【例9.10】 甲公司于2010年9月6日销售给乙公司一批产品,价税合计金额为2 340万元,乙公司收到货物并验收合格入库,并于当日开出6个月承兑的商业汇票。甲公司于2010年12月31日编制2010年度财务报表时,将此笔应收票据填制在资产负债表中的"应收票据"项目内。甲公司在2011年2月8日接到乙公司的通知,乙公司在2月2日发生火灾,烧毁了大部分机器和设备,已经无力偿还所欠货款。

对于这一会计事项,首先判断是在2011年发生的,不影响2010年度财务报表的存在状况,属于非调整事项。但火灾的影响是较大的,不光导致乙公司烧毁了大部分机器和设备,近期无法进行生产经营,更主要导致不能偿还即将到期的甲公司债务,使甲公司经营受到影响,遭受损失。因此,甲公司应将此非调整事项在2010年度财务报表附注中进行披露。

(四)资产负债表日后发行股票和债券以及其他巨额举债事项

在资产负债表日后发行股票、债券以及向银行或非银行金融机构举借巨额债务,都是比较重大的事项,虽然这些事项与企业资产负债表日的存在状况无关,但这一事项的披露能使财务报告使用者了解此相关的情况及可能带来的影响,因此应当在财务报表附注中予以披露。

【例9.14】 甲公司于2011年1月15日经批准发行3年期债券500 000万元,面值100元,年利率10%,企业按照110元的价格发行,并于2011年3月15日结束发行。

对于这一会计事项,首先判断是在2011年发生的,不影响2010年度财务报表的存在状况,属于非调整事项。由于举借巨额债务,应当在2010年财务报表附注中进行披露。

(五)资产负债表日后资本公积转增资本事项

资产负债表日后,企业以资本公积转增资本将会改变企业的资本(或股本)的结构,影响较大,虽然这一事项与企业资产负债表日的存在状况无关,但应对这一事项作出披露,以使财务报告使用者了解企业资本公积转增资本可能会给投资者带来的影响。

(六)资产负债表日后发生巨额亏损事项

资产负债表日后发生的巨额亏损将会对企业报告期以后的财务状况和经营成果产生重大影响,应在财务报告附注中加以披露该事项,以便为投资者和其他财务报告使用者作出正确决策提供信息。

(七)资产负债表日后发生企业合并或处置子公司事项

资产负债表日后企业合并或处置子公司的行为可以影响股权结构、经营范围等方面的,对企业未来的生产经营活动能产生重大的影响的,应当在财务报告附注中进行披露。

（八）资产负债表日后，企业利润分配方案中拟分配的以及经审议批准宣告发放的股利或利润事项

资产负债表日后，企业制定的利润分配方案，拟分配或经审议批准宣告发放的股利或利润的行为，并不会导致企业在资产负债表日形成现实义务，虽然该事项的发生，可能导致企业负有支付股利或利润的业务，但支付义务在资产负债表日尚不存在，不应当调整资产负债表日的财务报告，因此，该事项为非调整事项。不过该事项对资产负债表日后的财务状况有较大的影响，可能导致现金大规模流出、企业股权结构变化等，为便于财务报告使用者更充分了解相关信息，企业需要在财务报告中适当披露该信息。

本 章 小 结

本章主要讲授资产负债表日后会计事项的概念、资产负债表日后事项的涵盖期间、资产负债表日后事项的内容、资产负债表日后调整事项和非调整事项的会计处理等相关内容，基本要点包括：

1. 资产负债表日后事项是指资产负债表至财务报告批准报出之间发生的有利或不利事项。资产负债表日是指会计年度末和中期期末。财务报告批准报出日是指董事会或类似权力机构批准财务报告报出的日期，通常是指对财务报告的内容负有法律责任的单位或个人批准财务报告对外公布的日期。

2. 资产负债表日后事项涵盖的期间是指自资产负债表日次日起财务报告批准报出日止的一段时间。对上市公司而言，这一期间内涉及几个日期，包括完成财务报告编制的日期、注册会计师出具审计报告日、董事会批准财务报告可以对外公布日、财务报告实际对外公布日等。资产负债表日后事项涵盖的期间包括报告期间的下一期间的第一天至董事会或类似机构批准财务报告对外公布的日期。财务报告批准对外报出以后、实际报出之前又发生的与资产负债表日后事项有关的事项，并由此影响财务报告对外公布日期的、应当以董事会或类似的几个再次批准财务报告对外公布的日期为截止日期。

3. 资产负债表日后事项不是资产负债表日后至批准报出日之间发生的有利和不利事项。对于有利和不利的事项，均按统一处理原则，即属于调整事项的，应当按照事项的内容进行相关的会计处理，并据此调整报告期的财务报告；属于非调整事项的，不调整报告期的财务报表，而应当在报表附注中予以披露。

4. 资产负债表日后事项包括调整事项和非调整事项两类。调整事项是指在资产负债表日已存在的情况，而在资产负债表日后又进一步提供确凿证据的事项；非调整事项是指在资产负债表日后发生的情况的事项。对于资产负债表日后事项究竟是调整事项还是非调整事项，取决于该事项表明的情况在资产负债表日或资产负债表日以前是否已经存在。若该事项在资产负债表日或之前已经存在，则属于调整事项；反之，则属于非调整事项。

思 考 题

1. 如何理解资产负债表日后事项的定义?
2. 如何确定资产负债表日后事项涵盖的期间?
3. 如何理解资产负债表日后调整事项的处理原则和方法?
4. 如何理解资产负债表日后非调整事项的处理原则和方法?

第十章

Chapter 10

分部报告与中期财务报告

【学习目标】
1. 熟悉分部报告的含义及分部的划分和合并；
2. 熟悉中期财务报告的含义及我国中期财务报告的内容；
3. 掌握我国对报告分部的确定标准及分部信息的披露；
4. 掌握我国对中期财务报告的确认和计量。

【能力目标】
1. 在会计实务中，能够熟练确定企业的报告分部并进行信息披露；
2. 在会计实务中，能够正确进行中期财务报告的确认和计量。

【引导案例】
朗林公司主要生产机床，其总公司在黑龙江省哈尔滨市，在上海、浙江、新疆、内蒙古等地均设有制造厂，其生产的产品主要销售到国内各省(市)、韩国、瑞典、南非和阿联酋等。该公司在确定地区分部时，就应当根据风险和报酬主要来自于资产所在地还是客户所在地，从而选择确定以资产所在地(如辽宁、上海、浙江、新疆、内蒙古等地)或客户所在地(如国内、韩国、瑞典、南非和阿联酋等)作为地区分部。

第一节 分部报告与中期财务报告概述

随着市场经济的发展，企业的生产经营规模日益扩大，经营范围也逐步突破单一业务界限，成为从事多种产品生产经营或从事多种业务经营活动的综合经营体；同时经营的地域范围也日益扩大，有的企业分别在国内不同地区甚至在境外设立分公司或子公司。在这种情况下，反映不同产品(或劳务)和不同地区经营的风险报酬信息越来越普遍地受到会计信息使用者的重视。我国《企业会计准则第35号——分部报告》主要规范了企业分部报告的编制方法和应披露的信息,有助于保证会计信息的充分披露,满足会计信息使用者的决策需要。

同时,伴随着经济全球一体化和我国社会主义市场经济的发展,市场竞争日趋激烈,市场信息瞬息万变,企业日常经营活动的波动和外部经营环境的变化频率不断加强,投资者、债权人等对公开披露的财务报告信息的及时性和相关性提出了更高的要求。我国《企业会计准则第32号——中期财务报告》规范了中期财务报告的编制及应当遵循的确认与计量原则。

一、分部报告

(一)分部报告的定义

分部报告,是指企业对外提供的财务会计报告中,按照确定的企业内部组成部分(业务分部或地区分部)提供和的各组成部分有关收入、费用成本、利润、资产、负债等有关信息的报告。

随着企业跨行业和跨地区经营,许多企业生产、销售多种产品和提供多种劳务,这些产品和劳务广泛分布于各个行业或不同地区。由于企业各种产品和劳务在其整体的经营活动中所占的比重各不相同,其营业收入、成本费用及利润(亏损)也不尽相同。同样地,每种产品或劳务在不同地区的经营业绩也存在差异。只有分析每种产品或劳务和不同经营地区的经营业绩,才能更好地把握企业整体的经营业绩。一般来说,企业在不同业务部门和不同地区的经营,会具有不同的利润率、发展机会、未来前景和风险。评估企业整体的风险和报酬,需要借助企业在不同业务和不同地区经营的信息。在这种情况下,反映企业不同产品或劳务和不同地区经营风险报酬的信息(即分部信息),越来越普遍地受到会计信息使用者的重视。

我国《企业会计准则第35号——分部报告》规定:

(1)企业存在多种经营或跨地区经营的,应当披露分部信息。但是,法律、行政法规另有规定的除外。

(2)企业应当以对外提供的财务报表为基础披露分部信息;对外提供合并财务报表的企业,应当以合并财务报表为基础披露分部信息。

(3)企业披露分部信息,应当区分业务分部和地区分部。

(二)分部的划分和合并

通常情况下,一个企业的内部组织和管理结构,以及向董事会或者类似机构的内部报告制度,是企业确定分部的基础。

1. 业务分部的划分

业务分部,是指企业内可区分的、能够提供单项或一组相关产品或劳务的组成部分。该组成部分承担了不同于其他组成部分的风险和报酬。

企业在确定业务分部时,应当结合企业内部管理要求,并考虑下列因素:

(1)各单项产品或劳务的性质,包括产品或劳务的规格、型号、最终用途等。

(2)生产过程的性质,包括采用劳动密集或资本密集方式组织生产、使用相同或者相似设备和原材料、采用委托生产或加工方式等。

(3)产品或劳务的客户类型,包括大宗客户、零散客户等。

(4)销售产品或提供劳务的方式,包括批发、零售、自产自销、委托销售、承包等。

(5)生产产品或提供劳务受法律、行政法规的影响,包括经营范围或交易定价限制等。

企业在具体确定业务分部时,特定的分部不大可能同时具有上述的全部因素。通常,业务分部应当在包含了上述的大部分因素时予以确定。

2. 地区分部的划分

地区分部,是指企业内可区分的、能够在一个特定的经济环境内提供产品或劳务的组成部分。该组成部分承担了不同于在其他经济环境内提供产品或劳务的组成部分的风险和报酬。

企业在确定地区分部时,应当结合企业内部管理要求,并考虑下列因素:

(1)所处经济、政治环境的相似性,包括境外经营所在地区经济和政治的稳定程度等。

(2)在不同地区经营之间的关系,包括在某地区进行产品生产,而在其他地区进行销售等。

(3)经营的接近程度大小,包括在某地区生产的产品是否需在其他地区进一步加工生产等。

(4)与某一特定地区经营相关的特别风险,包括气候异常变化等。

(5)外汇管理规定,即境外经营所在地区是否实行外汇管制。

(6)外汇风险。

企业在具体确定地区分部时,特定的分部不大可能同时具有上述的全部因素。通常,地区分部应当在包含了上述的大部分因素时予以确定。

3. 分部的合并

两个或两个以上的业务分部或地区分部同时满足下列条件的,可以予以合并:

(1)具有相近的长期财务业绩,包括具有相近的长期平均毛利率、资金回报率、未来现金流量等。

(2)确定业务分部或地区分部所考虑的因素类似。

二、中期财务报告

(一)中期财务报告的定义

中期财务报告,是指以中期为基础编制的财务报告。"中期",是指短于一个完整的会计年度(自公历1月1日起至12月31日止)的报告期间,它可以是一个月、一个季度或者半年,也可以是其他短于一个会计年度的期间,如1月1日至9月30日的期间等。因此,中期财务报告包括月度财务报告、季度财务报告、半年度财务报告,也包括年初至本中期末的财务报告。

(二)中期财务报告的构成

我国《企业会计准则第32号——中期财务报告》规定,中期财务报告至少应当包括以下部分:①资产负债表;②利润表;③现金流量表;④附注。这是中期财务报告最基本的构成。在编制中期财务报告时,应注意以下三点:

(1)资产负债表、利润表、现金流量表和附注是中期财务报告至少应当编制的法定内容,对其他财务报表或者相关信息,如所有者权益(或股东权益)变动表等,企业可以根据需要自行决定。但其他财务报表或者相关信息一旦在中期财务报告中提供,就应当遵循准则的各项规定。比如企业编制的所有者权益(或者股东权益)变动表报表,其内容和格式也应当与上年度相一致。

(2)中期资产负债表、利润表和现金流量表的格式和内容,应当与上年度财务报表相一致。但如果当年新施行的会计准则对财务报表格式和内容作了修改的,中期财务报表应当按照修改后的报表格式和内容编制,与此同时,在中期财务报告中提供的上年度比较财务报表的格式和内容也应当作相应的调整。如中期财务报告准则规定,基本每股收益和稀释每股收益应当在中期利润表中单独列示。企业在提供比较中期财务报告时,应当按新准则的要求作出相应调整。

(3)中期财务报告中的附注相对于年度财务报告中的附注而言,是适当简化的。中期财务报告附注的编制应当遵循重要性原则。如果某项信息没有在中期财务报告附注中披露,会影响到投资者等信息使用者对企业财务状况、经营成果和现金流量判断的正确性,那么就认为这一信息是重要的。但企业至少应当在中期财务报告附注中披露中期财务报告准则规定的信息。

第二节 分部报告

一、经营分部的认定

经营分部,是指企业内同时满足下列条件的组成部分:①该组成部分能够在日常活动中产生收入发生费用;②企业管理层能够定期评价该组成部分的经营成果,以决定向其配置资源、评价其业绩;③企业能够取得该组成部分的财务状况、经营成果和现金流量等有关会计信息。

企业应当以内部组织结构、管理要求、内部报告制度为依据确定经营分部。经济特征不相似的经营分部,应当分别确定为不同的经营分部。企业存在相似经济特征的两个或多个经营分部,例如,具有相似的长期业绩,包括具有相似的长期平均毛利率、资金回报率、未来现金流量等,将其合并披露可能更为恰当。具有相似经济特征的两个或多个经营分部,在同时满足下列条件时,可以合并为一个分部:

(1)各单项产品或劳务的性质相同或相似,包括产品或劳务的规格、型号、最终用途等。通常情况下,产品和劳务的性质相同或相似的,其风险、报酬率及其成长率可能较为接近,一般可以将其划分到同一经营分部中。对于性质完全不同的产品或劳务,不应当将其划分到同一经营分部中。

【例10.1】 甲公司主要从事食品的生产和销售,业务范围包括饮料、奶制品及冰激凌,碗碟、炊具用品,巧克力、糖果及饼干,制药产品等。在确定经营分部时,甲公司应当分别将其作为不同的经营分部主力,而不能将碗碟、炊具用品与巧克力、糖果及饼干等作为一个经营分部。

(2)生产过程的性质相同或相似,包括采用劳动密集或资本密集方式组织生产、使用相同或相似设备和原材料、采用委托生产或加工方式等。对于其生产过程的性质相同或相似的,可以将其划分为一个经营分部,如按资本密集型和劳动密集型划分经营部门。对于资本密集型的部门而言,其占用的设备较为先进,占用的固定资产较多,相应所负担的折旧费也较多,其经营成本受资产折旧费用的影响较大,受技术进步因素的影响也较大;而对于劳动密集型部门而言,其使用的劳动力较多,相对而言,劳动力的成本即人工费用的影响较大,其经营成果受人工成本的高低影响较大。

(3)产品或劳务的客户类型相同或相似,包括大宗客户、零散客户等。对于购买产品或接受劳务的同一类型的客户,如果其销售条件基本相同,例如,相同或相似的销售价格、销售折扣,相同或相似的售后服务,因而具有相同或相似的风险和报酬,而不同的客户,其销售条件不尽相同,由此可能导致其具有不同的风险和报酬。

(4)销售产品或提供劳务的方式相同或相似,包括批发、零售、自产自销、委托销售、承包等。企业销售产品或提供劳务的方式不同,其承受的风险和报酬也不相同。比如,在赊销方式下,可以扩大销售规模,但发生的收账费用较大,并且发生应收账款坏账的风险也很大;而在现销方式下,则不存在应收账款的坏账问题,不会发生收账费用,但销售规模的扩大有限。

(5)生产产品或提供劳务受法律、行政法规的影响相同或相似,包括经营范围或交易定价机制等。企业生产产品或提供劳务总是处于一定的经济法律环境之下,其所处的环境必然对其经营活动产生影响。对在不同法律环境下生产的产品或提供的劳务进行分类,进而向会计信息使用者提供不同法律环境下产品生产或劳务提供的信息,有利于会计信息使用者对企业未来的发展走向作出判断和预测;对相同或相似的法律环境下的产品生产或劳务提供进行归类,以提供其经营活动所生成的信息,同样有利于明晰地反映该类产品生产和劳务提供的会计信息。比如,商业银行、保险公司等金融企业易受特别的、严格的监管政策,在考虑该类企业确定某组成部分的产品和劳务是否相关时,应当考虑所受监管政策的影响。

【例10.2】 乙公司是一家全球性公司,总部设在美国,主要生产A、B、C、D四个品牌的皮箱、各种手提包、公文包、皮带等,以及相关产品的运输、销售,每种产品均由独立的业务部门完成。其生产的产品主要销往中国大陆、中国香港、日本、欧洲、美国国内等地。乙公司各项业务2011年12月31日的有关资料如表10.1所示。假定乙公司的管理层定期评价各业务部门的经营成果,以配置资源、评价业务;各品牌皮箱的生产过程、客户类型、销售方式等类似;经预测,生产皮箱的4个部门今后5年内平均销售毛利率与2009年差异不大。

表10.1 乙公司有关业务资料   金额单位:万元

项目	品牌A	品牌B	品牌C	品牌D	手提包	公文包	皮带	销售公司	运输公司	合计
营业收入	106 000	130 000	100 000	95 000	260 000	230 000	69 000	270 000	50 000	1 310 000
其中:对外交易收入	100 000	120 000	80 000	90 000	180 000	150 000	50 000	270 000	50 000	1 090 000
分部间交易收入	6 000	10 000	20 000	5 000	80 000	80 000	19 000			220 000
业务及管理费	74 200	92 300	69 000	66 500	156 000	142 600	55 200	220 000	30 000	905 800
其中:对外交易费用	60 000	78 300	57 000	62 000	149 000	132 000	47 200	205 000	30 000	820 500
分部间交易费用	14 200	14 000	12 000	4 500	7 000	10 600	8 000	15 000		85 300
利润总额	31 800	37 700	31 000	28 500	104 000	87 400	13 800	50 000	20 000	404 200
销售毛利率	30%	29%	31%	30%	40%	38%	20%	18.5%	40%	
资产总额	350 000	400 000	300 000	250 000	650 000	590 000	250 000	700 000	300 000	3 790 000
负债总额	150 000	170 000	130 000	100 000	300 000	250 000	100 000	300 000	180 000	1 680 000

本例中,乙公司的各个组成部分能够分别在日常生产活动中产生收入、发生费用,乙公司管理层定期评价各组成部分的经营成果以配置资源、评价业绩,乙公司能够取得各组成部分的财务状况、经营成果和现金流量等会计信息,因此,各组成部分满足经营分部的定义,可以分别确定为不同的经营分部。

与此同时,乙公司生产A、B、C、D品牌皮箱的4个部门,销售毛利率分别是30%、29%、31%、30%,即具有相近的长期财务业绩;同时,A、B、C、D这4个品牌皮箱的生产过程、客户类型、销售方式等类似,具有相似的经济特征。因此,乙公司在确定经营分部时,可以将生产4个品牌皮箱的组成部分予以合并,作为一个经营分部。合并后,皮箱经营分部的分部收入为431 000(106 000+130 000+100 000+95 000)万元,分部费用为302 000(74 200+92 300+69 000+66 500)万元,分部利润为129 000(31 800+37 700+31 000+28 500)万元。

二、报告分部的确定

报告分部,是指符合业务分部或地区分部的定义,按规定对其分部信息应予以披露的业务分部或地区分部。

（一）重要性标准的判断

企业应当以经营分部为基础确定报告分部。经营分部满足下列条件之一的，应当将其确定为报告分部：

1. 该分部的分部收入占所有分部收入合计的10%或者以上

分部收入，是指可归属于分部的对外交易收入和对其他分部交易收入。分部收入主要由可归属于分部的对外交易收入构成，通常为营业收入。可以归属于分部的收入来源于两个渠道：一是可以直接归属于分部的收入，即直接由分部的业务交易而发生；二是可以间接归属于分部的收入，即将企业交易发生的费用在相关分部之间进行分配，按属于某分部的收入金额确认为分部收入。

分部收入通常不包括下列项目：

（1）利息收入（包括因预付或借给其他分部款项而确认的利息收入）和股利收入（采用成本法核算的长期股权投资取得的股利收入），但分部的日常活动是金融性质的除外。

（2）营业外收入，如固定资产盘盈，处置固定资产净收益，出售无形资产净收益，罚没收益等。

（3）处置投资发生的净收益，但分部的日常活动是金融性质的除外。

（4）采用权益法核算的长期股权投资确认的投资收益，但分部的日常活动是金融性质的除外。

【例10.3】 沿用【例10.2】的资料，4个品牌的皮箱分部合并后，其分部收入合计431 000万元，占所有分部收入合计1 310 000万元的比例为32.9%（431 000÷1 310 000×100%），满足了不低于10%的条件。因此，从这一条件判断，乙公司在确定报告分部时，应当将皮箱分部确定为报告分部。

2. 该分部的分部利润（亏损）的绝对额，占所有盈利分部利润合计额或者所有亏损分部亏损合计额的绝对额两者中较大者的10%或者以上

分部利润（亏损），是指分部收入减去分部费用后的余额。不属于分部收入和分部费用的项目，在计算分部利润（亏损）时不得作为考虑的因素。

分部费用，是指可归属于分部的对外交易费用和对其他分部交易费用。分部费用主要由可归属于分部的对外交易费用构成，通常包括营业成本、营业税金及附加、销售费用等。与分部收入的确认相同，归属于分部的费用也来源于两个渠道：一是可以直接归属于分部的费用，即直接由分部的业务交易而发生；二是可以间接归属于分部的费用，即将企业交易发生的费用在相关分部之间进行分配，按属于某分部的费用金额确认为分部费用。

分部费用通常不包括下列项目：

（1）利息费用（包括因预收或向其他分部借款而确认的利息费用），如发行债券等，但分部的日常活动是金融性质的除外。

（2）营业外支出，如处置固定资产、无形资产等发生的净损失。

(3) 处置投资发生的净损失,但分部的日常活动是金融性质的除外。

(4) 采用权益法核算的长期股权投资确认的投资损失,但分部的日常活动是金融性质的除外。

(5) 与企业整体相关的管理费用和其他费用。

【例10.4】 沿用【例10.2】的资料,皮箱分部的利润为13 800万元,占所有盈利分部利润合计404 200万元的比例为3.41%(13 800÷404 200×100%),低于10%的条件。因此,从这一条件判断,乙公司在确定报告分部时,不应当将皮箱分部确定为报告分部。

销售公司分部的利润为50 000万元,占所有分部利润合计404 200万元的比例为12.37%(50 000÷404 200×100%),满足了不低于10%的条件。因此,从这一条件判断,乙公司在确定报告分部时,应当将皮箱销售公司分部确定为报告分部。

3. 该分部的分部资产占所有分部资产合计额的10%或者以上

分部资产,是指分部经营活动使用的可以归属于该分部的资产,不包括递延所得税资产。如果与两个或多个经营分部共用资产相关的收入和费用也分配给这些经营分部,该共用资产应分配给这些经营分部。共用资产的折旧费或摊销在计量分部经营成果时被扣减的,该资产应包括在分部资产中。企业在计量分部资产时,应当按照分部资产的账面价值进行计量,即按照扣除相关累计折旧或摊销额以及累计减值准备后的金额计量。

通常情况下,分部资产与分布利润(亏损)、分部费用等之间存在一定的对应关系,即:

(1) 如果分部利润(亏损)包括利息或股利收入,分部资产中就应当包括相应的应收账款、贷款、投资或其他金融资产。

(2) 如果分部费用包括某项固定资产的折旧费用,分部资产中就应当包括该项固定资产。

(3) 如果分部费用包括某项无形资产或商誉的摊销额或减值额,分部资产中就应当包括该项无形资产或商誉。

【例10.5】 沿用【例10.2】的资料,运输公司分部的资产为300 000万元,占所有分部资产合计3 790 000万元的比例为7.92%(300 000÷3 790 000×100%),低于10%的条件。因此,从这一条件判断,乙公司在确定报告分部时,不应当将运输公司分部确定为报告分部。

(二) 低于10%重要性标准的选择

经营分部未满足上述10%重要性判断标准的,可以按照下列规定确定报告分部:

(1) 企业管理层认为披露该经营分部信息对会计信息使用者有用的,可以将其确定为报告分部。在这种情况下,无论该经营分部是否满足10%的重要性标准,企业可以直接将其指定为报告分部。

(2) 将经营分部与一个或一个以上的具有相似经济特征、满足经营分部合并条件的其他经营分部合并,作为一个报告分部。对经营分部10%的重要性测试可能会导致企业存在大量未满足10%数量临界线的经营分部,在这种情况下,如果企业没有直接将这些经营分部指定为报告分部,可以将一个或一个以上具有相似经济特征、满足经营分部合并条件的一个以上的经营分部合并成一个报告分部。

(3) 不将该经营分部直接指定为报告分部,也不将该经营分部与其他未作为报告分部的经营分部合并为一个报告分部的,企业在披露分部信息时,应当将该经营分部的信息与其他组成部分的信息合并,作为其他项目单独披露。

(三) 报告分部75%的标准

企业的经营分部达到规定的10%重要性标准认定为报告分部后,确定为报告分部的经营分部的对外交易收入合计额占合并总收入或企业总收入的比重应当达到75%的比例。如果未达到75%的标准,企业必须增加报告分部的数量,将其他未作为报告分部的经营分部纳入报告分部的范围,直到该比重达到75%。此时,其他未作为报告分部的经营分部很可能未满足前述规定的10%的重要性标准,但为了使报告分部的对外交易收入合计额占合并总收入或企业总收入的总体比重能够达到75%的比例要求,也应当将其确定为报告分部。

【例10.6】 沿用【例10.2】的资料,根据报告分部的确定条件,符合条件已被确定为报告分部的分别是皮箱分部、手提包分部、公文包分部、销售公司分部。由于各报告分部的对外交易收入占企业总收入的比重分别为35.78%、16.51%、13.76%和24.77%,合计为90.82%,已达到75%的限制性标准,企业不需再增加报告分部的数量。具体计算结果如表10.2所示。

表10.2 报告分部重要性标准计算结果　　　　　　　金额单位:万元

项　目	皮箱	手提包	公文包	销售公司	小计	……	合计
营业收入	431 000	260 000	230 000	270 000	1 191 000	……	1 310 000
其中:对外交易收入	390 000	180 000	150 000	270 000	990 000	……	1 090 000
分部间交易收入	41 000	80 000	80 000		201 000	……	220 000
对外交易收入占企业总收入百分比	35.78%	16.51%	13.76%	24.77%	90.82%		100%

(四) 报告分部的数量

根据前述的确定报告分部的原则,企业确定的报告分部的数量可能超过10个,此时,企业提供的分部信息可能变得非常繁琐,不利于会计信息使用者理解和使用。因此,报告分部的数量通常不应当超过10个。如果报告分部的数量超过10个,企业应当将具有相似经济特征、满足经营分部合并条件的报告分部进行合并,以使合并后的报告分部数量不超过10个。

(五) 为提供可比信息确定报告分部

企业在确定报告分部时,除应当遵循相应的确定标准以外,还应当考虑不同会计期间分部信息的可比性和一贯性。对于某一经营分部,在上期可能满足报告分部的确定条件从而确定为报告分部,但本期可能并不满足报告分部的确定条件。此时,如果企业认为该经营分部仍然重要,单独披露该经营分部的信息能够更有助于会计信息使用者了解企业的整体情况,则不需考虑该经营分部的重要性标准,仍应当将该经营分部确定为本期的报告分部。

对于某一经营分部,在本期可能满足报告分部的确认条件从而确定为报告分部,但上期可能并不满足报告分部的确定条件未确定为报告分部。此时,出于比较目的提供的以前会计期间的分部信息应当重述,以将该经营分部反映为一个报告分部,即使其不满足确定为报告分部的条件。如果重述需要的信息无法获得,或者不符合成本效益原则,则不需要重述以前会计期间的分部信息。不论是否对以前期间相应的报告分部信息进行重述,企业均应当在报表附注中披露这一信息。

三、分部信息的披露

企业披露的分部信息,应当有助于会计信息使用者评价企业所从事经营活动的性质和财务影响以及经营所处的经济环境。企业应当以对外提供的财务报表为基础披露分部信息;对外提供合并财务报表的企业,应当以合并财务报表为基础披露分部信息。企业应当在附注中披露报告分部的下列信息:

(一)描述性信息

1. 确定报告分部考虑的因素

确定报告分部考虑的因素通常包括企业管理层是否按照产品和服务、地理区域、监管环境差异或综合各种因素进行组织管理。

【例10.7】 沿用【例10.2】的资料,乙公司披露的确定报告分部考虑的因素如下:

本公司的报告分部都是提供不同产品或服务的业务单元。由于各种业务需要不同的技术和市场战略,因此,本公司分别独立管理各个报告分部的生产经营活动,分别评价其经营成果,以决定向其配置资源,评价其业绩。

2. 报告分部的产品和劳务的类型

【例10.8】 沿用【例10.2】的资料,乙公司披露的报告分部的产品和业务的类型如下:

本公司有4个报告分部,分别为皮箱分部、手提包分部、公文包分部、销售公司分部。皮箱分部负责生产皮箱;手提包分部负责生产手提包;公文包分部负责生产公文包;销售公司分部负责销售本公司各组成部分生产的各种产品。

(二)每一报告分部的利润(亏损)总额相关信息

该信息包括利润(亏损)总额组成项目及计量的相关会计政策信息。企业管理层在计量报告分部利润(亏损)时运用了下列数据,或者未运用下列数据但定期提供给企业管理层的,应当在附注中披露每一报告分部的下列信息:

(1)对外交易收入和分部间交易收入。

(2)利息收入和利息费用。但是,报告分部的日常活动是金融性质的除外。报告分部的日常活动是金融性质的,可以仅披露利息收入减去利息费用后的净额,同时披露这一处理方法。

(3)折旧费用和摊销费用,以及其他重大的非现金项目。

(4)采用权益法核算的长期股权投资确认的投资收益。

(5)所得税费用或所得税收益。

(6)其他重大的收益或费用项目。

企业应当在附注中披露计量每一报告分部利润(亏损)的下列会计政策:

(1)分部间转移价格的确定基础。

(2)相关收入和费用分配给报告分部的基础。

(3)确定报告分部利润(亏损)使用的计量方法发生变化的性质,以及这些变化产生的影响。

(三)每一报告分部的资产总额、负债总额相关信息

该信息包括资产总额组成项目的信息,以及有关资产、负债计量的相关会计政策。企业管理层在计量报告分部资产时运用了下列数据,或者未运用下列数据但定期提供给企业管理层的,应当在附注中披露每一报告分部的下列信息:

(1)采用权益法核算的长期股权投资金额。

(2)非流动资产(不包括金融资产、独立账户资产、递延所得税资产)金额。

报告分部的负债金额定期提供给企业管理层的,企业应当在附注中披露每一报告分部的负债金额。

企业应当在附注中披露将相关资产或负债分配给报告分部的基础。

分部负债,是指分部经营活动形成的可归属于该分部的负债,不包括递延所得税负债。如果与两个或多个经营分部共同承担的与负债相关的费用分配给这些经营分部,该共同承担的负债也应当分配给这些经营分部。

【例10.9】 沿用【例10.2】的资料,假定乙公司总部资产总额为20 000万元,总部负债总额为12 000万元,其他资料如表10.3所示。

表10.3 乙公司其他资料金额   单位:万元

项目	品牌A	品牌B	品牌C	品牌D	手提包	公文包	皮带	销售公司	运输公司	合计
折旧费用	8 250	8 850	5 900	5 320	20 620	13 150	8 100	23 620	14 500	108 310
摊销费用	750	900	1 040	490	860	1 350	230	210		5 830
利润总额	31 000	28 000	32 050	37 950	104 000	87 400	17 000	50 000	16 800	404 200
所得税费用	7 750	7 000	8 012.5	9 487.5	26 000	21 850	4 250	12 500	4 200	101 050
净利润	23 250	21 000	24 037.5	28 462.5	78 000	65 550	12 750	37 500	12 600	303 150
资本性支出	20 000	15 000	50 000	8 500	35 000	7 600		850	400	137 350

根据上述资料,乙公司编制的报告分部利润(亏损)、资产及负债信息如表10.4(注:前期比较数据略)所示。

表10.4 乙公司报告分部利润(亏损)、资产及负债信息　　　金额单位:万元

项目	皮箱分部	手提包分部	公文包分部	销售公司分部	其他	分部间抵销	合计
一、对外交易收入	390 000	180 000	150 000	270 000	100 000		1 090 000
二、分部间交易收入	41 000	80 000	80 000		19 000	(220 000)	220 000
三、对联营和合营企业的投资收益							
四、资产减值损失							
五、折旧费和摊销费	31 500	21 480	14 500	23 830	22 830		114 140
六、利润总额(亏损总额)	129 000	104 000	87 400	50 000	33 800		404 200
七、所得税费用	32 250	26 000	21 850	12 500	8 450		101 050
八、净利润(净亏损)	96 750	78 000	65 550	37 500	25 350		303 150
九、资产总额	1 300 000	650 000	590 000	700 000	570 000		3 810 000
十、负债总额	550 000	300 000	200 000	300 000	342 000		1 692 000
十一、其他重要的非现金项目							
折旧费和摊销费以外的其他非现金费用	93 500	35 000	7 600	850	400		137 350
对联营企业和合营企业的长期股权投资							
长期股权投资以外的其他非流动资产增加额							

(四)除上述已经作为报告分部信息组成部分的披露内容外,企业还应当披露下列信息

(1)每一产品和劳务或每一类似产品和劳务组合的对外交易收入。但是,披露相关信息不切实可行的除外。企业披露相关信息不切实可行的,应当披露这一事实。

(2)企业取得的来自于本国的对外交易收入总额,以及企业从其他国家取得的对外交易收入总额。但是,披露相关信息不切实可行的除外。企业披露相关信息不切实可行的,应当披露这一事实。

(3)企业取得的位于本国的非流动资产(不包括金融资产、独立账户资产、递延所得税资

产)总额,以及企业位于其他国家的非流动资产(不包括金融资产、独立账户资产、递延所得税资产)总额。但是,披露相关信息不切实可行的除外。企业披露相关信息不切实可行的,应当披露这一事实。

(4)企业对主要客户的依赖程度。企业与某一外部客户交易收入占合并总收入或企业总收入的10%或以上,应当披露这一事实,以及来自该外部客户的总收入和相关报告分部的特征。

(五)报告分部信息总额与企业信息总额的衔接

报告分部收入总额应当与企业收入总额相衔接;报告分部利润(亏损)总额应当与企业利润(亏损)总额相衔接;报告分部资产总额应当与企业资产总额相衔接;报告分部负债总额应当与企业负债总额相衔接。

(六)比较信息

企业在披露分部信息时,为可比起见,应当提供前期的比较数据。对于某一经营分部,如果本期满足报告分部的确定条件确定为报告分部,即使前期没有满足报告分部的确定条件未确定为报告分部,也应当提供前期的比较数据。但是,重述信息不切实可行的除外。

企业内部组织结构改变导致报告分部组成发生变化的,应当提供前期比较数据。但是,提供比较数据不切实可行的除外,企业未提供前期比较数据的,应当在报告分部组成发生变化的当年,同时披露以新的报告分部和旧的报告分部为基础编制的分部信息。

不论企业是否提供前期比较数据,均应披露这一事实。

第三节　中期财务报告

一、中期财务报告编制应遵循的原则

(一)应当遵循与年度财务报告相一致的会计政策原则

企业在编制中期财务报告时,应当将中期视同为一个独立的会计期间,所采用的会计政策应当与年度财务报表所采用的会计政策相一致,包括会计要素确认和计量原则相一致。企业在编制中期财务报告时不得随意变更会计政策。

(二)应当遵循重要性原则

重要性原则是企业编制中期财务报告的一项十分重要的原则。具体应注意以下几点:

(1)重要性程度的判断应当以中期财务数据为基础,而不得以预计的年度财务数据为基础。这里所指的"中期财务数据",既包括本中期的财务数据,也包括年初至本中期末的财务数据。主要考虑有些对于预计的年度财务数据显得不重要的信息,对于中期财务数据而言可能是重要的。

(2)重要性原则的运用应当保证中期财务报告包括与理解企业中期末财务状况和中期经营成果及其现金流量相关的信息。企业在运用重要性原则时,应当避免在中期财务报告中由于不确认、不披露或者忽略某些信息而对信息使用者的决策产生误导。

(3)重要性程度的判断需要根据具体情况作具体分析和职业判断。通常,在判断某一项目的重要性程度时,应当将项目的金额和性质结合在一起予以考虑,而且在判断项目金额的重要性时,应当以资产、负债、净资产、营业收入、净利润等直接相关项目数字作为比较基础,并综合考虑其他相关因素。有时,在一些特殊情况下,单独依据项目的金额或者性质就可以判断其重要性。例如,企业发生会计政策变更,该变更事项对当期期末财务状况或者当期损益的影响可能比较小,但对以后期间财务状况或者损益的影响却比较大,因此会计政策变更从性质上属于重要事项,应当在财务报告中予以披露。

(三)应当遵循及时性原则

编制中期财务报告的目的是为了向会计信息使用者提供比年度财务报告更加及时的信息,以提高会计信息的决策有用性。中期财务报告所涵盖的会计期间短于一个会计年度,其编报的时间通常也短于年度财务报告,所以,中期财务报告应当能够提供比年度财务报告更加及时的信息。

为了体现企业编制中期财务报告的及时性原则,中期财务报告计量相对于年度财务数据的计量而言,在很大程度上依赖于估计。例如,企业通常在会计年度末对存货进行全面、详细的实地盘点,因此,对年末存货可以达到较为精确的计价。但是在中期末,由于时间上的限制和成本方面的考虑,有时不大可能对存货进行全面、详细的实地盘点,在这种情况下,对于中期末存货的计价就可在更大程度上依赖于会计估计,但是,企业应当确保所提供的中期财务报告包括了相关的重要信息。

需要说明的是,中期财务报告编制的重要性和及时性原则,是企业编制中期财务报告时需要特殊考虑的两个原则。同时,对于其他会计原则,比如可比性原则、谨慎性原则、实质重于形式原则等,企业在编制中期财务报告时也应当像年度财务报告一样予以遵循。

二、中期合并财务报表和母公司财务报表的编报要求

上年度编制合并财务报表的,中期期末应当编制合并财务报表。上年度财务报告除了包括合并财务报表,还包括母公司财务报表的,中期财务报告也应当包括母公司财务报表。上年度财务报告包括了合并财务报表,但报告中期内处置了所有应纳入合并范围的子公司的,中期财务报告只需要提供母公司财务报表,但上年度比较财务报表仍应当包括合并财务报表,上年度可比中期没有子公司的除外。具体包括以下内容:

(1)上年度编报合并财务报表的企业,其中期财务报告也应当编制合并财务报表,而且合并财务报表的合并范围、合并原则、编制方法和合并财务报表的格式与内容等也应当与上年度合并财务报表相一致。但当年新企业会计准则有新规定的除外。

(2)上年度财务报告包括了合并财务报表,但报告中期内处置了所有应纳入合并范围的子公司的,中期财务报告应包括当年子公司处置前的相关财务信息。

(3)企业在报告中期内新增子公司的,在中期末就应当将该子公司财务报表纳入合并财务报表的合并范围。

(4)应当编制合并财务报表的企业,如果在上年度财务报告中除了提供合并财务报表之外,还提供了母公司财务报表,如上市公司,那么在其中期财务报告中除了应当提供合并财务报表之外,也应当提供母公司财务报表。

三、比较财务报表编制要求

为了提高财务报告信息的可比性、相关性和有用性,企业在中期末除了编制中期末资产负债表、中期利润表和现金流量表之外,还应当提供前期比较财务报表。中期财务报告准则规定,中期财务报告应当按照下列规定提供比较财务报表:

(1)本中期末的资产负债表和上年度末的资产负债表。

(2)本中期的利润表、年初至本中期末的利润表以及上年度可比期间的利润表。其中,上年度可比期间的利润表包括:上年度可比中期的利润表和上年度年初至上年可比中期末的利润表。

(3)年初至本中期末的现金流量表和上年度年初至上年可比中期末的现金流量表。

【例10.10】 甲企业按照要求需要提供半年度中期财务报告,则该企业在截至2011年6月30日的上半年的财务报告中应当提供的财务报表如表10.5所示。

表10.5

报表类别	本年度中期财务报表时间(或者期间)	上年度比较财务报表时间(或者期间)
资产负债表	2011年6月30日	2010年6月30日
利润表	2011年1月1日至6月30日	2010年1月1日至6月30日
现金流量表	2011年1月1日至6月30日	2010年1月1日至6月30日

【例10.11】 乙企业按照要求需要提供季度财务报告,则该企业在截至2011年3月31日、6月30日和9月30日分别提供各季度财务报告(即第1、2、3季度财务报告)中就应当分别提供如下财务报表。

(1)2011年第1季度财务报告应当提供的财务报表如表10.6所示。

表10.6

报表类别	本年度中期财务报表时间(或者期间)	上年度比较财务报表时间(或者期间)
资产负债表	2011年3月31日	2010年12月31日
利润表*	2011年1月1日至3月31日	2010年1月1日至3月31日
现金流量表	2011年1月1日至3月31日	2010年1月1日至3月31日

*在第1季度财务报告中,"本中期"与"年初至本中期末"的期间是相同的,所以在第1季度财务报告中只需提供一张利润表,因为在第1季度,本中期利润表即为年初至本中期末利润表,相应地,上年度的比较财务报表也只需提供一张利润表。

(2)2011年第2季度财务报告应当提供的财务报表如表10.7所示。

表 10.7

报表类别	本年度中期财务报表时间(或者期间)	上年度比较财务报表时间(或者期间)
资产负债表	2011年6月30日	2010年12月31日
利润表(本中期)	2011年4月1日至6月30日	2010年4月1日至6月30日
利润表(年初至本中期末)	2011年1月1日至6月30日	2010年1月1日至6月30日
现金流量表	2011年1月1日至6月30日	2010年1月1日至6月30日

(3)2011年第3季度财务报告应当提供的财务报表如表10.8所示。

表 10.8

报表类别	本年度中期财务报表时间(或者期间)	上年度比较财务报表时间(或者期间)
资产负债表	2011年9月30日	2010年12月31日
利润表(本中期)	2011年7月1日至9月30日	2010年7月1日至9月30日
利润表(年初至本中期末)	2011年1月1日至9月30日	2010年1月1日至9月30日
现金流量表	2011年1月1日至9月30日	2010年1月1日至9月30日

需要说明的是,企业在中期财务报告中提供比较财务报表时,应当注意以下几个方面:

(1)企业在中期内按新准则规定,对财务报表项目在报告中期进行了调整,则上年度比较财务报表项目的有关金额应当按照本年度中期财务报表的要求进行重新分类,以确保其与本年度中期财务报表的相应信息相互可比。同时,企业还应当在附注中说明财务报表项目重新分类的原因及内容。如果企业因原始数据收集、整理或者记录等方面的原因,无法对比较财务报表中的有关金额进行重新分类,应当在附注中说明不能进行重新分类的原因。

(2)企业在中期内发生了会计政策变更的,其累积影响数能够合理确定、且涉及本会计年度以前中期财务报表净损益和其他相关项目数字的,应当予以追溯调整,视同该会计政策在整个会计年度一贯采用;对于比较财务报表可比期间以前的会计政策变更的累积影响数,应当根据规定调整比较财务报表最早期间的期初留存收益,财务报表其他相关项目的数字也应当一并调整。同时,在附注中说明会计政策变更的性质、内容、原因及其影响数;无法追溯调整的,应当说明原因。

(3)对于在本年度中期内发生的调整以前年度损益事项,企业应当调整本年度会计报表相关项目的年初数,同时,中期财务报告中相应的比较会计报表也应当为已经调整以前年度损益后的报表。

四、中期财务报告的确认与计量

(一)中期财务报告的确认与计量的基本原则

1. 中期会计要素的确认和计量原则应当与年度财务报表相一致

中期财务报告中各会计要素的确认和计量原则应当与年度财务报表所采用的原则相一致。即企业在中期根据所发生交易或者事项,对资产、负债、所有者权益(股东权益)、收入、费用和利润等会计要素进行确认和计量时,应当符合相应会计要素定义和确认、计量标准,不能因为财务报告期间的缩短(相对于会计年度而言)而改变。

(1)企业在编制中期财务报告时,不能根据会计年度内以后中期将要发生的交易或者事项来判断当前中期的有关项目是否符合会计要素的定义,也不能人为均衡会计年度内各中期的收益。

【例10.12】 汇海图书出版公司对外征订图书,收到订单和购书款与发送图书分属于不同的中期,则企业在收到订单和购书款的中期就不能确认图书的销售收入,因为此时与图书所有权有关的风险和报酬尚未转移,不符合收入确认的条件,企业只能在发送图书,并且与图书所有权有关的风险和报酬已经转移的中期才能确认收入。

(2)企业在中期资产负债表日对于待处理财产损溢项目,也应当像会计年度末一样,将其计入当期损益,不能递延到以后中期,因为它已经不符合资产的定义和确认标准。

【例10.13】 甲公司为一家化工生产企业,需要编制季度财务报告。2011年6月30日,甲公司在盘点库存时,发现一批账面价值为100万元的存货已经毁损。

本例中,对甲公司而言,该批存货已无任何价值,不会再给企业带来经济利益,不再符合资产的定义。因此,在编制AAA公司第2季度财务报告时,该批存货就不能再作为资产列报,而应当确认一项损失。

(3)企业在中期资产负债表日不能把潜在义务(即使该义务很可能在会计年度的以后中期变为现时义务)确认为负债,也不能把当时已经符合负债确认条件的现时义务(即使履行该义务的时间和金额还须等到会计年度以后中期才能够完全确定)递延到以后中期进行确认。

【例10.14】 A公司是一家软件开发商,需要编制季度财务报告。2011年4月1日,A公司将其2011年新版MNX管理信息系统软件投放市场,市场前景看好。4月10日,A公司收到B公司(B公司为一家财务软件开发商)来函,声明MNX管理信息系统软件中的财务管理软件包与该公司开发的并已于2010年申请专利的财务管理系统相同,要求A公司停止侵权,并赔偿损失1 000万元。A公司不服,继续销售其新产品。B公司遂于4月15日将A公司告上法庭,要求A公司停止侵权行为,公开道歉,并赔偿该公司损失1 000万元。法院受理了此案,随后作了数次调查取证后,初步认定A公司的确侵犯了B公司的专利权,根据有关规定,将要赔偿B公司大约800万元~1 000万元的损失。为此,A公司在6月30日提出,希望能够庭外和解,B公司初步表示同意。8月2日,双方经过数次调解,没有达成和解协议,只能再次通过法律诉讼程序。9月20日,法院判决,A公司立即停止对B公司的侵权行为,赔偿B公司损失980万元,并在媒体上公开道歉。A公司不服,继续上诉。12月1日,二审判决,维持原判。2012年1月20日,根据最终判决,A公司被强制执行,向B公司支付侵权赔偿款980万元。

本例中,尽管从2011年度财务报表的角度,该事项已经属于确定事项,980万元的赔偿款应当在A公司2011年年度资产负债表中确认为一项负债。但是,由于A公司需要编制季度财务报告,这样在2011年第二季度,该事项属于或有事项,且在2011年第二季度末,A公司已经可以合理预计在诉讼案中公司将很可能会败诉,需要向B公司赔偿由于侵权导致的损失,公司在当时已经承担了一项现时义务,而且赔偿金额可以可靠估计,因此应当在2011年第2季度末就确认一项负债(即预计负债),金额为900[(800+1 000)/2]万元,而不是等到以后季度或者年末时再予确认。在2011年第3季度财务报告中,由于法院一审已经判决,要求A公司赔偿980万元,所以,A公司在第3季度财务报告中还应当再确认80万元负债,以反映A公司在第3季度末的现时义务。与此同时,作为预计负债和会计估计变更事项,A公司还应当根据中期财务报告准则的规定在附注中作相应披露。

2. 中期会计计量应当以年初至本中期末为基础

在编制中期财务报告时,中期会计计量应当以年初至本中期末为基础,财务报告的频率不应当影响年度结果的计量。也就是说,无论企业中期财务报告的频率是月度、季度还是半年度,企业中期会计计量的结果最终应当与年度财务报告中的会计计量结果相一致。为此,企业中期财务报告的计量应当以年初至本中期末为基础,即企业在中期应当以年初至本中期末作为中期会计计量的期间基础,而不应当以本中期作为会计计量的期间基础。

【例10.15】 ABC公司于2010年11月利用专门借款资金开工兴建一项固定资产。2011年3月1日,固定资产建造工程由于资金周转发生困难而停工。公司预计在1个半月内即可获得补充专门借款,解决资金周转问题,工程可以重新施工。

根据《企业会计准则第17号——借款费用》的规定,固定资产的购建活动发生非常中断,并且中断时间连续超过3个月,应当暂停借款费用的资本化,将在中断期间发生的借款费用确认为当期费用,直至资产的购建活动重新开始。据此,在第1季度末,公司考虑到所购建固定资产的非正常中断时间将短于3个月,所以,在编制2011年第1季度财务报告时,没有中断借款费用的资本化,将3月份发生的符合资本化条件的借款费用继续资本化,计入在建工程成本。后来的事实发展表明,公司直至2011年6月15日才获得补充专门借款,工程才重新开工。这样,公司在编制2011年第2季度财务报告时,如果仅仅以第2季度发生的交易或者事项作为会计计量的基础，那么，公司在第 2 季度发生工程非正常中断的时间也只有 2 个半月，短于借款费用准则规定的借款费用应当暂停资本化的 3 个月的期限，从而在第 2 季度内将 4 月 1 日至 6 月 15 日之间所发生的与购建固定资产有关的借款费用将继续资本化，计入在建工程成本。

显然，上述处理是错误的。因为，如果企业只需编制年度财务报告，不必编制季度财务报告，那么，从全年来看，企业建造固定资产工程发生非正常中断的时间为 3 个半月，企业应当暂停这 3 个半月内所发生借款费用资本化。也就是说，如果以整个会计年度作为会计计量的基础，上述 3 月 1 日至 6 月 15 日之间发生的借款费用都应当予以费用化，计入当期损益。而如果仅仅以每一报告季度作为会计计量的基础，则上述 3 月 1 日至 6 月 15 日之间发生的相关借款费用都将继续资本化，计入在建工程成本。季度计量的结果与年度计量的结果将发生不一致，而这种不一致的产生就是由于财务报告的频率由按年编报变为按季编报所致。毫无疑问，单纯以季度为基础对上述固定资产建造中断期间所发生的借款费用进行计量是不正确的。为了避免企业中期会计计量与年度会计计量的不一致，防止企业因财务报告的频率而影响其年度财务结果的计量，企业应当以年初至本中期末为期间基础进行中期会计计量。

在本例中，当企业编制第 2 季度财务报告时，对于所购建固定资产中断期间所发生的借款费用的会计处理，应当以 2011 年 1 月 1 日至 6 月 30 日的期间为基础。显然，在 1 月 1 日至 6 月 30 日的期间基础之上，所购建固定资产的中断期间超过了 3 个月，应当将中断期间所发生的所有借款费用全部费用化，所以在编制第 2 季度财务报告时，不仅第 2 季度 4 月 1 日至 6 月 15 日之间发生的借款费用应当费用化，计入第 2 季度的损益，而且，上一季度已经资本化了的 3 月份的借款费用也应当费用化，调减在建工程成本，调增财务费用，这样计量的结果将能够保证中期会计计量结果与年度会计计量结果相一致，实现财务报告的频率不影响年度结果计量的目标。

需要说明的是，本例还涉及会计估计变更事项，因此企业还应当根据中期财务报告准则的规定，在其第 2 季度财务报告附注中作相应披露。

3. 中期采用的会计政策应当与年度财务报告相一致，会计政策、会计估计变更应当符合规定

为了保持企业前后各期会计政策的一贯性，以提高会计信息的可比性和有用性，企业在中期不得随意变更会计政策，应当采用与年度财务报告相一致的会计政策。如果上年度资产负债表日之后按规定变更了会计政策，且该变更后的会计政策将在本年度财务报告中采用，中期财务报告应当采用该变更后的会计政策。

对于中期会计政策的变更需要注意以下两点：

（1）企业变更会计政策应当符合《企业会计准则第 28 号——会计政策、会计估计变更和差错更正》规定的条件，即企业只有在满足下列条件之一时，才能在中期进行会计政策变更：

①法律、行政法规或者国家统一的会计制度等要求变更。

②会计政策变更能够提供更可靠、更相关的会计信息。

(2)企业在中期进行会计政策变更时,通常应当确保该项会计政策亦将在年度财务报告中采用,即中期财务报告准则不允许企业在同一会计年度的各个中期之间随意变更会计政策,但符合国家法律、行政法规以及相关会计准则规定的除外。

对于会计估计变更,在同一会计年度内,以前中期财务报表项目在以后中期发生了会计估计变更的,以后中期财务报表应当反映该会计估计变更后的金额,但对以前中期财务报表项目金额不作调整。

也就是说,企业在一个会计年度内,前一个或者几个中期(如季度)的会计估计在以后一个中期或者几个中期(如季度)里发生了变更,应当按照中期财务报告准则及《企业会计准则第28号——会计政策、会计估计变更和差错更正》的规定,不对以前中期已经报告过的会计估计金额作追溯调整,也不重编以前中期的财务报表,企业只需在变更当期或者以后期间按照变更后的会计估计进行会计处理。

会计估计变更的影响数计入变更当期,如果影响到以后期间,还应当将会计估计变更的影响数计入以后期间,同时在附注中作相应披露。

(二)季节性、周期性或者偶然性取得收入的确认和计量

企业取得季节性、周期性或者偶然性收入,应当在发生时予以确认和计量,不应当在中期财务报表中预计或者递延,但会计年度末允许预计或者递延的除外。

企业经营的季节性特征,是指企业营业收入的取得或者营业成本的发生主要集中在全年度的某一季节或者某段期间内。例如,供暖企业的营业收入主要来自于冬季;冷饮企业的营业收入主要来自于夏季。

企业经营的周期性特征,是指企业每隔一个周期就会稳定地取得一定的收入或者发生一定的成本的情况。例如,某房地产开发企业开发房地产通常需要一个周期,如需要2至3年才能完成开发,而该企业又不同时开发多个项目,这样在房地产开发完成并出售之前,企业不能确认收入,所发生的相关成本费用则作为房地产的开发成本,企业通常只有在将所开发完成的房地产对外出售之后才能确认收入。

通常情况下,企业各项收入一般是在一个会计年度的各个中期内均匀发生的,各中期之间实现的收入差异不会很大。但是,因季节性、周期性或者偶然性取得的收入,往往集中在会计年度的个别中期内。对于这些收入,中期财务报告准则规定企业应当在发生时予以确认和计量,不应当在中期财务报告中予以预计或者递延,也就是说,企业应当在这些收入取得并实现时及时予以确认和计量,不应当为了平衡各中期的收益而将这些收入在会计年度的各个中期之间进行分摊。同时,中期财务报告准则还规定,季节性、周期性或者偶然性取得的收入在会计年度末允许预计或者递延的,则在中期财务报表中也允许预计或者递延。这些收入的确认标准和计量基础应当遵循《企业会计准则第14号——收入》、《企业会计准则第15号——建造合同》、《企业会计准则第21号——租赁》等相关准则的规定。

【例 10.16】 HF 公司为一家房地产开发公司,采取滚动开发房地产的方式,即每开发完成一个房地产项目后,再开发下一个房地产项目。该公司于 2010 年 1 月 1 日开始开发一住宅小区,小区建成完工需 2 年。公司采取边开发、边销售楼盘的策略。假定该公司在 2010 年各季度分别收到楼盘销售款 1 000 万元、3 000 万元、2 500 万元和 2 000 万元;为小区建设分别发生开发成本 2 000 万元、1 500 万元、2 200 万元和 1 800 万元;在 2011 年各季度分别收到楼盘销售款 2 500 万元、3000 万元、3 000 万元和 1 000 万元;为小区建设分别发生开发成本 1 000 万元、1 700 万元、1 500 万元和 300 万元。小区所有商品房于 2011 年 11 月完工,12 月全部交付给购房者,并办理完有关产权手续。

本例中,HF 公司的经营业务具有明显的周期性特征,公司只有在每隔一个周期,待房地产开发完成并实现对外销售后,才能确认收入,即公司只有在 2011 年 12 月所建商品房完工后,与商品房有关的风险和报酬已经转移给了购房者,符合收入确认标准后,才能确认收入。这一收入就属于周期性取得的收入,在 2011 年 12 月之前的各中期都不能预计收入,也不能将已经收到的楼盘销售款直接确认为收入,企业应当在收到这些款项时将其作为预收款处理。对于开发小区所发生的成本也应当首先归集在"开发成本"中,待到确认收入时,再结转相应的成本。另外,该公司对于其经营的周期性特征,则应当根据中期财务报告准则的要求在各有关中期财务报告附注中予以披露。

(三)会计年度中不均匀发生的费用的确认与计量

企业在会计年度中不均匀发生的费用,应当在发生时予以确认和计量,不应在中期财务报表中预提或者待摊,但会计年度末允许预提或者待摊的除外。通常情况下,与企业生产经营和管理活动有关的费用往往是在一个会计年度的各个中期内均匀发生的,各中期之间发生的费用不会有较大差异。但是,对于一些费用,如员工培训费等,往往集中在会计年度的个别中期内。对于这些会计年度中不均匀发生的费用,企业应当在发生时予以确认和计量,不应当在中期财务报表中予以预提或者待摊。也就是说,企业不应当为了使各中期之间收益的平滑化而将这些费用在会计年度的各个中期之间进行分摊。如果会计年度内不均匀发生的费用在会计年度末允许预提或者待摊,则在中期末也允许预提或者待摊。

【例 10.17】 ABC 公司根据年度培训计划,在 2010 年 6 月份对员工进行了专业技能和管理知识方面的集中培训,共发生培训费用 30 万元。

本例中,对于该项培训费用,公司应当直接计入 6 月份的损益,不能在 6 月份之前预提,也不能在 6 月份之后待摊。

五、中期会计政策变更的处理

企业在中期发生了会计政策变更的,应当按照《企业会计准则第 28 号——会计政策、会计估计变更和差错更正》规定处理,并在财务报告附注中作相应披露。会计政策变更的累积影响数能够合理确定、且涉及本会计年度以前中期财务报表相关项目数字的,应当予以追溯调整,视同该会计政策在整个会计年度一贯采用;同时,上年度可比中期财务报表也应当作相应调整。除非国家规定了相关的会计处理方法,一般情况下,中期会计政策变更时,企业应当对根据中期财务报告准则的要求,对以前年度比较中期财务报表最早期间的期初留存收益和这些财务报表其他相关项目的数字,进行追溯调整;同时,涉及本会计年度内会计政策变更以前各中期财务报表相关项目数字的,也应当予以追溯调整,视同该会计政策在整个会计年度和可比中期财务报表期间一贯采用。反之,会计政策变更的累积影响数不能合理确定,以及不涉及本会计年度以前中期财务报表相关项目数字的,应当采用未来适用法。同时,在财务报表附注中说明会计政策变更的性质、内容、原因及其影响数,如果累积影响数不能合理确定的,也应当说明理由。

(一)会计政策变更发生在会计年度内第1季度的处理

企业的会计政策变更发生在会计年度的第1季度,则企业除了计算会计政策变更的累积影响数并作相应的账务处理之外,在财务报表的列报方面,只需要根据变更后的会计政策编制第1季度和当年度以后季度财务报表,并对根据中期财务报告准则要求提供的以前年度比较财务报表最早期间的期初留存收益和这些财务报表的其他相关项目数字作相应调整。

在财务报告附注的披露方面,应当披露会计政策变更对以前年度的累积影响数(包括对比较财务报表最早期间期初留存收益的影响数和以前年度可比中期损益的影响数)和对第1季度损益的影响数,在当年度第1季度之后的其他季度财务报表附注中,则应当披露第1季度发生的会计政策变更对当季度损益的影响数和年初至本季度末损益的影响数。

(二)会计政策变更发生在会计年度内第1季度之外的其他季度的处理

企业的会计政策变更发生在会计年度内第1季度之外的其他季度,如第2季度、第3季度等,其会计处理相对于会计政策变更发生在第1季度而言要复杂一些。企业除了应当计算会计政策变更的累积影响数并作相应的账务处理之外,在财务报表的列报方面,还需要调整以前年度比较财务报表最早期间的期初留存收益和比较财务报表其他相关项目的数字,以及在会计政策变更季度财务报告中或者变更以后季度财务报告中所涉及的本会计年度内发生会计政策变更之前季度财务报表相关项目的数字。

在附注披露方面,企业需要披露会计政策变更对以前年度的累积影响数,主要有:

(1)对比较财务报表最早期间期初留存收益的影响数。

(2)以前年度可比中期损益的影响数,包括可比季度损益的影响数和可比年初至季度末损益的影响数;

(3)对当年度变更季度、年初至变更季度末损益的影响数。

(4)当年度会计政策变更前各季度损益的影响数。此外,在发生会计政策变更以后季度财务报表附注中也需要作相应披露。

六、中期财务报告附注

（一）中期财务报告附注编制要求

中期财务报告附注，是对中期资产负债表、利润表、现金流量表等报表中列示项目的文字描述或明细阐述，以及对未能在这些报表中列示项目的说明等。其目的是使财务报告信息对会计信息使用者的决策更加相关、有用，但同时又要考虑成本效益原则。

1. 中期财务报告附注应当以年初至本中期末为基础编制

编制中期财务报告的目的是为了向报告使用者提供自上年度资产负债表日之后所发生的重要交易或者事项，因此，中期财务报告附注应当以"年初至本中期末"为基础进行编制，而不应当仅仅只披露本中期所发生的重要交易或者事项。

【例10.18】 KK公司需要编制季度财务报告，该公司在2010年3月5日对外进行重大投资，设立一家子公司。

本例中，对于这一事项，KK公司不仅应当在2010年度第1季度财务报告的财务报表附注中予以披露，在2010年度第2季度财务报告和第3季度财务报告的财务报表附注中也应当予以披露。

2. 中期财务报告附注应当对自上年度资产负债表日之后发生的重要交易或者事项进行披露

为了全面反映企业财务状况、经营成果和现金流量，中期财务报告准则规定，中期财务报告中的附注应当以年初至本中期末为基础编制，披露自上年度资产负债表日之后发生的，有助于理解企业财务状况、经营成果和现金流量变化情况的重要交易或者事项。

此外，对于理解本中期财务状况、经营成果和现金流量有关的重要交易或者事项，也应当在附注中作相应披露。

（二）中期财务报告附注披露内容

中期财务报告附注至少应当包括以下信息：

（1）中期财务报告所采用的会计政策与上年度财务报表相一致的声明。企业在中期会计政策发生变更的，应当说明会计政策变更的性质、内容、原因及其影响数；无法进行追溯调整的，应当说明原因。

（2）会计估计变更的内容、原因及其影响数；影响数不能确定的，应当说明原因。

（3）前期差错的性质及其更正金额；无法进行追溯重述的，应当说明原因。

（4）企业经营的季节性或者周期性特征。

（5）存在控制关系的关联方发生变化的情况；关联方之间发生交易的，应当披露关联方关系的性质、交易类型和交易要素。

（6）合并财务报表的合并范围发生变化的情况。

(7)对性质特别或者金额异常的财务报表项目的说明。

(8)证券发行、回购和偿还情况。

(9)向所有者分配利润的情况,包括在中期内实施的利润分配和已提出或者已批准但尚未实施的利润分配情况。

(10)根据《企业会计准则第35号——分部报告》规定披露分部报告信息的,应当披露主要报告形式的分部收入与分部利润(亏损)。

(11)中期资产负债表日至中期财务报告批准报出日之间发生的非调整事项。

(12)上年度资产负债表日以后所发生的或有负债和或有资产的变化情况。

(13)企业结构变化情况,包括企业合并,对被投资单位具有重大影响、共同控制或者控制关系的长期股权投资的购买或者处置,终止经营等。

(14)其他重大交易或者事项,包括重大的长期资产转让及其出售情况、重大的固定资产和无形资产取得情况、重大的研究和开发支出、重大的资产减值损失、或有负债等。

企业在提供上述第5项和第10项有关关联方交易、分部收入与分部利润(亏损)信息时,应当同时提供本中期(或者本中期末)和本年度初至本中期末的数据,以及上年度可比中期(或者可比期末)和可比年初至本中期末的比较数据。

此外,在同一会计年度内,如果以前中期财务报告中的某项估计金额在最后一个中期发生了重大变更,而企业又不单独编制该最后中期的财务报告的,企业应当在年度财务报告的附注中披露该项会计估计变更的内容、原因及其影响金额。例如,某公司需要编制季度财务报告,但不需单独编制第4季度财务报告。假设该公司在第4季度里,对第1、第2或者第3季度财务报表中所采用的会计估计,如固定资产折旧年限、资产减值:预计负债等估计作了重大变更,则需要在其年度财务报告附注中,按照《企业会计准则第28号——会计政策、会计估计变更和差错更正》的规定,披露该项会计估计变更的内容、原因及其影响金额。同样地,假如一家公司是需要编制半年度财务报告的企业,但不单独编制下半年财务报告,如果该公司对于上半年财务报告中所采用的会计估计在下半年作了重大变更,应当在其年度财务报告的附注中予以说明。

本 章 小 结

本章主要讲授分部报告与中期财务报告等有关内容,基本要点包括:

1. 分部报告,是指企业对外提供的财务会计报告中,按照确定的企业内部组成部分(业务分部或地区分部)提供的和各组成部分有关收入、费用成本、利润、资产、负债等有关信息的报告。业务分部,是指企业内可区分的、能够提供单项或一组相关产品或劳务的组成部分。该组成部分承担了不同于其他组成部分的风险和报酬。地区分部,是指企业内可区分的、能够在一个特定的经济环境内提供产品或劳务的组成部分。该组成部分承担了不同于在其他经济环境内提供产品或劳务的组成部分的风险和报酬。两个或两个以上的业务分部或地区分部同时满

足下列条件的,可以予以合并:

(1)具有相近的长期财务业绩,包括具有相近的长期平均毛利率、资金回报率、未来现金流量等。

(2)确定业务分部或地区分部所考虑的因素类似。

2.中期财务报告,是指以中期为基础编制的财务报告。"中期",是指短于一个完整的会计年度(自公历1月1日起至12月31日止)的报告期间,它可以是一个月、一个季度或者半年,也可以是其他短于一个会计年度的期间,如1月1日至9月30日的期间等。因此,中期财务报告包括月度财务报告、季度财务报告、半年度财务报告,也包括年初至本中期末的财务报告。我国《企业会计准则第32号——中期财务报告》规定,中期财务报告至少应当包括以下部分:(1)资产负债表;(2)利润表;(3)现金流量表;(4)附注。这是中期财务报告最基本的构成。

3.经营分部,是指企业内同时满足下列条件的组成部分:

(1)该组成部分能够在日常活动中产生收入、发生费用。

(2)企业管理层能够定期评价该组成部分的经营成果,以决定向其配置资源、评价其业绩。

(3)企业能够取得该组成部分的财务状况、经营成果和现金流量等有关会计信息。

具有相似经济特征的两个或多个经营分部,在同时满足下列条件时,可以合并为一个分部:

(1)各单项产品或劳务的性质相同或相似,包括产品或劳务的规格、型号、最终用途等。通常情况下,产品和劳务的性质相同或相似的,其风险、报酬率及其成长率可能较为接近,一般可以将其划分到同一经营分部中。

(2)生产过程的性质相同或相似,包括采用劳动密集或资本密集方式组织生产、使用相同或相似设备和原材料、采用委托生产或加工方式等。对于其生产过程的性质相同或相似的,可以将其划分为一个经营分部,如按资本密集型和劳动密集型划分经营部门。

(3)产品或劳务的客户类型相同或相似,包括大宗客户、零散客户等。对于购买产品或接受劳务的同一类型的客户,如果其销售条件基本相同,例如,相同或相似的销售价格、销售折扣,相同或相似的售后服务,因而具有相同或相似的风险和报酬,而不同的客户,其销售条件不尽相同,由此可能导致其具有不同的风险和报酬。

(4)销售产品或提供劳务的方式相同或相似,包括批发、零售、自产自销、委托销售、承包等。企业销售产品或提供劳务的方式不同,其承受的风险和报酬也不相同。

(5)生产产品或提供劳务受法律、行政法规的影响相同或相似,包括经营范围或交易定价机制等。企业生产产品或提供劳务总是处于一定的经济法律环境之下,其所处的环境必然对其经营活动产生影响。

4.报告分部,是指符合业务分部或地区分部的定义,按规定对其分部信息应予以披露的业务分部或地区分部。

(1)重要性标准的判断。

(2)低于10%重要性标准的选择。

(3)报告分部75%的标准。
(4)报告分部的数量。
(5)为提供可比信息确定报告分部。

5.企业披露的分部信息,应当有助于会计信息使用者评价企业所从事经营活动的性质和财务影响以及经营所处的经济环境。企业应当以对外提供的财务报表为基础披露分部信息;对外提供合并财务报表的企业,应当以合并财务报表为基础披露分部信息。企业应当在附注中披露报告分部的下列信息:

(1)描述性信息。
①确定报告分部考虑的因素通常包括企业管理层是否按照产品和服务、地理区域、监管环境差异或综合各种因素进行组织管理。
②报告分部的产品和劳务的类型。
(2)每一报告分部的利润(亏损)总额相关信息。
(3)每一报告分部的资产总额、负债总额相关信息。
(4)除上述已经作为报告分部信息组成部分的披露内容外,企业还应当披露的信息。
(5)报告分部信息总额与企业信息总额的衔接。
(6)比较信息。

6.中期财务报告的确认与计量。中期会计要素的确认和计量原则应当与年度财务报表相一致。

(1)企业在编制中期财务报告时,不能根据会计年度内以后中期将要发生的交易或者事项来判断当前中期的有关项目是否符合会计要素的定义,也不能人为均衡会计年度内各中期的收益。

(2)企业在中期资产负债表日对于待处理财产损溢项目,也应当像会计年度末一样,将其计入当期损益,不能递延到以后中期,因为它已经不符合资产的定义和确认标准。

(3)企业在中期资产负债表日不能把潜在义务(即使该义务很可能在会计年度的以后中期变为现时义务)确认为负债,也不能把当时已经符合负债确认条件的现时义务(即使履行该义务的时间和金额还须等到会计年度以后中期才能够完全确定)递延到以后中期进行确认。中期会计计量应当以年初至本中期末为基础;中期采用的会计政策应当与年度财务报告相一致,会计政策、会计估计变更应当符合规定。

思 考 题

1.分部报告的含义是什么?怎样进行分部的划分和合并?
2.中期财务报告的含义是什么?我国中期财务报告的内容有哪些?
3.我国对报告分部的确定标准及分部信息的披露有哪些规定?
4.我国对中期财务报告的确认和计量时需注意哪些问题?

第十一章
Chapter 11

企业合并

【学习目标】
1. 熟悉和掌握企业合并的概念、种类、方式和类型；
2. 熟悉购买法和权益法的特点与区别；
3. 掌握企业合并的会计处理；
4. 掌握企业合并日合并财务报表的编制。

【能力目标】
1. 正确处理同一控制下和非同一控制下的企业合并的会计核算问题；
2. 准确编制同一控制下企业合并在合并日的合并资产负债表、合并利润表及合并现金流量表；
3. 准确编制非同一控制下企业合并在合并日的合并资产负债表。

【引导案例】

中海油成功并购泛美能源　70亿美元抢攻南美市场

2010年，据中国之声《新闻纵横》报道，英国石油公司BP在墨西哥湾漏油事件的重创下加快出售优质资产，终于成就了中海油海外并购的大手笔。中海油目前宣布，已经联手阿根廷合作伙伴，将以70.6亿美元的价格收购英国石油公司在泛美能源公司持有的60%的权益。

中海油从2006年开始就加快可"走出去"的步伐，在2006年并购美国优尼科战铩羽而归后，今年成功并购泛美能源，一方面，带来更多的资源和市场，同时其营运能力和国际化管理方面将面临更多的挑战。

2011年，中国在海外购买能源与矿产的活动仍在大规模进行，国有企业仍是主角。据金融数据提供商Dealogic数据显示，2011年中国企业海外并购金额的前十名中，能源行业并购占八起,其中中石化海外并购占四起,中海油占一起。非能源行业并购,包括一起中信集团等收购巴西矿冶公司股权,巴西矿冶主要生产钯,用于制造特种钢;另一起是中国化工集团等收购挪威的一家硅生产商。

第一节 企业合并概述

一、企业合并的界定

我国《企业会计准则第20号——企业合并》第二条规定:企业合并,是将两个或两个以上单独的企业合并成一个报告主体的交易或事项。

从企业合并的定义上,是否形成企业合并,关键要看交易或事项发生后,是否引起报告主体的变化。报告主体的变化取决于控制权的变化。在交易或事项发生后,一方能够对另一方的生产经营决策实施控制,形成母子公司关系,涉及控制权的转移,该交易后事项发生以后,子公司需要纳入母公司合并财务报表的范围中,从合并财务报告角度看形成报告主体的变化;交易或事项发生以后,一方能够控制另一方的全部净资产,被合并的企业在合并后失去其法人主体资格,也涉及控制权的变化和报告主体的变化,形成企业合并。

假定在企业合并前,A、B两个企业为各自独立的法律主体,企业合并准则中界定的企业合并,包括但不限于以下情形:

(1)企业A通过增发自身的普通股,从企业B原股东处取得B企业的全部股权,该交易事项发生后,企业B仍持续经营。

(2)企业A支付对价取得企业B的全部净资产,该交易发生后,撤销企业B的法人资格。

(3)企业A以自身持有的资产作为出资人投入企业B,取得对企业B的控制权,该交易事项发生后,企业B仍持续其独立法人资格继续经营。

二、企业合并的方式

企业合并以合并方式划分,包括控股合并、吸收合并和新设合并。

(一)控股合并

合并方(或购买方,下同)通过企业合并交易或事项取得对被合并方(或被购买方,下同)的控制权,企业合并后能够通过取得的股权等主导被合并企业的生产经营决策并自被合并方法的生产经营活动中获得中收益,被合并方在企业合并后仍然维持其独立法人资格继续经营的,为控股合并。

该类企业合并中,因合并方通过企业合并交易或事项,取得了被合并企业的控制权,被合并方成为其子公司。在企业合并发生后,被合并方应纳入合并方合并财务报表的编制范围,从合并财务报表角度,形成报告主体的变化。

(二)吸收合并

合并方在企业合并中取得被合并方的全部净资产,并将有关资产、负债并入合并方自身的账簿和报表进行核算。企业合并后,注销被合并方的法人资格,由合并方持有合并中取得的被合并方的资产、负债,在新的基础上继续经营,该类型企业合并为吸收合并。

该类型企业合并中,因被合并方在企业合并发生后被注销,从合并方角度需要解决的问题是,其在合并日(或购买日)取得被合并方的有关资产、负债入账价值的确定,以及为了进行企业合并制度的对价与取得被合并方的资产、负债的入账价值之间存在差异的处理。

企业合并后续期间,合并方将合并中取得的资产、负债作为本企业的资产、负债核算。

(三)新设合并

参与合并的各方在企业合并后法人资格均被注销,重新注册成立一家新的企业,由新注册成立的企业持有参与合并企业的资产、负债,在新的基础上经营,为新设合并。

在上述三种合并方式中的吸收合并和新设合并,由于在合并后,无论是从法律角度还是从经济的角度,都只形成了一个单一的会计主体和法律主体,并未形成企业集团,只须编制个别财务报表,不涉及合并财务报表的编制问题,它所运用的会计方法,仍属于传统会计领域。

而在控股合并则不同,它是通过收购或购买其他企业的股份,控制其他企业的一种合并形式。可见其不属于法律意义上的合并,合并后合并方与被合并方的法人资格仍然存在,各自从事生产经营活动,均需编制个别财务报表。但由于企业间存在控股关系,在生产经营和财务决策上控股企业对被控股企业实施有效控制。从经济意义上看,控股企业与被控股企业事实上已经成为一个整体,因此为了反映这一整体的财务状况和经营成果,需要在个别财务报表的基础上,运用特定的方法,编制一套合并财务报表。

三、企业合并类型的划分

我国企业会计准则中将企业合并按照一定的标准划分为两大基本类型——同一控制下的企业合并与非同一控制下的企业合并。企业合并的类型不同,所遵循的会计处理原则也不同。

(一)同一控制下的企业合并

同一控制下的企业合并,是指参与合并的企业在合并前均受一方或相同的多方最终控制且该控制并非暂时性的。

(1)能够对参与合并各方在合并前后均实施最终控制的一方通常指企业集团的母公司。同一控制下的企业合并一般发生在集团内部,例如,集团内母子公司之间、子公司与子公司之间等。因为该类型的合并从本质上是集团内部企业之间的资产或权益的转移,不涉及自集团外购入子公司或向集团外其他企业出售子公司的情况,能够对参与合并企业在合并前后均实施最终控制的一方为集团的母公司。

(2)能够对参与合并的企业在合并前后均实施最终控制的相同多方,是根据合同或协议的约定,拥有最终决定参与合并企业的财务和经营政策,并从中获得利益的投资者群体。

(3)实施控制的时间性要求,是指参与合并各方在合并前后较长时间内为最终控制方所控制。具体是指在企业合并之前(即合并日之前),参与合并各方在最终控制方的控制时间一般在一年以上(含一年),企业合并后所形成的报告主体在最终控制方的控制时间也应达到一年以上(含一年)。

(4)企业之间的合并是否属于同一控制下的企业合并,应综合构成企业合并交易的各方面情况,按照实质重于形式的原则进行判断。通常情况下,同一控制下的企业合并是指发生在同一企业集团内部企业之间的合并。同受国家控制的企业之间发生的合并,不应仅仅因为因为合并各方在合并前后均受国家控制而将其作为同一控制下的企业合并。

(二)非同一控制下的企业合并

非同一控制下的企业合并,是指参与合并各方在合并前后不受同一方或相同的多方最终控制的合并交易,即除判断属于同一控制下的企业合并的情况以外的其他的企业合并。

四、企业合并的基本处理方法

企业合并的会计处理方法有两种,即购买法和权益结合法。因此,从会计处理方法上加以分类,企业合并又分为购买法合并和权益法合并。购买法合并是一个公司购买另一个公司的合并;权益结合法合并是两个或两个以上公司的权益联合起来的合并。这两种合并既可以通过直接收购净资产完成,也可以通过间接收购普通股来完成。购买法合并可以通过支付现金或其他资产以及发行普通股来完成,而权益结合法合并只可能(极少数例外)通过交换有表决权普通股来完成。企业合并的会计处理,应遵循《企业会计准则第19号——企业合并》和《企业会计准则解释第4号》的相关规定处理。

(一)购买法及其特点

1.购买法

购买法是指在购买方在并购活动进行会计处理,将并购视为购买目标公司的净资产或股权,即相当于用一定的价款购买其机器设备、厂房、存货等项目,同时承担企业的债务。购买法就是要求购买企业(购买方)在并购日,将被购买企业(被购买方)的资产、负债按评估后的公允价值计入并购企业的资产和负债,并购成交价格超过所确认的被并购企业可辨认净资产公允价值的差额列作商誉。

我国《企业会计准则第8号——资产减值》的第二十三条规定:企业合并形成的商誉,至少应当在每年年度终了进行减值测试。商誉应当结合与其相关的资产组或者资产组组合进行减值测试。在我国非同一控制下的企业合并采用购买法合并。

2.购买法的特点

(1)在合并资产负债表上,被购买方的净资产,按并购日的公允价值反映。

(2)合并成本与被购买方净资产公允价值之间的差额确认为商誉或负商誉(我国计入当期损益,即营业外收入)。

(3)被购买方的净资产的公允价值与账面价值之间的差额,按照其形成原因不同,分别调整相关资产项目的金额。

(4)购买方为进行企业合并发生的各项直接相关费用,不应当计入企业合并成本,应当于发生时计入当期损益(我国会计准则规定计入管理费用)。

在2010年1月1日实施的《企业会计准则解释第4号》第一条规定,企业无论是同一控制下的还是非同一控制下的合并,其合并中发生的审计、法律服务、评估咨询等中介费用以及其他相关的管理费用,应当于发生时记入当期损益。非同一控制下的企业合并,购买方作为合并对价发行的权益性证券或债务性证券的交易费用,应当计入权益性证券或债务性证券的初始确认金额。

(二)权益结合法及其特点

1. 权益结合法

权益结合法,就是在对并购活动进行处理时,将并购视为并购公司与被并购公司的权益的联合。也就是说它不像购买法那样,是一个公司购买了另一个公司的交易行为,而是两个或两个以上的参与合并的企业主体,将其资产(资源)或权益融合在一起。这表明,权益结合法并购不影响原有股权的变动,不存在对原有资产的清算,也不引起经济资源的流出。因此,所有者权益继续存在,以前的会计基础保持不变,资产和负债继续按原来的账面价值记录,不存在商誉的确认和摊销问题。在我国,同一控制下的企业合并采用权益结合法合并。

2. 权益结合法的特点

(1)由于没有新的计价基础,所以合并业务发生时,参与合并的各企业的资产、负债和所有者权益均按现存的账面价值确认和计价。合并方取得的净资产账面价值与支付的合并对价账面价值(或发行股份面值总额)的差额,应当调整资本公积(资本溢价或股本溢价);资本公积不足冲减的,调整留存收益。

(2)不论合并发生在会计年度的哪一个时点,参与合并企业的整个年度的损益要全部包括合并后的企业。同样,参与合并的企业的整个年度的留存收益也应转入合并后的企业。

(3)企业合并时发生的相关费用,无论是直接的还是间接的,包括为进行企业合并而支付的审计、评估咨询、法律服务等中介费用以及其他相关管理费用,应当于发生时计入当期损益(我国计入管理费用)。

(4)参与合并的企业的会计期间或会计政策不同的,对其进行调整并予以揭示。

第二节　同一控制下企业合并的处理

同一控制下的企业合并,是从合并方出发,确定合并方在合并日对于企业合并事项进行的会计处理。合并方,是指取得对其他参与合并企业控制权的一方;合并日,是指合并方实际取得对被合并方控制权的日期。

一、同一控制下企业合并的处理原则

同一控制下的企业合并,在合并中不涉及自少数股东手中购买股权的情况下,合并方应遵循以下原则进行相关的处理:

(1)合并方在合并中确认取得的被合并方的资产、负债仅限于被合并方账面上原已确认的资产和负债,合并中不产生新的资产和负债。

同一控制下的企业合并,从最终控制方的角度看,其在企业合并发生前后能够控制的净资产价值量并没有发生变化,因此合并中不产生新的资产,但被合并方在企业合并前后账面上原已确认的商誉,应作为合并中取得的资产确认。

(2)合并方在合并中取得的被合并方各项资产、负债应维持其在被合并方的原账面价值不变。合并方在同一控制下企业合并中取得的有关资产和负债不应因该项合并而改变其账面价值,从最终控制方的角度,其在企业合并交易或事项发生前控制的资产、负债,在该交易或事项发生后仍在其控制之下,因此该交易或事项原则上不应引起所涉及资产、负债的计价基础发生变化。

在确定合并中取得的各项资产、负债的入账价值时,应予注意的是,被合并方在企业合并前采取的会计政策与合并方不一致的,应基于重要性原则,首先统一会计政策,即合并方应当按照本企业会计政策对被合并方资产、负债的账面价值进行调整,并以调整后的账面价值作为有关资产、负债的入账价值。

(3)合并方在合并中取得的净资产的入账价值相对于为进行企业合并支付的对价账面价值之间的差额,不作为资产的处置损益,不影响合并当期利润表,有关差额应调整所有者权益相关项目。合并方在企业合并中取得的价值量相对于所放弃价值量之间存在差额的,应当调整所有者权益。在根据合并差额调整合并方的所有者权益时,应首先调整资本公积(资本溢价或股本溢价),资本公积(资本溢价或股本溢价)的余额不足冲减的,应冲减留存收益。

(4)对于同一控制下的控制合并,合并方在编制合并财务报表时,应视同合并后形成的报告主体自最终控制方开始实施控制时一直是一体化存续下来的,参与合并各方在合并以前期间实现的留存收益应体现为合并财务报表中的留存收益。合并财务报表中,应以合并方的资本公积(或经调整后的资本公积中的资本溢价部分)为限,在所有者权益内部进行调整,将被合并方在合并日前实现的留存收益中按照持股比例计算归属于合并方的部分自资本公积转入留存收益。

二、同一控制下企业合并的会计处理

同一控制下的企业合并,视合并方式不同,应当分别按照下列规定进行会计处理。

(一)同一控制下的控股合并

同一控制下的企业合并中,合并方在企业合并后取得被合并方生产经营决策的控制权,并且被合并方在企业合并后仍然继续经营的,合并方在合并日涉及两个方面的问题:一是对于因该项企业合并形成的对被合并方的长期股权投资的确认与计量问题;二是合并日合并报表的编制问题。

1. 长期股权投资的确认和计量

按照我国《企业会计准则第2号——长期股权投资》的规定,同一控制下企业合并形成的长期股权投资,合并方应以合并日应享有被合并方账面所有者权益的份额作为形成长期股权投资的初始投资成本,借记"长期股权投资"科目,按享有被投资单位已宣告但尚未发放的现金股利或利润,借记"应收股利"科目,按支付的合并对价的账面价值,贷记有关资产或借记有关负债科目,以支付现金、非现金资产方式进行的,该初始投资成本与支付的现金、非现金资产的差额,相应调整资本公积(资本溢价或股本溢价),资本公积(资本溢价或股本溢价)的余额不足冲减的,相应调整盈余公积和未分配利润;以发行权益性证券方式进行的,长期股权投资的初始投资成本与所发行股份的面值总额之间的差额,应调整资本公积(资本溢价或股本溢价),资本公积(资本溢价或股本溢价)的余额不足冲减的,相应调整盈余公积和未分配利润。

【例11.1】 A公司和B公司同为M公司的子公司,2009年2月1日,A公司和B公司达成合并协议,约定A公司以固定资产、无形资产和银行存款1 200万元向B公司投资,占B公司股份总额的60%。2009年2月1日B公司所有者权益总额为4 000万元。A公司参与合并的固定资产原价为1 400万元,已计提折旧400万元,未计提减值准备;无形资产账面价值为1 000万元,累计摊销500万元未计提减值准备。假定A公司所有者权益中资本公积余额为400万元。

A公司的会计处理如下:

(1)借:固定资产清理　　　　　　10 000 000
　　　累计折旧　　　　　　　　4 000 000
　　　贷:固定资产　　　　　　　　14 000 000
(2)借:长期股权投资　　　　　　24 000 000
　　　累计摊销　　　　　　　　5 000 000
　　　资本公积　　　　　　　　3 000 000
　　　贷:固定资产清理　　　　　　10 000 000
　　　　无形资产　　　　　　　　10 000 000
　　　　银行存款　　　　　　　　12 000 000

【例11.2】 沿用【例11.1】其他条件不变,只是假定A公司所有者权益中资本公积余额为200万元,盈余公积为200万元。

A公司的会计处理如下:

(1)同【例11.1】。
(2)借:长期股权投资　　　　　24 000 000
　　　累计摊销　　　　　　　　5 000 000
　　　资本公积　　　　　　　　2 000 000
　　　盈余公积　　　　　　　　1 000 000
　　贷:固定资产清理　　　　　10 000 000
　　　无形资产　　　　　　　 10 000 000
　　　银行存款　　　　　　　 12 000 000

2. 合并日合并财务报表的编制

同一控制下的企业合并形成母子公司关系的,合并方一般应在合并日编制合并财务报表,反映于合并日形成的报告主体的财务状况、视同该主体一直存在产生的经营成果等。考虑有关因素的影响,编制合并日的合并财务报表存在困难的,下列有关原则同样适用于合并当期期末合并财务报表的编制。

同一控制下的企业合并,母公司应当编制合并日的合并资产负债表、合并利润表及合并现金流量表。

(1)合并日合并资产负债表的编制。根据现行企业会计准则,母公司在合并日需要编制合并日的合并资产负债表,母公司在将购买取得子公司股权登记入账以后,可以编制资产负债表。在编制合并日合并资产负债表时,只需将子公司长期股权投资与子公司所有者权益母公司所拥有的份额抵销。

被合并方的有关资产、负债应以其账面价值并入合并财务报表,因被合并方采用的会计政策与合并方不一致,按照合并方的会计政策,对被合并方有关资产、负债以经调整后的账面价值计量。合并方与被合并方在合并日及以前期间发生的交易,应作为内部交易进行抵销。

在合并资产负债表中,对于被合并方在企业合并前实现的留存收益(盈余公积和未分配利润之和)中归属于合并方的部分,应按以下规定,自合并方资本公积转入留存收益。

①确认企业合并形成的长期股权投资后,合并方账面资本公积(资本溢价或股本溢价)贷方余额大于被合并方合并前实现的留存收益中归属于合并方的部分,在合并资产负债表中,应将被合并方在合并前实现的留存收益中归属于合并方的部分自"资本公积"转入"盈余公积"和"未分配利润"。在合并工作底稿中,借记"资本公积"项目,贷记"盈余公积"和"未分配利润"项目。

②确认企业合并形成的长期股权投资后,合并方账面资本公积(资本溢价或股本溢价)贷方余额小于被合并方合并前实现的留存收益中归属于合并方的部分,在合并资产负债表中,应以合并方资本公积(资本溢价或股本溢价)的贷方余额为限,将被合并方在合并前实现的留存收益中归属于合并方的部分自"资本公积"转入"盈余公积"和"未分配利润"。在合并工作底稿中,借记"资本公积"项目,贷记"盈余公积"和"未分配利润"项目。

因合并方的资本公积(资本溢价或股本溢价)余额不足,被合并方在合并前实现的留存收益在合并资产负债表中未予以全额恢复的,合并方应当在会计报表附注中对这一情况进行说明。

(2)合并日合并利润表的编制。合并方在编制合并日的合并利润表时,应包含合并方及被合并方自合并当期期初至合并日实现的净利润,双方在当期所发生的交易,应当按照合并财务报表的有关原则进行抵销。例如,同一控制下的企业合并发生于2010年的3月31日,合并方在编制合并利润表时,应当包括合并方与被合并方自2010年1月1日至2010年3月31日实现的净利润。

为了帮助企业的会计信息使用者了解合并利润表中净利润的构成,发生同一控制下企业合并的当期,合并方在合并利润表中的"净利润"项下应单列"其中:被合并方在合并前实现的净利润"项目,反映因同一控制下企业合并规定的编表原则,导致由于该项企业合并自被合并方在合并当期带入的损益情况。

(3)合并日合并现金流量表的编制。合并日合并现金流量表的编制与合并利润表的编制原则相同。

(4)合并日编制合并报表的例题。

【例11.3】 A、B公司分别为P公司控制下的两家子公司,A公司于2010年3月31日自母公司处取得B公司的100%的股权,合并后B公司仍然维持其法人资格继续经营。为进行该企业合并,A公司发行了1 500万股本公司普通股(每股面值1元)作为支付对价。假定A、B公司采取的会计政策相同。假设在合并前实现的利润为1 400万元。合并日,A公司和B公司的所有者权益构成如表11.1所示。

表11.1 A公司和B公司的所有者权益构成情况表 单位:万元

A公司		B公司	
项目	金额	项目	金额
股本	9 000	股本	1 500
资本公积	2 500	资本公积	500
盈余公积	2 000	盈余公积	1 000
未分配利润	5 000	未分配利润	2 000
合计	18 500	合计	5 000

根据上述资料,A公司在合并日的会计分录如下:
(1)长期股权投资相关处理(合并方A公司个别报表):
借:长期股权投资　　　　　　50 000 000
　贷:股本　　　　　　　　　　15 000 000
　　资本公积——股本溢价　　35 000 000

进行上述处理后,A 公司在合并日编制合并资产负债表时,对于企业前 B 公司实现的留存收益中归属于合并方的部分(3 000 万元)应自资本公积(资本溢价或股本溢价)转入留存收益。本例中 A 公司在确认对 B 公司的长期股权投资以后,其资本公积的账面余额为 6 000 (2 500+3 500)万元,假定其中资本溢价的金额为 4 500 万元。

在合并工作底稿中,应编制以下调整分录:
借:资本公积　　　　　　30 000 000
　贷:盈余公积　　　　　　10 000 000
　　未分配利润　　　　　　20 000 000

(2)2010 年 3 月 31 日合并报表的账务处理:
①合并日的合并报表的编制流程
a.合并资产负债表的编制:A 公司在编制合并资产负债表时的抵销会计分录为:
借:股本　　　　　　　　15 000 000
　资本公积　　　　　　　 5 000 000
　盈余公积　　　　　　　15 000 000
　未分配利润　　　　　　20 000 000
　贷:长期股权投资　　　　50 000 000

如果以上例题中 A 公司持有 B 公司 80% 的股权,其中包括少数股东权益 20%。则 A 公司编制的会计分录为:
借:股本　　　　　　　　15 000 000
　资本公积　　　　　　　 5 000 000
　盈余公积　　　　　　　15 000 000
　未分配利润　　　　　　20 000 000
　贷:长期股权投资　　　　40 000 000
　　少数股东权益　　　　10 000 000

值得注意的是:同一控制下的企业合并形成的母子公司关系中,少数股东权益金额总是等于子公司可辨认净资产的账面价值(股东权益账面价值)乘以少数股东持股比例。

b.合并利润表的编制。A 公司在编制合并日 2010 年 3 月 31 日的合并利润表时,应包含合并方及被合并方自合并 2010 年 1 月 1 日至 2010 年 3 月 31 日实现的净利润,双方此期间所发生的交易,应当按照合并财务报表的有关原则进行抵销。合并净利润中,应包括 B 公司自 2010 年 1 月 1 日至 3 月 31 日实现的净利润 1 400 万元。在合并利润表中的"净利润"项目下应当单独列出"其中:被合并方合并前的实现的净利润"1 400 万元项目。

c.合并现金流量表的编制。合并日合并现金流量表的编制与合并利润表的编制相同。

(二)同一控制下的吸收合并

同一控制下的吸收合并中,合并方主要涉及合并日取得的被合并方资产、负债入账价值的确定,以及合并中取得有关净资产的入账价值与支付的合并对价账面价值之间差异的处理。

1. 合并中取得资产、负债入账价值的确定

合并方对同一控制下吸收合并中取得的资产、负债应当按照相关资产、负债在被合并方的原账面价值入账。其中,对于合并方与被合并方在企业合并前采用的会计政策不同的,在将被合并方的相关资产和负债并入合并方的账簿和报表核算之前,首先应基于重要性原则,统一被合并方的会计政策,即应当按照合并方的会计政策对被合并方的有关资产、负债的账面价值进行调整后,以调整后的账面价格确认。

2. 合并差额的处理

合并方在确认了合并中取得的被合并方的资产和负债的入账价值后,以发行权益性证券方式进行的该类合并,所确认的净资产入账价值与发行股份面值总额的差额,应记入资本公积(资本溢价或股本溢价),资本公积(资本溢价或股本溢价)的余额不足冲减的,相应冲减盈余公积和为未分配利润;以支付现金、非现金资产方式进行的该类合并,所确认的净资产入账价值与支付的现金、非现金资产账面价值的差额,相应调整资本公积(资本溢价或股本溢价),资本公积(资本溢价或股本溢价)的余额不足冲减的,应冲减盈余公积和未分配利润。

【例11.4】 2010年6月30日,P公司向S公司的股东定向增发1 000万股普通股(每股面值为1元,市价为10.85元)对S公司进行吸收合并,并于当日取得S公司净资产。当日,P公司、S公司资产、负债情况如表11.2所示。

表11.2 P公司与S公司合并前资产负债表(简表)

2010年6月30日 单位:元

项目	P公司(账面价值)	S公司(账面价值)
货币资金(银行存款)	40 000	20 000
应收票据	20 000	10 000
存货(库存商品)	80 000	50 000
固定资产	60 000	40 000
资产合计	200 000	120 000
短期借款	40 000	20 000
股本(每股面值1元)	100 000	50 000
资本公积	10 000	20 000
盈余公积	30 000	20 000
未分配利润	20 000	10 000
负债和所有者权益总计	200 000	120 000

本例中假定P公司和S公司为同一集团内两家全资子公司,合并前其共同的母公司为A公司。该项合并中参与合并的企业在合并前及合并后均为A公司最终控制,为同一控制下企业合并。自6月30日开始,P公司能够对S公司净资产实施控制,该日即为合并日。因合并

后S公司失去其法人资格,P公司应确认合并中取得的S公司的各项资产和负债,假定P公司与S公司在合并前采用的会计政策相同。

(1)假定P公司为了吸收合并S公司,发行90 000股面值1元的普通股,换取S公司的全部股票。合并日P公司的会计处理如下:

借:银行存款	20 000
应收票据	10 000
库存商品(存货)	50 000
固定资产	40 000
贷:短期借款	20 000
股本	90 000
资本公积——股本溢价	10 000

(2)假定P公司为了吸收合并S公司,发行110 000股面值1元的普通股,换取S公司的全部股票。合并日P公司的会计处理如下:

借:银行存款	20 000
应收票据	10 000
库存商品	50 000
固定资产	40 000
资本公积——股本溢价	10 000
贷:短期借款	20 000
股本	110 000

(3)假定P公司为了吸收合并S公司,发行150 000股面值为1元的普通股,换取S公司的全部股票。合并日P公司的会计处理如下:

借:银行存款	20 000
应收票据	10 000
库存商品	50 000
固定资产	40 000
资本公积——股本溢价	10 000
利润分配——未分配利润	20 000
盈余公积	20 000
贷:短期借款	20 000
股本	150 000

(三)合并方为进行企业合并发生的有关费用的处理

合并方为进行企业合并发生的有关费用,指合并方为进行企业合并发生的各项直接相关费用,如为进行企业合并支付的审计费用、进行资产评估的费用以及有关的法律咨询费等增量费用。

同一控制下企业合并进行过程中发生的各项直接相关的费用,应于发生时费用化计入当期损益。借记"管理费用"等科目,贷记"银行存款"等科目。但以下两种情况除外:

(1)以发行债券方式进行的企业合并,与发行债券相关的佣金、手续费等应按照《企业会计准则第 22 号——金融工具确认和计量》的规定进行核算。即该部分费用,虽然与筹集用于企业合并的对价直接相关,但其核算应遵照金融工具准则的原则,有关的费用应计入负债的初始计量金额中。其中债券如为折价发行的,该部分费用应增加折价的金额;债券如为溢价发行的,该部分费用应减少溢价的金额。

(2)发行权益性证券作为合并对价的,与所发行权益性证券相关的佣金、手续费等应按照《企业会计准则第 37 号——金融工具列报》的规定进行核算。即与发行权益性证券相关的费用,不管其是否与企业合并直接相关,均应自所发行权益性证券的发行收入中扣减,在权益性工具发行有溢价的情况下,自溢价收入中扣除,在权益性证券发行无溢价或溢价金额不足以扣减的情况下,应当冲减盈余公积和未分配利润。

企业专设的并购部门发生的日常管理费用,如果该部门的设置并不是与某项企业合并直接相关,而是企业的一个常设机构,其设置的目的是为了寻找相关的并购机会等,维持该部门日常运转的有关费用,不属于与企业合并直接相关的费用,应当与费用发生时费用化计入当期损益。

第三节 非同一控制下企业合并的处理

非同一控制下的企业合并,主要涉及购买方及购买日的确定、企业合并成本的确定、合并中取得各项可辨认资产、负债的确认与计量以及合并差额的处理等。

一、非同一控制下企业合并的处理原则

非同一控制下的企业合并是指参与合并的各方在合并前后不受同一方或多方的最终控制的合并交易,非同一控制下的企业合并应当按照购买法核算。其中,取得对参与合并的另一方或多方控制权的一方为购买方,购买方实际取得对被购买方控制权的日期为购买日。

(一)购买方的确定

采用购买法核算企业合并的首要前提是确定购买方。购买方是指在企业合并中取得对另一方或多方控制权的一方。合并中一方半数以上有表决权股份的,除非有明确的证据表明该股份不能形成控制,一般认为取得控制权的一方为购买方。某些情况下,即使没有取得另一方半数以上有表决权的股份,但存在以下情况时,一般也可认为其取得了对另一方的控制权,如:

(1)如通过与其投资者签订协议,实质拥有被购买企业半数以上表决权。例如,A 公司拥有 B 公司 40%的表决权资本,C 公司拥有 B 公司 30%的表决权资本。A 公司与 C 公司达成协

议，C公司在B公司的权益由A公司代表。在这种情况下，A公司实质上拥有B公司70%表决权资本的控制权，B公司的章程等没有特别规定的情况下，表明A公司实质上控制B公司。

（2）按照法律协议等得规定，具有主导被投资企业财务和经营管理决策的权力。例如，A公司拥有B公司45%的表决权资本，同时，根据法律或协议的规定，A公司可以决定B公司的财务和生产经营等政策，达到对B公司的财务和经营政策实施控制。

（3）有权任免被购买企业董事会或类似权力机构绝大多数成员。这种情况是指虽然投资企业拥有被投资企业50%或以下表决权资本，但根据章程、协议等有权任免被投资单位董事会会类似机构的绝大多数成员，以达到实质控制的目的。

（4）在被购买企业董事会或类似权力机构具有绝大多数投票权。这种情况是指虽然投资企业拥有被投资企业50%或以下表决权资本，但能够控制被投资单位董事会等类似权力机构的会议，从而能够控制其财务和经营政策，达到对被投资单位的控制。

（二）购买日的确定

购买日是购买方获得对被购买方的控制权的日期，即企业合并交易进行过程中，发生控制权转移的日期。同时满足以下条件，一般可认为实现了控制权的转移，形成购买日。有关条件如下：

（1）企业合并合同或协议已获得股东大会等内部权力机构通过，如股份有限公司，其内部权力机构一般指股东大会。

（2）按照规定，企业合并事项需要经过国家有关部门审批的，已获得有关部门的批准。

（3）参与合并各方已办理了财产交接手续。作为合并方，其通过企业合并，无论是取得被购买方的股权还是被购买方的全部净资产，能够形成与取得股权或净资产相关的风险和报酬的转移，一般需要办理相关的财产权交接手续，从法律上保障有关风险和报酬的转移。

（4）购买方已支付购买价款的大部分（一般应超过50%），并且有能力支付剩余款项。

（5）购买方实际上已经控制了被购买方的财务和经营政策，并享有相应的收益和风险。

企业合并涉及一次以上交换交易的，例如，通过逐次取得股份分阶段实现合并，企业应当于每一交易日确认对被投资企业的各单项投资，"交易日"是指合并方或购买方在自身的账簿和报表中确认对被投资企业投资的日期。分步实现企业合并中，购买日是按照有关判断标准判断购买方最终取得对被购买企业控制权的日期。例如，A公司于2010年10月10日取得B公司30%的股权（假定能够对被购买企业实施重大影响），在与取得股权相关的风险和报酬发生转移的情况下，A公司确认了对B公司的长期股权投资。在已拥有30%股权的基础上，A公司又在2011年8月10日取得B公司30%的股权，当天持有B公司的股权比例已达到60%的情况下，假定于当日开始对B公司实施了控制，则2011年8月10日为第二次购买股权的交易日，同时在当日能够对B公司实施控制，形成了企业合并的购买日。

（三）企业购买成本的确定

（1）企业合并成本包括购买方为进行企业合并支付的现金或非现金资产、发行或承担债务、发行的权益性证券等在购买日的公允价值。但不包括企业合并过程中发生的各项与企业合并直接相关的审计、法律服务、评估咨询等中介费用,这些费用应于发生时计入当期损益。

对于购买方作为合并对价发行的权益性证券或债务性证券的交易费用,如手续费佣金等应当抵减权益性证券的溢价发行收入或是计入权益性证券的初始确认金额。

(2)如果企业合并涉及一次以上交换交易,分步取得的股权最终形成企业合并的,在购买方得个别财务报表中,应当以购买日之前所持有被购买方的账面价值与购买日新增投资资本之和,作为该项投资的初始投资成本;在合并财务报表中,购买日之前所持有的股权于购买日的公允价值与购买日支付的公允价值之和,作为投资成本。

(3)或有对价是购买方以被购买方的或有事项为基础,约定当或有事项发生时额外支付的对价。在购买日如果购买方认为该或有事项很可能发生,则应将该对价计入购买成本,而该或有事项发生的概率发生变化,则应按照会计估计变更处理,调整购买成本。

所以,合并成本=付出资产的公允价值+发生或承担的负债的公允价值+发行的权益性证券的公允价值+或有对价。

(四)将购买成本在取得的可辨认资产和负债间的分配

非同一控制下的企业合并中,通过企业合并交易,购买方无论是取得被购买方生产经营决策的控制权,还是取得被购买方的全部净资产,从本质上看,取得的都是对被购买方净资产的控制权,视合并方式的不同,控股合并的情况下,购买方在其个别财务报表中应确认所形成的对被购买方的长期股权投资。该长期股权投资所代表的是购买方对合并中取得的各项资产、负债享有的份额,具体体现在合并财务报表中应列示的有关资产、负债;吸收合并的情况下,合并中取得的被投资方各项可辨认的资产、负债等直接体现在购买方账簿及个别财务报表中的资产、负债的项目。

(1)购买方在企业合并中取得的被购买方各项可辨认资产和负债,要作为本企业的资产、负债(或合并财务报表中的资产、负债)进行确认,在购买日,应当满足资产、负债的确认条件。有关确认条件包括:

①合并中取得的被购买方的各项资产(无形资产除外),其所带来的未来经济利益预期能够流入企业且公允价值能够可靠计量的,应单独作为资产确认。

②合并中取得的被购买方的各项负债(或有负债除外),履行有关的义务预期会导致经济利益流出企业且公允价值能够可靠计量的,应单独作为负债确认。

(2)企业合并中取得的无形资产在其公允价值能够可靠计量的情况下应单独予以确认。

根据《企业会计准则解释第5号(征求意见稿)》第五条规定,购买方在对企业合并中取得的被购买方资产进行初始确认时,应当对被购买方拥有的但在财务报表中未确认的无形资产进行充分辨认和合理判断,满足下列条件之一的,应确认为无形资产:

①源于合同性权力和其他权力。

②能够从被购买方中分离或者划分出来,并能够单独或与相关合同、资产和负债一起,用

于出售、转移、授予许可、租赁或交换。

企业应当在附注中披露在非同一控制下的企业合并中取得被购买方无形资产的公允价值及其公允价值的确定方法。

(3)对于购买方在企业合并时可能需要代被购买方承担的或有负债,在其公允价值能够可靠计量的情况下,应作为合并中取得的负债单独确认。

企业合并中对于或有负债的确认条件,与企业在正常经营过程中因或有事项需要确认负债条件不同,在购买日可能相关的或有事项导致经济利益流出企业的可能性还比较小,但其公允价值能够合理确定的情况下,即需要作为合并中取得的负债确认。

(4)企业合并中取得的资产、负债在满足确认条件后,应以其公允价值计量。

对于被购买方在企业合并之前已经确认的商誉和递延所得税项目,购买方在对企业合并成本进行分配、确认合并中取得可辨认资产和负债时不应予以考虑。

在按照规定确定了合并中应予确认的各项可辨认资产、负债的公允价值后,其计税基础与账面价值不同形成暂时性差异的,应当按照所得税会计准则的规定确认相应的递延所得税资产或递延所得税负债。

(五)企业合并成本与合并中取得被购买方可辨认净资产公允价值份额差额的处理

购买方对于企业合并成本与确认的可辨认的净资产公允价值份额的差额,应视情况分别处理:

(1)企业合并成本大于合并中取得的被购买方可辨认净资产公允价值份额的差额应确认为商誉。视合并方式的不同,控股合并的情况下,该差额是指在合并财务报表中应予列示的商誉,即长期股权投资的成本与购买日按照持股比例计算确定应享有被购买方可辨认净资产公允价值份额的差额;吸收合并的情况下,该差额是购买方在其账簿及个别财务报表中应确认的商誉。

商誉在确定以后,持有期间不要求摊销,应当按照《企业会计准则第8号——资产减值》的规定对其价值进行测试,按照账面价值与可收回金额孰低的原则计量,对于可收回金额低于账面价值的部分,计提减值准备,有关减值准备在提取以后,不能够转回。

(2)企业合并成本小于合并中取得的被购买方可辨认净资产公允价值份额的差额,应计入当期损益。

这种情况下,购买方首先要对合并中取得的资产、负债的公允价值、作为合并对价的非现金资产或发行的权益性证券等的公允价值进行复核,如果复核结果表明所确定的各项资产和负债的公允价值是恰当的,应将企业合并成本低于取得的被购买方可辨认净资产公允价值份额之间的差额,计入合并当期的营业外收入,并在会计报表附注中予以说明。

在吸收合并的情况下,上述企业合并成本小于合并中取得的被购买方可辨认净资产公允价值份额的差额,应计入购买方的合并当期的个别利润表;在控股合并的情况下,上述差额应体现在合并当期的合并利润表中,不影响购买方的个别利润表。

（六）企业合并成本或有关可辨认资产、负债公允价值暂时确定的情况

对于非同一控制下的企业合并,如果在购买日或合并当期期末,因各种因素影响无法确定企业合并成本或合并中取得有关可辨认资产、负债公允价值的,在合并当期期末,购买方应以暂时确定的价值为基础对企业合并交易或事项进行核算。继后取得进一步信息表明有关资产、负债公允价值与暂时确定的价值不同的,应分别以下不同情况进行处理。

（1）购买日后12个月内对有关价值的调整。在合并当期期末以暂时确定的价值对企业合并进行处理的情况下,自购买日算起12个月内取得进一步的信息表明对原暂时确定的企业合并成本或所取得的资产、负债的暂时性价值进行调整的,应视同在购买日发生,即应进行追溯调整,同时对以暂时性价值为基础提供的比较报表信息,也应进行相应的调整。

例如,A企业于2010年9月10日对B公司进行吸收合并,合并中取得的一项固定资产不存在活跃市场,为确定其公允价值,A公司聘请了有关的资产评估机构对其价值进行评估。至A企业2010年财务报告对外报出时,尚未取得评估报告。A企业在其2010年的财务报告中对该项固定资产暂估为100万元,预计使用年限为5年,净残值为零,按照年限平均法计提折旧。该企业合并中A企业确定商誉420万元。假定A企业不编制中期财务报告。

2011年4月,A企业取得了资产评估报告,确认该项固定资产的公允价值为128万元,则A企业应视同在购买日确定的该项固定资产的公允价值为128万元。相应地调整2010年财务报告中确认的商誉价值(调减28万元)及利润表中的折旧费用(调增1.4万元)。

（2）超过规定期限后的价值量调整。自购买日算起12个月以后对企业合并成本或合并中取得的可辨认资产、负债价值的调整,应当按照《企业会计准则第28号——会计政策、会计估计变更和会计差错更正》的原则进行处理。即应视为会计差错更正,在调整相关资产、负债账面价值的同时,应调整所确认的商誉或是计入合并当期利润表中的金额,以及相关资产的折旧、摊销等。

（七）购买日合并财务报表的编制

非同一控制下的企业合并中形成母子公司关系的,购买方一般应于购买日编制合并资产负债表,反映其于购买日开始能够控制的经济资源情况。在合并资产负债表中,合并中取得的被购买方各项可辨认资产、负债应以其在购买日的公允价值计量,长期股权投资的成本大于合并中取得的被购买方可辨认净资产公允价值份额的差额,体现为合并报表中的商誉;长期股权投资的成本小于合并中取得的被购买方可辨认净资产公允价值份额的差额,应计入合并当期损益。该差额体现在合并资产负债表上,应调整合并资产负债表的盈余公积和未分配利润。

二、非同一控制下企业合并的会计处理

(一)非同一控制下的控股合并

非同一控制下的控股合并,购买方涉及的会计处理问题有两方面:一是购买日应进行企业合并所形成的对被购买方的长期股权投资初始投资成本的确认;二是购买日合并财务报表的编制。

1. 长期股权投资的初始投资成本确定

非同一控制下的企业合并中,购买方取得对被购买方控制权的,在购买日应当按照确定的企业合并成本(不包括应自被投资单位收取的现金股利或利润),作为形成的对被购买方长期股权投资的初始投资成本,借记"长期股权投资"科目,按享有投资单位已宣告但尚未发放的现金股利或利润,借记"应收股利"科目,按支付合并对价的账面价值,贷记有关资产或借记有关负债科目,按发生的直接相关费用,贷记"银行存款"等科目,按其差额,贷记"营业外收入"或借记"营业外支出"等科目。

关于非同一控制下长期股权投资初始投资成本的确定及其举例,参见《中级财务会计》中"长期股权投资"章节相关内容。

购买方为取得对被购买方的控制权,以支付非货币性资产为对价的,有关非货币性资产在购买日的公允价值与其账面价值的差额,应作为资产的处置损益,计入合并当期的利润表。其中,以库存商品等作为合并对价的,应按库存商品的公允价值,贷记"主营业务收入"科目,并同时结转相关的成本。

【例11.5】 2010年1月1日,甲公司以一项固定资产和银行存款100万元向乙公司投资(假定甲公司与乙公司不属于同一控制的两家公司),占乙公司的注册资本的60%,甲公司的固定资产的账面价值为8 000万元,已计提折旧500万元,计提减值准备200万元,公允价值为7 800万元,不考虑其他相关税费。

甲公司的会计处理如下。

(1)清理固定资产时:

借:固定资产清理　　　　　　73 000 000
　　累计折旧　　　　　　　　 5 000 000
　　固定资产减值准备　　　　 2 000 000
　　贷:固定资产　　　　　　　　　　80 000 000

(2)核算长期股权投资时:

借:长期股权投资　　　　　　79 000 000
　　贷:固定资产清理　　　　　　　　73 000 000
　　　　银行存款　　　　　　　　　　 1 000 000
　　　　营业外收入　　　　　　　　　 5 000 000

2. 购买日合并财务报表的编制

根据现行企业会计准则，非同一控制下的子公司，母公司在编制购买日的合并财务报表时，包括购买日的合并日的资产负债表、合并利润表、合并现金流量表以及合并所有者权益变动表(或股东权益变动表)。母公司编制购买日的合并资产负债表时，因企业合并取得的子公司各项可辨认资产、负债应以其在购买日的公允价值在合并财务报表中列示，母公司合并成本大于合并中取得的子公司可辨认净资产公允价值份额的差额，作为合并商誉在合并资产负债表中列示。

【例11.6】 甲公司与乙公司不属于同一控制的两家公司，2010年6月30日，甲公司以无形资产作为支付对价取得了乙公司60%的股权，甲公司为作支付对价的无形资产账面价值为5 100万元，公允价值为6 000万元，不考虑其他相关税费。假定甲、乙公司在合并前所采用的会计政策相同。合并日，甲、乙公司的资产、负债情况如表11.3所示。

表11.3 资产负债表(简表)

2010年12月31日　　　　　　　　　　　　　　　　　单位：万元

项　目	甲公司 账面价值	乙公司 账面价值	乙公司 公允价值
资产			
货币资金(银行存款)	4 100	500	500
存货(库存商品)	6 200	200	400
应收票据	2 000	2 000	2 000
长期股权投资	4 000	2 100	3 500
固定资产	12 000	3 000	4 500
无形资产	9 500	500	1 500
商誉	0	0	0
资产合计	37 800	8 300	12 400
负债和所有者权益合计			
短期借款	2 000	2 200	2 200
应付账款	4 000	600	600
负债合计	6 000	2 800	2 800
股本	18 000	2 500	
资本公积	5 000	1 500	
盈余公积	4 000	500	
未分配利润	4 800	1 000	
所有者权益总计	31 800	5 500	9 600
负债和所有者权益合计	37 800	8 300	12 400

甲公司相关会计处理如下。
(1)编制确认长期股权投资时：
借：长期股权投资　　　　　60 000 000
　　贷：无形资产　　　　　　51 000 000
　　　　营业外收入　　　　　 9 000 000
(2)计算确定商誉：
　　合并商誉＝企业合并成本－合并中取得被购买方可辨认净资产公允价值份额＝
　　　　　　6 000－9 600×60％＝240(万元)
(3)制调整分录和抵销分录：
借：存货　　　　　　　(4 000 000－2 000 000) 2 000 000
　　长期股权投资　　　(35 000 000－21 000 000) 14 000 000
　　固定资产　　　　　(45 000 000－30 000 000) 15 000 000
　　无形资产　　　　　(15 000 000－5 000 000) 10 000 000
　　股本　　　　　　　　　　　　　　　　　　25 000 000
　　资本公积　　　　　　　　　　　　　　　　15 000 000
　　盈余公积　　　　　　　　　　　　　　　　 5 000 000
　　未分配利润　　　　　　　　　　　　　　　10 000 000
　　商誉　　　　　　　　　　　　　　　　　　 2 400 000
　　贷：长期股权投资　　　　　　　　　　　　60 000 000
　　　　少数股东权益　　(96 000 000×40％)　38 400 000

以上分录也可以作如下两笔分录。
①调整分录：
借：存货　　　　　　　(4 000 000－2 000 000) 2 000 000
　　长期股权投资　　　(35 000 000－21 000 000) 14 000 000
　　固定资产　　　　　(45 000 000－30 000 000) 15 000 000
　　无形资产　　　　　(15 000 000－5 000 000) 10 000 000
　　贷：资本公积　　　　　　　　　　　　　　41 000 000
②抵销分录：
借：股本　　　　　　　　　　　　　　　　　25 000 000
　　资本公积　　　　　(15 000 000＋41 000 000) 56 000 000
　　盈余公积　　　　　　　　　　　　　　　 5 000 000
　　未分配利润　　　　　　　　　　　　　　10 000 000
　　商誉　　　　　　　　　　　　　　　　　 2 400 000
　　贷：长期股权投资　　　　　　　　　　　60 000 000

少数股东权益　　（96 000 000×40%）　38 400 000

值得注意的是：由于非同一控制下的企业合并形成的母子公司关系中，少数股东权益金额总是等于子公司可辨认净资产的账面价值（股东权益账面价值）乘以少数股东持股比例。同时，母公司购买之日起设置备查账簿，登记其在购买日取得的被购买方可辨认资产、负债及或有负债的公允价值，为以后期间编制合并财务报表提供基础材料。

（4）编制购买日合并资产负债表如表11.4所示：

表11.4　合并资产负债表（简表）

2010年6月30日　　　　　　　　　　　　　　　　　　　单位：万元

项目	甲公司	乙公司	抵销分录		合计金额
			借方	贷方	
资产					
货币资金（银行存款）	4 100	500			4 600
存货（库存商品）	6 200	200	200		6 400
应收票据	2 000	2 000			4 000
长期股权投资	4 000+6 000	2 100	1 400	6 000	7 500
固定资产	12 000	3 000	1 500		16 500
无形资产	9 500−5 100	500	1 000		5 900
商誉	0	0	240		240
资产合计	37 800+900	8 300	4 340	6 000	45 340
负债和所有者权益合计					
短期借款	2 000	2 200			4 200
应付账款	4 000	600			4 600
负债合计	6 000	2 800			8 800
股本	18 000	2 500	2 500		18 800
资本公积	5 000	1 500	1 500		5 000
盈余公积	4 000	500	500		4 000
未分配利润	4 800+900	1 000	1 000		5 700
少数股东权益				3 840	3 840
所有者权益总计	31 800+900	5 500	5 500	3 840	3 840
负债和所有者权益合计	37 800	8 300	5 500	3 840	45 340

(二)非同一控制下的吸收合并

(1)非同一控制下的吸收合并,购买方在购买日应当将合并中取得的符合确认条件的各项资产、负债,按其公允价值确认为本企业的资产和负债。

(2)作为合并对价的有关非货币性资产在购买日的公允价值与其账面价值的差额(实为资产处置损益),应作为资产的处置损益计入合并当期的利润表。

(3)确定的企业合并成本与所取得的被购买方可辨认净资产公允价值的差额,视情况分别确认为商誉或是作为企业合并当期的损益计入利润表。具体处理原则与非同一控制下的控股合并类似,不同点在于在非同一控制下的吸收合并中,合并中取得的可辨认资产和负债是作为个别报表中的项目列示,合并中产生的商誉也是作为购买方账簿及个别财务报表中的资产列示。

【例11.7】 沿用【例11.6】,甲公司与乙公司不属于同一控制的两家公司,2010年6月30日,甲公司以无形资产作为支付乙公司进行吸收合并,并于当日乙公司的净资产。甲公司为作支付对价的无形资产账面价值为5 100万元,公允价值为6 000万元,不考虑其他相关税费。假定甲、乙公司在合并前所采用的会计政策相同。合并日,甲、乙公司的资产、负债情况如表11.3所示。

作为吸收合并,甲公司应于合并日编制会计分录:

借:银行存款(货币资金)　　　　5 000 000
　　存货　　　　　　　　　　　　4 000 000
　　应收账款　　　　　　　　　 20 000 000
　　长期股权投资　　　　　　　 35 000 000
　　固定资产　　　　　　　　　 45 000 000
　　无形资产　　　　　　　　　 15 000 000
　贷:短期借款　　　　　　　　　22 000 000
　　　应付账款　　　　　　　　　6 000 000
　　　无形资产　　　　　　　　 51 000 000
　　　营业外收入　　　　　　　 45 000 000

营业外收入(45 000 000)=无形资产账面价值和公允价值的差额(9 000 000)+
　　　　　　　　　　　负商誉(36 000 000)

注意,上式中应先考虑合并取得的资产、负债账面价值(公允价值)与计税基础,确认递延所得税资产或递延所得税负债,再确定商誉或负商誉。

三、通过多次交易分步实行的企业合并

如果企业合并并非通过一次交换交易实行,而是通过交换交易分步实现的,则企业在每一单项交易发生时,应确认对被购买方的投资。投资企业在持有被投资单位的部分股权后,通过

增加持股比例等达到对被投资单位形成控制的,应分别在每一单项交易的成本中产生商誉。达到合并时点应确认的商誉(或合并财务报表中应确认的商誉)为每一单项交易中确认的商誉之和。

通过多次交易分步实现的企业合并,实务操作中,应按以下顺序进行处理:

(1)对长期股权投资的账面余额进行调整,达到企业合并前长期股权投资采用成本法核算的,其账面价值一般无需调整;达到企业合并前长期股权投资采用权益法核算的,应进行调整,将其账面价值恢复至取得投资时的初始投资成本,相应调整留存收益。达到企业合并前将权益性投资作为交易性金融资产或可供出售金融资产核算的,也应对账面进行调整。

(2)比较每一单项交易时的成本与交易时应享有被投资单位可辨认净资产公允价值的份额,确定每一单项交易应予确认的商誉或应计入当期损益的金额。

(3)对于被购买方在购买日与交易日之间可辨认净资产公允价值变动,相对于原持股比例应享有的部分,在合并财务报表(吸收合并是指购买方个别财务报表)中应调整所有者权益相关项目,其中属于原取得投资后被投资单位实现净损益增加的资产价值量,在合并财务报表中应调整留存收益,差额调整资本公积。

【例11.8】 甲公司于2009年以8 000万元取得乙公司10%的股份,取得投资时乙公司可辨认净资产的公允价值为65 000万元。因未以任何方式参与乙公司的生产经营决策,甲公司持有该投资采用成本法核算。2010年甲公司另支付35 000万元取得乙公司50%的股权,能对乙公司实施控制。购买日乙公司可辨认净资产的公允价值为68 000万元。乙公司自2009年甲公司取得投资后至2010年进一步购买股份前实现的留存收益为2 000万元,未进行利润分配,假定不计提盈余公积。

1. 计算达到企业合并时点应确认的商誉

商誉 = (8 000 - 65 000 × 10%) + (35 000 - 68 000 × 50%) = 2 500(万元)

2. 对资产增值进行处理

资产增值额 = (68 000 - 65 000) × 10% = 300(万元)

其中留存收益增加2 000 × 10% = 200(万元),其余100万元增加资本公积。

3. 甲公司编制有关会计分录、购买日的调整分录以及购买日的抵销分录

(1)初始交易日:

借:长期股权投资　　　　　　　　　80 000 000
　　贷:银行存款　　　　　　　　　　　80 000 000

(2)追加投资日:

借:长期股权投资　　　　　　　　　350 000 000
　　贷:银行存款　　　　　　　　　　　350 000 000

(3)合并报表角度的调整:①母公司个别会计报表,购买日不必调整初始投资形成的长期股权投资的账面价值;②合并报表,原持股比例按权益法调整,即初始交易日至购买日乙公司

公允价值变动数按权益法调整投资金额。

借:长期股权投资　　　　　　　　　　3 000 000
　　贷:未分配利润　　　　　　　　　　　2 000 000
　　　　资本公积　　　　　　　　　　　　1 000 000
　　　　经调整后长期股权投资余额＝8 000+35 000+300＝43 300(万元)

(4)合并报表角度的抵销分录:

借:乙公司所有者权益相关项目　　　　680 000 000
　　商誉　　　　　　　　　　　　　　　25 000 000
　　贷:长期股权投资　　　　　　　　　　433 000 000
　　　　少数股东权益　(680 000 000×40%)272 000 000

【例11.9】　甲、乙两家公司属于非同一控制下的两家公司。甲公司于2010年1月1日以货币资金3 500万元取得乙公司30%的所有者权益,取得投资时乙公司可辨认净资产的公允价值为11 000万元。假定不考虑所得税的影响,甲公司和乙公司均按净利润的10%提取法定盈余公积。乙公司在2010年1月1日和2011年1月1日的资产负债表各项目的账面价值和公允价值资料如表11.5所示。

表11.5　资产负债表(简表)

编制单位:乙公司　　　　　　　　　　　　　　　　　　　　　　　　　　单位:万元

项目	2010年1月1日		2011年1月1日	
	账面价值	公允价值	账面价值	公允价值
货币资金和应收账款	2 000	2 000	2 200	2 200
存货	3 000	3 000	3 200	3 200
固定资产	6 000	6 200	6 400	6 700
长期股权投资	2 000	2 000	1 500	1 500
应付账款	1 200	1 200	1 400	1 400
短期借款	1 000	1 000	300	300
股本	5 000	5 000	5 000	5 000
资本公积	2 000	2 200	2 000	2 300
盈余公积	380	380	460	460
未分配利润	3 420	3 420	4 140	4 140
所有者权益合计	10 800	11 000	11 600	11 900

　2010年1月1日乙公司除一项固定资产的公允价值和账面价值不同外,其他资产和负债的账面价值与公允价值相等。该固定资产的公允价值为300万元,账面价值为100万元,预计

233

尚可使用10年,采用年限平均法计提折旧,无残值。

乙公司于2010年度实现净利润800万元,没有支付股利,没有发生资本公积变动的业务。

2011年1月1日甲公司以货币资金5 000万元进一步取得乙公司40%的所有者权益,因此取得了控制权。乙公司在该日的可辨认净值产的公允价值为11 900万元。

2011年1月1日乙公司除一项固定资产的公允价值和账面价值不同外,其他资产和负债的账面价值与公允价值相等。该固定资产的公允价值为390万元,账面价值为90万元,预计尚可使用9年,采用年限平均法计提折旧,无残值。

甲公司的会计处理如下:

(1) 2010年1月1日和2011年1月1日甲公司对乙公司长期股权投资的会计分录如下。

2010年1月1日:

借:长期股权投资　　　　　　　35 000 000
　　贷:银行存款　　　　　　　　　　35 000 000

3 500万元>3 300万元(11 000×30%),其差额不调整长期股权投资的账面价值。

2010年12月31日:

应享有的收益=[8 000 000-(3 000 000-1 000 000)/10]×30%=2 340 000

借:长期股权投资　　　　　　　2 340 000
　　贷:银行存款　　　　　　　　　　2 340 000

2011年1月1日:

借:长期股权投资　　　　　　　50 000 000
　　贷:银行存款　　　　　　　　　　50 000 000

(2) 追加投资后,原有持股比例发生变化,由权益法改为成本法的会计分录:

借:盈余公积　　　　　　　　　　234 000
　　利润分配——未分配利润　　2 106 000
　　贷:长期股权投资　　　　　　　　2 340 000

(3) 购买日,计算甲公司对乙公司投资形成的商誉价值:

原有持股比例30%时应确认的商誉=3 500-11 000×30%=200(万元)

进一步投资取得40%股权时应确认的商誉=5 000-11 900×40%=240(万元)

甲公司对乙公司投资形成的商誉=200+240=440(万元)

(4) 购买日,在合并财务报表工作底稿中编制对子公司个别报表进行调整的会计分录:

借:固定资产　　　　　　　　　3 000 000
　　贷:资本公积　　　　　　　　　　3 000 000

(5) 购买日,在合并财务报表工作底稿中调整长期股权投资的会计分录:

借:长期股权投资　　　　　　　2 340 000
　　贷:盈余公积　　　　　　　　　　234 000

利润分配——未分配利润　　2 106 000
借:长期股权投资〔(119 000 000-110 000 000)×30% -2 340 000〕360 000
　　贷:资本公积　　　　　　　　　　　　　　　　　　　　360 000
(6)在合并财务报表工作底稿中编制合并日与投资有关的会计分录:
借:股本　　　　　　　　5 000 000
　　资本公积　　　　　　23 000 000
　　盈余公积　　　　　　4 600 000
　　未分配利润　　　　　41 400 000
　　商誉　　　　　　　　4 400 000
　　贷:长期股权投资(35 000 000+50 000 000+2 340 000+360 000)87 700 000
　　　　少数股东权益　　　　　　　　(119 000 000×30%)35 700 000

四、企业通过多次交易分步实现非同一控制下企业合并的,对于购买日前持有的被购买方的股权的处理

企业通过多次交易分步实现非同一控制下企业合并的,应当区分个别财务报表和合并财务报表进行相关会计处理:

(1)在个别财务报表中,应当以购买日之前所持被购买方的股权投资的账面价值与购买日新增投资成本之和,作为该项投资的初始投资成本;购买日之前持有的被购买方的股权涉及其他综合收益的,应当在处置该项投资时将与其相关的其他综合收益(例如,可供出售金融资产公允价值变动计入资本公积的部分,下同)转入当期投资收益。

(2)在合并财务报表中,对于购买日之前持有的被购买方的股权,应当按照该股权在购买日的公允价值进行重新计量,公允价值与其账面价值的差额计入当期投资收益;购买日之前持有的被购买方的股权涉及其他综合收益的,与其相关的其他综合收益应当转为购买日所属当期投资收益。购买方应当在附注中披露其在购买日之前持有的被购买方的股权在购买日的公允价值,按照公允价值重新计量产生的相关利得或损失的金额。

五、购买子公司少数股权的处理

企业在取得子公司的控制权后,形成企业合并,自子公司的少数股东处取得少数股东的对该子公司的全部或部分少数股权,该类交易或事项发生后,应当遵循以下原则分别母公司个别财务报表两种情况进行处理:

(1)从母公司个别财务报表角度看,其自子公司少数股东处新取得的长期股权投资,应当按照《企业会计准则第2号——长期股权投资》第四条的规定确定其入账价值。

(2)在合并财务报告中,子公司的资产、负债应当以购买日(或合并日)的开始持续计量的金额反映。

购买子公司少数股权的交易日,母公司新取得的长期股权投资与按照新增持股比例计算享有子公司自购买日(或合并日)开始持续计算可辨认净资产份额之间的差额,应当调整合并财务报表中的资本公积(资本溢价或股本溢价),资本公积(资本溢价或股本溢价)余额不足冲减的,调整留存收益。

【例11.10】 甲公司在2010年12月29日以2 000万元取得乙公司70%的股权,能够对乙公司实施控制,形成同一控制下的企业合并。2011年12月25日甲公司又出资7 500万元自乙公司的其他股东处取得乙公司20%的股权。本例中甲公司和乙公司以及乙公司的少数股东在相关交易发生前不存在任何关联方关系。

(1)2010年12月29日,甲公司取得乙公司70%股权时,乙公司可辨认净资产公允价值总额为25 000万元。

(2) 2011年12月25日,乙公司有关资产、负债的账面价值,自购买日开始持续计量的金额(对母公司的价值)如表11.6所示。

表11.6

项目	乙公司的账面价值	乙公司资产、负债自购买日开始持续计量的金额(对母公司的价值)	乙公司资产、负债交易日的公允价值
存货	1 250	1 250	1500
应收账款	6 250	6 250	6 250
固定资产	10 000	11 500	12 500
无形资产	2 000	3000	3 200
其他资产	5 500	8 000	8 500
应付账款	1 500	1 500	1 500
其他负债	1 000	1 000	1 000
净资产	22 500	27 500	29 500

分析:

(1)确定甲公司对乙公司长期股权投资的成本。

2010年12月29日为非同一控制下企业合并的购买日,甲公司对乙公司的长期股权投资的成本为20 000万元。

2011年12月25日,甲公司在进一步取得乙公司20%的少数股权时,支付价款7 500万元。

该项长期股权投资在2011年12月25日的账面价值为27 500万元。

(2)编制合并财务报表时的处理。

商誉的计算:

甲公司取得乙公司70%股权时的产生的商誉=20 000-25 000×70%=2 500(万元)

甲公司取得乙公司70%股权时的产生的商誉=7 500−29 500×20%=1 600(万元)

在合并财务报表中应体现的商誉总金额为4 100万元。

所有者权益的调整：合并报表中，乙公司的净资产的有关资产、负债应以其对母公司甲的价值进行合并，即

与新取得的20%股权相应的被投资单位可辨认资产、负债的金额=27 500×20%=5 500(万元)

在购买少数股权新增加的长期股权投资成本7 500万元与按着新取得的股权比例(20%)应享有子公司自购买日开始持续计算的可辨认净资产份额5 500万元之间的差额2 000万元，除确认为商誉的1 600万元以外，差额400万元在合并报表中调整所有者相关项目，首先调整资本公积(资本溢价或股本溢价)，在资本公积(资本溢价或股本溢价)的金额不足冲减的情况下，调整留存收益(盈余公积和未分配利润)。

六、不丧失控制权情况下处置部分对子公司投资的处理

企业持有对子公司投资后，如将对子公司部分股权出售，但出售后仍保留对被投资单位控制权，被投资单位仍为其子公司的情况下，出售股权的交易应区别母公司个别财务报表与合并财务报表分别处理：

(1)从母公司个别财务报表角度，应作为长期股权投资的处置，确认有关处置损益。即出售股权取得的价款或对价的公允价值与所处置投资账面价值的差额，应作为投资收益或是投资损失计入处置投资当期母公司的个别利润表。

(2)在合并财务报表中，因出售部分股权后，母公司仍能够对被投资单位实施控制，被投资单位应当纳入母公司合并财务报表。合并财务报表中，处置长期股权投资取得的价款(或对价的公允价值)与处置长期股权投资相对应享有子公司净资产的差额应当计入所有者权益(资本公积——资本溢价或股本溢价)，资本公积(资本溢价或股本溢价)的余额不足冲减的，应当调整留存收益。

【例11.11】 甲公司于2010年2月20日取得乙公司80%股权，成本为8 600万元，购买日乙公司可辨认净资产公允价值总额为9 800万元。假定该项合并为非同一控制下企业合并，且按照税法规定该项合并为应税合并。2012年1月2日，甲公司将其持有的对乙公司长期股权投资其中的25%对外出售，取得价款2 600万元。出售投资当日，乙公司自甲公司取得其80%股权之日持续计算的，应当纳入甲公司合并财务报表的可辨认净资产总额为12 000万元。该项交易后，甲公司仍能够控制乙公司的财务和生产经营决策。

本例中甲公司出售部分对乙公司股权后，因仍能够对乙公司实施控制，该交易属于不丧失控制权情况下处置部分对子公司投资，甲公司应当分别个别财务报表和合并财务报表进行处理：

1. 甲公司个别财务报表
借:银行存款   26 000 000
  贷:长期股权投资   21 500 000
    投资收益   4 500 000

2. 甲公司合并财务报表
出售股权交易日,在甲公司合并财务报表中,出售乙公司股权取得的价款2 600万元与所处置股权相对应乙公司净资产2 400万元之间的差额应当调整增加合并资产负债表中的资本公积。

七、被购买方的会计处理

非同一控制下的企业合并中,被合并方在企业合并后仍持续经营的,如购买方取得被购买方100%股权,被合并方可以按合并中确认的有关资产、负债的公允价值调整;在其他情况下,被购买方不应因企业合并改记资产、负债的账面价值。

本 章 小 结

企业合并主要包括以下具体会计准则相关内容:《企业会计准则第2号——长期股权投资》、《企业会计准则第19号——外币折算》、《企业会计准则第20号——企业合并》和《企业会计准则第33号——合并财务报表》等。本章的主要讲授企业合并的界定和方式、企业合并的类型、同一控制下的企业合并的处理、非同一控制下的企业合并的处理等有关内容。

1. 企业合并是指将两个或两个以上的单独的企业合并形成一个报告主体的交易或事项,是否形成企业合并,关键是要看有关交易或事项发生前后,是否引起报告主体的变化,报告主体的变化产生于控制权的变化。

2. 企业合并分为同一控制下的企业合并和非同一控制下的企业合并两大类。同一控制下的企业合并是指参与合并的企业在合并前及合并后均受同一方或相同的多方最终控制且该控制并非暂时性的;非同一控制下的企业合并,是指参与合并各方在合并前后不受同一方或相同的多方最终控制的合并交易,即除判断属于同一控制下企业合并的情况之外其他的企业合并。

3. 同一控制下的企业合并,是从合并方出发,确定合并方在合并日对于企业合并事项进行的会计处理,同一控制下的控股合并,合并方在合并日后取得的被合并方生产经营决策的控制权,并且被合并方合并日后仍然继续经营的,合并方在合并日涉及两个方面的问题,:一是因该项企业合并形成的对被合并方的长期股权投资的确认和计量问题;二是合并日合并财务报表的编制问题。同一控制下的吸收合并中,合并方主要涉及合并日取得被合并方资产、负债入账价值的确定,以及合并中取得有关净资产的入账价值与支付的合并对价账面价值之间差异的处理。

4. 非同一控制下的企业合并,主要涉及购买方与购买日的确定,企业合并成本的确定,合并中取得各项可辨认资产、负债的确认与计量以及合并差异的处理等。非同一控制下的企业合并的控股合并,购买方所涉及的会计处理问题主要有两个方面:一是购买日因进行企业合并形成的对被购买方的长期股权投资初始成本的确定,该成本于合并对价支付的有关资产账面价值之间差异的处理;二是购买日合并财务报表的编制。非同一控制下的吸收合并,购买方在购买日应当将合并中取得的符合确认条件的各项资产、负债,按其公允价值确认为本企业的资产、负债;作为合并对价的有关非货币性资产在购买日的公允价值,与其账面价值的差额,应作为资产的处置损益记入合并当期的利润表;确定的企业合并成本于所取得的被购买方可辨认净资产公允价值的差额,视情况分别确认为商誉或是作为企业合并当期的损益计入利润表。

思 考 题

1. 企业合并类型是如何划分的?
2. 怎样进行同一控制下和非同一控制下的企业合并的会计处理?
3. 多次交易分布实现的企业合并的处理原则是什么?
4. 合并日或购买日企业合并应当编制的合并财务报表有哪些?如何编制?

第十二章
Chapter 12

合并财务报表

【学习目标】
1. 掌握合并财务报表的概念及分类原则；
2. 掌握合并报表的编制范畴的确定；
3. 熟悉合并财务报表的编制程序及其准备工作；
4. 掌握报告期内增减子公司的会计处理。

【能力目标】
1. 实地解决合并报表中特殊问题的解决方案；
2. 掌握合并财务报表调整分录和抵销分录的编制；
3. 正确操作企业合并当期及其以后期间的合并财务报表的编制。

【引导案例】

随着经济全球化步伐的加快，企业并购活动日益频繁。而如何客观、公正地反映企业并购过程和结果，对合并会计报表理论与实务的发展提出了新的要求，新会计准则对我国合并会计报表问题进行了规范。

诺基亚集团(NOKIA)的主营业务有：移动电话产品、基站、基站控制器、移动交换中心、接入设备、数字交换设备等。

凭借创新科技，诺基亚作为中国移动通信系统和终端、宽带网络设备领先供应商的地位不断加强。诺基亚是中国移动通信行业最大的出口企业。中国也是诺基亚全球重要的生产和研发基地之一，诺基亚在中国建有五个研发机构和四个生产基地，办公机构遍布全国，员工逾4 500人。诺基亚是移动通信的全球领先者，推动着更广阔的移动性行业持续发展。诺基亚致力于提供易用和创新的产品,包括移动电话、图像、游戏、媒体以及面向移动网络运营商和企业用户的解决方案,从而丰富人们的生活,提升其工作效率。诺基亚股票在全球五个主要证券市场上市,股东遍布世界各地。

对于这样一家全球多达几百家分公司的企业是如何设计和改造其会计系统结构以适应这一要求的?他们的合并报表的支持管理控制和决策功能体现在哪里?

第一节 合并财务报表概述

一、合并财务报表的定义、特点和作用

(一)合并财务报表的定义

合并财务报表,是指反映母公司和其全部子公司形成的企业集团(以下简称企业集团)整体财务状况、经营成果和现金流量的财务报表。随着企业合并、企业集团和跨国公司的日益增多,编制合并财务报表已成为企业集团的一项基本会计业务。

合并财务报表由母公司编制,它至少应当包括下列组成部分:合并资产负债表、合并利润表、合并现金流量表、合并所有者权益变动表和附注,他们从不同的方面反映企业集团的财务状况、经营成果和现金流量,构成一个完整的合并财务报表体系。

(二)合并财务报表的特点

合并会计报表又称合并财务报表,它是以母公司(控股公司)为核心将整体企业集团视为一个经济实体,以组成企业集团的母公司和子公司(被控股公司)的个别会计报表为基础编制的,综合反映集团经营成果、财务状况以及现金流量情况的会计报表。它包括合并资产负债表、合并损益表、合并现金流量表以及合并利润分配表,这些合并会计报表分别从不同方面反映企业集团这一会计主体的经营情况和财务状况,构成一个完整的合并会计报表体系。相对于个别会计报表而言,合并会计报表的特点是:

1. **反映的内容及对象不同**

个别财务报表反映的是独立的法人企业的财务状况、经营成果和现金流量情况,反映对象是独立的法人企业,它既是经济意义上的会计主体,也是法律主体;合并会计报表反映的对象是企业集团,即由母公司和子公司所组成的企业集团财务状况、经营成果和现金流量的会计报表,这种企业集团是经济意义上的会计主体而不是法律意义上的会计主体。

2. **编制基础不同**

个别财务报表的编制,从设置账簿、编制会计凭证、登记会计账簿到编制会计报表,遵循一套完整的会计核算体系;合并会计报表的编制依据是以个别会计报表为基础,根据有关资料,抵销集团内容对个别财务报表的影响来编制。在编制过程中除了对投资、债权和债务、内部交

易及所有者权益项目进行相应的调整外,对其余大部分项目进行直接相加,这使得合并会计报表的正确性在很大程度上体现为一种编制中清晰的逻辑关系,而失去了一般的可验证性。

3. 编报单位不同

个别财务报表由独立的法人编制,每一企业都要编制个别财务报表。合并财务报表是由集团内的母公司编制,并不是所有的企业都需要编制合并财务报表。多层控股的情况下,往往由最终的母公司编制,在有需要的情况下,中层的控股公司才有可能编制合并财务报表。

4. 编制方法不同

个别财务报表的编制方法包括设置账户、复式记账、登记账簿、平行登记、试算平衡、结账、账项调整等一系列方法。合并财务报表则是对纳入合并范围的母子公司个别财务报表相应项目相加总,然后编制抵销会计分录,将集团内部会计事项对个别财务报表的影响予以抵销,最后合并各项的数据而成。编制合并财务报表,主要有编制抵销会计分录,运用合并财务报表工作底稿等方法。

(三)合并财务报表的作用

按照我国《企业会计准则第 20 号——企业合并》与《企业会计准则第 33 号——合并报表》的相关规定,需要编制合并财务报表的企业集团,母公司需要编制其个别财务报表外,还应当编制企业集团的合并财务报表。编制合并财务报表的作用体现在以下两个方面:

(1)编制合并财务报表能够向财务报表使用者提供反映企业集团整体财务状况、经营成果和现金流量的会计信息,有助于财务报表使用者作出经济决策,也为企业集团管理当局加强对整个企业集团的控制和管理提供全面的信息。

(2)编制合并财务报表有利于避免一些母公司利用控制和从属关系,人为粉饰财务报表情况的发生。一些企业集团利用各公司的控制和从属关系,出于调整上市公司利润和减少整个集团税负的考虑,利用内部转移价格等手段,在企业集团内容转移利润或亏损。例如,母公司低价向其子公司提供原材料、高价收购子公司产品、出于避税考虑而转移利润;母公司通过高价对集团内部其他公司销售、低价收购其他企业的原材料而转移亏损。通过编制合并财务报表,可以在一定范围内,抵销内部交易中未实现的损益及重复计算因素,以避免控股公司人为操纵利润,粉饰财务报表现象的发生,使财务报表提供的财务信息更加客观、真实。

二、合并财务报表的合并范围

《企业会计准则第 33 号——合并财务报表》中规定:母公司应将其全部子公司纳入合并报表的合并范围,即合并财务报表的合并范围应当以控制为基础予以确定。只要是母公司控制的子公司,无论该子公司的规模大小、子公司向母公司转移资金能力是否受到严格限制,也无论子公司的业务性质与母公司或企业集团内部其他子公司是否有显著差别,都应当纳入合并财务报表的合并范围。

企业集团是由母公司和其全部子公司构成,母公司与子公司相互依存,有母公司就必然有子公司,同样,由子公司就必然存在母公司。母公司是指拥有一个或一个以上的子公司的企业(或主体),子公司是指被母公司控制的企业。控制,是指一个企业能够决定另一个企业的财务和经营政策,并能据以从另一个企业的经营活动中获取利益的权力。控制标准的具体应用如下:

(一)母公司直接或通过子公司间接拥有其半数以上的表决权的被投资单位

控制的最明显标志是取得被投资企业半数以上表决权。表决权是指被投资企业经营计划、投资方案、年度财务预算和决算方案、利润分配和亏损弥补方案、内部管理机构的设置、聘任和解聘公司经理及其报酬、公司基本管理制度等事项持有的表决权。表决权比例通常与出资比例或持股比例相一致。母公司拥有被投资单位半数以上表决权,通常包括以下三种情况:

(1)母公司直接拥有被投资单位半数以上表决权。比如,甲公司直接拥有乙公司发行的普通股总数的60%,这种情况下,乙公司就成为甲公司的子公司,甲公司编制合并财务报表时,应将乙公司纳入其合并范围。

(2)母公司间接拥有被投资单位半数以上表决权。如上述甲公司拥有乙公司60%的表决权资本;如果乙公司又投了一家子公司——丙公司,则丙公司也应当纳入合并范围。

(3)母公司以直接和间接方式合计拥有被投资半数以上表决权。例如,甲公司拥有乙公司60%的表决权资本,乙公司拥有丁公司30%的表决权资本,甲公司直接拥有丁公司21%的表决权资本,则甲公司编制合并财务报表时,应将丁公司纳入合并范围(51%=30%+21%)。

(二)母公司控制的其他被投资单位

在母公司通过直接和间接方式未拥有被投资单位半数以上表决权的情况下,如果母公司通过其他方式对被投资单位的财务和经营政策实施控制时,这些被投资单位也应作为子公司纳入其合并范围。

(1)通过与被投资单位其他投资者之间的协议,拥有被投资单位半数以上表决权。
(2)根据公司章程或协议,有权决定被投资单位的财务和经营政策。
(3)有权任免被投资单位的董事会或类似机构的多数成员。
(4)在被投资单位董事会或类似机构占多数表决权。

在母公司拥有被投资单位半数或以下的表决权,满足上述四个条件之一,视为母公司能够控制被投资单位,应当将该被投资单位认定为子公司,纳入合并财务报表的合并范围。但是,如果有证据表明母公司不能控制被投资单位的除外。

(三)在确定能否控制被投资单位时对潜在表决权的考虑

在确定能否控制被投资单位时,应当考虑企业和其他企业持有的被投资单位的当期可转换的可转换公司债券、当期可执行的认股权证等潜在表决权因素。潜在表决权,是指当期可转换的可转换公司债券、当期可执行的认股权证等,不包括在将来某一日期或将来发生某一事项才能转换的可转换公司债券或才能执行的认股权证等,也不包括诸如行权价格的设定使得在任何情况下都不可能转换为实际表决权的其他债务工具或权益工具。

(四)所有子公司都应当纳入母公司合并财务报表的合并范围

以控制为基础确定合并财务报表的合并范围,母公司应当将其全部子公司纳入合并财务报表的合并范围。只要是由母公司控制的子公司,不论其规模大小、向母公司转移资金能力是否受到严格限制,也不论业务性质与母公司或企业集团内其他子公司是否有显著差别,都应当纳入合并财务报表的合并范围。

以控制为基础确定合并财务报表的合并范围,应强调实质重于形式,在确定能否控制被投资单位时,应当考虑企业和其他企业持有的被投资单位的可转换的可转换公司债券、当期可执行的认股权证等潜在表决权因素。总之,母公司应当将其全部子公司纳入合并财务报表的合并范围。

需要说明的是,受所在国外汇管制和其他管制,资金调度受到限制的境外子公司,在这种情况下,该被投资公司的财务和经营政策仍然由母公司决定,母公司也能从其经营活动中获取利益,资金调度受到限制并不妨碍母公司对其实施控制。因此,应将其纳入合并财务报表的合并范围。

三、不纳入合并范围的公司、企业或单位

下列被投资单位不是母公司的子公司或不能由母公司控制,则不应当纳入合并财务报表的合并范围。

(一)已宣告被清理整顿的原子公司

已经被宣告清理整顿的原子公司,是指在当期清理整顿的被投资单位,该被投资单位在上期是本公司的子公司。在这种情况下,根据 2005 年修改订的《公司法》第 184 条规定,被投资公司实际上在当期已经由人民法院指定的有关人员组成的清算管理人对该被投资公司进行日常管理,在清理期间,被投资单位不得开展与清算无关的经营活动。即本公司不能再控制该被投资单位、不能将该被投资单位继续认定为本公司的子公司。

(二)已宣告破产的原子公司

已宣告破产的原子公司,是指在当期宣告破产的被投资公司,该被投资在上期是本公司的公司。在这种情况下,根据《破产法》的规定,被投资单位的日常管理已经移交到人民法院指定的管理人,本公司不能控制该被投资单位,不能将该被投资单位认定为本公司的子公司。

(三)母公司不能控制的其他被投资单位

母公司不能控制的其他被投资公司,是指母公司不能控制的除以上两种情况外的其他被投资单位,如联营企业、合营企业等。

投资单位以及其他方对被投资单位实施共同控制的,被投资单位为其合营企业。在这种情况下,合营企业实质上按照合同约定由本企业与其他方共同控制,本企业无法单方面控制该

合营企业,合营企业不是投资企业的子公司。

四、合并财务报表的种类及编制原则

合并财务报表主要包括合并资产负债表、合并利润表、合并利润分配表和合并现金流量表和附注,它们分别从不同的方面反映企业集团的经营情况,构成一个完整的合并会计报表体系。

合并财务报表时对个别财务报表的演化,是在个别财务报表的基础上编制而成的。因此,除了要遵循个别财务报表的编制方法外,还要遵循以下基本原则:

(一)以个别财务报表为基础

合并财务报表的报告主体是企业集团,而企业集团是一个会计实体,而不是一个法律主体,没有自己的账簿,也不需要有自己的账簿体系。编制合并财务报表的依据就是纳入合并财务报表范围的母公司、各子公司提供的财务报表和其他相关资料。

(二)一体性

一体性要求在编制合并财务报表时,把应纳入合并财务报表范围的各公司看成一个整体来进行处理。这样需要以母公司的会计政策和会计期间为标准,调整有关子公司的财务报表项目;需要抵销应纳入合并财务报表范围的各公司之间发生的经济业务在有关报表上反映;最后,要分别按照财务报表项目把有关金额的合计数计算出来,作为合并财务报表各该项目的金额。

(三)重要性

编制合并财务报表时为有关的经济策略服务的,合并财务报表涉及多个法人,这些法人可能分部在不同的国家或地区,有不同的规模和经营范围等,为把集团的综合经济实力提供给合并财务报表的使用者,就需要讲究会计信息的成本利益,遵循重要性原则,解决合并财务报表项目的安排、内部交易事项的抵销等问题。

五、合并财务报表编制的前提准备事项

合并财务报表的编制涉及数个法人企业实体,为了使编制的合并会计报表准确、全面地反映企业集团的真实情况,必须做好以下前提准备事项。

(一)统一母子公司的会计期间

母公司应当统一子公司的会计期间,使母、子公司的会计期间保持一致。子公司的会计期间与母公司的不一致的,母公司应当按照自身的会计期间对子公司的财务报表进行调整,或要求子公司按照母公司的会计期间另行编制财务报表。

(二)统一母子公司的会计政策

母公司应当统一子公司的会计政策,使子公司采用的会计政策与母公司的会计政策保持

一致。子公司采用的会计政策与母公司的不一致的，母公司应当按照自身的会计政策对子公司的财务报表进行调整，或要求子公司按照母公司的会计政策另行编制财务报表。

（三）对子公司以外币表示的财务报表进行折算

对母公司和子公司的财务报表进行合并，其前提必须是母子公司个别财务报表所采用的货币计量单位一致。在我国外币业务比较多的企业采用某一外币作为记账本位币，境外企业一般也是采用其所在国的或地区的货币作为记账本位币。在将这些企业的财务报表纳入合并时，则必须将其折算为母公司所采用的记账本位币表示财务报表。我国外币报表基本上采用的是现行汇率法折算，有关外币报表折算的具体方法已在外币业务中论述，在此不予重复。

（四）收集编制合并财务报表的相关资料

合并财务报表以母公司和其子公司的报表以及其他有关资料为依据，由母公司合并有关项目的数据编制。为编制合并财务报表，母公司应当要求子公司及时提供下列有关资料：

（1）子公司相应期间的财务报表。

（2）母公司及其他子公司之间发生的内部购销、债权债务、投资及其产生的现金流量和为实现内部销售损益的期初、期末余额及其变动情况等资料。

（3）子公司所有者权益变动和利润分配的有关资料。

（4）编制合并财务报表所需的其他资料。

六、合并财务报表的编制程序

（一）设置合并工作底稿

合并工作底稿的作用是为合并财务报表的编制提供基础。在合并工作底稿中，对母公司和子公司的个别财务报表各项目的金额进行汇总和抵销处理，最终计算得出合并财务报表各项目的合并金额。

将母公司、纳入合并范围的子公司的个别资产负债表、利润表及所有者权益变动表的数据过入合并工作底稿，并在合并工作底稿中对母公司和在子公司的个别财务报表项目的数据进行加总，计算得出个别资产负债表、个别利润表及个别所有者权益变动表各项目的合计数额。

（二）编制调整分录和抵销分录

在合并工作底稿中编制调整分录和抵销分录，将内部交易对合并财务报表有关项目的影响进行抵销处理。编制调整分录和抵销分录，进行抵销处理是合并财务报表编制的关键和主要内容，其目的在于将因会计政策及计量基础的差异对个别财务报表的影响进行调整，以及将个别财务报表各项目的加总金额中重复的因素予以抵销。

需要说明的是：合并工作底稿的调整分录和抵销分录，借记或贷记的均为财务报表项目（即资产负债表项目、利润表项目、现金流量表项目和所有者权益表项目），而不是具体的会计科目。例如，在涉及调整和抵销坏账准备时，应当通过资产负债表中的"应收账款"项目，而不是"坏账准备"科目来进行调整和抵销;在涉及调整和抵销固定资产折旧、固定资产减值准备时,均通过资产负债表中的"固定资产"项目,而不是"累计折旧"、"固定资产减值准备"等科目来进行调整和抵销。

(三)计算合并财务报表各项目的合并金额

在母公司和子公司个别财务报表各项目加总金额的基础上,分别计算出合并财务报表中各资产项目、负债项目、所有者权益项目、收入项目和费用项目等的合并金额。其计算方法如下:

(1)资产类各项目,其合并金额根据该项目加总金额,加上该项目抵销分录有关的借方发生额,减去该项目抵销分录有关的贷方发生额计算确定。

(2)负债类各项目和所有者权益类项目,其合并金额根据该项目加总金额,减去该项目抵销分录有关的借方发生额,加上该项目抵销分录有关的贷方发生额计算确定。

(3)有关收入类各项目和有关所有者权益变动各项目,其合并金额根据该项目加总金额,减去该项目抵销分录的借方发生额,加上该项目抵销分录的贷方发生额计算确定。

(4)有关费用类项目,其合并金额根据该项目加总金额,加上该项目抵销分录的借方发生额,减去该项目抵销分录的贷方发生额计算确定。

(四)填列合并财务报表

根据合并工作底稿中计算出的资产、负债、所有者权益、收入、费用类以及现金流量表中各项目的合并金额,填列生成正式的合并财务报表。

七、合并财务报表附注

企业应当在附注中披露下列信息:

(1)子公司的清单,包括企业名称、注册地、业务性质、母公司的持股比例和表决权比例。

(2)母公司直接或通过子公司间接拥有被投资单位表决权不足半数但能对其形成控制的原因。

(3)母公司直接或通过其他子公司间接拥有被投资单位半数以上的表决权但未能对其形成控制的原因。

(4)子公司所采用的与母公司不一致的会计政策,编制合并财务报表的处理方法及其影响。

(5)公司与母公司不一致的会计期间,编制合并财务报表的处理方法及其影响。

(6)本期增加子公司,按照《企业会计准则第20号——企业合并》的规定进行披露。

(7)本期不再纳入合并范围的原子公司,说明原子公司的名称、注册地、业务性质、母公司的持股比例和表决权比例,本期不再成为子公司的原因,其在处置日和上一会计期间资产负债表日资产、负债和所有者权益的金额以及本期期初至处置日的收入、费用和利润的金额。

(8)子公司向母公司转移资金的能力受到严格限制的情况。

(9)需要在附注中说明的其他事项。

第二节 合并资产负债表

合并资产负债表时反映企业集团某一特定日期财务状况的财务报表。它是以母公司和纳入合并范围的子公司的个别资产负债表为基础,在抵销母公司与子公司、子公司相互之间发生的内部交易对合并资产负债表的影响后,由母公司合并编制。

一、对子公司的个别财务报表进行调整

按照企业会计准则的规定,在编制合并财务报表时,首先应对各子公司进行分类。分为同一控制下企业合并取得的子公司和非同一控制下企业合并取得的子公司两类。

(一)同一控制下企业合并取得的子公司

对于同一控制下的企业合并取得的子公司,其采取的会计政策、会计期间与母公司一致的情况下,编制合并财务报表时,应以有关子公司的个别财务会计报表为基础,不需要进行调整。即不需要将该子公司的个别财务报表调整为公允价值反映的财务报表,只需要抵销内部交易对合并财务报表的影响即可;子公司采用的会计政策、会计期间与母公司不一致的情况下,则需要考虑重要性原则,按照母公司的会计政策和会计期间,对子公司的个别财务报表进行调整。

(二)非同一控制下企业合并取得的子公司

对于非同一控制下企业合并取得的子公司,除应考虑会计政策和会计期间的差别,需要调整子公司的个别财务报表进行调整外,还应考虑母公司在购买日设置的备查账簿中登记的该子公司有关可辨认资产、负债的公允价值,对子公司的个别财务报表进行的调整,使子公司的个别财务反映在购买日公允价值上确认的可辨认资产、负债等将在本期资产负债表日应有的金额。

对于同一控制下企业合并中取得的子公司的可辨认资产、负债及或有负债的金额的调整,请参见"企业合并"章节的相关内容。

二、按权益法调整对子公司的长期股权投资

合并财务报表准则规定,合并财务报表应当以母公司和其子公司的个别财务报表为基础,根据其他相关资料,按照权益法调整对子公司的长期股权投资后,由母公司编制。

在合并工作底稿中,将对子公司的长期股权投资调整为权益法时,应按照《企业会计准则第 2 号——长期股权投资》中所规定的权益法进行调整。在确认应享有子公司净损益的份额

时,对于属于非同一控制下企业合并形成的长期股权投资,应当以在备查簿中记录的子公司各项可辨认资产、负债及或有负债等在购买日的公允价值为基础,对该子公司的净利润进行调整后确认对于属于同一控制下的企业合并形成的长期股权投资,可以直接以该子公司的净利润进行确认,但是该子公司的会计政策或会计期间与母公司不一致的,仍需要对净利润进行调整。如果存在未实现内部交易损益,在采用权益法进行调整时还应对该未实现内部交易损益进行调整。

在合并工作底稿中编制的调整分录为:对于当期该子公司实现净利润,按母公司应享有的份额,借记"长期股权投资"项目,贷记"投资收益"项目;对于当期该子公司发生的净亏损,按母公司应分担的份额,借记"投资收益"项目,贷记"长期股权投资"、"长期应收款"等项目。对于当期收到的净利润或现金股利,借记"投资收益"项目,贷记"长期股权投资"项目。

对于子公司除净损益以外所有者权益的其他变动,按母公司应享有的份额,借记"长期股权投资"项目,贷记"资本公积"项目。

需要说明的是,合并财务报表准则也允许企业直接在对子公司的长期股权投资采用成本法核算的基础上编制合并财务报表,但是所生成的合并财务报表应当符合合并财务报表准则的相关规定。

【例12.1】 2010年1月1日,甲公司用银行存款3 000万元取得乙公司80%的股份(假定甲、乙公司的企业合并为非同一控制下的企业合并)。在购买日,甲公司在备查账簿中记录的乙公司的可辨认资产、负债的公允价值与账面价值存在差异的仅为一项,即办公楼。其公允价值高出账面价值100万元,按照平均年限法计提折旧,预计尚可使用的年限为10年。购买日乙公司股东权益总额为3 500万元,其中股本为2 000万元,资本公积为1 500万元,盈余公积0万元,未分配利润0万元。

2010年,乙公司实现的净利润为1 000万元,提取法定盈余公积100万元,向甲公司分派现金股利400万元(分派的股利属于当年实现的净利润),向其他股东分派现金股利100万元,未分配利润为400万元。乙公司因持有的可供出售的金融资产的公允价值变动计入当期资本公积的金额为100万元。

2010年12月31日,乙公司股东权益总额为4 100万元,其中股本2 000万元,资本公积1 600万元,盈余公积100万元,未分配利润400万元。

2010年12月31日甲公司个别资产负债表中,对乙公司的长期股权投资的金额为3 000万元。A公司个别财务报表中采用成本法核算该项长期股权投资。假定乙公司与甲公司采取的会计政策和会计期间一致,不考虑甲、乙公司及合并资产、负债的所得税影响。

要求:编制相应的调整会计分录。

分析:

(1)根据乙公司可辨认资产、负债的公允价值与账面价值之间的差异,调整子公司的净利润。根据《企业会计准则第2号——长期股权投资》规定,投资企业在确认应享有的被投资企业的净损益时，应当以取得时被投资企业的各项可辨认资产的公允价值为基础，对被投资企业的净利润进行调整后确认。本例题中，甲公司在编制合并财务报表时，应首先将备查簿中记录的乙公司可辨认资产在购买日的公允价值数额，调整乙公司的净利润。

根据甲公司备查簿的记录，在购买日记录的乙公司的可辨认资产、负债的公允价值与账面价值存在差异的仅有办公楼一项，其公允价值高出账面价值 100 万元。按年限平均法计提每年应补计提折旧额 10（100÷10）万元。在合并工作底稿中，应作如下调整分录：

借：管理费用　　　　　　　　　100 000
　　贷：固定资产　　　　　　　　　100 000

由此，以乙公司的 2010 年 1 月 1 日的各项可辨认资产的公允价值为基础，重新确定的乙公司的 2010 年的净利润为 990 万元。

（2）在合并工作底稿中将甲公司长期股权投资由成本法调整为权益法。

①确认甲公司在 2010 年乙公司实现的利润 990 万元，中应享有的份额为 792（990×80%）万元。

借：长期股权投资——乙公司　　　7 920 000
　　贷：投资收益——乙公司　　　　7 920 000

②确认甲公司收到乙公司 2010 年分派的现金股利，同时抵销原按成本法确认的投资收益：

借：投资收益——乙公司　　　　　4 000 000
　　贷：长期股权投资——乙公司　　4 000 000

③确认甲公司在 2010 年乙公司除净利润以外所有者权益的其他变动中所享有的份额 80（100×80%）万元。

借：长期股权投资——乙公司　　　800 000
　　贷：资本公积——其他资本公积　800 000

三、编制合并资产负债表时应进行抵销处理的项目

合并资产负债表是以母公司和子公司的个别资产负债表为基础编制的。企业集团内部经济业务事项发生以后，母、子公司都从各自的角度在个别资产负债表中加以反映，导致母、子公司个别资产负债表中的资产、负债和所有者权益发生变动。例如，集团内部母公司向子公司赊销产品，对母公司来说，要确认营业收入，结转营业成本，在其个别资产负债表中体现为应收账款；对子公司来说，在购入的产品在没有对外销售的情况下，在其个别的资产负债表中体现为存货和应付账款。但从整个集团的角度看，这种集团内部的交易事项的发生，只是造成了财产物资和资金在集团内部的转移，并不导致整个企业集团总体的资产、负债和所有者权益的增减变动。在编制合并财务报表中，如果只是将母公司和子公司的各项资产、负债和所有者权益简单地相加，势必虚增整个企业集团的资产、负债和所有者权益。因此，作为反映集团整体财务

状况的合并资产负债表,必须将这些重复计算的因素予以扣除,对这些重复因素进行抵销处理。

编制合并资产负债表时需要进行抵销处理的项目,主要有:

(1) 母公司对子公司长期股权投资与子公司所有者权益(或股东权益)项目。

(2) 母公司与子公司、子公司相互之间发生内部债权与债务项目。

(3) 存货项目,即内部购进存货成本中包含的未实现内部销售损益。

(4) 固定资产项目(包括固定资产原价和累计折旧项目),即内部购进商品形成的固定资产、内部购进的固定资产成本中包含的未实现内部销售损益。

(5) 无形资产项目,即内部购进商品形成的无形资产、内部购进的无形资产成本中包含的未实现内部销售损益。

(6) 与抵销的长期股权投资、应收账款、存货、固定资产、无形资产等资产相关的资产减值准备的抵销。

(7) 母公司与子公司、子公司相互之间发生的其他内部交易对合并资产负债表的影响也应抵销。

(一)母公司对子公司长期股权投资与子公司所有者权益的抵销处理

《企业会计准则第 33 号——合并财务报表》规定母公司对子公司的长期股权投资与母公司在子公司所有者权益中所享有的份额应当相互抵销,同时抵销相应的长期股权投资减值准备。从企业集团整体来看,母公司对子公司进行的长期股权投资实际上相当于母公司将资本拨付下属核算单位,并不引起整个企业集团的资产、负债和所有者权益的增减变动。因此,编制合并财务报表时,应当在母公司与子公司财务报表数据简单相加的基础上,将母公司对子公司的长期股权投资与子公司所有者权益予以抵销。

(1)在子公司为全资子公司的情况下,母公司对子公司长期股权投资的金额和子公司所有者权益各项目的金额应当全额抵销。在合并工作底稿中编制的抵销分录为:借记"实收资本"、"资本公积"、"盈余公积"和"期末未分配利润"项目,贷记"长期股权投资"项目。当母公司对子公司长期股权投资的金额与子公司所有者权益总额不一致时,其差额应借记"商誉"或"营业外收入"项目。

【例 12.2】 2010 年 3 月甲公司以 1 500 万元购买其子公司——乙公司的 100% 的股权,乙公司所有者权益各项目的金额如表 12.1 所示。

表 12.1　资产负债表(简表)　　　　　　　　　　　　　　　　单位:万元

资产	母公司	负债和所有者权益	母公司	子公司
长期股权投资(子公司)	1 500	所有者权益		
		股本	1 600	800
		资本公积	320	320
		盈余公积	400	40
		未分配利润	480	240
		所有者权益合计	2 800	1 400

分析:商誉金额=母公司对子公司的长期股权投资金额-子公司所有者权益金额×母公司持股比例=1 500-1 400×100%=100(万元)。

2010 年 12 月 31 日在合并财务报表工作底稿中将甲公司长期股权投资与乙公司所有者权益项目进行抵销:

借:股本　　　　　　　　　8 000 000
　　资本公积　　　　　　　3 200 000
　　盈余公积　　　　　　　　400 000
　　未分配利润　　　　　　2 400 000
　　商誉　　　　　　　　　1 000 000
　贷:长期股权投资　　　　15 000 000

2. 在子公司为非全资子公司的情况下,应当将母公司对子公司长期股权投资的金额与子公司所有者权益中母公司所享有的份额相抵销。子公司所有者权益中不属于母公司的份额,即子公司所有者权益中抵销母公司所享有的份额后的余额,在合并财务报表中作为"少数股东权益"处理。反映子公司所有者权益中不属于母公司的份额,即除母公司之外的其他投资者在子公司所有者权益中享有的份额。在合并工作底稿中编制的抵销分录为:借记"股本"、"资本公积"、"盈余公积"和"期末未分配利润"项目,贷记"长期股权投资"和"少数股东权益"项目。当母公司对子公司的长期股权投资的金额与在子公司所有者权益的份额不一致时,其差额应借记"商誉"或"营业外收入"账户。

需要说明的是,合并财务报表准则规定,子公司持有母公司的长期股权投资、子公司相互之间持有的长期股权投资,也应当比照上述母公司对子公司的股权投资的抵销方法采用通常所说的交互分配法进行抵销处理。

【例 12.3】　2010 年 1 月 1 日甲公司用银行存款 1 600 万元购买乙公司 70% 的股份(假定甲、乙公司的企业合并为非同一控制下的企业合并)。在购买日,购买日乙公司股东权益总额为 2 000 万元,其中股本为 1 000 万元,资本公积为 1 000 万元,盈余公积为 0 万元,未分配利润为 0 万元。

2010年,乙公司实现净利润1 000万元,按净利润的10%提取法定盈余公积100万元,净利润的30%分派现金股利,甲公司分得现金股利210万元(分派的股利属于当年实现的净利润),向其他股东分派现金股利90万元,未分配利润为600万元。

2010年12月31日,乙公司的所有者权益总额为2 700万元,其中:股本为1 000万元,资本公积为1 000万元,盈余公积为100万元,未分配利润为600万元。

2010年12月31日,甲公司个别资产负债表中对乙公司的长期股权投资的金额为1 600万元,甲公司个别资产负债表中的采用成本法核算该项长期股权投资。假定乙公司和甲公司的会计政策和会计期间一致,不考虑甲、乙公司即合并资产、负债的所得税影响。调整和抵销会计分录:

1. 在合并财务报表工作底稿中,将甲公司长期股权投资由成本法改为权益法。

(1)确认甲公司在2010年乙公司实现的将利润1 000万元中所享有的份额为700(1 000×70%)万元。

借:长期股权投资——乙公司　　　　7 000 000
　　贷:投资收益——乙公司　　　　　　7 000 000

(2)确认甲公司收到乙公司2010年分派的现金股利,同时抵销原按成本法确认的投资收益:

借:投资收益——乙公司　　　　　　2 100 000
　　贷:长期股权投资——乙公司　　　　2 100 000

由此,2010年12月31日甲公司个别资产负债表中对乙公司的长期股权投资的金额为2 090(1 600+700-210)万元。

2. 在合并财务报表工作底稿中将甲公司长期股权投资与乙公司所有者权益项目进行抵销。

2010年12月31日,甲公司对乙公司的长期股权投资的金额2 090万元大于应享有乙公司所有者权益的份额1 890(2 700×70%)万元的差额200万元作为商誉处理,另外,少数股份权益的金额为810(2 700×30%)万元。其抵销会计分录为:

借:股本　　　　　　　　　　　10 000 000
　　资本公积　　　　　　　　　10 000 000
　　盈余公积　　　　　　　　　　1 000 000
　　未分配利润　　　　　　　　　6 000 000
　　商誉　　　　　　　　　　　　2 000 000
　　贷:长期股权投资　　　　　　20 900 000
　　　　少数股东权益　　　　　　8 100 000

(二)内部债权与债务的抵销处理

按企业会计准则的规定,母公司与子公司、子公司相互之间的债权与债务项目应当相互抵销。同时抵销应收账款的坏账准备和债券投资的减值准备。母公司与子公司、子公司相互之间的债权与债务项目，是指母公司与子公司、子公司相互之间因销售商品、提供劳务以及发生结算业务等原因所产生的应收账款和应付账款、应收票据和应付票据、预付账款和预收账款、其他应收款和其他应付款、持有至到期投资和应付债券等项目。发生在母公司与子公司、子公司相互之间的这些项目，企业集团内部一方面企业在个别资产负债表中反映为资产，而另一方面企业则在个别资产负债表中反映为负债，但从企业集团整个角度看，只是内部资金运动，即不能增加企业集团的资产，也不能增加负债。为此，为了消除个别资产负债表的直接相加总中的重复计算因素，在编制合并财务报表时，应当将内部债权债务项目予以抵销。

在编制合并资产负债表时，需要进行抵销处理的内部债权债务项目主要包括：

（1）应收账款与应付账款。
（2）应收票据与应付票据。
（3）预付账款与预收账款。
（4）持有至到期投资（假定该项债券投资，持有方划归为持有至到期投资，如果划分为其他类的金融资产，原理相同）与应付债券。
（5）应收利息与应付利息。
（6）应收股利与应付股利。
（7）其他应收款与其他应付款。

1. 应收账款与应付账款的抵销处理

（1）初次编制合并财务报表时应收账款与应付账款的抵销处理。在初次编制合并财务报表时，在应收账款计提坏账准备的情况下，此会计期间坏账准备的金额是以当期应收账款为基础计提。在编制合并财务报表时，内部应收账款抵销时，其抵销分录为：借记"应付账款"项目，贷记"应收账款"项目；随着内容应收账款的抵销，与此相联系也需要将内部应收账款计提的坏账准备抵销，其抵销分录为：借记"应收账款——坏账准备"项目，贷记"资产减值损失"项目。

【例12.4】 2010年1月1日，甲公司取得应收的控制权，2010年12月31日甲公司编制甲公司和乙公司的合并财务报表，甲公司资产负债表中的应收账款95万元为当年向乙公司的销售商品发生的应收账款价值，且已对此笔应收账款计提了5万元的坏账准备。在乙公司的个别财务报表中有应付账款项目100万元，是2010年向甲公司购进商品存货发生的应付账款。

在编制合并财务报表时，应将内部的应收账款与应付账款相互抵销，同时，还应将内部应收账款计提的坏账准备予以抵销。其抵销会计分录如下：

借：应付账款　　　　　　　　1 000 000
　　贷：应收账款　　　　　　　　　　1 000 000
同时：

借:应收账款——坏账准备　　50 000
　　贷:资产减值准备　　　　　　50 000

(2)连续编制合并财务报表时内部应收账款坏账准备的抵销处理。在连续编制合并财务报表进行抵销处理时,应按下列程序进行抵销:

首先,将内部应收账款与应付账款予以抵销,即按内部应收账款的金额,借记"应付账款"项目,贷记"应收账款"项目。

其次,应将上期资产减值损失中抵销的内部应收账款计提的坏账准备对本期期初未分配利润的影响予以抵销,即按上期资产减值损失项目中抵销的内部应收账款计提的坏账准备的金额,借记"应收账款——坏账准备"项目,贷记"期初未分配利润"项目。

最后,对于本期个别财务报表中内部应收账款相对应的坏账准备增减变动的金额也应予以抵销,即按照本期个别资产负债中期末内部应收账款相对应的坏账准备的增加额,借记"应收账款——坏账准备"项目,贷记"资产减值损失"项目,或按照本期个别资产负债表中期末内部应收账款相对应的坏账准备的减少额,借记"资产减值损失"项目,贷记"应收账款——坏账准备"项目。

第一种情况:内部应收账款本期余额与上期余额相等时的抵销处理。

【例12.5】　假定甲公司是乙公司的母公司,甲公司2010年个别资产负债表中对乙公司的应收账款余额与2009年相同仍为4 750 000元,坏账准备余额仍为250 000元。2010年内部应收账款相对应的坏账准备余额未发生增减变化;乙公司个别资产负债表中应付账款5 000 000元系2009年向甲公司购进商品存货发生的应付购货款。

甲公司在合并工作底稿中应进行如下抵销处理:

① 将内部应收账款与应付账款相互抵销。其抵销分录如下:
借:应付账款　　　　　　5 000 000
　　贷:应收账款　　　　　　　　5 000 000

② 将上期(2009年)内部应收账款计提的坏账准备抵销。在这种情况下,甲公司个别财务报表附注中坏账准备余额实际上是上期结转而来的余额,因此只需将上期内部应收账款计提的坏账准备予以抵销,同时调整本期期初未分配利润的金额。其抵销分录如下:
借:应收账款——坏账准备　　250 000
　　贷:期初未分配利润　　　　　　250 000

第二种情况:内部应收账款本期余额大于上期余额时的抵销处理。

【例12.6】　沿用【例12.5】资料,假定甲公司2010年个别资产负债表中对乙公司内部应收账款余额为6 270 000元,坏账准备余额为330 000元,本期对乙公司内部应收账款净增加1 600 000元,本期内部应收账款相对应的坏账准备增加80 000元。乙公司个别资产负债表中应付账款6 600 000元系2009年和2010年向甲公司购进商品存货发生的应付购货款,其他资料不变。

255

甲公司在合并工作底稿中应进行如下抵销处理:
① 将内部应收账款与应付账款相互抵销。其抵销分录如下:

借:应付账款　　　　　　　6 600 000
　　贷:应收账款　　　　　　　　　6 600 000

② 将上期(2009年)内部应收账款计提的坏账准备予以抵销,调整期初未分配利润的金额。其抵销分录如下:

借:应收账款——坏账准备　　250 000
　　贷:期初未分配利润　　　　　　250 000

③ 将本期(2010年)对乙公司内部应收账款相对应的坏账准备增加的80 000元予以抵销。其抵销分录如下:

借:应收账款——坏账准备　　80 000
　　贷:资产减值损失　　　　　　　80 000

第三种情况:内部应收账款本期余额小于上期余额的抵销处理。

【例12.7】 沿用【例12.5】甲公司2010年个别资产负债表中对乙公司内部应收账款余额为3 040 000元,坏账准备余额为160 000元。内部应收账款比上期(2009年)净减少1 800 000元,本期内部应收账款相对应的坏账准备余额减少90 000元。乙公司个别资产负债表中应付账款3 200 000元系2009年向甲公司购进商品存货发生的应付购货款的余额。其他资料不变。

甲公司在合并工作底稿中应进行如下抵销处理:
① 将内部应收账款与应付账款相互抵销。其抵销分录如下:

借:应付账款　　　　　　　3 200 000
　　贷:应收账款　　　　　　　　　3 200 000

② 将上期(2009年)内部应收账款计提的坏账准备予以抵销,调整期初未分配利润的金额。其抵销分录如下:

借:应收账款——坏账准备　　250 000
　　贷:期初未分配利润　　　　　　250 000

③ 将本期(2010年)因内部应收账款相对应的坏账准备减少的90 000元予以抵销。其抵销分录如下:

借:资产减值损失　　　　　　90 000
　　贷:应收账款——坏账准备　　　90 000

2.其他债权与债务项目的抵销处理

对于内部的其他债权与债务的抵销,应当比照应收账款与应付账款的相关规定处理。其他内部债权与债务包括:应收票据与应付票据、预收账款与预付账款、持有至到期投资与应付债券、其他应收款与其他应付款等。在进行抵销时,借记"应付票据"、"预收账款"、"应付债券"等科目,贷记"应收票据"、"预付账款"、"持有至到期投资"等科目。

需要指出的是:一个企业对另一个企业进行的债券投资,不是从发行债券的企业直接购进,而是在证券市场上购进的,这种情况下,一方持有至到期投资中的债券投资与发行债券企业的应付债券抵销时,可能会出现差额,该差额应当计入合并利润表的投资收益或财务费用。

(三) 存货价值中包含的未实现内部销售损益的抵销处理

按企业会计准则规定,母公司与子公司、子公司相互之间销售商品(或提供劳动)或其他方式形成的存货中包含的未实现内部销售损益应当抵销。在企业集团成员企业之间发生内部购销业务的情况下,各成员企业都从自身的角度,以自身独立的会计主体进行核算反映其损益情况。从销售企业来说,以其内部销售确认当期收入并结转相应的成本,计算内部销售收入和内部销售成本损益。从购买企业角度来说,其购进的商品可能用于对外销售,也可能作为固定资产使用。在购买企业将内部购进的商品用于对外销售时,可能出现以下三种情况:第一种情况是内部购进商品全部实现对外销售;第二种情况是内部购进商品全部未实现对外销售,形成期末存货;第三种情况是内部购进商品部分实现对外销售,部分形成期末存货。在购买企业将内部购进的商品作为固定资产使用时,则形成其固定资产。因此,对内部销售收入和内部销售成本进行抵销时,应区分不同情况进行处理。

1. 初次编制合并财务报表时,当期内部购进商品并形成存货情况下的抵销处理

(1)购买企业内部购进的商品当期全部实现销售时的抵销处理。在这种情况下,从销售企业来说,销售给其他成员企业商品与销售给集团外部企业情况下的会计处理相同,即在本期确认销售收入、结转销售成本、计算损益,并在其个别利润表中反映;对于购买企业来说,一方面要确认销售收入,另一方面要结转销售内部购进商品的成本,并在其个别利润表中分别作为营业收入和营业成本反映,并确认损益。这也就是说,对于同一个购销业务,在销售企业和购进企业的个别利润表中都作了分别反映。但从企业集团整体上,这一购销业务只是实现了一次销售,其销售收入只是购买企业销售该商品的销售收入,其销售成本只是销售企业销售该商品的成本。销售企业销售该商品的收入属于内部销售收入,相应的购买企业销售该商品的销售成本则属于内部销售成本。因此,在编制合并财务报表时,就必须将重复反映的内部销售收入与销售成本予以抵销。进行抵销时,应借记"营业收入"等项目,贷记"营业成本"等项目。

【例12.8】 甲公司拥有乙公司的70%控制权,系乙公司的母公司,甲公司本期个别利润表的营业收入中有300万元,系向乙公司销售商品取得的销售收入,该商品的销售成本为210万元。当年乙公司全部将该商品对外销售,其销售收入为375万元,销售成本为300万元,并分别在个别的利润表中列示。

对此,在编制合并财务报表时,应将内部销售收入和内部销售成本予以抵销,应编制的抵销分录为:

借:营业收入　　　　　　　3 000 000
　　贷:营业成本　　　　　　　3 000 000

（2）购买企业内部购进的商品当期全部未实现销售时的抵销处理。在内部购进的商品未实现对外销售的情况下，从销售企业来说，同样是按照一般的销售业务确认的销售收入、结转销售成本、计算利润，并在其个别利润表中反映。这一业务从整个企业集团看，只是商品存放的地点发生了变化，并没有真正实现企业集团的对外销售，不应确认销售收入，结转成本和计算损益。因此，对于该内部购销业务，在编制合并财务报表时，应当将销售企业由此确认的内部销售收入和内部销售成本予以抵销。对于这一经济业务，从购买企业来说，则以支付的购货款作为存货成本入账，并在个别资产负债表中作为资产列示。这样，购买企业的个别资产负债表中存货的价值中就包含销售企业实现的销售毛利，销售企业由于内部购销业务实现的销售毛利，属于未实现的内部销售损益。

存货价值中包含的未实现内部销售损益是由于企业集团内部商品购销活动引起的。在内部购销活动中，销售企业将集团内部销售作为收入确认并计算销售利润。因购买企业是以支付的购货款的价款作为其成本入账；在本期内未实现对外销售而形成期末存货时，其存货价值中也包括两部分内容：一部分是真正的存货成本（即销售企业销售该产品的成本），另一部分是销售企业的销售毛利（其销售收入减去销售成本的差额）。对于期末存货价值中包括的这部分销售毛利，从企业集团整体看，并不是真正实现的利润。因为从企业集团整体看，集团内部企业之间的商品购销活动实际上相当于内部物资调拨活动，既不会实现利润，也不会增加商品的价值。因此，必须将存货中未实现的销售损益予以抵销。

在编制抵销会计分录时，按照内部销售收入的金额，借记"营业收入"项目，按销售企业对形成购买企业存货的那部分内销商品而结转成本和购买企业因售出的内部购进存货而结转的营业成本之和，贷记"营业成本"项目；同时按照期末内部购进形成的存货价值中包含的未实现内部销售损益的金额，贷记"存货"项目。

【例12.9】 甲公司拥有乙公司的70%控制权，系乙公司的母公司，假设甲公司当期向甲公司销售商品200万元，其销售成本为140万元，该商品的销售毛利为30%。乙公司购进的该批商品当期期末全部未实现对外销售而形成期末存货，该存货中包含的未实现内部销售损益为60万元。

在编制合并财务报表时，应编制的抵销分录为：

借：营业收入　　　　　　　　2 000 000
　　贷：营业成本　　　　　　　1 400 000
　　　　存货　　　　　　　　　　600 000

（3）购买企业内部购进的商品当期部分实现对外销售部分形成期末存货时的抵销处理。对于第三种情况，即内部购进的商品当期部分实现对外销售部分形成期末存货时情况，可将内部购进的商品分成两部分来理解：一部分为当期购进并全部实现对外销售；另一部分为当期购进但未实现对外销售而形成期末存货。【例12.8】就是当期购进全部实现对外销售的抵销处理，【例12.9】就是当期购进全部未实现对外销售的抵销处理。将【例12.8】和【例12.9】的抵销处理合并在一起,就是第三种情况下的抵销处理。

【例 12.10】 甲公司拥有乙公司的 70%控制权,系乙公司的母公司,假设甲公司本期个别利润表的营业收入中 500 万元系向乙公司销售产品取得的销售收入,其销售成本为 350 万元。乙公司在本期将该批内部购进商品的 60%实现销售,其销售收入为 375 万元,销售成本为 300 万元。销售毛利率为 30%,并列示于其个别利润表中;该批商品的另 40%形成乙公司期末存货,即期末存货 200 万元,列示于乙公司的个别资产负债表之中。

对此,在编制合并财务报表时,其抵销分录为:

借:营业收入　　　　　　　　5 000 000
　　贷:营业成本　　　　　　　4 400 000
　　　　存货　　　　　　　　　　600 000

2. 连续编制合并财务报表时内部购进商品的抵销处理

在连续编制合并财务报表的情况下,首先必须将上期抵销的存货价值中包含的未实现内部销售损益对本期期初未分配利润的影响予以抵销,调整本期期初未分配利润的金额;然后再对本期内部购进存货进行抵销处理,其具体抵销处理程序和方法如下:

(1) 将上期抵销的存货价值中包含的未实现内部销售损益对本期期初未分配利润的影响进行抵销。即按照上期内部购进存货价值中包含的未实现内部销售损益的金额,借记"期初未分配利润"项目,贷记"营业成本"项目。这一抵销分录,可以理解为上期内部购进的存货中包含的未实现内部销售损益在本期视同为实现利润,将未实现内部销售损益转为实现利润,冲减当期的合并营业成本。

(2) 对于本期发生内部购销活动的,将内部销售收入、内部销售成本及内部购进存货中未实现内部销售损益予以抵销。即按照销售企业内部销售收入的金额,借记"营业收入"项目,贷记"营业成本"项目。

(3) 将期末内部购进存货价值中包含的未实现内部销售损益予以抵销。对于期末内部购买形成的存货(包括上期结转形成的本期存货),应按照购买企业期末内部购入存货价值中包含的未实现内部销售损益的金额,借记"营业成本"项目,贷记"存货"项目。以下举例说明其具体抵销方法。

【例 12.11】 假定甲公司是乙公司的母公司,2010 年乙公司向甲公司销售产品 15 000 000 元,乙公司 2010 年销售毛利率与 2009 年相同(为 20%),销售成本为 12 000 000 元。甲公司 2010 年将此商品实现对外销售收入为 18 000 000 元,销售成本为 12 600 000 元。甲公司期初存货成本为 10 000 000 元,也为从乙公司购进。

分析:甲公司的期末存货为 12 400 000 元,具体计算:

期末存货 2 400 000 元 = 期初存货 10 000 000 元 + 本期购进存货 15 000 000 元 − 本期销售成本 12 600 000 元

存货价值中包含的未实现内部销售损益为 248 000(1 240 000×20%)元。

为此在编制合并财务报表时应进行如下抵销处理：
① 调整期初(2010年)未分配利润的金额：
借：期初未分配利润　　　　　2 000 000
　　贷：营业成本　　　　　　　　　　2 000 000
② 抵销本期(2010年)内部销售收入和内部销售成本：
借：营业收入　　　　　　　　15 000 000
　　贷：营业成本　　　　　　　　　　15 000 000
③ 抵销期末存货中包含的未实现内部销售损益：
借：营业成本　　　　　　　　　 248 000
　　贷：存货　　　　　　　　　　　　　248 000

(四) 内部固定资产交易的抵销处理

按企业会计准则规定，母公司与子公司、子公司相互之间销售商品(或提供劳动)或其他方式形成的固定资产价值中包含的未实现内部销售损益应当抵销。内部固定资产交易是指企业集团内部发生交易的另一方与固定资产有关的购销业务。对于企业集团内部固定资产交易，根据销售企业销售的是产品还是固定资产，可以将其划分为两种类型：第一种类型是企业集团内部企业将自身的固定资产出售给企业集团内的其他企业作为固定资产使用；第二种类型是企业集团内部企业将自身生产的产品销售给企业集团内的其他企业作为固定资产使用；此外，还有另一类型的内部固定资产交易，即企业集团内部企业将自身使用的固定资产出售给企业集团内的其他企业作为普通商品销售。这种类型的固定资产交易，在企业集团内部发生的情况极少，一般情况下发生的数量也不大，在此不予展开分析。以下重点介绍第一种类型和第二种类型的内部固定资产交易的抵销处理。

1. 第一种类型的内部固定资产交易的抵销处理

在第一种类型的内部固定资产交易的情况下，即企业集团内部企业就将其自用的固定资产出售给集团内部的其他企业，对于销售企业来说，在其个别资产负债表中表现为固定资产原价和累计折旧的减少，同时在其个别利润表中表现为固定资产变卖收入处理损益，当变卖收入大于该固定资产净值时，表现为本期营业外收入；当变卖收入小于该固定资产净值时，表现为本期营业外支出。对于购买企业来说，在其个别财务表中表现为固定资产原价和累计折旧的增加，该固定资产原价中包括该项固定资产持有企业(即销售企业)因该固定资产销售变卖所实现的损益。但从整个企业集团看，这一交易属于集团内部固定资产调拨性质，应不产生收益也不发生损失，固定资产既不增值也不减值。因此，必须将销售企业因该项固定资产交易所实现的损益予以抵销，同时将购买企业固定资产原价中包含的未实现内部销售损益的数额予以抵销。通过抵销后，使其在合并财务报表中该固定资产原价仍然以销售企业的原账面价值反映。

在合并工作底稿中编制的抵销分录时，应当按照该内部交易固定资产的转让价格与原账面价值之间的差额,借记"营业外收入"项目,贷记"固定资产——原价"项目,或借记"固定资产——原价"项目,贷记"营业外支出"项目。

【例12.12】 甲、乙公司为同一母公司控制下的两家子公司,甲公司将其净值为1 280万元的某厂房,以1 500万元的价格变卖给乙公司作为固定资产使用。甲公司因该项固定资产交易实现收益220万元,并列示于个别利润表之中。乙公司以1 500万元的金额将该厂房作为固定资产的原价入账并列示于资产负债表之中。

本例中,甲公司因该项内部固定资产交易实现220万元的营业外收入。在编制合并财务报表时,甲公司必须将因该项内部固定资产交易实现的营业外收入与固定资产原价中包含的未实现内部销售损益的数额予以抵销。其抵销分录为:

借:营业外收入　　　　　　2 200 000
　　贷:固定资产——原价　　　　2 200 000

通过以上抵销处理后,该内部固定资产交易所实现的损益予以抵销,该厂房的原价也调整为1 280万元。

2. 第二种类型的内部固定资产交易的抵销处理

第二种类型的内部固定资产交易的情况下,即企业集团内部的母公司或子公司将自身生产的产品销售给企业集团内部的其他企业作为固定资产使用,这种类型的内部固定资产交易发生得比较多,也比较普遍。

与存货的情况不同,固定资产的使用寿命较长,往往要跨越几个会计年度。对于内部交易形成的固定资产,不仅在该内部固定资产交易发生的当期需要进行抵销处理,而且在以后使用该固定资产的期间也需要进行抵销处理。固定资产在使用过程中是通过折旧的方式将其价值转移到产品价值之中,由于固定资产按原价计提折旧,在固定资产原价中包含未实现内部销售损益的情况下,每期计提的折旧费中也必然包含着未实现内部销售损益的金额,由此也需要对该内部交易形成的固定资产每期计提的折旧费进行相应的抵销处理。同样,如果购买企业对该项固定资产计提了固定资产减值准备,由于固定资产减值准备是按原价为基础进行计算确定的,在固定资产原价中包含未实现内部销售损益的金额,由此也需要对该内部交易形成的固定资产计提的减值准备进行相应的抵销处理。

(1) 内部交易形成的固定资产在购入当期的抵销处理。

① 将与内部交易形成的固定资产相关的销售收入、销售成本以及原价中包含的未实现内部销售损益予以抵销。即按销售企业由于该固定资产交易所实现的内部销售收入,借记"营业收入"项目,按照其内部销售成本,贷记"营业成本"项目,按该固定资产的内部销售收入与内部销售成本之间的差额(即原价中包含的未实现内部销售损益的金额),贷记"固定资产——原价"项目。

② 将内部交易形成的固定资产当期多计提的折旧费和累计折旧费予以抵销。从单个企业来说,对计提折旧进行会计处理时,一方面增加当期的费用或计入相关资产的成本,另一方面

形成累计折旧。因此,对内部交易形成的固定资产当期多计提的折旧费抵销时,应按当期多计提的折旧额,借记"固定资产——累计折旧"项目,贷记"管理费用"等项目。

【例12.13】 2009年1月1日甲公司取得乙公司的控制权,甲公司是乙公司的母公司,2009年12月甲公司向乙公司销售产品1 000万元,其销售成本为800元。乙公司购进后,作为固定资产使用,按1 000万元入账。假定乙公司对该项固定资产采用年限平均法计提折旧,预计使用年限为10年,无预计净残值。

在编制2010年合并财务报表时,应编制的抵销分录如下:

首先,抵销与内部交易形成的固定资产相关的销售收入、销售成本及其原价中包含的未实现内部销售损益。

借:营业收入　　　　　　　10 000 000
　贷:营业成本　　　　　　　　 8 000 000
　　　固定资产——原价　　　　 2 000 000

其次,抵销该固定资产当期多计提的折旧额。

按包含未实现内部损益的固定资产原价计提的折旧额为(1 000−0)÷10=100(万元),按包含未实现内部损益的固定资产原价计提的折旧额为(800−0)÷10=80(万元),当期多计提的折旧额为20万元,应分别抵销管理费用和累计折旧。

借:固定资产——原价　　　　200 000
　贷:管理费用　　　　　　　　　200 000

(2)连续编制合并财务报表时内部交易形成固定资产的抵销处理。

① 将内部交易形成的固定资产原价中包含的未实现内部销售损益抵销,并调整期初未分配利润的金额。即按照原价中包含的未实现内部销售损益的金额,借记"期初未分配利润"项目,贷记"固定资产——原价"项目。

② 将以前会计期间内部交易形成的固定资产多计提的累计折旧抵销,并调整期初未分配利润的金额。即按以前会计期间抵销该内部交易形成的固定资产多计提的累计折旧额,借记"固定资产——累计折旧"项目,贷记"期初未分配利润"项目。

③ 将本期由于该内部交易形成的固定资产的多计提的折旧费予以抵销,并调整本期的累计折旧额。即按本期该内部交易形成的固定资产多计提的折旧额,借记"固定资产——累计折旧"项目,贷记"管理费用"等项目。

【例12.14】 沿用【例12.13】2012年末编制合并财务报表的抵销处理,其他资料不变。

2011年编制合并财务报表时,应当编制如下抵销分录进行处理:

①按照内部交易固定资产原价中包含的未实现销售利润,调整期初未分配利润:

借:期初未分配利润　　　　2 000 000
　贷:固定资产——原价　　　　2 000 000

②将2010年和2011年内部交易形成的固定资产多计提的累计折旧抵销:

借:固定资产——累计折价　　　　400 000
　　贷:期初未分配利润　　　　　　　　400 000
③将 2012 年由于该内部交易形成的固定资产的多计提的折旧费予以抵销:
借:固定资产——累计折旧　　　　200 000
　　贷:管理费用　　　　　　　　　　　200 000

(3) 内部交易形成的固定资产在清理期间的抵销处理。

固定资产清理时可能出现三种情况:① 期满清理;② 超期清理;③ 提前清理。编制合并财务报表时,应当根据具体情况进行抵销处理。

第一种情况:内部交易形成的固定资产使用寿命届满进行清理时的抵销处理。

在这种情况下,购买企业内部交易形成的固定资产实体已不复存在,包含未实现内部销售损益在内的该内部交易形成的固定资产的价值已全部转移到用其加工的产品价值或各期损益中去了,因此不存在未实现内部销售损益的抵销问题。从整个企业集团来说,随着该内部交易形成的固定资产的使用寿命届满,其包含的未实现内部销售损益也转化为已实现利润。但是,由于销售企业因该内部交易所实现的利润,作为期初未分配利润的一部分结转到购买企业对该内部交易形成的固定资产进行清理的会计期间为止。为此,必须调整期初未分配利润。同时,在固定资产进行清理的会计期间,如果仍计提了折旧,本期计提的折旧费中仍然包含多计提的折旧额,因此需要将多计提的折旧额予以抵销。

【例 12.15】　沿用【例 12.13】,假设甲公司在 2019 年末(第 10 年)该固定资产使用期满时对其报废清理,该固定资产报废清理时实现固定资产清理净收益 500 000 元,在其当期个别利润表中以营业外收入项目列示。此时编制合并财务报表,将本期多计提的折旧额抵销并调整期初未分配利润时,应当编制如下抵销分录进行处理:

①按照内部交易固定资产原价中包含的未实现销售利润,调整期初未分配利润:
借:期初未分配利润　　　　　　　2 000 000
　　贷:营业外收入　　　　　　　　　 2 000 000
②按以前会计期间因固定资产原价中包含的未实现内部销售利润而多计提的累积折旧的数额,调整期初未分配利润:
借:营业外收入　　　　　　　　　1 800 000
　　贷:期初未分配利润　　　　　　　 1 800 000
③将本期因固定资产原价中包含的未实现内部销售利润而多计提的折旧额抵销:
借:营业外收入　　　　　　　　　　200 000
　　贷:管理费用　　　　　　　　　　　200 000

随着内部交易固定资产的清理,该固定资产的原价、累积折旧和净值在乙公司的个别资产负债表中均无列示,故涉及调整期初未分配利润项目的抵销处理,均通过营业外收入或营业外支出项目进行。

以上三笔抵销分录,可以合并为以下抵销分录:
借:期初未分配利润　　　　　　200 000
　　贷:管理费用　　　　　　　　　　200 000

第二种情况:内部交易形成的固定资产超期使用进行清理时的抵销处理。

在这种情况下,在内部交易形成的固定资产清理前的会计期间,该固定资产仍然包含未实现内部销售损益的原价及计提的累计折旧,在购买企业的个别资产负债表中列示;销售企业因该内部交易所实现的利润,作为期初未分配利润的一部分结转到购买企业对该内部交易形成的固定资产进行清理的会计期间为止。因此,需要将固定资产原价中包含的未实现内部销售损益予以抵销,并调整期初未分配利润。同时,由于在该固定资产使用寿命届满的会计期间仍然需要计提折旧,本期计提的折旧费中仍然包含多计提的折旧额,因此需要将多计提的折旧额予以抵销,并调整已计提的累计折旧。

【例12.16】 沿用【例12.13】,假设甲公司该内部交易形成的固定资产在2019年(第10年)后仍继续使用,即未对其进行报废清理,则2019年(第10年)编制合并财务报表时,应当编制如下抵销分录进行处理:

①按照内部交易固定资产原价中包含的未实现销售利润,调整期初未分配利润:
借:期初未分配利润　　　　　2 000 000
　　贷:固定资产——原价　　　　　2 000 000

②按因固定资产原价中包含的未实现内部销售利润而多计提的累积折旧抵销:
借:固定资产——累计折旧　　1 800 000
　　贷:期初未分配利润　　　　　　1 800 000

③将本期因固定资产原价中包含的未实现内部销售利润而多计提的折旧额抵销:
借:固定资产——累计折旧　　　200 000
　　贷:管理费用　　　　　　　　　200 000

在内部交易形成的固定资产超期使用未进行清理前,由于该固定资产仍处于使用之中,并在购买企业资产负债表(假定存在预计净残值)中列示,因此,必须将该固定资产原价中包含的未实现内部销售损益予以抵销;同时,由于该固定资产的累计折旧仍然按包含未实现内部损益的原价计提的,因此也必须将其多计提的累计折旧予以抵销。但由于固定资产超期使用不计提折旧,所以不存在抵销多计提折旧额问题。

【例12.17】 沿用【例12.13】,假设甲公司该内部交易形成的固定资产在2020年(第11年)仍继续使用。由于固定资产超期使用不计提折旧,乙公司的个别利润表中无该内部固定资产计提的折旧费用。此时编制合并财务报表时,应当编制如下抵销分录进行处理:

①按照内部交易固定资产原价中包含的未实现销售利润,调整期初未分配利润:
借:期初未分配利润　　　　　2 000 000
　　贷:固定资产——原价　　　　　2 000 000

②将累计折旧包含的未实现销售利润,调整期初未分配利润:

借:固定资产——累计折旧　　　2 000 000
　　贷:期初未分配利润　　　　　　2 000 000

第三种情况:内部交易形成的固定资产使用寿命未满提前进行清理时的抵销处理。

在这种情况下,购买企业内部交易形成的固定资产实体已不复存在,因此不存在固定资产原价中包含的未实现内部销售损益的抵销问题。但由于固定资产提前报废,固定资产原价中包含的未实现内部销售损益随着清理而成为实现的损益。对于销售企业来说,因该内部交易所实现的利润,作为期初未分配利润的一部分结转到购买企业对该内部交易形成的固定资产进行清理的会计期间为止。为此,必须调整期初未分配利润。同时,在固定资产使用寿命未满进行清理的会计期间仍须计提折旧,本期计提的折旧费中仍然包含多计提的折旧额,因此需要将多计提的折旧额予以抵销。

【例 12.18】　沿用【例 12.13】,假设甲公司于 2016 年年末(第 7 年)对该项固定资产进行清理报废,该固定资产清理净收入为 200 000 元,在其个别利润表中作为营业外收入列示。

本例中,该项内部固定资产交易于 2016 年 12 月,已使用 7 年,乙公司对该项固定资产交易累计计提折旧额为 140 万元。

此时,编制 2016 年合并财务报表时,应编制如下抵销分录进行处理:

① 借:期初未分配利润　　　　　2 000 000
　　贷:营业外收入　　　　　　　　2 000 000
② 借:营业外收入　　　　　　　1 400 000
　　贷:期初未分配利润　　　　　　1 400 000
③ 借:营业外收入　　　　　　　　200 000
　　贷:管理费用　　　　　　　　　　200 000

(五)内部固定资产交易的抵销处理

按照企业会计准则的规定,母公司与子公司、子公司相互之间销售商品(或提供劳动)或其他方式形成的无形资产价值中包含的未实现内部销售损益应当抵销。从企业集团内部购买的无形资产与从集团内部购入的固定资产类似,也存在价值中包含未实现销售损益的抵销问题。当集团内部企业以高于其成本的价格销售给集团内部其他成员企业时,销售企业因无形资产销售而确认收入并计算利润;而对于购买企业来说,则以其支付的价款作为无形资产的取得成本入账,并在其个别资产负债表中列示。在编制合并资产负债表时,需要将该无形资产价值中包含的未实现内部销售损益予以抵销,其抵销处理方法与固定资产原价中包含的未实现内部损益的抵销处理方法基本相同,可参照进行处理。

(六)与抵销存货、固定资产、无形资产等资产相关的减值准备的抵销处理

《企业会计准则第 33 号——合并财务报表》规定,对存货、固定资产、工程物资、在建工程

和无形资产等计提的跌价准备或减值准备与未实现内部销售损益相关的部分应当抵销。下面以存货为例，对存货跌价准备的处理分为以下几种情况处理：

（1）期末存货的可变现净值大于抵销未实现内部销售损益前个别财务报表中存货账面价值时，拥有存货企业不需要计提存货跌价准备。因此，在编制合并财务报表时，也不需要编制存货跌价准备的抵销分录。

（2）期末存货的可变现净值小于抵销未实现内部销售损益前个别财务报表中存货账面价值，但大于抵销未实现内部销售后合并财务报表中存货的账面价值。这种情况下，拥有存货企业已根据期末存货的可变现净值与抵销未实现内部销售损益前个别财务报表中存货的账面价值之间的差额，计提了存货跌价准备。但由于企业集团合并财务报表价值是以抵销未实现内部销售后的金额列示的，该存货在企业集团中并未发生真正的减值，因此，在编制合并财务报表时，应编制抵销分录。将已计提的存货跌价准备全额冲回，借记"存货跌价准备"项目，贷记"资产减值损失"项目。

（3）期末存货的可变现净值小于抵销未实现内部销售损益后合并财务报表中存货的账面价值。这种情况下，拥有存货企业已根据期末存货的可变现净值与抵销未实现内部销售损益前个别财务报表中存货的账面价值之间的差额，计提了存货跌价准备。而在合并财务报表中应按存货的可变现净值小于抵销未实现内部销售损益后的差额计提存货跌价准备，因此，已计提的存货跌价准备中包含了未实现内部销售损益的数额，这部分多计提的存货跌价准备应予以抵销。在编制合并财务报表时，应以未实现内部销售损益为限，抵销多计提的存货跌价准备，借记"资产减值损失"项目，贷记"存货跌价准备"项目。

【例12.19】 2010年1月1日甲公司取得乙公司的控制权，甲公司是乙公司的母公司，乙公司于2010年向甲公司销售产品800万元，其销售成本为600元。甲公司购进后作为商品用于对外销售，2010年全部未实现对外销售而形成存货800万元。

（1）假定该批商品在2010年末的可变现净值为900万元。则甲公司不需要计提存货跌价准备，甲公司在编制2010年合并财务报表时也不需要编制抵销分录。

（2）假定该批商品在2010年末的可变现净值为700万元。则甲公司在个别财务报表中计提了100（800-700）万元的存货跌价准备，但整个企业集团的合并财务报表中该项存货的价值是以抵销未实现内部销售损益后的金额600万元列示的，该项存货并未发生真正的减值，应编制以下抵销分录：

借：存货跌价准备　　　　1 000 000
　　贷：资产减值损失　　　　　1 000 000

（3）假定该批商品在2010年末的可变现净值为500万元。则甲公司在个别财务报表中计提了300（800-500）万元的存货跌价准备，但整个企业集团的合并财务报表中该项存货的跌价准备为100（600-500）万元，多计提的200万元即是存货价值中包含的未实现的内部销售损益，应予以抵销，其抵销分录为：

借:存货跌价准备　　　　　　2 000 000
　　贷:资产减值损失　　　　　　　　2 000 000

对除存货以外的其他减值准备与跌价准备,如固定资产、工程物资、在建工程和无形资产等计提的跌价准备或减值准备与未实现内部销售损益相关部分的抵销,可参照存货进行处理。

四、母公司在报告期增减子公司在合并资产负债表的反映

（一）母公司在报告期内增加子公司在合并资产负债表的反映

母公司因追加投资等原因控制了另一个企业即实现了企业合并。根据企业合并准则的规定,企业合并形成母、子公司关系的,母公司应当编制合并日或购买日的合并资产负债表。有关合并日或购买日的合并资产负债表的编制,已在"企业合并"相关章节中讲述。但在合并发生当期的期末以及以后的会计期间,母公司应当根据企业合并财务报表准则的规定,编制合并资产负债表。

在编制合并资产负债表时,应当区分同一控制下的企业合并增加的子公司和非同一控制下的企业合并增加的子公司两种情况。

(1)因同一控制下企业合并增加的子公司,视同该子公司从设立时就被母公司控制,编制合并资产负债表时,应当调整合并资产负债表所有相关项目的期初数;相应地,合并资产负债表的留存收益项目应当反映母子公司如果一直作为一个整体运行至合并日应实现的盈余公积和未分配利润的情况。

(2)因非同一控制下企业合并增加的子公司,应当从购买日开始编制合并财务报表,不调整合并资产负债表的期初数。

（二）母公司在报告期内处置子公司在合并资产负债表的反映

母公司在报告期内处置子公司是指母公司在报告期内失去了决定被投资单位的财务和经营决策的能力,不再能够从其经营活动中获取利益,则母公司不再控制被投资单位,被投资单位从本期开始不再是母公司的子公司的情况。母公司处置子公司可能因绝对或相对持股比例变化所产生,也可能由于其他原因不再控制原先的子公司,或因合同约定而导致。因此,母公司不应继续将其纳入合并财务报表的合并范围,不调整合并资产负债表的期初数。

五、子公司发生超额亏损在合并资产负债表中的反映

在合并财务报表中,子公司少数股东分担的当期亏损超过了少数股东在该子公司期初所有者权益中所享有的份额的,其余额仍应当冲减少数股东权益。

六、合并资产负债表的格式

合并资产负债表格式综合考虑了企业集团中一般工商企业和金融企业(包括商业银行、

保险公司和证券公司等)的财务状况列报的要求,其格式与个别资产负债表的格式基本相同,主要增加了以下四个项目:

(1)在"无形资产"项目之下增加了"商誉"项目,用于反映非同一控制下企业合并中取得的商誉,即在控股合并下母公司对子公司的长期股权投资(合并成本)大于其在购买日子公司可辨认净资产公允价值份额的差额。

(2)在所有者权益项目下增加了"归属于母公司所有者权益合计"项目,用于反映企业集团的所有者权益中归属于母公司所有者权益的部分,包括实收资本(或股本)、资本公积、库存股、盈余公积、未分配利润和外币报表折算差额等项目的金额。

(3)在所有者权益项目下,增加了"少数股东权益"项目,用于反映非全资子公司的所有者权益中不属于母公司的份额。

(4)在"未分配利润"项目之后,"少数股东权益"项目之前增加了"外币报表折算差额"项目,用于反映境外经营的资产负债表折算为人民币表示的资产负债表时所发生的折算差额中归属于母公司所有者权益的部分。

七、所得税会计相关的合并处理

(一)所得税会计概述

根据企业会计准则的规定,企业一般在资产负债表日进行所得税核算。在进行所得税会计核算时,其核算程序如下:

(1)确定产生暂时性差异的项目。
(2)确定资产或负债账面价值和计税基础。
(3)计算应纳税暂时性差异、可抵扣暂时性差异的期末余额。
(4)计算"递延所得税资产"、"递延所得税负债"科目的期末余额。
(5)计算"递延所得税资产"或"递延所得税负债"期末余额与期初余额的差额,确定当期发生额。
(6)所得税费用(或收益)= 当期所得税得用+递延所得税费用-递延所得税收益。

在编制合并财务报表时,由于需要对企业集团内部交易进行合并抵销处理,由此可能产生在合并财务报表中反映的资产、负债账面价值与计税基础不一致,存在差异。为了使合并财务报表全面反映所得税相关的影响,特别是当期所负担的所得税费用的情况,应当进行所得税会计核算,在计算确认资产、负债的账面价值和计税基础之间的差异的基础上,确认相应的递延所得税资产或递延所得税负债。

在企业合并中,购买方取得被购买方的可抵扣暂时性差异,在购买日不符合递延所得税资产确认条件的,不应予以确认。购买日后 12 个月内,如取得新的或进一步的信息表明购买日的相关情况已经存在,预期被购买方在购买日可抵扣暂时性差异带来的经济利益能够实现的,应当确认相关的递延所得税资产,同时减少商誉,商誉不足冲减的,差额部分确认为当期损益;

除上述情况以外,确认与企业合并相关的递延所得税资产,应当计入当期损益。

(二) 内部应收账项相关所得税会计的合并抵销处理

对于应收账款来说,在不计提坏账准备的情况下,其账面价值就是发生时确认的金额,按所得税法规定也是其计税基础。按照现行会计准则的规定,企业对于包括集团内部应收账款在内的应收账款,应根据其情况计提坏账准备,确认相应的资产减值损失。对于应收账款计提坏账准备,则导致应收账款的账面价值低于原发生时确认的入账金额,导致其与计税基础存在差异,并产生暂时性差异。对于这暂时性差异,企业应当确认相应的递延所得税资产,调整当期所得税费用,并在其个别的财务报表中列示。

在编制合并财务报表时,随着内部债权债务的抵销,也必须将内部应收账款计提的坏账准备予以抵销。通过对其进行合并抵销处理后,合并财务报表中该内部应收账款已经不存在,由内部应收账款账面价值与计税基础之间的差异所形成的暂时性差异也不能存在。在编制合并财务报表时,对持有的该集团内部应收账款的企业因该暂时性差异确认的递延所得税资产则需要进行抵销处理。

【例 12.20】 甲公司为 A 公司的母公司。甲公司 2011 年个别的资产负债表应收账款中有 1 700 万元为应收 A 公司款项,该应收账款的账面价值为 1 800 万元,甲公司当年对其计提坏账准备 100 万元。A 公司个别资产负债表中列示有应付甲公司货款 1 800 万元。甲公司与 A 公司适用的所得税税率均为 25%。

甲公司在编制 2011 年合并财务报表时,其合并抵销处理如下:
(1) 将内部应收账款和应付账款相互抵销,其抵销会计分录为:
借:应付账款　　　　　　　1 800
　　贷:应收账款　　　　　　　1 800　①
(2) 将内部应收账款计提的坏账准备予以抵销,其抵销分录为:
借:应收账款——坏账准备　100
　　贷:资产减值损失　　　　100　②
(3) 将甲公司对内部应收账款计提坏账准备导致暂时性差异确认的递延所得税资产予以抵销。

本例中,甲公司在个别财务报表中,对应收 A 公司账款计提坏账准备 100 万元,由此导致应收 A 公司账款的账面价值调整为 1 700 万元,而该项应收账款的计税基础仍为 1 800 万元,应收 A 公司账款的账面价值与计税基础的差异 100 万元,形成了当年暂时性差异。对此,按照所得税会计准则的规定,应当确认该暂时性差异相应的递延所得税资产为 25(100×25%)万元。甲公司在个别财务报表中确认该暂时性差异相应的递延所得税资产时,一方面借记"递延所得税资产"科目 25 万元,另一方面贷记"所得税费用"科目 25 万元。在编制合并财务报表时随着内部应收账款及其计提的坏账准备的抵销,在合并财务报表中该项应收账款已不存在,由甲公司在个别财务报表中因应收 A 公司账款的账面价值与其计税基础之间形成的暂时性差异也不存在,对该项暂时性差异确认的递延所得税资产则需要予以抵销。在编制合并财务报表对其进行合并抵销处理时,其抵销分录如下:

借:所得税费用　　　　　25
　　贷:递延所得税资产　　　25　③

根据上述抵销分录,编制合并工作底稿(局部),如表12.2所示。

表12.2　合并工作底稿(局部)　　　　　　　　　　　　　单位:万元

项　　目	甲公司	A公司	合计	抵销分录 借方	抵销分录 贷方	少数股东权益	合计数
(资产负债表部分)							
……							
应收账款	1 700		1 700	100②	1 800①		0
……							
递延所得税资产	25		25		25③		0
……							
应付账款		1 800	1 800	1 800①			0
……							
(利润表部分)							
……							
资产减值损失	100		100		100②		0
……							
营业利润	−100		−100		100		0
……							
利润总额							
所得税费用	−25		−25	25③			0
净利润	−75		−75	25			0
(股东权益变动表项目)							
未分配利润(期初)	0		0				0
……							
未分配利润(期末)	−75		−75	25			0

(三)存货价值中包括的未实现内部销售利润的所得税问题

企业在编制合并财务报表时,因抵销未实现内部销售损益导致合并资产负债表中资产、负债的账面价值与其纳入合并范围的企业按照所得税法确定的计税基础之间存在暂时性差异的,在合并资产负债表中应当确认递延所得税资产或递延所得税负债,同时调整合并利润表中的所得税费用。

在编制合并财务报表时,应当将纳入合并范围的母公司与子公司以及子公司相互之间发生的内部交易对个别财务报表的影响予以抵销,其中包括内部商品交易所形成的存货价值中包含的未实现内部销售损益的金额。对于内部商品交易所形成的存货,从持有该存货的企业来说,假定不考虑计提资产减值损失,其取得成本就是该项资产的账面价值,这其中包括销售企业因该销售所实现的损益,这一取得成本也就是计税基础。由于所得税是以独立的法人实体为对象计征的,这一计税基础也就是合并财务报表中该存货的计税基础。此时,账面价值与计税基础是一致的,不存在暂时性差异,也不涉及递延所得税资产或递延所得税负债的问题。但在编制合并财务报表过程中,随着内部商品交易所形成的存货中包含的未实现内部销售损益的抵销,合并资产负债表所反映的存货价值是以原来内部销售企业该商品的销售成本列示的,不包含内部商品销售损益。由此导致在合并资产负债表中列示的存货的价值与持有该存货的企业计税基础不一致,存在着暂时性差异的数额。从合并财务报表编制来说,对于这一暂时性差异,则必须确认递延所得税资产和递延所得税负债。

【例12.21】 甲公司持有A公司80%的股权,系A公司的母公司。甲公司2011年利润表中列示的营业收入中有5 000万元,系向A公司销售产品取得的销售收入,该产品的销售成本为3 000万元。A公司在2011年将该批内部购进商品的60%实现了对外销售,其销售收入为3 750万元,销售成本为3 000万元,并列示于其利润表中;该批商品的另外40%则形成A公司期末存货,即期末存货为2 000万元,列示于A公司2011年的资产负债表中。甲公司与A公司适用的所得税税率均为25%。

甲公司在编制2011年合并财务报表时,其合并抵销处理如下:

(1)将内部销售收入与销售成本及存货价值中包含的未实现销售利润抵销,抵销分录如下:

借:营业收入　　　　　　5 000
　　贷:营业成本　　　　　4 400
　　　　存货　　　　　　　 600　①

(2)确认因编制合并财务报表导致的存货账面价值与计税基础之间的暂时性差异相关的递延所得税资产。

本例中,从A公司来说,其持有该存货账面价值与计税基础均为2 000万元;从甲集团公司来说,通过上述合并抵销处理,合并资产负债表中该存货的价值为1 400万元;由于甲公司和A公司均是以独立的纳税主体身份计算报告所得税的,这一存货的计税基础应从A公司的角度考虑,即计税基础为2 000万元。因该项存货价值中包含的未实现内部销售损益导致的暂时性差异为600(2 000-1 400)万元,实际上就是抵销的未实现内部销售损益的金额。为此,编制合并财务会计报表时还应当对该暂时性差异确认的递延所得税资产150(600×25%)万元。在编制合并报表时,其抵销分录如下:

　　借:递延所得税资产　　　　150
　　　　贷:所得税费用　　　　　150　②

根据以上抵销分录,合并工作底稿(局部)如表12.3所示。

表12.3　合并工作底稿(局部)　　　　　　　　　　　单位:万元

项　目	甲公司	A公司	合计	抵销分录 借方	抵销分录 贷方	少数股东权益	合计数
(资产负债表部分)							
……							
存货		2 000	2 000	600①			1 400
……							
递延所得税资产	0	0	0	150②			150
(利润表部分)							
营业收入	5 000	3 750	8 750	5 000①			3 750
营业成本	3 500	3 000	6 500		4 400		2 100
……							
营业利润	1 500	750	2 250	5 000	4 400		1650
……							
利润总额	1 500	750		5 000	4 400		1 650
所得税费用	375	187.5			150②		412.5
净利润	1 125	562.5		5 000	4 550		1 237.5
(股东权益变动表项目)							
未分配利润(期初)	0	0	0				0
……							
未分配利润(期末)	1 125	562.5	1 687.5	5 000	4 550		1 237.5

(四) 内部固定资产等相关所得税会计的合并抵销处理

与内部商品交易相似,内部交易形成的固定资产在编制合并财务报表进行合并抵销处理时,也是同样存在着因未实现内部销售损益的抵销而产生的所得税会计相关的合并抵销处理问题。

对于内部交易形成的固定资产,编制合并财务报表时应当将内部交易对个别财务报表的影响予以抵销,其中包括内部交易形成的固定资产价值中包含的未实现内部销售利润予以抵销。对于内部交易形成的固定资产,从持有该项交易的固定资产的企业来说,假定不考虑计提资产减值损失,其取得成本就是该项固定资产的账面价值,这其中包括销售企业因该销售所实现的损益,这一账面价值与其计税基础是一致的,不存在暂时性差异,也不涉及递延所得税资产或递延所得税负债的问题。但在编制合并财务报表过程中,随着内部交易所形成的固定资产中包含的未实现内部销售损益的抵销,合并资产负债表所反映的固定资产价值不包括这一未实现内部销售损益,也就是说以原来内部销售企业该固定资产的销售成本列示的,因而导致在合并资产负债表中列示的固定资产价值与持有该固定资产的企业计税基础不一致,存在着暂时性差异。这一暂时性差异的金额就是编制合并财务报表时所抵销的未实现内部销售损益的数额。从合并财务报表编制来说,对于这一暂时性差异,在编制合并财务报表时必须确认递延所得税资产和递延所得税负债。

【例 12.22】 A 公司和 B 公司均为甲公司控制的子公司。A 公司于 2011 年 1 月 1 日,将自己所生产的产品销售给 B 公司作为固定资产使用,A 公司销售该产品的销售收入为 1 680 万元,销售成本为 1 200 万元。A 公司在 2011 年度利润表中列示有销售收入为 1 680 万元,销售成本为 1 200 万元。B 公司购买的固定资产用于公司的销售业务,该项固定资产属于不需要安装的固定资产,当月投入使用,其折旧年限为 4 年,予以净残值为零。B 公司对该项固定资产确定的折旧年限和预计净残值与税法规定一致。为简化合并处理,假定该内部交易固定资产在交易当年按 12 个月计提折旧。B 公司在 2011 年 12 月 31 日的资产负债表中列示有固定资产,其原价为 1 680 万元、累计折旧为 420 万元、固定资产净值为 1 260 万元。A、B 公司适用的所得税税率均为 25%。

甲公司在编制合并财务报表时,应当进行如下抵销处理:
(1)将该项内部交易固定资产相关资产销售收入与销售成本及原价中包含的未实现内部销售利润予以抵销。其抵销分录如下:

借:营业收入　　　　　　　　　1 680
　贷:营业成本　　　　　　　　　1 200
　　　固定资产——原价　　　　　480　①

(2)将当年计提的折旧和累计折旧中包含的未实现内部销售损益的金额予以抵销,其抵销分录如下:

借:固定资产——累计折旧　　　120

　　　　贷：销售费用　　　　　　　　120　②

　　(3)确认因编制合并财务报表导致的内部交易固定资产账面价值与其计税基础之间的暂时性差异相关递延所得税资产。

　　本例中,确认递延所得税资产或负债相关计算如下：

　　B 公司该固定资产的账面价值=1 680(原价)-420(当年计提的折旧额)=1 260(万元)

　　B 公司该固定资产的计税基础=1 680(原价)-420(当年计提的折旧额)=1 260(万元)

　　根据上述计算,从 B 公司角度来看,因该内部交易形成的固定资产的账面价值与计税基础相同,不产生暂时性差异,在 B 公司个别财务报表中不涉及确认递延所得税资产或递延所得税负债的问题。

　　合并财务报表中该固定资产的账面价值=1 200(企业集团取得该项资产的成本)-300(按取得资产成本计算确定的折旧额)=900(万元)

　　合并财务报表中该固定资产的计税基础=B 公司该固定资产的计税基础=1 260(万元)

　　关于计税基础,企业所得税是以单个企业的纳税所得为对象计算征收的。某一资产的计税基础是从使用该资产的企业考虑的。从某一企业来说,资产的取得成本就是计税基础。由于该内部交易固定资产为 B 企业拥有和使用,B 公司该项固定资产的计税基础也就是整个企业集团的计税基础,个别财务报表确定该项固定资产的计税基础与合并财务报表确定的该固定资产的计税基础是相同的。

　　关于合并财务报表中该项固定资产的账面价值,是以抵销未实现内部销售利润后的固定资产原价(即销售企业的销售成本)1 200 万元(固定资产的原价 1 680 万元-未实现内部销售利润 480 万元),以及按抵销未实现内部销售利润后的固定资产原价计算的折旧额为基础的。

　　合并财务报表中该项固定资产相关的暂时性差异,就是因抵销未实现内部销售利润而产生的。本例中该固定资产原价抵销的未实现内部销售利润为 480 万元,同时由于该项固定资产使用而当年计提的折旧额 420 万元中也包含未实现内部销售利润 120 万元,这 120 万元随着固定资产折旧而结转为已实现内部销售利润,因此该内部交易形成的固定资产价值中当年实际抵销的未实现内部销售利润为 360(480-120)万元。这 360 万元也就是因未实现内部销售利润而产生的暂时性差异。

　　对于合并财务报表中该内部交易固定资产因未实现内部销售利润的抵销而产生的暂时性差异,应当确认的递延所得税资产为 90(360×25%)万元。本例中,确认相关递延所得税资产的合并抵销分录如下：

　　借：递延所得税资产　　　　　　90
　　　　贷：所得税费用　　　　　　　　90　③

　　根据以上抵销分录,合并工作底稿(局部)如表 12.4 所示。

表12.4 合并工作底稿(局部)

单位:万元

项 目	A公司	B公司	合计	抵销分录 借方	抵销分录 贷方	少数股东权益	合计数
(资产负债表部分)							
……							
固定资产原价		1 680	1 680		480①		1 200
累计折旧		420	420	120②			300
固定资产净值		1 260	1 260	120	480		900
……							
递延所得税资产	0	0	0	90③			90
(利润表部分)							
营业收入	1 680		1 680	1 680①			0
营业成本	1 200		1 200		1 200①		0
……							
销售费用		420	420		120②		300
……							
营业利润	480	−420	60	1 680	1 320		−300
……							
利润总额	480	−420	60	1 680	1 320		−300
所得税费用	120	−105	15		90③		−75
净利润	360	−315	45	1 680	1 410		−225
(股东权益变动表项目)							
未分配利润(期初)	0	0	0				0
……							
未分配利润(期末)	360	−315	45	1 680	41 410		−225

八、合并资产负债表的编制示例

为了便于理解和掌握合并资产负债表编制方法,了解合并资产负债表编制的全过程,现将有关合并资产负债表的编制举例综合说明。但在实际工作中合并报表的编制应当是一体的,不会截然分开。

【例 12.23】 2011 年 1 月 1 日，M 公司用银行存款 2 800 万元购得 N 公司 80%的股份（假定 M、N 公司的企业属于非同一控制下的企业合并），在购买日，M 公司与 N 公司可辨认资产、负债的公允价值与账面价值相同。购买日 N 公司股东权益总额为 3 000 万元。其中：股本为 2 000 万元，资本公积为 1 000 万元，盈余公积为 0 万元，未分配利润 0 万元。

2011 年，N 公司实现净利润 1 000 万元，提取法定盈余公积 100 万元，向 M 公司分派现金股利 400 万元（分派的股利属于当年实现的净利润），向其他股东分派现金股利 100 万元，未分配利润为 400 万元。

2011 年 12 月 31 日，N 公司股东权益总额为 3 500 万元，其中股本 2 000 万元，资本公积 1 000 万元，盈余公积 100 万元，未分配利润 400 万元。

2011 年 12 月 31 日，M 公司个别资产负债表中，对 N 公司的长期股权投资的金额为 2 800 万元。M 公司个别财务报表中采用成本法核算该项长期股权投资。假定 N 公司与 M 公司采取的会计政策和会计期间一致，不考虑 M 公司和 N 公司及合并资产、负债的所得税影响。

2011 年 M 公司与 N 公司之间发生以下交易：

(1) M 公司向 N 公司销售商品，售价 600 万元，销售成本 500 万元，货款暂欠。M 公司于 2011 年末为该项应收账款计提了 10 万元的坏账准备，N 公司购进的该商品 2011 年全部未实现对外销售而形成期末存货。

(2) M 公司以银行存款 100 万元按面值购入 N 公司发行的公司债券。

(3) 2011 年 1 月 1 日，N 公司将自己生产的产品销售给 M 公司，售价 200 万元，销售成本 150 万元，货款已收。M 公司购入后，作为管理用固定资产使用，按 200 万元入账。假设 M 公司对该项固定资产采用年限平均法计提折旧，预计使用年限为 10 年，无预计净残值。

2011 年 12 月 31 日，M、N 公司的个别资产负债表见表 12.5。

要求：编制 2011 年 12 月 31 日的 M、N 公司合并资产负债表。

表 12.5 M 公司与 N 公司的资产负债表（简表）
2011 年 12 月 31 日　　　　　　　　　　　　　　　　　　　　　　　单位：万元

资产	M 公司	N 公司	负债和所有者权益	M 公司	N 公司
流动资产			流动负债		
货币资金	2 000	500	应付票据	1 000	200
应收票据	1 000	0	应付账款	400	600
应收账款	800	200	其中：应付 M 公司账款		600
其中：应收 N 公司账款	590		应付职工薪酬	1 200	100
存货	1 000	1 600	应交税费	800	200

续表 12.5

资产	M 公司	N 公司	负债和所有者权益	M 公司	N 公司
其中:向 M 公司购入存货		600	流动负债合计	3 400	1 100
流动资产合计	4 800	2 300	非流动负债		
非资产资产			长期借款	1 200	400
持有至到期投资	100	0	应付债券	800	100
其中:持有 N 公司债券	100		其中:应付 M 公司债券		100
长期股权投资	3 200		非流动负债	2 000	500
其中:对 N 公司投资	2 800		负债合计	5 400	1 600
固定资产	2 600	2 300	所有者权益		
其中:向 N 公司购入固定资产	200		股本	3 000	2 000
在建工程	500	0	资本公积	1 200	1 000
无形资产	0	500	盈余公积	600	100
			未分配利润	1 000	400
非流动资产合计	6 400	2 800	所有者权益总计	5 800	3 500
资产合计	11 200	5 100	负债和所有者权益合计	11 200	5 100

首先,编制合并工作底稿,将 M、N 公司的个别资产负债表数据过入合并工作底稿,计算出合计数。

其次,在合并工作底稿中编制调整分录和抵销分录。

(一) M 公司按权益法调整对 N 公司的长期股权投资应编制的调整分录

(1)确认 M 公司在 2011 年 N 公司实现的净利润 1 000 万元中所享有的份额 800(1 000×80%)万元。

借:长期股权投资——N 公司　　　　　8 000 000
　　贷:投资收益——N 公司　　　　　　　8 000 000　　①

(2)确认 M 公司收到 N 公司 2011 年分派的现金股利,同时抵销原按成本法确认的投资收益。

借:投资收益——N 公司　　　　　　　4 000 000
　　贷:长期股权投资——N 公司　　　　　4 000 000　　②

(二)在编制合并财务报表中内部交易的抵销分录

1.将 M 公司对 N 公司的长期股权投资项目与 N 公司所有者权益项目进行抵销。

借:股本	20 000 000	
资本公积	10 000 000	
盈余公积	1 000 000	
未分配利润	4 000 000	
商誉　　(32 000 000-35 000 000×80%)	4 000 000	
贷:长期股权投资(28 000 000+8 000 000-4 000 000)	32 000 000	
少数股东权益　　　　　(5 000 000×20%)	7 000 000	③

(2) 将M、N公司内部债权债务项目进行抵销,同时抵销内部应收账款计提的坏账准备。

借:应付账款	6 000 000	
贷:应收账款	6 000 000	④
借:应收账款——坏账准备	1 000 000	
贷:资产减值损失	1 000 000	⑤
借:应付债券	1 000 000	
贷:持有至到期投资	1 000 000	⑥

(3) 将N公司存货价值中包含的未实现的内部销售损益进行抵销。

借:营业收入	6 000 000	
贷:营业成本	5 000 000	
存货	1 000 000	⑦

(4) 将与内部固定资产交易相关的项目进行抵销。

借:营业收入	2 000 000	
贷:营业成本	1 500 000	
固定资产——原价	500 000	⑧
借:固定资产——原价	50 000	
贷:管理费用	50 000	⑨

(5) 将M公司持有N公司长期股权投资的内部投资收益项目进行抵销。(此内容属于"合并利润表"的内容,将在第三节中介绍。)

借:投资收益	8 000 000	
少数股东权益	2 000 000	
贷:提取盈余公积	1 000 000	
应付利润	5 000 000	
未分配利润	4 000 000	⑩

再次,计算出合并资产负债表各项目的合并数,如表12.6所示。

表12.6 合并资产负债表工作底稿(简表)

2011年12月31日　　　　　　　　　　　　　　　　　　　　　　　　　单位:万元

项目	M公司	N公司	合计数	调整或抵销分录 借	调整或抵销分录 贷	合计数
流动资产						
货币资金	2 000	500	2 500			2 500
应收票据	1 000	0	1 000			1 000
应收账款	800	200	1 000	(5)10	(4)600	410
其中:应收N公司账款	590		590	(5)10	(4)600	0
存货	1 000	1 600	2 600		(7)100	2 500
其中:向M公司购入存货		600	600		(7)100	500
流动资产合计	4 800	2 300	7 100			6 410
非资产资产						
持有至到期投资	100	0	100		(6)100	0
其中:持有N公司债券	100		100		(6)100	0
长期股权投资	3 200	0	3 200	(1)800	(2)400 (3)3200	400
其中:对N公司投资	2 800		2 800	(1)800	(2)400 (3)3200	0
固定资产	2 600	2 300	4 900	(9)5	(8)50	4 855
其中:向N公司购入固定资产	200		200	(9)5	(8)50	155
在建工程	500	0	500			500
无形资产	0	500	500			500
非流动资产合计	6 400	2 800	9 200			6 655
资产合计	11 200	5 100	16 300			13 065
流动负债						
应付票据	1 000	200	1 200			1 200
应付账款	400	600	1 000	(4)600		400
其中:应付M公司账款		600	600	(4)600		0

续表 12.6

项　　目	M公司	N公司	合计数	调整或抵销分录 借	调整或抵销分录 贷	合计数
应付职工薪酬	1 200	100	1 300			1 300
应交税费	800	200	1 000			1 000
流动负债合计	3 400	1 100	4 500			4 500
非流动负债						
长期借款	1 200	400	1 600			1 600
应付债券	800	100	900	(6)100		800
其中:应付M公司债券		100	100	(6)100		0
非流动负债	2 000	500	2 500			2 400
负债合计	5 400	1 600	7 000			6 300
所有者权益						
股本	3 000	2 000	5 000	(3)2 000		3 000
资本公积	1 200	1 000	2 200	(3)1 000		1 200
盈余公积	600	100	700	(3)100		600
未分配利润	1 000	400	1 400	(2)400 (3)400 (7)600 (8)200 (10)800 (10)200	(1)800 (5)10 (7)500 (8)150 (9)5 (10)100 (10)500 (10)400	1 265
少数股东权益					(3)700	700
所有者权益总计	5 800	3 500	9 300			6 765
负债和所有者权益合计	11 200	5 100	16 300			13 065

表 12.7　合并资产负债表(简表)

编制单位：　　　　　　　　　　2011 年 12 月 31 日　　　　　　　　　　单位：万元

资产	年初数	年末数	负债和所有者权益	年初数	年末数
流动资产			流动负债		
货币资金		2 500	应付票据		1 200
应收票据		1 000	应付账款		400
应收账款		410	应付职工薪酬		1 300
存货		2 500	应交税费		1 000
流动资产合计		6 410	流动负债合计		4 500
			非流动负债		
非资产资产			长期借款		1 600
长期股权投资		400	应付债券		800
固定资产		4 855	非流动负债		2 400
在建工程		500	负债合计		6 300
无形资产		500	所有者权益		
商誉		400	股本		3 000
			资本公积		1 200
			盈余公积		600
			未分配利润		1 265
			少数股东权益		700
非流动资产合计		6 655	所有者权益总计		6 765
资产合计		13 065	负债和所有者权益合计		13 065

第三节　合并利润表

合并利润表反映母、子公司所形成的企业集团在一定会计期间内经营成果的财务报表。它是以母公司和子公司的个别利润表为基础，在抵销母公司与子公司、子公司相互之间发生的内部交易对合并利润表的影响后，由母公司编制。利润表作为以单个企业为会计主体进行会计核算的结果。在以其个别利润表为基础计算的收入和费用等项目的加总金额中，也必须包含有其重复计算的因素，因此，编制合并利润表时也需要将这些重复的因素予以抵销。

一、编制合并利润表需要抵销处理的项目

在编制合并利润表时需要抵销处理包括：
(1)内部营业收入与营业成本的抵销处理。
(2)内部购进商品作为固定资产、无形资产等资产使用时的抵销处理。
(3)内部应收账款计提的坏账准备等资产减值的抵销处理。
(4)内部投资收益(利息收入)与利息费用的抵销处理。
(5)持有内部长期股权投资的投资收益与对方利润分配有关项目的抵销处理。
(6)存货跌价准备等的抵销处理。
(7)母公司与子公司、子公司相互之间发生的其他内部交易对合并利润表的影响也应抵销。

(一)内部营业收入和内部营业成本的抵销处理

内部营业收入是指企业集团内部母公司与子公司、子公司相互之间发生的商品销售(或劳务提供,下同)活动所产生的营业收入。内部营业成本是指企业集团内部母公司与子公司、子公司相互之间发生的销售商品的营业成本。

在企业集团内部母公司与子公司、子公司相互之间发生内部购销交易的情况下,母公司和子公司都从自身的角度,以自身独立的会计主体进行核算反映其损益情况。从销售企业来说,以其内部销售确认当期销售收入并结转相应的销售成本,计算当期内部销售商品损益。从购买企业来说,其购进的商品可能用于对外销售,也可能是作为固定资产、工程物资、在建工程、无形资产等资产使用。在购买企业将内部购进的商品用于对外销售时,可能出现以下三种情况:一是内部购进商品全部实现对外销售;二是内部购进的商品全部未实现销售,形成期末存货;三是内部购进的商品部分实现对外销售、部分形成期末存货。在购买企业将内部购进的商品作为固定资产、工程物资、在建工程、无形资产等资产使用时,则形成其固定资产、工程物资、在建工程、无形资产等资产。因此,对内部销售收入和内部销售成本进行抵销时,应分别不同情况进行处理。

1.母公司与子公司、子公司相互之间销售商品,期末全部实现对外销售

在这种情况下,从销售企业来说,销售给企业集团内其他企业的商品与销售给企业集团外部企业的情况下的会计处理相同,即在本期确认销售收入,结转销售成本,计算销售商品损益,并在其个别利润表中反映;对于购买企业来说,一方面要确认向企业集团外部企业的销售收入,另一方面要结转销售内部购进商品的成本,在其个别利润表中分别作为营业收入和营业成本反映,并确认销售损益。也就是说,对于同一购销业务,在销售企业和购买企业的个别利润表中都作了反映。但从整个企业集团来看,这一购销业务只是实现了一次对外销售,其销售收入只是购买企业向企业集团外部企业销售该产品的销售收入,其销售成本只是销售企业向购买企业销售该商品的成本。销售企业向购买企业销售该商品实现的收入属于内部销售收入,

相应地,购买企业向企业集团外部企业销售该商品的销售成本则属于内部销售成本。因此在编制合并利润表时,就必须将重复反映的内部营业收入与内部营业成本予以抵销。见第二节【例12.8】。

2. 母公司与子公司、子公司相互之间销售商品,期末未实现对外销售而形成存货的抵销处理

在内部购进的商品未实现对外销售的情况下,其抵销处理参见本章【例12.9】。

3. 母公司与子公司、子公司相互之间销售商品,期末部分实现对外销售、部分形成期末存货的抵销处理

即内部购进的商品部分实现对外销售、部分形成期末存货的情况,可以将内部购买的商品分解为两部分:一部分为当期购进并全部实现对外销售;另一部为当期购进但未实现对外销售而形成期末存货。【例12.8】介绍的就是前一部分的抵销处理,【例12.9】介绍的则是后一部分的抵销处理。

(二)内部购进商品作为固定资产、无形资产等使用时的抵销处理

在对母公司与子公司、子公司相互之间销售商品形成的固定资产或无形资产所包含的未实现内部销售损益进行抵销的同时,也应当对固定资产的折旧额或无形资产的摊销额与未实现内部销售损益相关的部分进行抵销。参见【例12.13】至【例12.18】。

(三)内部应收账款计提的坏账准备等减值准备的抵销处理

在编制合并资产负债表时,需要抵销内部应收账款和应付账款等内部债权和债务,与此相适应还需要抵销内部应收账款计提的坏账准备,相关抵销处理参见【例12.6】。

其他与抵销存货、固定资产、无形资产等资产相关的减值准备的抵销处理,参见【例12.19】。

(四)内部投资收益(利息收入)与利息费用的抵销处理

企业集团内部母公司与子公司、子公司相互之间可能发生相互提供信贷,以及相互之间持有对方债券的内部交易。在内部提供信贷的情况下提供贷款的企业(金融企业)确认利息收入,并在其利润表反映为营业收入(利息收入);而接受贷款的企业则支付利息费用,在其利润表反映为财务费用(本章为了简化合并处理,假定所发生的利息费用全部计入当期损益,不存在资本化的情况)。在持有母公司或子公司发行的企业债券(或公司债券,下同)的情况下,发行债券的企业支付的利息费用作为财务费用处理,并在其个别利润表"财务费用"项目中列示;而持有债券的企业,将购买的债券在其个别资产负债表"持有至到期投资"(本章为简化合并处理,假定购买债券的企业将该债券投资归类为持有至到期投资)项目中列示,当期获得的利息收入则作为投资收益处理,并在其个别利润表"投资收益"项目中列示。

在编制合并财务报表时,应当在抵销内部发行的应付债券和持有至到期投资等内部债权债务的同时,将内部应付债券和持有至到期投资相关的利息费用与投资收益(利息收入)相互

抵销,即将内部债券投资收益与内部发行债券的利息费用相互抵销。

【例 12.24】 甲公司为乙公司的母公司,2010 年 12 月 31 日甲公司在编制甲、乙公司合并报表时,在甲公司个别资产负债表在"持有至到期投资"项目中有 80 万元债券,为持有乙公司发行的债券,其金额与乙公司的个别资产负债表的"应付债券"项目相对应。经计算确认 2010 年乙公司应向甲公司支付债券利息费用 8 万元。甲公司的个别利润表中投资收益项目中有 8 万元为应收乙公司的债券利息总额。

(1)在编制合并资产负债表时,应将内部债权、债务予以抵销,其抵销分录为:
借:应付债券——乙公司　　　　800 000
　　贷:持有至到期投资　　　　　　800 000

(2)在编制合并利润表时,应将内部债券投资收益与应付债券利息费用相互抵销,其抵销分录为:
借:投资收益　　　　　　　　　80 000
　　贷:财务费用　　　　　　　　　80 000

(五)持有内部长期股权投资的投资收益与对方利润分配有关项目的抵销

内部投资收益是指母公司对子公司或子公司对母公司、子公司相互之间的长期股权投资的收益,即母公司对子公司的长期股权投资在合并工作底稿中按权益法调整的投资收益,实际上就是子公司当期营业收入减去营业成本和期间费用、所得税费用等后的余额与其持股比例相乘的结果。在子公司为全资子公司的情况下,母公司对某一子公司在合并工作底稿中按权益法调整的投资收益,实际上就是该子公司当期实现的净利润。编制合并利润表时实际上是将子公司的营业收入、营业成本和期间费用视为母公司本身的营业收入、营业成本和期间费用同等看待,与母公司相应的项目进行合并,是将子公司的净利润还原为营业收入、营业成本和期间费用,也就是将投资收益还原为合并利润表中的营业收入、营业成本和期间费用处理。因此,编制合并利润表时,必须将对子公司长期股权投资收益予以抵销。

由于合并所有者权益变动表中的本年利润分配项目是站在整个企业集团角度,反映对母公司股东和子公司的少数股东的利润分配情况,因此,子公司的个别所有者权益变动表中本年利润分配各项目的金额,包括提取盈余公积、对所有者(或股东)的分配和期末未分配利润的金额都必须予以抵销。

在子公司为全资子公司的情况下,子公司本期净利润就是母公司本期对子公司长期股权投资按权益法调整的投资收益。假定子公司期初未分配利润为零,子公司本期净利润就是子公司本期可供分配的利润,是本期子公司利润分配的来源,而子公司本期利润分配(包括提取盈余公积、对所有者(或股东)的分配等)的金额与期末未分配利润的金额则是本期利润分配的结果。母公司对子公司的长期股权投资按权益法调整的投资收益正好与子公司的本年利润分配项目相抵销。

在子公司为非全资子公司的情况下,母公司本期对子公司长期股权投资按权益法调整的投资收益与本期少数股东损益之和就是子公司本期净利润,同样假定子公司期初未分配利润为零,母公司本期对子公司长期股权投资按权益法调整的投资收益与本期少数股东权益之和,正好与子公司本期利润分配项目相抵销。

至于子公司个别所有者权益变动表中本年利润分配项目的"期初未分配利润"项目,作为子公司以前会计期间净利润的一部分,在全资子公司的情况下已全额包括在母公司以前会计期间按权益法调整的投资收益之中,从而包括在母公司按权益法调整的本期期初未分配利润之中。为此,也应将其予以抵销。从子公司个别所有者权益变动表来看,其期初未分配利润加上本期净利润就是其本期利润分配的来源;而本期利润分配和期末未分配利润是利润分配的结果。母公司本期对子公司长期股权投资按权益法调整的投资收益和子公司期初未分配利润正好与子公司本年利润分配项目相抵销。在子公司为非全资子公司的情况下,母公司本期对子公司长期股权投资按权益法调整的投资收益、本期少数股东损益和期初未分配利润与子公司本年利润分配项目也正好相抵销。

【例12.25】 2010年A公司取得B公司80%的股份,A公司为B公司的母公司。A公司在编制合并工作底稿时,按权益法调整的B公司本年投资收益为400万元,B公司少数股东权益为100万元。B公司期初未分配利润为0万元,本年提取的盈余公积为50万元,分配现金股利300万元,期末未分配利润为150万元。

分析:B公司为非全资子公司,A公司拥有其80%的股份。在合并工作底稿中,A公司按权益法调整的B公司本期投资收益为400万元,B公司本期少数股东损益为100万元。为此,进行抵销处理时,应编制如下抵销分录:

借:投资收益　　　　　　　　4 000 000
　　少数股东损益　　　　　　1 000 000
　　期初未分配利润　　　　　　　　　0
　贷:提取盈余公积　　　　　　　500 000
　　应付利润　　　　　　　　3 000 000
　　期末未分配利润　　　　　1 500 000

需要说明的是:子公司当期净损益中属于少数股东权益的份额,应当在合并利润表中净利润项目下以"少数股东损益"项目列示。

二、母公司在报告期增减子公司在合并利润表的反映

(一)母公司在报告期内增加子公司在合并利润表的反映

母公司因追加投资等原因控制了另一个企业即实现了企业合并。根据企业合并准则的规定,企业合并形成母、子公司关系的,母公司应当编制合并日或购买日的合并利润表。有关合并日或购买日的合并利润表的编制,已在"企业合并"相关章节中讲述。但在合并发生当期的期末以及以后的会计期间,母公司应当根据企业合并财务报表准则的规定,编制合并利润表。

在编制合并当期期末的合并利润，应当区分同一控制下的企业合并增加的子公司和非同一控制下的企业合并增加的子公司两种情况：

(1)因同一控制下企业合并增加的子公司，在编制合并利润表时，应当将该子公司合并日至报告期末的收入、费用、利润纳入合并利润表，而不是从合并当期期初开始纳入合并利润表。对于被合并方在合并前形成的净利润，应当在合并利润表中单列"其中：被合并方在合并前实现净利润"项目进行反映。

2.因非同一控制下企业合并增加的子公司，在编制合并利润表时，应当将该子公司购买日至报告期末的收入、费用、利润纳入合并利润表。

(二)母公司在报告期内处置子公司在合并利润表的反映

母公司在报告期内处置子公司时，在编制合并利润表时，应当将该子公司期初至处置日的收入、费用、利润纳入合并利润表。

三、合并利润表的格式

合并利润表的格式综合考虑了企业集团中一般工商企业和金融企业（包括商业银行、保险公司和证券公司）的经营成果列表的要求。

合并利润表的格式与个别利润表格式基本相同，主要增加了两个项目，即"净利润"项目下增加"归属于母公司所有者的净利润"和"少数股东损益"两个项目，分别反映净利润中有母公司所享有的份额和非全资子公司当期实现的净利润中属于少数股东权益的份额，即不属于母公司的份额。归属于母公司所有者的净利润与少数股东权益和等于合并净利润。在同一控制下的企业合并增加的子公司当期的合并利润表，还应当在"净利润"项目下增加"其中：被合并方在合并前实现的净利润"项目，用于反映同一控制下企业合并取得的被合并方在合并前实现的净利润。但是，"被合并方在合并前实现的净利润"应当在母公司所有者和少数股东之间进行分配，如果全部不属于母公司所有者，则应同时列示在"少数股东损益"项目之中，仍然保持"合并净利润=归属于母公司所有者的净利润+少数股东损益"的平衡关系。合并利润表的格式如表12.10所示。

四、合并利润表的编制示例

【例12.26】 沿用【例12.23】的资料，2011年M、N公司的个别利润表如表12.8所示。要求编制2011年M、N公司的合并利润表。

表 12.8　M 公司与 N 公司利润表（简表）

2011 年度　　　　　　　　　　　　　　　　　　　　　　　　单位：万元

项　目	M 公司	N 公司
一、营业收入	4 340	3 800
减：营业成本	2 600	2 000
营业税金及附加	200	150
销售费用	30	20
管理费用	20	10
财务费用	190	80
资产减值损失	10	0
加：投资收益	400	0
二、营业利润	1 690	1 540
加：营业外收入	110	0
减：营业外支出	0	240
三、利润总额	1 800	1 300
减：所得税费用	450	325
四、净利润	1 350	975

表 12.9　合并利润表工作底稿

2011 年度　　　　　　　　　　　　　　　　　　　　　　　　单位：万元

项　目	M 公司	N 公司	合计数	调整或抵销分录		合计数
				借	贷	
一、营业收入	4 340	3 800	8 140	(7)600 (8)200		7 340
减：营业成本	2 600	2 000	4 600		(7)500 (8)150	3 950
营业税金及附加	200	150	350			350
销售费用	30	20	50			50
管理费用	20	10	30		(5)2	25
财务费用	190	80	280			280
资产减值损失	10	0	10		(5)10	0

续表12.9

项 目	M公司	N公司	合计数	调整或抵销分录 借	调整或抵销分录 贷	合计数
加:投资收益	400	0	400	(2)400 (10)800	(1)800	0
二、营业利润	1 690	1 540	3 230			2 685
加:营业外收入	110	0	110			110
减:营业外支出	0	240	240			240
三、利润总额	1 800	1 300	3 100			2 555
减:所得税费用	450	325	775			775
四、净利润	1 350	975	2 325			1 780
少数股东损益					(10)200	200
归属于母公司所有的净利润						1 580

表12.10 合并利润表

编制单位：　　　　　　　　　2011年度　　　　　　　　　单位:万元

项 目	上期金额	本期金额
一、营业收入		7 340
减:营业成本		3 950
营业税金及附加		350
销售费用		50
管理费用		25
财务费用		280
资产减值损失		0
加:投资收益		0
二、营业利润		2 685
加:营业外收入		110
减:营业外支出		240
三、利润总额		2 555
减:所得税费用		775
四、净利润		1 780
少数股东损益		200
归属于母公司所有的净利润		1 580

第四节 合并现金流量表

一、合并现金流量表概述

合并现金流量表是综合反映母公司及子公司组成的企业集团,在一定会计期间现金流入、现金流出数量以及增减变动情况的财务报表。合并现金流量表以母公司和子公司的现金流量表为基础,在抵销母公司与子公司、子公司相互之间发生的内部交易对合并现金流量表的影响后,由母公司合并编制。合并现金流量表也可以合并资产负债表和合并利润表为依据进行编制。

合并现金流量表的编制原理、编制方法和编制程序与合并资产负债表、合并利润表的编制原理、编制方法和编制程序相同。即首先编制合并工作底稿,将母公司和所有子公司的个别现金流量表各项目的数据全部过入合并工作底稿。然后,在根据当期母公司与子公司以及子公司相互之间发生的影响其现金流量增减变动的内部交易,编制相应的抵销分录,将个别现金流量表中重复反映的现金流入量和现金流出量予以抵销。最后,计算出合并现金流量表的各项目的合并金额,并填制合并现金流量表。

二、编制合并现金流量表需要抵销处理的项目

如前所述,编制合并现金流量表是以母公司和纳入合并范围的子公司的个别现金流量表为基础编制。由于个别现金流量表是站在单个企业的角度来反映该企业在一定会计期间内现金流量增减变动情况的财务报表,对于母公司与子公司之间或子公司相互之间的经营活动及其他活动所产生的现金流量,分别作为现金流入和现金流出在个别现金流量表中进行了反映。如母公司向其子公司销售商品并收到银行存款的交易,对于母公司来说,此项交易导致其现金流入,反映在其个别现金流量表中的"经营活动产生的现金流量"中的"销售商品、提供劳务收到的现金"之中;而对于购买商品的子公司来说,则导致其现金流出,反映在其个别现金流量表中的"经营活动产生的现金流量"中的"购买商品、接收劳务支付的现金"之中。再如,子公司向母公司支付现金股利时,导致母公司现金流入和子公司的现金流出。为此,在编制合并现金流量表中时,需要将母公司与子公司以及子公司相互之间交易所导致的现金流入和现金流出予以抵销。

编制合并现金流量表时需要进行抵销处理的项目,主要有:

(1)母公司与子公司、子公司相互之间当期以现金投资或收购股权增加的投资所产生的现金流量。

(2)母公司与子公司、子公司相互之间当期取得投资收益收到的现金与分配股利、利润或偿付利息支付的现金。

(3) 母公司与子公司、子公司相互之间以现金结算债权与债务所产生的现金流量。

(4) 母公司与子公司、子公司相互之间当期销售商品所产生的现金流量。

(5) 母公司与子公司、子公司相互之间处置固定资产、无形资产和其他长期资产收回的现金净额与购建固定资产、无形资产和其他长期资产支付的现金等。

(6) 母公司与子公司、子公司相互之间发生的其他内部交易产生的现金流量。

(7) 母公司与子公司、子公司相互之间发生的其他内部交易对合并现金流量表的影响也应抵销。

（一）企业集团内部当期以现金投资或收购股权增加的投资所产生的现金流量的抵销处理

母公司直接以现金对子公司进行的长期股权投资或以现金从子公司的其他所有者（即企业集团内的其他子公司）处收购股权，表现为母公司现金流出，在母公司个别现金流量表中作为投资活动现金流出列示。子公司接受这一投资（或处置投资）时，表现为现金流入，在其个别现金流量表中反映为筹资活动的现金流入（或投资活动的现金流入）。从企业集团整体来看，母公司以现金对子公司进行的长期股权投资实际上相当于母公司将资本拨付下属核算单位，并不引起整个企业集团的现金流量的增减变动。因此，在编制合并现金流量表时，应当将母公司与子公司现金流量表数据简单相加的基础上，抵销母公司当期以现金对子公司长期股权投资所产生的现金流量。其抵销会计分录为：

借：取得子公司及其他单位支付的现金净值
　　贷：吸收投资收到的现金（或收回投资收到的现金）

（二）企业集团内部当期取得投资收益收到的现金与分配股利、利润或偿付利息支付的现金的抵销处理

母公司对子公司进行的长期股权投资和债权投资，在持有期间收到子公司分派的现金股利（利润）或债券利息，表现为现金流入，在母公司个别现金流量表中作为取得投资收益收到的现金列示。子公司在其个别现金流量中反映为分配股利、利润或偿付利息支付的现金。但从整个企业集团看，这种投资收益的现金收付，并不引起整个企业集团的现金流量的增减变动。因此，编制合并现金流量表时，应当在母公司与子公司现金流量表数据简单相加的基础上，抵销母公司当期取得投资收益收到的现金与子公司分配股利、利润或偿付利息支付的现金。其抵销分录为：

借：分配股利、利润或偿付利息支付的现金
　　贷：取得投资收益收到的现金

（三）企业集团内部以现金结算债权与债务所产生的现金流量的抵销处理

母公司与子公司、子公司相互之间当期以现金结算应收账款或应付账款等债权与债务，表现为现金流入或现金流出，在母公司个别现金流量表中作为收到其他与经营活动有关的现金

或支付其他与经营活动有关的现金列示,在子公司个别现金流量中作为支付其他与经营活动有关的现金或收到其他与经营活动有关的现金列示。因此,编制合并现金流量表时,应当在母公司与子公司现金流量表数据简单相加的基础上,抵销母公司与子公司、子公司相互之间当期以现金结算债权与债务所产生的现金流量。其抵销分录为:

借:支付其他与经营活动有关的现金
  贷:收到其他与经营活动有关的现金

(四)企业集团内部当期销售商品所产生的现金流量的抵销处理

母公司向子公司当期销售商品(或子公司向母公司销售商品或子公司相互之间销售商品,下同)所收到的现金,表现为现金流入,在母公司个别现金流量表中作为销售商品、提供劳务收到的现金列示。子公司向母公司支付购货款,表现为现金流出,在其个别现金流量中反映为购买商品、接受劳务支付的现金。从企业集团整体来看,这种内部商品购销现金收支,并不引起整个企业集团的现金流量的增减变动。因此,编制合并现金流量表时,应当在母公司与子公司现金流量表数据简单相加的基础上,抵销母公司与子公司、子公司相互之间当期购销商品所产生的现金流量。其抵销分录为:

借:购买商品、接受劳务支付的现金
  贷:销售商品、提供劳务收到的现金

(五)企业集团内部处置固定资产等收回的现金净额与购建固定资产等支付的现金的抵销处理

母公司向子公司处置固定资产等长期资产,表现为现金流入,在母公司个别现金流量表中作为处置固定资产、无形资产和其他长期资产收回的现金净额列示。子公司表现为现金流出,在其个别现金流量表中反映为购建固定资产、无形资产和其他长期资产支付的现金。从企业集团整体来看,这种固定资产处置与购置的现金收支,并不引起整个企业集团的现金流量的增减变动。编制合并现金流量表时,应当将母公司与子公司、子公司相互之间处置固定资产、无形资产和其他长期资产收回的现金净额与购建固定资产、无形资产和其他长期资产支付的现金相互抵销。因此,编制合并现金流量表时,应当在母公司与子公司现金流量表数据简单相加的基础上,抵销母公司与子公司、子公司相互之间处置固定资产、无形资产和其他长期资产收回的现金净值与购进固定资产、无形资产和其他长期资产支付的现金。其抵销分录为:

借:购建固定资产、无形资产和其他长期资产支付的现金
  贷:处置固定资产、无形资产和其他长期资产收回的现金净额

三、母公司在报告期增减子公司在合并现金流量表的反映

(一)母公司在报告期内增加子公司在合并现金流量表的反映

母公司因追加投资等原因控制了另一个企业即实现了企业合并。根据企业合并准则的规

定，企业形成母子公司关系的，母公司应当在合并日编制合并现金流量表。有关合并日合并现金流量表的编制，请参考"企业合并"章节相关内容。但是，在企业合并发生当期的期末和以后会计期间，母公司应当根据企业合并财务报告准则的规定编制合并现金流量表。

在编制合并现金流量表时，应当区分同一控制下的企业合并增加的子公司和非同一控制下的企业合并增加的子公司两种情况：

(1)因同一控制下企业合并增加的子公司，在编制合并现金流量表时，应当将该子公司合并日至报告期末的现金流量纳入合并现金流量表。

(2)因非同一控制下企业合并增加的子公司，在编制合并现金流量表时，应当将该子公司购买日至报告期末的现金流量纳入合并现金流量表。

（二）母公司在报告期内处置子公司在合并现金流量表的反映

母公司在报告期内处置子公司，应将该子公司期初至处置日的现金流量纳入合并现金流量表。

四、合并现金流量表中有关少数股东权益项目的反映

合并现金流量表编制与个别现金流量表相比，一个特殊的问题是在子公司为非全资子公司的情况下，涉及子公司与其少数股东之间的现金流入和现金流出的处理问题。

对子公司与少数股东之间发生的现金流入和现金流出，从整个企业集团看，也影响了其整体的现金流入和现金流出的增减变动，必须在合并现金流量表中予以反映。子公司与少数股东之间发生的影响现金流量的经济业务包括：少数股东对子公司增加权益性投资、少数股权依法从子公司抽回权益性投资、子公司向其少数股东支付现金股利或利润等。为了便于企业集团财务报表使用者了解掌握企业集团现金流量的情况，有必要将子公司与少数股东之间的现金流入和现金流出的情况单独予以反映。

对于子公司的少数股东增加在子公司中的权益性资本投资，在合并现金流量表中应当在"筹资活动产生的现金流量"之下的"吸收投资收到的现金"项目下设置"其中：子公司吸收少数股东投资收到的现金"项目反映。

对于子公司向少数股东支付现金股利或利润，在合并现金流量表中应当在"筹资活动产生的现金流量"之下的"分配股利、利润或偿付利息支付的现金"项目下单设"其中：子公司支付给少数股东的股利、利润"项目反映。

对于子公司的少数股东依法抽回在子公司的权益性投资，在合并现金流量表中，应当在"筹资活动产生的现金流量"之下的"支付其他与筹资活动有关的现金"项目反映。

五、合并现金流量表格式

合并现金流量表的格式综合考虑了企业集团中一般工商企业和金融企业（包括商业银行、保险公司和证券公司）的现金流入和现金流出列报的要求，与个别现金流量表格式基本相

同,主要增加了金融企业行业特点和经营活动现金流量项目。合并现金流量表的格式如表 12.11 所示。

表 12.11 合并现金流量表(简表)

编制单位: 2011 年 单位:元

项 目	本期金额	上期金额
一、经营活动产生的现金流量		
销售商品、提供劳务收到的现金		
客户存款和同业存放款项净增加额		
向中央银行借款净增加额		
向其他金融机构拆入资金净增加额		
收到原保险合同保费取得的现金		
收到再保险业务现金净额		
保户储金及投资款净增加额		
处置交易性金融资产净增加额		
收取利息、手续费及佣金的现金		
拆入资金净增加额		
回购业务资金净增加额		
收到的税费返还		
收到其他与经营活动有关的现金		
经营活动现金流入小计		
购买商品、接受劳务支付的现金		
客户贷款及垫款净增加额		
存放中央银行和同业款项净增加额		
支付原保险合同赔付款项的现金		
支付利息、手续费及佣金的现金		
支付保单红利的现金		
支付给职工以及为职工支付的现金		
支付的各项税费		
支付其他与经营活动有关的现金		
经营活动现金流出小计		

续表12.11

项　目	本期金额	上期金额
经营活动产生的现金流量净额		
二、投资活动产生的现金流量：		
收回投资收到的现金		
取得投资收益收到的现金		
处置固定资产、无形资产和其他长期资产收回的现金净额		
处置子公司及其他营业单位收到的现金净额		
收到其他与投资活动有关的现金		
投资活动现金流入小计		
购建固定资产、无形资产和其他长期资产支付的现金		
投资支付的现金		
质押贷款净增加额		
取得子公司及其他营业单位支付的现金净额		
支付其他与投资活动有关的现金		
投资活动现金流出小计		
投资活动产生的现金流量净额		
三、筹资活动产生的现金流量：		
吸收投资收到的现金		
其中:子公司吸收少数股东投资收到的现金		
取得借款收到的现金		
发行债券收到的现金		
收到其他与筹资活动有关的现金		
筹资活动现金流入小计		
偿还债务支付的现金		
分配股利、利润或偿付利息支付的现金		
其中:子公司支付给少数股东的股利、利润		
支付其他与筹资活动有关的现金		
筹资活动现金流出小计		

续表 12.11

项　　目	本期金额	上期金额
筹资活动产生的现金流量净额		
四、汇率变动对现金及现金等价物的影响		
五、现金及现金等价物净增加额		
加：期初现金及现金等价物余额		
六、期末现金及现金等价物余额		

第五节　合并所有者权益变动表

一、合并所有者权益变动表概述

合并所有者权益变动表是反映构成企业集团所有者权益的各组成部分当期的增减变动情况的财务报表。

合并报表准则规定，合并所有者权益变动表应当以母公司和子公司的所有者权益变动表为基础，在抵销母公司与子公司、子公司相互之间发生的内部交易对合并所有者权益变动表的影响后，由母公司合并编制。合并所有者权益变动表也可以根据合并资产负债表和合并利润表进行编制。

二、合并所有者权益变动表应当进行抵销处理的项目

所有者权益变动表作为单个企业为会计主体进行会计核算的结构，分别从母公司和子公司本身反映其在一定会计期间所有者权益构成及其变动情况。在以母公司个别所有者权益变动表为基础计算的各所有者权益构成项目的加总金额中，也必须包含重复计算的因素，因此，在编制合并所有者权益变动表时，也需要剔除这些重复因素，抵销这些重复确认的项目。

（一）母公司对子公司的长期股权投资应当与母公司在子公司所有者权益中所享有的份额相互抵销

各子公司之间的长期股权投资以及子公司对母公司的长期股权投资，应当比照上述规定，将长期股权投资与其对应的子公司或母公司所有者权益中所享有的份额相互抵销。有关抵销"长期股权投资与子公司所有者权益的抵销处理"的内容参见本章第二节。

（二）母公司对子公司、子公司相互之间持有对方长期股权投资的投资收益应当抵销

有关"抵销母公司与子公司、子公司相互之间持有对方长期股权投资的收益的抵销处理"

的内容参见本章第三节。

（三）母公司与子公司、子公司相互之间发生的其他内部交易对所有者权益变动的影响应当抵销

有关抵销"母公司与子公司、子公司相互之间发生的其他内部交易对所有者权益变动的影响的有关抵销处理"的内容请参见本章第二、三节的内容。

需要说明的是，从合并报表前后一致的理念、原则出发，将母公司及其全部子公司构成的企业集团作为一个会计主体，反映企业集团外部交易的情况，企业集团内部母子公司之间的投资收益和利润分配与其内部交易一样应当互相抵销。同时，应当关注合并所有者权益变动表"未分配利润"的年末余额，将其中子公司当年提取的盈余公积归属于母公司的金额进行单独附注披露。

三、合并所有者权益变动表的格式

合并所有者权益变动表的格式与个别所有者权益变动表的格式基本相同。主要区别是在子公司存在少数股东的情况下，合并所有者权益变动表中增加"少数股东权益"项目，来反映少数股东权益的变动情况。合并所有者权益变动表的格式如表 12.12 所示。

四、合并所有者权益变动表相关项目列示说明

表 12.12　合并所有者权益变动表

编制单位：　　　　　　　　　　　2011 年　　　　　　　　　　　　　单位：元

项目	本年金额								上年金额							
	归属于母公司所有者权益							少数股东权益	所有者权益合计	归属于母公司所有者权益							少数股东权益	所有者权益合计
	实收资本	资本公积	减：库存股	盈余公积	一般风险准备	未分配利润	其他			实收资本	资本公积	减：库存股	盈余公积	一般风险准备	未分配利润	其他		
一、上年年末金额																		
加：会计政策变更																		
前期差错更正																		

续表 12.12

编制单位： 2011 年 单位:元

项 目	本年金额							上年金额						
	归属于母公司所有者权益						少数股东权益	所有者权益合计	归属于母公司所有者权益						少数股东权益	所有者权益合计
	实收资本	资本公积	减:库存股	盈余公积	一般风险准备	未分配利润	其他			实收资本	资本公积	减:库存股	盈余公积	一般风险准备	未分配利润	其他		
二、本年年初余额																		
三、本年变动金额（减少以"-"填列）																		
（一）净利润																		
（二）直接计入所有者权益的利得和损失																		
可供出售金融资产公允价值变动净值																		
2.权益法下被投资单位其他所有者权益变动的影响																		

续表 12.12

编制单位：　　　　　　　　　　　　　　2011 年　　　　　　　　　　　　　　单位：元

项　目	本年金额									上年金额							
	归属于母公司所有者权益							少数股东权益	所有者权益合计	归属于母公司所有者权益							少数股东权益	所有者权益合计
	实收资本	资本公积	减：库存股	盈余公积	一般风险准备	未分配利润	其他			实收资本	资本公积	减：库存股	盈余公积	一般风险准备	未分配利润	其他		
3. 计入所有者权益项目的所得税影响																		
4. 其他																		
上述（一）和（二）小计																		
（三）所有者投资和减少资本																		
1. 所有者投入资本																		
2. 股份支付计入所有者权益金额																		
3. 其他																		
（四）净利润																		
1. 提取盈余公积																		
2. 提取一般风险准备																		

续表 12.12

编制单位： 2011 年 单位：元

项目	本年金额								上年金额							
	归属于母公司所有者权益						少数股东权益	所有者权益合计	归属于母公司所有者权益						少数股东权益	所有者权益合计
	实收资本	资本公积	减：库存股	盈余公积	一般风险准备	未分配利润	其他			实收资本	资本公积	减：库存股	盈余公积	一般风险准备	未分配利润	其他		
3.对所有者（股东）的分配																	
4.其他																	
（五）所有者权益内部结转																	
1.资本公积转增资本（股本）																	
2.盈余公积转增资本（股本）																	
3.盈余公积弥补亏损																	
4.其他																	
四、本年年末余额																	

本 章 小 结

本章主要讲授合并财务报表的概念、合并财务报表的合并范围、合并财务报表的编制程序、合并资产负债表的编制、合并利润表的编制、合并现金流量表的编制、合并所有者权益变动表的编制等有关内容。

1. 合并财务报表,它是以母公司(控股公司)为核心将整体企业集团视为一个经济实体,以组成企业集团的母公司和子公司(被控股公司)的个别会计报表为基础编制的,综合反映集团经营成果、财务状况以及现金流量情况的会计报表。它包括合并资产负债表、合并损益表、合并现金流量表以及合并利润分配表,这些合并会计报表分别从不同方面反映企业集团这一会计主体的经营情况和财务状况,构成一个完整的合并会计报表体系。

2. 合并财务报表的合并范围应当以控制为基础予以确定。控制,是指一个企业能够决定另一个企业的财务和经营政策,并能据以从另一个企业的经营活动中获取利益的权力。母公司应当将其全部子公司纳入合并财务报表的合并范围。只要是由母公司控制的子公司,不论其规模大小、向母公司转移资金能力是否受到严格限制,也不论业务性质与母公司或企业集团内其他子公司是否有显著差别,都应当纳入合并财务报表的合并范围。已宣告被清理整顿的原子公司;已宣告破产的原子公司;母公司不能控制的其他被投资单位,如联营企业、合营企业等企业或单位由于不能控制,不能列入合并范围。

3. 合并财务报表的编制程序:(1)编制合并工作底稿;(2)将个别财务报表各项目的数据过入合并工作底稿;(3)编制在合并工作底稿中的抵销分录;(4)计算合并财务报表各项目的合并金额;(5)填列合并财务报表。

4. 合并资产负债表是反映母、子公司所形成的企业集团某一特定日期财务状况的财务报表,由合并资产、负债和所有者权益各项目组成。合并资产负债表是以母公司和子公司所形成的企业集团为一个会计主体,以母公司和子公司个别的资产负债表为基础,由母公司编制的。编制合并资产负债表时需要作如下的抵销处理:(1)长期股权投资和子公司所有者权益的抵销处理;(2)内部债权与债务的抵销处理;(3)存货价值中包括的未实现内部销售损益的抵销处理;(4)内部固定资产交易的抵销处理;(5)内部无形资产交易的抵销处理;(6)与抵销存货、固定资产、无形资产等资产相关的减值准备的抵销处理。

5. 合并利润表反映母、子公司所形成的企业集团在一定会计期间内经营成果的财务报表,合并利润表是以母公司和子公司个别的利润表为基础,在抵销母公司与子公司、子公司相互之间发生的内部交易对合并利润表的影响后,由母公司编制。编制合并利润表时要作如下的抵销处理:(1)内部营业收入与营业成本的抵销处理;(2)内部购进商品作为固定资产、无形资产等资产使用时的抵销处理;(3)内部应收账款计提的坏账准备等资产减值的的抵销处理;(4)内部投资收益(利息收入)与利息费用的抵销处理;(5)持有内部长期股权投资的投资收益与对方利润分配有关项目的抵销处理;(6)存货跌价准备的抵销处理。

6. 合并现金流量表综合反映母公司及其所有子公司组成的企业集团在一定会计期间内现金及现金等价物流入和流出的报表。合并现金流量表应当以母公司和子公司的现金流量表为基础,在抵销母公司与子公司、子公司相互之间发生的内部交易对合并现金流量表的影响后,由母公司编制。编制合并现金流量表时需要作如下的抵销处理:(1)企业集团内部当期以现金投资或收购股权增加的投资所产生现金流量的抵销处理;(2)企业集团内部当期取得投资收益收到的现金与分配股利、利润或偿付利息支付的现金的抵销;(3)企业集团内部以现金结算债权与债务所产生的现金流量的抵销处理;(4)企业集团内部当期销售商品产生的现金流量的抵销处理;(5)企业集团内部处置固定资产、无形资产和其他长期资产收回的现金净额与购建固定资产、无形资产和其他长期资产支付的现金的抵销处理。

7. 合并所有者权益变动表反映构成企业集团所有者权益的各组成部分当期增减变动情况的财务报表。编制合并所有者权益变动表时需要作如下的抵销处理:(1)母公司对子公司的产期股权投资应当与母公司在子公司所有者权益中享有的份额相互抵销处理;(2)母公司对子公司、子公司相互之间持有对方长期股权投资的投资收益应当抵销;(3)母公司与子公司、子公司相互之间发生的其他内部交易对所有者权益变化的影响应当抵销。

思 考 题

1. 分析那些被投资单位不纳入合并财务表的合并范围?
2. 编制合并资产负债表、合并利润表、合并现金流量表及合并所有者权益变动表时,有哪些项目需要抵销?
3. 分析连续编制合并财务报表时有关坏账准备、未实现内部销售损益的抵销。
4. 分析连续编制合并财务报表时,为何要抵销期初未分配利润项目?

第十三章
Chapter 13

企业破产清算会计

【学习目标】
1. 掌握破产清算的概念及其分类；
2. 了解破产清算的程序及其处理方法；
3. 了解破产清算的会计基本理论；
4. 掌握破产清算业务记录的方式、账务处理及破产清算会计报表的编制。

【能力目标】
1. 能够准确掌握破产清算会计处理方法和破产清算会计报表编制方法；
2. 能够正确计算破产企业的清算费用和清算损益。

【引导案例】

安然公司是美国能源业巨头，成立于1985年，总部设在得克萨斯州的休斯敦，该公司曾是世界上最大的天然气交易商和最大的电力交易商，鼎盛时期每年收入达1 000亿美元，雇佣2万多名员工，其业务遍布欧洲、亚洲和世界其他地区，曾在《财富》杂志全球500强中名列前50名，但后来安然公司在经营方面存在的问题暴露了出来，主要是利用复杂的财务合伙形式虚报盈余，掩盖巨额债务，在破产一年前，安然公司的股票为85美元/股，最后却不到1美元/股，使该公司股票的持有者损失极其惨重。其实，当安然公司负债至少160亿美元时，公司就试图重组资金计划，该公司仍可继续运作，安然公司根据美国破产法第11章规定，向纽约破产法院申请破产保护，该案例创下美国历史上最大的公司破产案纪录。此间有称此案改写了美国的投资文化。

我国为了规范企业的破产程序，公司清理债权债务，保护债权人和债务人的合法权益，维护社会主义市场经济秩序，制定了破产法，2006年8月27日，新破产法在第10届全国人大委员会第 23 次会议审议通过,并于 2007 年 6 月 1 日起实行,这是中国转型时期的标志性事件。

在市场经济条件下,按照优胜劣汰的市场竞争规则,每个企业都可能出现资金紧张、经营困难的不利局面。企业的重整甚至清算并不鲜见。在这种情况下,就必须有专门的会计程序和方法加以核算和反映。本章主要对企业的清算概念、清算理论、会计处理和清算财务报告问题进行阐述。

第一节 企业破产清算概述

一、企业破产清算概述

企业在连续经营一个阶段后,由于种种原因需要清算。所谓清算,是指企业处于某种原因终止生产经营活动,结束未了事宜,并对其财产进行清理、变卖、收取债权、清偿债务、分配剩余财产、注销企业登记和税务登记,最终使该企业消亡的一种经济行为。企业清算是商品经济发展的必然。根据清算原因和处理方式不同,企业清算又可以分为破产清算和解算清算两大类。无论哪一类清算,其核心是清算总的财务会计处理,因而清算会计是企业清算活动中最重要的、最基本的工作环节。

(一)清算分类

根据清算的原因和处理方式不同,清算可分为两大类:破产与解散。

1. 破产清算

对破产一词,从不同的角度可作不同的解释。若从事实的角度讲,它是一种状态,即企业债务人的负债总额大于其资产总额,企业处于不能支付到期债务的事实状态,这种破产通常称为事实上的破产;若从法律角度讲,则是一种程序,即当债务人不能清偿到期债务时,则法院依据破产法对其进行破产宣言,并对其财产进行清算、变卖,以使全体债权获得公平清偿的程序。这种程序的一般状况是:尽管企业债务人的资产总额大于其负债总额,但因缺少偿付到期债务的现金资产,不得不变卖其他资产用于偿债,从而导致企业正常生产经营活动中断,企业被迫依法宣告破产。

导致企业破产的主要原因在于经营管理不善。因此,企业管理当局应加强企业经营管理,力求提高企业的应变、发展和综合能力,使企业远离经营失败和破产的境地。

2. 解散清算

除破产外,企业也会由于其他种种原因而解散,并进行清算。导致企业解散清算的原因主要有:

(1)自动解散。它是指企业经营期限届满各方无意延期继续经营,或者企业据以设立的营业宗旨已完成。这种企业经营终止,属于正常经营的结局,届时只需自动终止申请书,也不需要审批机构批准。

(2)非自动解散(也称请求解散)。它是指由于客观原因,在企业营业期限未届满前,由董事会根据下列情况提出解散申请书,报请审批机构批准:

①企业发生严重亏损,无力继续经营。

②企业据以设立的宗旨根本无法实现,同时又无发展前途。

③因调整产业结构,裁撤、合并。

④由于企业与其他企业合并,合并双方的法人资格都归于消失。

⑤投资一方不履行协议、合同、章程规定的义务,导致企业经营名存实亡,此时不履行协议、合同、章程规定义务的一方,应对企业由此造成的损失赔偿责任。

⑥因自然灾害、战争等不可抗拒因素而遭受严重损失,无法继续营业。

⑦企业合同、章程规定的其他终止事由出现。

(3)强制解散(也称命令解散)。它是指在某些情况下,由法院发布命令强行终止企业经营活动的一种法律行为。除以上所说的破产外,如遇下述情况,企业必须被迫解散:

①违反国家法律、法规,危害社会公共利益被依法撤销。

②企业无正当理由,在其成立后一年内,没有或停止营业一年以上。

③执行业务的股东或董事,曾经被有关法定机关以书面形式给予警告,但仍有超越法令或章程所规定的企业权限或滥用职权的行为,或者继续触犯刑律。

可见,非自动解散和强制解散,均属于非正常经营结局。

(二)企业清算程序

为了进一步了解清算程序会计内容,把握清算会计的作用,更好地实现清算会计目标,首先必须搞清企业清算程序。企业清算程序通常分为非破产清算程序和破产清算程序。

1. 企业非破产清算程序

在一个企业的非破产清算中,必须按一定程序分清企业应负的责任,及时处理债权债务,合理地分配财产、费用,避免因企业清算的一般程序所造成的各种损失和纠纷。

根据我国《公司法》的规定,公司清算的一般程序如下:

(1)组织清算组。

(2)公告和通知债权人,催报债权。清算组成立后应在10日内通知已知的债权人,并于60日在报纸上至少公告3次,债权人应当在接到通知书之日起30日内,未接到通知书的自第一次公告之日起90日内,向清算组申报债权,逾期未申报者,即是放弃债权,不列入清算债权。

(3)编制财产账册,制定清算方案。清算组登记债权,清算财产,编制资产负债表和财产清单,然后制定清算方案,并报股东会或者有关主管机关确认。

(4)清偿债务。公司财产足以清偿全部债务的,按下列顺序清偿:

①支付清算费用。

②职工工资和劳保费用。

③缴纳所欠税款。

④清偿公司债务。

(5)分配剩余财产。清偿债务后,公司的剩余财产由公司的股东按持股的比例进行分配。清算完毕后,向登记机关申请公司注销登记机关公告注销登记,注销登记的同时,法人资格即告终止。

2. 破产清算程序

根据我国《破产法》(试行)的规定,破产程序可以分为破产申请、和解整顿和破产清算三个过程。

(1)破产申请阶段。它包括:

①提出申请。破产申请的申请人可以是债权人,也可以是债务人。当债务人不能清偿到期债务时,债权人可以向债务人所在地人民法院申请宣告债务人破产;债务人经过上级主管部门同意,可以向当地人民法院自动申请破产。债权人申请的主要理由是:债务人无力清偿到期债务。债务人申请的主要理由是:可以因经营管理不善严重亏损,也可以因财务状况形成恶性循环,不能偿还到期债务,或两者兼而有之,即债务人达到了破产界限。

②申报债权。债权人应当在收到通知后一个月内(未收到通知的在三个月内),向人民法院申报债权,说明债券的数额、性质及证明材料。逾期不申报债权者,视为自动放弃债权。

(2)和解整顿阶段。当债权人所提出的宣告债务人破产的申请时,债务人或其主管部门可以向法院申请和解整顿,以避免破产清算(关于和解整顿的更为详细的说明,见下述)。这一阶段的基本程序是:①提出整顿申请;②提出和解协议草案;③讨论和解协议草案;④拟定企业整顿方案;⑤报告企业整顿情况;⑥监督企业整顿过程;⑦裁决企业整顿结果:整顿成功,恢复企业的正常经营;整顿失败(违反和解协议,或者财务状况继续恶化等),则依法进入破产清算。

(3)破产清算阶段。它包括:①宣告破产;②组建清算组;③接管破产企业;④处理未了事宜;⑤制定财产分配方案;⑥偿还债务;⑦提请终结破产程序;⑧追回非法处分财产。

3. 破产清算与非破产清算的程序比较

破产清算和非破产清算两者相同之处在于企业面临终止,需要清算资产和债权债务,最终向企业登记机关办理注销手续,退出市场。

两者的不同主要有:

(1)清算的条件不同。破产清算以企业法人的财产不能清偿全部债务为条件,资不抵债、缺乏现金流通使企业丧失清偿能力,只有通过破产清算借助司法强制力才能使债权人公平受偿。引起非破产清算的原因是企业解散,常见的有企业经营期满、股东大会决定解散等事由,理论上资产大于负债,清偿债务后还有剩余资产分配给出资人。

(2)清算的法律依据不同。企业破产清算的依据主要有《中华人民共和国企业破产法》、《中华人民共和国民事诉讼法》和《最高人民法院关于审理企业破产案件若干问题的规定》等法律、司法解释。非破产清算主要适用于《公司法》、《全民所有制工业企业法》、《中华人民共和国企业法人民登记管理条例》、《外商投资企业清算办法》等法律法规。

（3）是否进入破产程序，由法院主持和监督。破产清算是法院受理破产申请，经审查裁定宣告破产后进行的清算，法院指定管理人履行清算职责，债权异议的审查、财产的变价和财产的分配方案由法院最终确定，当清算完毕后，由法院裁定终结破产程序。可以说，整个破产清算工作是在法院的主持和监督下进行的。

非破产清算则是由企业的清算义务主体组成清算组进行清算，如有限责任公司的清算组由股东组成，股份有限公司的清算组由董事或股东大会确定的人员组成，并按照《公司法》确定的程序进行清算。虽然《公司法》第一百八十四条规定，公司应当在解散事由出现之日起15日内成立清算组，开始清算。逾期不成立清算组进行清算的，债权人可以申请人民法院指定有关人员组成清算组进行清算。人民法院应当受理该申请，并及时组织清算组进行清算。由法院一般在公司股东、董事、监事、债权人或其他利害关系人中指定清算组成员，由他们负责清算事务，法院并不对事务插手，与破产清算程序完全不同。

（4）针对财产的执行程序是否中止。破产清算以全体债权人公平受偿为目的，因此，法律规定破产案件受理后，禁止对个别债权人进行清偿，以防止其他债权人的利益受损。为了加大对债务人财产的保护力度，保护措施溯及破产申请受理前6个月，当债务人达到破产边界时，仍对个别债权人申请而启动，强制处置债务人财产使申请人的债权得到实现，很可能使其他债权落空，结果与全体债权人公平受偿的立法宗旨相违背。于是，立法者设计了"自动中止"的制度安排，破产程序开始后，针对债务人财产的强制执行行为即告中止，执行申请人与其他债权人一起等待财产统一分配。

在非破产清算中，虽然《公司法》第一百八十六条规定，在申报债权期间，清算组不得对债权人进行清偿，但该规定不能对抗法院或行政机关采取的执行措施。

（5）债务人是否免责。破产清算的最大优势是将财产公平地分配给债权人，破产程序终结后，债务人对未能清偿的债务不再清偿，即所谓的破产免责主义。

非破产清算必须保证每个债权人得到清偿，减免债务除非得到债权人的同意。

（三）解散清算程序

企业解散的清算，不论是由于企业存续期满而自动终止或是由于其他原因在存续期届满前被迫终止，都必须按照一定的程序有条不紊地进行。因为企业存在时，是作为一个具有法人资格的独立经营的法律（经济）实体，它对经营过程中发生的一切债权、债务、财产、费用等经济现象负有法人的责任。企业终止后，其法人资格不复存在。因此，为了保护投资者资产的安全完整，维护债权人的合法权益，必须在处理终止的过程中，按照一定程序，分清该法人应负的一切责任，及时地处理债权、债务，合理地分担财产、费用，避免因企业终止而造成经济损失，所以，解散和清算程序，就是指企业宣布解散与组织清算的手续和步骤。

依照《公司法》的规定，企业解散与清算的程序可分为两大步骤：第一步宣布企业终止，组织设立清算委员会；第二步组织清算，办理企业终止的善后工作。其中，第一步系企业董事会

的工作程序,第二步系清算委员会的工作。具体工作内容及程序如下:

1. 董事会方面的程序

(1)通过讨论,作出解散企业的决定,宣告企业解散日期。

(2)提出企业解散清算的程序、原则和清算组人选,报经审核,监督清算。

(3)正式成立清算组。根据规定,企业应当在决定解散之日起15日内成立清算组。有限责任公司的清算组由股东组成,股份有限公司的清算组由股东大会确定人选;逾期不成立清算组进行清算的,债权人可以申请人民法院指定有关人员组成清算组进行清算。人民法院应当受理申请,并及时指定清算组成员进行清算。清算组在清算期间行使下列职权:①清理企业财产,分别编制资产负债表和财产清单;②通知或者公告债权人;③处理与清算有关的公司未了结的业务;④清缴所欠税款;⑤清理债权、债务;⑥处理公司清偿债务后的剩余资产;⑦代表公司参与民事诉讼活动。

2. 清算组方面的程序

(1)对解散企业宣告终止时现有的财产、债权、物资进行全面彻底清查。凡账账不符合和账实不符合的,应通过查明原因,进行调整,做到账账、账实完全相符。

(2)按照编制年度会计报表的办法,责成财会部门编制自年初起至决定终止日为止的整个会计期间的会计报表,包括资产负债表、利润表及有关附表,以及各项财产、债权、债务的明细目录。上述报表和明细目录,要聘请注册会计师进行审查,方可作为解散企业开始清算的依据。

(3)提出财产作价和计算的依据。应按终止方式进行不同计算。终止方式一般有两种:一种是资本转让终止方式;另一种是完全终止方式。

①资本转让终止方式,也称产权转让终止方式。这是指解散企业终止清算后,由某一方(可以是原有企业的某一方,也可以是与原有企业无关的任何第三方)接受其产权,继续经营。在这种情况下,企业财产的作价和计算,原则上应将终止日所编的、经中国注册会计师查实的资产负债表所列的资本总额,作为产权转让的依据。如果企业合同、章程规定产权转让时,对现有财产物资、债权、债务需要进行重新估价的,则应按照合同、章程规定办理。重估时,有的财产增值,有的财产减值,重估增减值抵销后,如有增值的净额,应减去清算费用和应缴的所得税,然后与未重估前的资本净额相加,得出新的资本净额,按有关办法分配后,再进行产权转让。这一方式一般只用于存续期满终止型企业。

②完全终止方式。这是指解散企业宣告终止后,各方都不再继续经营该企业,或无继续经营的条件。在这种情况下,解算企业财产的作价和计算,原则上应以当时的变现价格为准,即清算组对企业进行全面清算,收回各项债权,变卖所有财产物资,清偿各项债务,支付清算费用,缴纳应缴税金,然后得出资本净额,按有关办法分配。这一方式适用于由特殊原因造成提前终止的企业。

(4)制定清算方案。清算方案由清算组提出,报请董事会批准后执行。清算方案的内容,包括清算程序、采用方法、财产作价、清算依据、债务清偿和剩余财产分配等一切清算事项。

(5)清算期间,清算组除办理全面清算工作外,还应代表该企业进行民事诉讼活动。

(6)编制清算结束日的会计报表。由清算组编制结束日的会计报表,包括:在资本转让方式下,编制产权转让后的资产负债表、清算损益和资产转让计算表;在完全终止方式下,编制最后剩余财产分配前的资产负债表,清算期内现金收支表和清算损益、盈亏分配及资产净额表。这些表均需经我国注册会计师审核签证后才有效。

(7)办理停业手续。由清算组作出清算结束报告,提交企业董事会讨论通过后报送有关机构,并向当地工商行政管理部门办理注销手续,缴销营业执照,同时向当地税务机关办理注销税务登记。

企业解散的类型和财产作价方式,如表13.1所示。

表13.1 解算类型与财产作价方法

解散原因	终止方式	财产作价
自动终止(正常结局)	资本转让	账面价值法或重新估价法
非自动终止(非常结局)	完全终止	清理变卖法
强制终止(非常结局)	完全终止	清理变卖法

二、整顿和解制度

企业除了因不能支付到期债务或出现前述的各种原因而进行破产清算或解散清算外,在经济实践中,还可以适当选择第三条道路,这就是整顿与和解。

(一)整顿

整顿,也称重整。它是指对已具有破产原因或有破产原因之虞而又有再生希望的债务人,实施旨在挽救其生存的积极程序。其目的不在于公平分配债务人的财产,因而有异于破产程序;其手段为调整债权人、股东及其他利害关系人重整企业的利益关系,并限制担保物权的行使,因而有异于和解程序。换言之,重整(整顿)程序不像破产程序那样,将债务人的财产公平分配给债权人而使其从经济活动中简单地消灭,也不像和解程序那样,只是消极地避免债务人受破产宣告,而是一种积极的挽救程序,因而它具有对象特定化(一般为公司制企业)、措施多样化(不仅包括债权人与债务人的妥协与让步,还包括企业的整体出让、合并与分离、追加投资、租赁经营等)、程序优先化(优于一般民事执行程序和破产程序以及和解程序)、担保物权的非优先化(重重程序的效力高于担保物权)、参与物体的广泛化(债权人、债务人以及股东等)。

(二)和解

和解,可以从两个不同的角度来理解,即可从广义及狭义的角度加以理解。若从广义的角度看,它是一种程序,是一种与破产程序、重整程序并存的具有独立意义的制度。若从狭义的角度看,它仅仅是当事人为解决债权债务关系而达成的协议,即仅指和解协议而言。即当债务人不能支付到期债务时,为避免破产宣言而受破产分配,与债权人会议达成的关于债务的减免或延期或其他解决债权债务措施的协议。此协议非经法院批准不生效力。

(三)制度比较

1. 重整与和解的比较

重整制度与和解制度有许多交叉和共同点。两者都是清理债权和债务关系的制度;均是为避免债务人受破产宣告或破产分配而设;两者均为强制性的集体程序,即在通过和解协议或重整计划时,都采取少数服从多数的表决原则,一经通过,和解协议或重整计划对全体债权人均有约束力;两者的生效均以法院批准为必要;两者的实施均在监督机构的监督下进行;无论是重整还是和解,其成功的结果都会在客观上使债务人免受破产清算,同时会使债权人受到不同程度的损失;重整与和解的原因有交叉之处——债务人不能履行到期债务。

两者虽有诸多不同之处,但作为两种相互独立的程序,存在着较大的差异。这主要表现在以下几个方面:

(1)目标不同。重整的目的在于拯救企业,积极地挽救而非消极地防止与避免。而和解虽然也是为避免债务人受破产宣告或受破产,但它只能消极地避免而不能积极地挽救企业。

(2)适用对象不同。和解既适用于自然人,也适用于法人及合伙人,其适用对象较为宽广,而重整一般只适用于公司制企业。

(3)程序开始的原因不同。和解程序开始的原因一般是不能清偿到期债务或债务过期。而重整原因较宽,即使债务人尚未不能支付,但有不能支付的危险和可能,即可对之开始进行重整程序。

(4)程序开始的申请人不同。和解申请时法律赋予债务人的特权,只有债务人可以提出。而重整程序的开始原则上也是以申请为依据,但申请人的范围较和解宽广,不仅债务人可以提出,债权人、公司股东、董事会均可以提出。

(5)效力不同。和解协议经法院认可后,仅对无担保的债权人产生效力,对于债务人的特定财产享有担保权的债权人不生效力,担保权人可以直接行使担保物权以获得满足。而重整不同,重整程序一开始,对所有的债权人,包括有担保物权的债权人产生效力。

(6)措施不同。和解措施较为单调,它主要是靠债权人的让步,即债权人减免债务或延期支付的方式,给债务人以喘息的机会而获得清偿手段。而重整措施较为丰富,除债权人的减免或延期偿付外,还可以将企业整体或部分转让、租赁经营等。

(7)利害关系人不同。在和解程序中,只有债权人与债务人两方面的利益矛盾。而重整程序不仅规定了债权人和债务人的法律地位,而且对股东的法律地位也作了规定,因而重整程序中的利益关系就更为复杂。

(8)自治机关不同。和解程序中的自治机关为债权人会议,重整程序中的自治机关为关系人会议。前者的组成人员为债权人,后者的组成人员除债权人外,还有股东(所有者)。前者采用少数服从多数的表决原则(以债权额计算),后者采用分组表决(先分组,并在若干小组中以少数服从多数的原则表决)。

2. 重整与破产的比较

重整程序与破产程序的相同和交叉之处表现在:两者性质相同,同为特别程序而非一般民事诉讼程序;两者均体现了债权人待遇公平这一原则,不允许给予个别债权人以额外利益;两者均以申请为开始原则;程序开始后的效果是一致的,即发生与债务人财产有关的一切民事诉讼程序及执行程序中止的效果,债务人均损失对其财产的管理处分权;两者开始的原因有重叠之处:债务人不能支付到期债务。虽然如此,破产与重整程序毕竟是两种各具独立价值的程序,其不同点主要表现在:

(1)宗旨不同。重整程序的目的在于挽救处于困境中的债务人,而破产程序的目的在于公平地将债务人的财产分配给债权人。

(2)程序开始的原因不尽相同。重整原因较破产原因范围大。当债务人有不能支付之余时,即可开始重整程序,但破产程序的开始应以债务人不能清偿到期债务为必要。所以,破产原因必为重整原因,但重整原因不一定是破产原因。

(3)适用范围不尽一致。一般来说,重整程序适用的范围较破产为窄,只适用于法人(公司),而破产程序既适用于法人,也适用于自然人。

(4)重整程序开始的申请人较破产程序为宽。

(5)重整程序与破产程序的自治机关不同。破产程序的自治机关为债权人会议,而重整程序的自治机关为关系人会议。

(6)重整程序与破产程序的效力不同。重整程序一开始,一般民事执行程序、破产程序或和解程序必须中止。另外,对债务人的破产宣告,对其无疑是死刑宣告,也是其走向消灭的开始。而重整程序的开始则是债务人走向新生的起点。

破产、重整、和解三种不同的制度,由于其原因有重叠之处,所以,在现实经济活动中,可能发生重整程序和破产程序之间的转换,也可能发生重叠程序与和解程序之间的转换,以适应不同经济情况的需要。但尽管如此,从清算会计上说,三种制度的会计理论基础都是共同的,所不同的是具体的会计业务处理,因此,本章分别通过破产清算会计、和解整顿会计、解算清算会计予以介绍。

第二节 破产清算会计的基本理论

清算会计是企业会计的一个特殊分支,其会计核算方法与现有的财务会计核算方法基本相同。但是,企业的资产、负债和股东权益的原始记录,是建立在传统会计假设基础上的。企业一旦终止和清算后,对传统会计假设和会计原则将产生重大影响。因此,必须根据破产清算业务的特点,研究破产清算会计的理论问题。

一、清算会计目标

传统的财务会计中,会计目标主要是向出资人、债权人及其他利益相关集团提供财务状况、经营成果及财务状况变化情况的信息。企业进入清算状态后,清算过程涉及债务人、债权人及清算人。尽管三者对信息需求的侧重点有差别,但其共同目标集中体现在反映清算企业财产、负债的处理状况和结果,增大债权人的债权受偿比例,维护债权人的合法权益方面。清算会计的目标可以概况为:及时、客观地向债权人、清算组以及其他信息使用者提供清算企业资产变现、负债偿付等清算会计信息,监督清算程序实施的合法性、有效性和公平性,维护债权人的合法权益。

二、清算会计的基本假设

(一)清算债权人集合体假设

当企业因终止而清算后,企业对属于清算的资料实质上已失去了管理和处分权。一切保管、清理、估价、处理和分配事宜,以及在这一过程中民事活动和民事责任,均属于清算组责任。因此,传统意义上的会计主体发生了"位移"、"置换"现象,即转移为清算债权人集合体。此时的主体已不是以法人资格从事经营活动的经济实体,而是主张清算债权、以债权人会议为代表的债权人集合体。这一集合体将随清算程序终结而告解体。

(二)终止清算假设

企业一旦宣告终止清算,便意味着企业已无法以现在的形式和目标连续地经营下去,由此产生了与持续经营假设不同的会计方法、不同的计量基础、不同的报告形式和计量属性。这说明,清算企业的会计核算工作应建立在清算假定的基础上,并在这一假设下从事清算资产的估价、变卖、分配和报告等清算工作。当然,企业终止,进入清算,不仅要停止经营,而且将被注销登记,此时已无分期的必要与可能,只能认为会计期间是清算的单一期间。

(三)币值多元性和可变性假设

清算企业会计核算仍需要用货币单位计量、确认、记录和报告清算企业的财产和清算债权等业务。但清算会计适用的计量属性则用现行市价、计划价、调整价以及账面价等多种,以适应清算不同财产的计量需要。由于现行市价处于不稳定的变化之中,计划价和调整价有较大的人为因素,这就充分显示出计量属性的多元组合性和可变性。

三、清算会计基本原则

在上述清算会计基本假设基础产生的清算会计原则,既保留了客观性、及时性、明晰性、重要性等一些传统的会计原则,又形成了一些清算会计特有的原则,以规范清算会计行为,维护债权人和投资人的合法权益，保证清算会计核算的质量。

（一）合法性原则

企业清算及清算过程，不仅是一种经济行为，更是一种法律行为。因此，合法性原则对清算会计尤为重要。所谓合法性原则，即应以法律、法规为准绳，严格按照《破产法》、《公司法》、《民事通则》、《民事诉讼法》等法规的规定来组织清算会计核算，对清算财产进行合法处置。

（二）公正性原则

企业的清算会涉及出资人、债权人、企业雇员等各方利益。这就要求清算会计工作应坚持公正性原则，不偏不倚地反映清算状况，以维护各方的合法权益。

（三）收付实现制原则

终止清算假设决定了企业必须以收付实现制取代权责发生制，对收入和费用进行确认，也就是说，应以实际收到的现金或实际付出现金为标准，确认收入和费用。

（四）可变现净值原则

为了最大限度地保护债权人利益，需要对清算企业的全部资产按可变现净值进行重新计价，而不论其清算前的账面价值是多少。对不具有偿债条件的资产（如递延资产等），应一次性转化为费用。

四、清算会计的会计要素划分

在持续经营企业，会计工作的目标是为了向相关利益集团提供经营成果、财务状况及其变化情况的信息。会计要素的分类也是以此目标为基础。清算企业会计的目标已发生了变化，原有的要素已经失去了意义。根据清算会计核算对象的特点，应对会计要素进行如下分类：

（一）资产及其分类

资产按归属对象分为担保资产、抵销资产、应追索资产、清算资产。

1. 担保资产

担保资产是指根据法律或协议规定，对企业的债务提供担保，使债权人享有物资保证的资产。如果企业不能偿还债务，债权人有权取得担保物用以抵偿债务。因此，担保资产在符合一定条件下，支配权和处分权属于债权人，而不是债务人的资产。但当担保资产的价值超过所欠债务时，超过部分不属于担保资产，而属于清算资产。

2. 抵销资产

抵销资产是指清算企业与债权人互为债权、债务关系时，以债权抵销债务的那部分资产。

3. 应追索资产

应追索资产是指所有权属于本企业，但被其他企业、个人占有的资产。这部分资产追索后归入清算资产。

4. 清算资产

清算资产是指可以用来偿付债务的资产，即担保资产、抵销资产以外的资产以及上述资产可变现价值高于相关债务的部分。

（二）负债及其分类

负债按其对资产的要求权不同分为担保债务、抵销债务、优先清偿债务、清算债务。

1. 担保债务

担保债务是指与担保资产相对应的债务。

2. 抵销债务

抵销债务是指与抵销资产相对应的债务。

3. 优先清偿债务

优先清偿债务是指根据有关法律规定应优先偿付的债务，包括应付清算费用、应付职工工资及劳动保险费用和应交税金。

4. 清算债务

清算债务是指按规定由清算企业以清算资产清偿的债务，即清算企业担保债务、抵销债务、优先清偿债务以外的负债以及上述高于对应资产的可变现价值部分。

（三）清算净资产

清算净资产是指清算企业股东权益净额。它表现为资产可实现净值总额大于确定的债务总额。清算净资产也有可能是负数，即清算净亏损。

（四）清算费用和清算损益

本章后面将对此进行单独阐述。

需要注意的是：清算企业不再具有所有权或所有权不能确定的资产。按照法律规定不能进行清算分配的财产及不具备清偿债务能力和变现能力的资产，如待摊费用、递延资产、递延所得税借项等，进入清算程序后均不应列为资产，同时，不能确定为清算企业债务及不会导致现金流或其他经济利益减少的负债，如预提费用、递延所得税贷项等，进入清算程序后，不应列为负债。

可以得知，上述会计要素之间的关系式为

$$资产 = 负债 + 清算净资产 \pm 清算损益$$

五、清算会计的核算程序

(1)接管清算企业的会计文件、资料、资产和债务。

(2)清算资产、债务，确认、计量清算资产和清算债务。

(3)将资产变现，清偿债务并分配剩余资产。

(4)核算清算损益，确认清算净资产。

(5) 编制清算会计报表。

第三节　破产清算会计的确认和计量

一、确认清算财产的范围

清算企业财产的范围应包括以下三部分：

（一）清算时企业经营管理的全部资产

它包括：国家授予企业经营管理的资产；企业资本金和可支配的各项资金，即企业自有的资金；清算企业拥有的其他资产，如专利权、商标权等无形资产；清算企业在国外的资产（包括在国外注册的专利权、外国公司的股票和债券，以及其他固定资产和无形资产）。

（二）清算企业在清算期间所取得的财产

它具体指清算企业拥有的附有条件期限而条件期限尚未满足、即将到来的债权，以及将来才能取得的著作权、专利权等无形资产。

（三）应当由清算企业行使的其他财产权利

它包括：在清算期间收回的应收款；由于企业清算而收回的联营投资份额；由于清算企业的无效行为而由法院追回的财产等。

此外，已作为担保物的财产不属于清算财产，但如果担保物的价款超过其担保的债务数额，则超过部分仍属于清算资产。

二、清算财产的作价

企业进行清算时，应对企业的全部财产进行合理的作价，以便确定企业可供分配的剩余财产。前面说过，终止的方式不同，清算的作价方法也不同。在完全终止方式下，各方都不继续经营该企业，清算财产应按变现收入法作价。在资产转让终止方式下，企业如由某一方继续经营，清算财产则应按账面价值法或重估价值法进行作价。

（一）账面价值法

账面价值法是根据企业清算日经查落实的财产的账面价值编制的资产负债表，作为清算和分配财产的依据。

企业在清算时，可供分配的剩余财产既不是原投资数，也不是企业的全部现有财产，而是全部资产扣除全部负债后的余额——所有者权益净额。由此确定的可供分配的剩余财产的公式为

可供分配的剩余资产＝资产总额－负债总额－清算费用＝
　　　　　　实收资本＋资本公积＋盈余公积＋未分配利润－清算费用

上述公式中的清算费用,是指企业在清算过程中为进行清算工作所发生的各项支出。按规定,清算费用从企业现有财产中优先支付。因此,应将其从可供分配的剩余财产中扣除。

【例 13.1】 启明公司由于经营不善,于 2010 年 9 月 5 日进行清算,并编制清算日资产负债表,如表 13.2 所示。

表 13.2 启明公司资产负债表

2010 年 9 月 5 日　　　　　　　　　　　　　　　　　　　单位:元

资　产		负债及所有者权益	
流动资产:		流动负债:	
现金	1 000	应付账款	25 400
银行存款	18 000	应付票据	40 000
应收账款	52 000	应付税金	61 600
存货	110 000	预售收入	10 000
预付费用	14 900		
流动资产合计	195 900	流动负债合计	137 000
长期投资:		长期负债:	
债券投资	20 000	长期借款	107 500
固定资产:		负债合计	244 500
土地	26 000		
房屋	400 000		
减:累计折旧	160 000	所有者权益:	
	240 000	股本	250 000
设备	300 000	盈余公积	167 400
减:累计折旧	120 000	所有者权益合计	417 400
	180 000		
资产总计	661 900	负债及所有者权益总计	661 900

从上述资产负债表中可见,启明公司 2010 年 9 月 5 日权益合计为 417 400 元,其中股本为 250 000 清算结束后,结算出清算费用为 40 000 元。扣除清算费用后的可供分配的剩余财产为 413 400 元。

(二)重估价值法

重估价值法是将企业清算日经查清落实的财产,按目前的市场价格估算重新购置的价值,并以此为依据,确定企业可供分配的剩余财产。

企业的财产重新估价后,有的增值,有的减值。重估增值为重估收益,扣除清算过程中发生的清算费用和损失,即为清算净收益。若清算净收益为正数,应交纳所得税,将税后的清算收益与重估价前的所有权益相加,即为可供分配的剩余财产。若清算净收益为负数,应从重估价前的所有者权益中扣除,其差额作为财产分配的依据。由此确定的可供分配的剩余财产计算公式为

可供分配的剩余财产＝重估价前的所有者权益＋税后清算净收益

税后清算净收益＝清算净收益×（1－所得税率）＝

（重估收益－清算费用与损失）×（1－所得税率）

【例 13.2】 上例启明公司按重估价值编制资产负债重估表，如表 13.3 所示。

表 13.3 启明公司资产负债重估表

2010 年 9 月 5 日　　　　　　　　　　　　　　　　　　　　　　单位：元

资产			负债及所有者权益		
项目	账面价值	重估价值	项目	账面价值	重估价值
现金	1 000	1 000	应付账款	25 400	25 400
银行存款	18 000	18 000	应付票据	40 000	40 000
应收账款	52 000	50 000	应付税金	61 600	61 600
存货	110 000	100 000	预收收入	10 000	10 000
预付费用	14 900	14 900	长期借款	107 500	107 500
债券投资	20 000	20 100	股本	250 000	250 000
土地	26 000	30 000	盈余公积	167 400	165 500
房屋	240 000	270 000	应付清算费用		4 000
设备	180 000	160 000			
合计	661 900	664 000	合计	661 900	664 000

从上表可知，启明公司的资产重估价值为 664 000 元，减去负债 244 500 元，净资产为 419 500 元，再减去清算费用 4 000 元，可供分配的剩余资产为 415 500 元。

（三）变现收入法

变现收入法是将企业清算日经清查落实的财产全部变卖换成现金，以此作为财产分配的依据。

企业对财产物资的变卖，应根据企业最高权力机构对财产变卖的计价要求，结合市场价格，力求公平合理，防止因计价过低而影响企业所有者的权益，在企业财产物资尚未全部变卖兑现之前，企业不能向所有者分配财产。变卖财产会发生增值或减值。增值为变现收益，扣除清算费用和损失，即为清算净收益。若清算净收益为正数，应交纳所得税，将税后的清算净收益与变现前的所得者权益相加，即为可供分配的剩余财产。若清算净收益为负数，应从变现前的所有者权益中扣除，其差额作为财产分配的依据。由此确定的可供分配的剩余财产计算公式为

可供分配的剩余财产＝变现前的所有者权益＋税后清算净收益

税后清算净收益 ＝（变现收益－清算费用与损失）×（1－所得税率）

三、清算费用与清算损益

(一)清算费用

清算费用,是指企业在清算过程中发生的一些与清算有关的费用。清算费用包括:对破产财产的管理、变卖和分配所需要的费用,以及聘用工作人员所付的工资、办公费、差旅费等;破产案件的诉讼费,如案件受理费用、保全处分的费用、破产宣布的公告费用,以及有关破产的诉讼和债权确认诉讼而由清算组负担的诉讼费用等。

"清算费用"账户用来反映清算期间为进行清算工作而发生的各项支出。借方记录发生的各项清算费用,贷方记录清算结束时结转的数额,结转后无余额。清算费用账户主要用于发生清算费用较多的企业,用以单独反映控制清算费用的发生。

(二)清算损益

清算损益,是指在清算企业财产时发生的财产重估损益或变现损益。清算损益包括:财产的盘盈或盘亏;在清理债权债务时出现的因债权人原因确实无法归还的债务而后确实无法收回的债权;在清算期间发生的经营收益或损失等。这些损益在发生时,均作为清算收益或损失。清算损失与清算收益相抵后,其净额与清算费用之和或差,即为清算净损益。清算终了,如果为了清算净收益,应当依法交纳所得税。

"清算损益"账户,综合反映企业在清算期间由于清算工作而发生的损失和收益,属于损益类账户。贷方记录各项清算收益,借方记录各项清算损失、清算费用以及应为清算净收益交纳的所得税。贷方余额表示清算净收益,借方余额表示清算净损失。在清算结束时,应结平账户,将其余额转入"利润分配"账户。

(三)清算费用和清算损益的核算

由于造成企业破产的方式不同,其清算的会计处理也不一致。现分别举例说明账面价值法、重估价值法、变现收入法对清算费用和损益的核算。

1. 采用账面价值法进行核算

【例13.3】 仍以启明公司在2010年9月5日宣告破产时资产负债表上所列数额为基础(见表13.2),由此开始清算,其清算过程的会计处理如下:

(1)支付清算委员会成员酬劳1 500元。其会计分录如下:

借:清算费用　　　　　1 500
　　贷:银行存款　　　　　　1 500

(2)支付清算杂务费用1 200元。其会计分录如下:

借:清算费用　　　　　1 200
　　贷:银行存款　　　　　　1 200

(3)支付公告费及诉讼费计1 300元。其会计分录如下:

借:清算费用　　　　　　　　　1 300
　　贷:银行存款　　　　　　　1 300

(4) 结转清算费用4 000元。其会计分录如下:
借:清算损益　　　　　　　　　4 000
　　贷:清算费用　　　　　　　4 000

在上述会计账务处理的基础上,编制清算损益表和结束日资产负债表,如表13.4、表13.5所示。

表13.4　启明公司清算损益表

2010年9月5日至9月30日　　　　　　　　　　　　　　　　　　单位:元

清算损失	金额	清算收益	金额
清算费用:			
清算委员会成员酬劳	1 500	—	—
清算杂务费	1 200		
公告费及诉讼费	1 300		
清算损失合计		清算收益合计	

表13.5　启明公司资产负债表

2010年9月30日(清算结束日)　　　　　　　　　　　　　　　　单位:元

资产	金额	负债及所有者权益	金额
流动资产:		流动负债:	
现金	1 000	应付账款	25 400
银行存款	14 000	应付票据	40 000
应收账款	52 000	应付税金	61 600
存货	110 000	预收收入	10 000
预付费用	14 900	流动负债合计	137 000
流动资产合计	191 900	长期负债	
长期投资		长期借款	107 500
债券投资	20 000	负债合计	244 500
固定资产		所有者权益:	
固定资产原价	726 000	股本	250 000
减:累计折旧	280 000	盈余公积	163 400
固定资产净值	446 000	所有者权益合计	413 400
资产合计	657 900	负债及所有者权益合计	657 900

2. 采用重估价值法进行的核算

采用重估价值法对清算损益的核算,必须按一定的顺序进行,即根据清算日资产负债表分别列项,汇总清算费用,核算清算损益,编制成结束日相关各报表。

【例 13.4】 仍以启明公司在 2010 年 9 月 5 日公司宣告破产时的破产日资产负债表上所列数额为基础(见表 13.2),由清算委员会成员对财产物资进行重估价,编制资产负债表重估表(见表 13.3)。其清算过程的会计处理如下:

(1)支付清算费用 4 000 元,其会计分录如下:
借:清算费用　　　　　　　　4 000
　　贷:银行存款　　　　　　　　4 000

(2)调低应收账款价值 2 000 元。其会计分录如下:
借:清算损益　　　　　　　　2 000
　　贷:应收账款　　　　　　　　2 000

(3)调整存货价值,原材料调低 10 000 元。其会计分录如下:
借:清算损益　　　　　　　　10 000
　　贷:原材料等　　　　　　　　10 000

(4)调高某项固定资产价值 14 000 元。其会计分录如下:
借:固定资产　　　　　　　　14 000
　　贷:清算损益　　　　　　　　14 000

(5)债券增值 100 元。其会计分录如下:
借:债券投资　　　　　　　　100
　　贷:清算损益　　　　　　　　100

(6)结转清算费用。其会计分录如下:
借:清算损益　　　　　　　　4 000
　　贷:清算费用　　　　　　　　4 000

根据上述会计账务处理,编制清算损益表和清算结束的资产负债表,如表 13.6、表 13.7 所示:

表 13.6 启明公司清算损益表

2010 年 9 月 5 日至 9 月 30 日　　　　　　　　　　　　　　　　　　单位:元

清算损失	金　　额	清算收益	金　　额
清算费用	4 000	调整财产价值	
调低财产价值		固定资产	14 000
应收账款	2 000	债券投资	100
存货	10 000		
清算损失合计	16 000	清算收益合计	14 100

表 13.7 启明公司资产负债表

2010 年 9 月 30 日（清算结束日）

资产	金额	负债及所有者权益	金额
流动资产：		流动负债：	
现金	1 000	应付账款	25 400
银行存款	14 000	应付票据	40 000
应收账款	50 000	应付税金	61 600
存货	100 000	预收收入	10 000
预付费用	14 900	流动负债合计	137 000
流动资产合计	179 900	长期负债	
长期投资		长期借款	107 500
债券投资	20 100	负债合计	244 500
固定资产		所有者权益：	
固定资产原价	740 000	股本	250 000
减：累计折旧	280 000	盈余公积	165 500
固定资产净值	460 000	所有者权益合计	415 500
资产合计	660 000	负债及所有者权益合计	660 000

3. 采用变现收入法进行的核算

采用变现收入法进行核算，首先按照清算日资产负债表，核实清算费用；同时核算变卖财产物资的费用，收回债权，清偿债务；然后编制清算损益表和清算结束日资产负债表。

【例 13.5】 仍以启明公司在 2010 年 9 月 5 日公司宣告破产时破产日资产负债表上所列数额为基础（见表 13.2），由此采用变现收入法核算清算损益，其清算过程的会计处理如下：

（1）支付各项清算费用（酬劳、杂物费等）计 6 700 元。其会计分录如下：

借：清算损益　　　　　6 700
　　贷：现金　　　　　　　1 000
　　　　银行存款　　　　　5 700

（2）收回应收账款 50 000 元，其余 2 000 元无法收回。其会计分录如下：

借：银行存款　　　　　50 000
　　清算损益　　　　　2 000
　　贷：应收账款　　　　　52 000

（3）变卖存货，折价出售收入计 102 000 元，其会计分录如下：

借：银行存款　　　　　102 000
　　贷：原材料等　　　　　102 000
借：清算损益　　　　　8 000

贷:原材料　　　　　　　　　8 000
(4)变卖固定资产净收入为 450 000 元,溢价 4 000 元。其会计分录如下:
借:银行存款　　　　　　　446 000
　　累计折旧　　　　　　　280 000
　　贷:固定资产　　　　　　　726 000
借:银行存款　　　　　　　　4 000
　　贷:清算损益　　　　　　　　4 000
(5)收回长期投资——债券投资 20 000 元,其会计分录如下:
借:银行存款　　　　　　　 20 000
　　贷:长期投资——债券投资 20 000
(6)收回预付费用 14 900 元,其会计分录如下:
借:银行存款　　　　　　　 14 900
　　贷:预付费用　　　　　　　14 900
(7)偿还应付账款、应付票据共计 65 400 元,其会计分录如下:
借:应付账款　　　　　　　 25 400
　　应付票据　　　　　　　 40 000
　　贷:银行存款　　　　　　　65 400
(8)交纳税金 61 600 元。其会计分录如下:
借:应付税金　　　　　　　 61 600
　　贷:银行存款　　　　　　　61 600
(9)归还预收收入 10 000 元。其会计分录如下:
借:预收收入　　　　　　　 10 000
　　贷:银行存款　　　　　　　10 000
(10)偿还长期借款 107 500 元。其会计分录如下:
借:长期借款　　　　　　　107 500
　　贷:银行存款　　　　　　 107 500
(11)结转清算损益。其会计分录如下:
借:保留盈余　　　　　　　 12 700
　　贷:清算损益　　　　　　　12 700
根据上述会计分录编制各类报表,如表 13.8、表 13.9、表 13.10 所示。

表 13.8　启明公司清算损益表

2010年9月5日至9月30日　　　　　　　　　　　　　　　　　　单位:元

清算损失	金　　额	清算收益	金　　额
清算费用	6 700	变卖固定资产溢价	4 000
坏账损失	2 000		
变卖存货损失	8 000		
清算损失合计	16 700	清算收益合计	4 000

表 13.9　启明公司清算期内现金、银行存款收支表

2010年9月5日至9月30日　　　　　　　　　　　　　　　　　　单位:元

摘要	现金			银行存款		
	收入	支出	余额	收入	支出	余额
期初余额			1 000		5 700	18 000
支付清算费用		1 000	0		12 300	
收回账款				50 000		62 300
变卖存货				102 000		164 300
变卖固定资产				450 000		614 300
收回预付费用				14 900		629 200
收回长期投资				20 000	25 400	649 200
支付应付账款					40 000	623 800
支付应付票据					61 600	583 800
交纳税金					10 000	522 200
偿还预收收入					107 500	5 122 200
偿还长期借款					404 700	404 700
归还所有者权益净额						0

表 13.10　启明公司资产负债表

2010年9月30日(清算结束日)　　　　　　　　　　　　　　　　单位:元

资　产	金　额	所有者权益	金　额
银行存款	404 700	所有者权益净额	404 700
合　计		合　计	

四、债务清偿及其顺序

企业在清算期间要通过清算组收回所有债权,清偿所有债务。确实无法收回的债权,作为

清算损失;因债权人原因无法归还的债务,作为清算收益。清算损失或收益,均计入"清算损益"账户。

企业的财产在拨付清算费用后,要清算债务。我国《破产法》(试行)明确规定了破产分配的清偿顺序。在破产财产优先拨付破产费用后,按照以下顺序清偿:第一,破产企业所欠职工工资和劳动保险费用等;第二,破产企业所欠国家税款;第三,尚未偿付的债务。各项债权债务按照顺序受偿。只有对前一顺序的债权完全清偿后,才能清偿下一顺序的债权。对同一顺序的各项破产债权在破产财产不能够清偿时,应按各项债权额的比例受偿。

【例 13.6】 假定企业在清算期间发生下列业务,会计处理如下:

(1) 支付职工工资 20 000 元。其会计分录如下:

借:应付工资　　　　　　20 000
　　贷:银行存款　　　　　　20 000

(2) 归还短期借款本金 12 000 元、利息 1 200 元。其会计分录如下:

借:短期借款　　　　　　12 000
　　清算损益　　　　　　　1 200
　　贷:银行存款　　　　　　13 200

(3) 收回应收账款 26 800 元,另有 1 400 元无法收回。其会计分录如下:

借:银行存款　　　　　　26 800
　　清算损益　　　　　　　1 400
　　贷:应收账款　　　　　　28 200

(4) 如数清偿应付票据 6 480 元。其会计分录如下:

借:应付票据　　　　　　6 480
　　贷:银行存款　　　　　　6 480

(5) 向银行贴现应收票据,票面为 1 440 元,贴现息为 30 元,实收款为 1 410 元。其会计分录如下:

借:银行存款　　　　　　1 410
　　清算损益　　　　　　　　30
　　贷:应收票据　　　　　　1 440

(6) 偿还应付账款 26 400 元,另 600 元因对方撤销而无法偿还。其会计分录如下:

借:应付账款　　　　　　27 000
　　贷:银行存款　　　　　　26 400
　　　　清算损益　　　　　　　600

五、剩余财产的分配

(一)处理剩余财产的原则

企业在清偿所有债务和收回所有债权之后,如果存在剩余财产,要对其进行分配。除法律另有规定外,按以下原则进行剩余财产的处理:

(1)有限责任公司,除公司章程另有规定者外,按照投资各方的出资比例分配。

(2)股份有限公司,按照优先股股份面值对优先股股东分配。优先股股东分配后的剩余部分,按照普通股股东的股份比例进行分配。如果剩余财产不足偿还优先股股金时,按照各优先股股东所持比例分配。

(二)剩余财产的会计处理方法

企业所采用的财产估价方法不同,确定的可供分配的剩余财产的数额也不相同,但是,对剩余财产分配的会计处理却是一致的。主要分三步:

(1)将"清算损益"、"资本公积"、"盈余公积"账户的余额转作未分配利润,计入"利润分配"账户。

(2)按投资者的出资比例,分配企业的未分配利润(或弥补亏损),计入"实收资本"账户。

(3)结平"实收资本"账户,企业的剩余财产全部分配完毕。

【例13.7】 承前例,按三种估价方法确定可供分配的剩余财产,其会计处理过程和结果如下。

(1)采用账面价值法估价时:

可供分配的剩余财产=657 900-244 500=413 400(元)

其会计分录如下:

① 借:盈余公积　　　　　　　167 400
　　　贷:利润分配　　　　　　　167 400
　　借:利润分配　　　　　　　　4 000
　　　贷:清算损益　　　　　　　4 000
② 借:利润分配　　　　　　　　163 400
　　　贷:实收资本　　　　　　　163 400
③ 企业将应得产权409 400元转让给其他企业,其会计分录如下:
　　借:银行存款　　　　　　　　409 400
　　　贷:实收资本　　　　　　　409 400

(2)采用重估价值法估价时:

可供分配的剩余财产=664 000-244 500-4 000=415 500(元)

其会计分录如下:

①借:盈余公积　　　　　165 500
　　贷:利润分配　　　　　　165 500
②借:利润分配　　　　　4 000
　　贷:清算损益　　　　　　4 000
③借:利润分配　　　　　161 500
　　贷:实收资本　　　　　　161 500

(3)采用变现收入法时:
　　　可供分配的剩余财产=661 900-244 500-127 000=404 700(元)
其会计分录如下:
①借:盈余公积　　　　　167 400
　　贷:利润分配　　　　　　167 400
②借:利润分配　　　　　12 700
　　贷:保留盈余　　　　　　12 700
③借:利润分配　　　　　154 700
　　贷:实收资本　　　　　　154 700

当企业具体实施清算工作完成并宣告清算结束后,清算小组应编制结束日的会计报表。通过破产企业应编制最后分配剩余资产前的资产负债表、清算损益表以及所有者权益净额表等。此外,清算小组还应提出清算结束报告,提请企业最高权力机构通过后,办理注销手续,缴销营业执照,办理注销税务登记手续。至此,清算工作全部结束。

六、解散清算的会计处理

这里,我们再将解散清算的特殊问题作一介绍。

如前所述,解散的方式有两种:产权转让(资本转让)方式和完全解散方式。后者的会计处理同于破产会计。在产权转让方式下,企业解散后其资产不变现,而是由企业的部分投资者将其拥有的产权转让给其他投资者,其他投资者付给其产权转让款项,企业经营活动继续进行,所以,会产生独特的会计问题。

【例13.8】　某企业现拟解散清算,其解散前的资产负债表如表13.11所示。

表 13.11　清算前的资产负债表（简表）

	账面值	重估值		账面值	重估值
现金	10 000	10 000	短期借款	500 000	500 000
银行存款	615 000	615 000	应付账款	550 000	550 000
应收账款	500 000	450 000	实收资本	1 500 000	1 500 000
存货	1 000 000	875 000	其中：甲	1 000 000	1 000 000
固定资产			乙	500 000	500 000
原值	2 500 000		资本公积	300 000	300 000
折旧	1 250 000		盈余公积	500 000	500 000
净值	1 250 000	1 550 000	未分配利润	25 000	25 000
			清算损益		125 000*

*这一金额系重估法下资产重新清查、估价后与原账面价值的差额。

假设清算组的清查结果如下：存货中材料短缺 12 500 元，应付账款——环球公司 10 000 元无法付出。根据以上资料，采用账面净值法与重新估价法对比处理如下（变现收入法见破产会计，不再举例说明）：

（一）账面净值法

（1）记录清算结果。其会计分录如下：

借：应付账款　　　　　　　　10 000
　　清算损益　　　　　　　　 2 500
　　贷：存货　　　　　　　　　　　　12 500

（2）记录清算费用 60 000 元并结转。其会计分录如下：

借：清算费用　　　　　　　　60 000
　　贷：银行存款　　　　　　　　　　60 000
借：清算损益　　　　　　　　60 000
　　贷：清算费用　　　　　　　　　　60 000

（3）结转清算损益。其会计分录如下：

借：利润分配——未分配利润　62 500
　　贷：清算损益　　　　　　　　　　62 500

（4）计算各方投资额：

所有者权益账面总额 = 1 500 000 + 300 000 + 500 000 + 25 000 − 62 500 = 2 262 500（元）

其中　　　甲 = 2 262 500 × 1 000 000 ÷ 1 500 000 = 1 508 333（元）
　　　　　乙 = 2 262 500 − 1 508 333 = 754 167（元）

投资者乙将其资本转让给投资者甲，投资者甲一般直接将受让资本款 754 167 元支付给投资者乙，资本转让后，投资者甲的资本额为 2 262 500 元。其会计分录如下：

借:实收资本——乙　　　　　　　　500 000
　　资本公积　　　　　　　　　　 300 000
　　盈余公积　　　　　　　　　　 500 000
　　贷:实收资本——甲　　　　　　　1 262 500
　　　　利润分配——未分配利润　　　 37 500

(二)重新估价法

(1)记录重估价结果。其会计分录如下:
借:固定资产　　　　　　　　　　 300 000
　　贷:应收账款　　　　　　　　　　 50 000
　　　　存货　　　　　　　　　　　 125 000
　　　　清算损益　　　　　　　　　 125 000

(2)记录并结转清算费用70 000元。其会计分录同上。

(3)结转清算损益。

$$清算损益 = 125\ 000 - 70\ 000 = 55\ 000(元)$$
$$清算净损益 = 55\ 000 \times (1-33\%)(所得税率) = 36\ 850(元)$$

其会计分录如下:

借:清算损益　　　　　　　　　　　18 150
　　贷:应交税金——所得税　　　　　　18 150
借:应交税金——所得税　　　　　　　18 150
　　贷:银行存款　　　　　　　　　　　18 150
借:清算损益　　　　　　　　　　　36 850
　　贷:利润分配——未分配利润　　　　36 850

(4)计算各方投资额。

所有者权益账面总额 = 1 500 000+300 000+500 000+25 000+36 850 = 2 361 850(元)

其中　　　　甲 = 2 361 850×1 000 000÷1 500 000 = 1 574 566(元)
　　　　　　乙 = 2 361 850-1 574 566 = 7 87 284

投资者甲向乙支付资本转让款787 284元后,其资本额增加至2 361 850元,其会计分录如下:

借:实收资本——乙　　　　　　　 1 500 000
　　资本公积　　　　　　　　　　 300 000
　　盈余公积　　　　　　　　　　 500 000
　　利润分配——未分配利润　　　　61 850
　　贷:实收资本——甲　　　　　　　2 361 850

产权转让后,甲投资者便可编制其资本负债表(略)。

第四节 破产清算会计报告

破产清算会计报告是综合反映被清算企业的清算过程和结果的一系列财务报表,破产管理人在清算期间应向人民法院、主管部门、债权人及投资者报送下列会计报告:破产清算资产负债表、破产清算财产表、破产清算损益表和破产财产分配表。

一、破产清算资产负债表

破产清算资产负债表是全面反映破产企业的资产、负债、清算净资产和清算损益报表。破产管理人应在破产清算开始日编制。

大海公司在清算开始日的破产清算资产负债表如表13.12所示。

表中的"账面金额"栏反映破产企业破产清算日的资产、负债、破产清算净资产以及清算净损益的账面金额。该栏应根据破产管理人接管日企业编制的资产负债表中的有关资料,并在全面清理的基础上按照资产、非破产资产、破产债务、非破产债务和清算净资产的确认标准进行确认后予以填列。

表中的"预计可变现金额"栏反映在破产清算日破产企业的各种资产的可出售价格或该项资产可以抵偿债务的金额。该栏应在由专门的资产评估机构运用专门的计量方法,对每种资产进行充分分析的基础上予以填列。

"确认数"栏反映在债务清理过程中重新确认债务的金额。该栏应在各种债务的账面金额的基础上,扣除因债权人原因而无须偿付的债务额,加上依据有关法律规定而增加的债务额后计算而得,它可以根据破产债务、非破产债务和清算净资产得到确认后的各账户的余额直接填列。

表13.12 大海公司破产清算资产负债表

2011年×月×日　　　　　　　　　　　　　　　　　　　单位:元

资产	账面金额	预计可变现金额	债务及清算净损益	账面净额	确定数
担保资产:			担保债务:		
原材料			短期借款		
产成品			长期借款		
固定资产(净值)			小计:		
小计:			优先清偿债务		
其他资产			应付工资		
破产安置资产			应交税金		

续表 13.12

2011 年×月×日   单位:元

资产	账面金额	预计可变现金额	债务及清算净损益	账面净额	确定数
破产资产			小计:		
现金			破产债务		
银行存款			应付账款		
短期投资			应付票据		
应收账款			小计:		
在产品			清算净资产		
低值易耗品			清算损益		
在建工程			小计:		
小计:					
资产总计:			债务及清算净损益总计:		

另外,在破产清算资产负债表附注中应进一步说明资产可实现金额及债务金额的确定方法和依据、有争议资产和债务的具体情况以及未列作资产和债务的具体情况等。

二、破产清算财产表

破产清算财产表是反映破产清算企业财产的期初账面金额、预计可变现金额、实际已变现金额以及实际变现损益的报表,它是破产清算资产负债表的附表。其基本格式如表 13.13 所示。

表 13.13   ××公司破产清算财产表

2011 年×月×日   单位:元

项目	期初账面金额	预计可变现金额	实际变现金额	实际变现损益
担保资产:				
有价证券				
房屋				
设备				
原材料				
在产品				

续表 13.13

2011 年×月×日　　　　　　　　　　　　　　　　　　　　　　　　　　　单位：元

项目	期初账面金额	预计可变现金额	实际变现金额	实际变现损益
产成品				
……				
破产资产				
现金				
银行存款				
有价证券				
应收账款				
应收票据				
其他应收款				
房屋				
设备				
原材料				
在产品				
场地使用权				
专利权				
……				

表中的"期初账面金额"栏反映破产企业破产清算开始日各种资产的账面价值。该栏应根据破产清算开始日确认的各种破产资产和非破产资产的账面价值填列。

"预计可变现金额"栏反映破产企业各种资产预计可实现的价值。该栏应根据有关评估机构及破产管理人的评估结果填列。

"实际变现金额"栏反映破产企业各种资产实际已变现金额。该栏应根据各种账簿中所记录的实际变现结果填列。

"实际变现损益"栏反映破产企业各种资产账面价值与实际变现价值的差额。

三、破产清算损益表

破产清算损益表是反映破产清算企业在清算期间所发生的清算收益、清算损失、清算费用以及最终结果的报表。一般在破产清算结束时编制。

××公司破产清算损益表如表 13.14 所示。

表13.14　××公司破产清算损益表

2011年×月×日　　　　　　　　　　　　　　　　　　　单位:元

项　目	金　额
清算收益	
预提费用核销	
固定资产溢价	
追回设备	
土地使用权溢价	
小计	
清算损失	
财产盘亏与报废	
无价值资产核销	
存货折价	
应收账款损失	
短期投资折价损失	
在建工程折价	
营业税	
职工安置支出	
小计	
清算费用	
职工生活费	
诉讼费	
审计评估费	
财产保管费	
拍卖广告费	
水电费	
债权人会议费用	
公证费	
其他	
小计	
清算损益	

表中的"清算收益"项目反映破产清算企业在处置破产资产过程中所取得资产的变卖收入超过资产的账面价值所发生的收益、重新确认债务中发生的负债的减少金额以及由于其他原因而增加的收益。该项目可根据"清算损益"账户的贷方发生额分析填列。

"清算损失"项目反映破产清算企业在处置破产资产过程中取得的资产的变卖收入小于资产的账面价值所发生的损失、不能收回的应收款项、重新确认债务中发生的负债增加以及由于其他原因而发生的损失。该项目可根据"清算损益"账户的借方发生额分析填列。

"清算费用"项目反映破产清算企业在破产清算过程中发生的破产清算费用。该项目应根据"清算费用"账户的借方发生额分析填列。

"清算损益"项目反映破产清算企业在破产清算期间的清算结果。它等于破产清算收益减去破产清算损失和破产清算费用的余额。

四、破产财产分配表

破产财产分配表又称债务清偿表,是反映破产清算企业分配破产以及清偿债务的报表。它是破产清算会计所特有的报表。

大海公司破产财产分配表如表13.15所示。

表13.15 大海公司破产财产分配表

2011年×月×日   单位:元

债务项目	账面数	确认数	偿债比例	实际需偿还数	累计偿还数	尚未偿还数
担保债务						
短期借款						
长期借款						
优先清偿债务						
应付清偿费用						
应付工资						
应交税金						
小计						
破产债务						
应付账款						
应付票据						
合计						

表中的"账面数"栏,根据破产企业清算开始日的账面数填列;"确认数"栏,根据破产企业

破产债务的确认标准对破产债务和非破产债务进行确认后的数额填列;"偿还比例"栏,根据破产企业不同的债务偿还情况分别填列,其中担保债务的偿还比例应同时考虑以担保资产偿还数额以及以破产资产偿还数额两部分;"实际需偿还数"栏,根据各种债务的累计实际偿还数额填列;"尚未偿还数"栏,分别以各种债务的实际需偿还数栏减去其累计偿还数栏的差额填列。

破产清算会计报告编好以后,破产管理人员应将其连同接收的会计账册、在清算期间形成的会计档案等一并移交破产企业的业务主管部门或者人民法院,由业务主管部门或者人民法院指定有关单位保存。会计档案保管要求和保管期限应当符合《会计档案管理办法》的规定。

最后,破产管理人应向破产企业原登记机关办理注销登记并解散破产管理人和债权人会议及其债权人委员会,破产企业的破产清算工作宣告结束。

本章小结

企业破产清算会计介绍了破产清算的有关概念,破产清算的法律规定,破产清算的基本程序及其会计处理的相关会计理论,但在破产清算的情况下,由于企业所处的经济环境的变化,一些基本原则的规范难以为破产清算会计所采用,它有着特殊的原则以及会计处理方式。通过本章的学习,应该掌握企业非持续经营状态的会计处理。

思 考 题

1. 破产清算的基本程序是什么?
2. 破产会计假设的基本内容有哪些?
3. 破产会计特有的基本原则是什么?
4. 破产资产应该如何进行计量?
5. 破产企业会计报告由哪些表组成?

参 考 文 献

[1] 中华人民共和国财政部. 企业会计准则(2006)、企业会计准则应用指南(2006)[M]. 北京:经济科学出版社,2006.

[2] 财政部会计司编写组. 企业会计准则讲解(2010)[M]. 北京:人民出版社,2010.

[3] 中国注册会计师协会. 会计[M]. 北京:中国财政经济出版社,2012.

[4] 裴淑红. 高级财务会计[M]. 北京:中国市场出版社,2009.

[5] 彭鹏翔. 高级财务会计[M]. 北京:清华大学出版社,2010.

[6] 耿建新. 高级会计学[M]. 北京:北京大学出版社,2009.

[7] 李学峰. 高级财务会计[M]. 北京:科学出版社,2009.

[8] 刘永泽. 高级财务会计[M]. 大连:东北财经大学出版社,1998.

[9] 张志凤. 2012年注册会计师考试应试指导及全真模拟测试——会计[M]. 北京:北京大学出版社,2012.